高等职业教育旅游类专业系列教材

国际接待业概论

GUOJI JIEDAIYE GAILUN

◎主　编　吴俐霓　刘　轶

◎副主编　华　文　杜　玲

重庆大学出版社

图书在版编目(CIP)数据

国际接待业概论／吴俐霓，刘轶主编. -- 重庆：
重庆大学出版社，2022.8(2025.8 重印)
高等职业教育旅游类专业系列教材
ISBN 978-7-5689-3060-4

Ⅰ. ①国… Ⅱ. ①吴… ②刘… Ⅲ. ①商业服务—高
等职业教育—教材 Ⅳ. ①F719.0

中国版本图书馆 CIP 数据核字(2021)第 240256 号

高等职业教育旅游类专业系列教材

国际接待业概论

主 编 吴俐霓 刘 轶
副主编 华 文 杜 玲
策划编辑 顾丽萍

责任编辑：夏 宇 版式设计：顾丽萍
责任校对：王 倩 责任印制：张 策

*

重庆大学出版社出版发行

社址：重庆市沙坪坝区大学城西路 21 号
邮编：401331
电话：(023) 88617190 88617185(中小学)
传真：(023) 88617186 88617166
网址：http://www.cqup.com.cn
邮箱：fxk@cqup.com.cn(营销中心)
全国新华书店经销
重庆市圣立印刷有限公司印刷

*

开本：787mm×1092mm 1/16 印张：22 字数：444 千
2022 年 8 月第 1 版 2025 年 8 月第 6 次印刷
印数：10 501—11 500
ISBN 978-7-5689-3060-4 定价：59.00 元

前　言

　　国际旅游与接待服务业是当今世界上规模最大且增长最为迅速的产业。《世界旅游经济趋势报告(2020)》指出,2019 年全球旅游总人次(包括国内旅游人次和入境旅游人次)为 123.10 亿人次,较上年增长 4.6%;全球旅游总收入(包括国内旅游收入和入境旅游收入)为 5.8 万亿美元,相当于全球 GDP 的 6.7%。2020 年,由于受新冠肺炎疫情的影响,全球旅游业受到了前所未有的冲击和挑战,但随着全球疫情的控制和减缓,2021 年,全球旅游总人次和总收入分别恢复到疫情之前的五成以上,其中中国旅游业复苏程度尤为明显,2021 年中国城镇居民出游 23.42 亿人次,同比增长 13.4%,旅游业总收入占 GDP 的 2.55%,较 2020 年增长 0.36%。

　　旅游业的强劲发展也对我国旅游接待服务业提出了更高的要求。一方面,我国接待国内外游客数量的快速增加以及旅游消费者需求的不断升级,对我国旅游接待服务质量提出了更高的要求;另一方面,全域旅游发展给旅游者的旅游方式带来的重大改变将对旅游接待服务相关行业的联系和整合提出更高的要求。我们的旅游接待服务从业者也必然需要从整体旅游接待服务业的角度去构建自身的知识结构。

　　因此,教育部修订的《高等职业学校专业教学标准》于 2019 年 7 月出台,在旅游类酒店管理专业的教学标准中规定酒店管理专业基础课程的设置为 6～8 门,其中明确提出设置"国际接待业概论"这门专业基础课的要求。近 20 年来,国际接待服务产业发生了深刻变化,酒店管理专业学校教育中的专业基础课也应由原来以酒店部门管理为主的教学内容,转向以住宿业(包括酒店)、饮食、消遣娱乐与会展及活动产业等更广泛的、综合性个人消费服务产业为主的教学和研究中。

　　本书以接待服务这一特殊的社会现象为基础,除重点阐述住宿业与餐饮业等传统的接待服务业外,还全面介绍了娱乐休闲、景区、俱乐部和会展等新兴接待服务产业发展的概况。通过该书的学习,酒店管理及相关专业学生不仅可以获得专业理论知识,还能帮助他们用全新的视野重新看待接待服务业这个世界上强大的产业,了解这一产业未来发展所需要的知识结构以及学生个人未来在该产业的职业发展路径和应承担的角色。本书是酒店管理及相关专业学生进行专业学习不可或缺的重点教材。

《国际接待业概论》分为导论篇(旅游接待服务业概述,旅游接待服务业管理与经营理念);酒店与住宿服务业(酒店业基础知识,现代酒店的组织与计划管理,现代酒店的筹资与规划,现代酒店管理的关键点控制,现代酒店品牌建设与信息化管理,民宿及其他非标准住宿);餐馆与饮食服务业(社会餐饮业,酒水生产与服务);闲暇娱乐与活动产业(景区、公园与旅行社接待,邮轮与游轮、俱乐部与娱乐业,会展业与节事活动)四个模块,共计13个项目的内容,主要适用于高职高专旅游管理相关专业的学生,如酒店管理专业、空乘服务专业、轨道交通专业、会展旅游专业等;旅游接待服务业中相关企业的从业人员和管理人员的学习和使用。本书的编写特点有:

1.内容

本书以高职酒店管理学生为出发点,从国际接待业的视角来介绍相关行业的情况,内容既覆盖全面又以酒店为侧重点,帮助酒店管理专业学生在学习中构建知识体系。

2.体系

本书主要根据初学者对国际接待服务业的认知过程展开,更易于高职高专学生的学习。教材的编写体例新颖且务实。本书采用项目制及任务驱动的模式展开内容章节的编写,从"项目引例"到"任务布置"再到文中"相关链接"和"补充材料"及课后"知识归纳""思政要点""实践活动"和"同步测试",为学生在有限的学习环境中尽可能全面真实地再造一个国际接待服务业的情景。增加学生在学习中的新鲜感和趣味性,在学中做,做中学,为学生更好地掌握本门课程的内容提供帮助。

3.结合实践

本书紧跟行业发展步调,有针对性地总结收集接待服务业现阶段发展新成果。本书在编写前期进行了大量的行业调研和资料收集,力求将最新的成果纳入本书的内容之中体现时代性。为了使教材的行业适用性更强,更是邀请行业资深管理人士参与本书内容的编写。

本书由重庆建筑科技职业学院吴俐霓、刘轶任主编,重庆建筑科技职业学院华文、杜玲任副主编,冯兰、高洁、张龙(重庆商务职业学院)、耿青青、彭瑜、梅芳、重庆君豪大饭店人力资源总监陈枫参编了此教材。其中吴俐霓编写项目 一、二、三、五(任务三),其中项目二为与陈枫合编;高洁编写项目四;张龙编写项目五(任务一、二);华文编写项目六、七(任务一)、九、刘轶编写项目七(任务二、三、四)、八;彭瑜、梅芳合作编写项目十;杜玲编写项目十一;耿青青编写项目十二;冯兰编写项目十三。

本书在编写中借鉴吸纳了国内外大量酒店管理著作与教材,限于篇幅,未能一一注明,在此表示诚挚的谢意。尽管本书作者尽心尽力,但由于水平有限,难免存在错误与疏漏,敬请各位专家、同行及读者不吝指正。

编　者

2022 年 3 月

目　录

模块三 餐馆与饮食服务业

模块四 闲暇娱乐与活动产业

模块一

导论篇

项目 一

旅游接待服务业

概述

【项目目标】

> 1. 理解旅游接待服务业的基本概念。
> 2. 描述旅游接待服务业的范围与特征。
> 3. 了解旅游接待服务业的发展趋势。

【项目实施】

【任务引例】

蓬勃发展的旅游接待服务业

　　旅游与接待服务业是当今世界上规模最大且增长最为迅速的产业。《世界旅游经济趋势报告（2020）》指出，2019 年全球旅游总人次（包括国内旅游人次和入境旅游人次）为 123.10 亿人次，较上年增长 4.6%；全球旅游总收入（包括国内旅游收入和入境旅游收入）为 5.8 万亿美元，相当于全球 GDP 的 6.7%，2020 年开始，全球旅游业由于疫情的影响，出现了不同程度的下降。2021 年全球旅游总人次达到 66.0 亿人次，全球旅游总收入达到 3.3 万亿美元。该行业最令人兴奋的一个方面是它由许多不同的职业构成，你可以构想自己在该领域的职业生涯发展将会是一番怎样的场景？你可能会是厨师、总经理、营销总监或者是会展活动经理，可能从事餐饮、度假区、航空公司、邮轮公司、主题公园、景区以及娱乐休闲服务方面的工作，可以说该行业为每一个在这一行业发展的人带来多种可能性，这是一个拥有工作机会或职位最广泛的行业。

任务一　旅游接待服务业的基本概念

【任务布置】

（一）任务情景

接待服务业的开端

　　"hospitality"一词由一个古老的法语单词演变而来，它源于最早的教会及救济院，意为"为旅行者提供照料或住所的服务"。当时，法国一些教会或救济院为照顾一些信徒或无家可归的人,利用自己的场所为他们提供初步慈善形式的服务,这被认为是接待服务的雏形。其中,最著名的救济院是位于法国勃艮第地区的博纳济贫院,它在1443年作为一所专为穷人服务的慈善医疗机构,由勃艮第公爵的宰相大臣尼古拉·洛兰创立。尽管这类救济院可以给客人提供一些临时的食宿设施,但由于其慈善与救济性质,维持运作是非常困难的。

什么是接待服务?不同的人会有不同的回答,如"慷慨与热忱地接待客人""满足顾客的需求""创造一个使顾客愉快或维持一个可接受的环境""为客人创造一个友好和安全的氛围"等。显然,接待服务的发展来自古代对陌生客人的款待的风俗习惯,并受今天多层次的、综合性的接待服务的运作与管理活动的影响。

(二)要求

请同学们思考以下问题:

1. 什么是旅游接待服务业?请给出你的定义。

2. 请列举三个以上属于旅游接待服务业的企业或岗位?

【任务实施】

一、旅游接待服务业的基本概念

目前,国外学术界对旅游接待服务业的基本概念有着不同的观点,而国内学术界和业界对旅游接待服务业基本概念的探讨还有待深入。旅游接待服务业产业构成复杂多样,由于国度不同,经济制度不同,看问题的角度不同,人们对旅游接待服务业的认识也不同。接下来我们将从广义和狭义两个方面来进行阐释。

(一)广义的旅游接待服务业

美国康奈尔大学自1922年起设立旅馆管理专业,其旅馆管理学院创立的学报《康奈尔旅馆与餐饮管理季刊》在2004年改为《康奈尔旅游接待业季刊》。《康奈尔旅游接待业季刊》将旅游接待服务业定义为:为离开家的自愿性的旅行者提供服务的企业或其他组织,包括为旅行者提供交通、住宿、餐饮、娱乐等其他服务的企业或其他组织。

旅游接待服务业包括为旅行者提供上述服务的企业或其他组织的全部投入、产出要素及经营管理与服务过程所涉及的所有企业或其他组织。

学者卡罗尔·A.金较早从广义视角定义了旅游接待服务业,他在 *What is hospitality?* 一文中写道,在商业或组织环境中的旅游接待服务业是一种主客体之间特定的关系。在这种关系中,接待主体需要理解如何能给客人带来快乐、舒适和福祉,并在相互尊重的社会礼仪的过程中,在面对面的互动中慷慨并完美地提供服务,且以提高宾客的满意度和发展重复业务为目标。

很多美国学者也从广义视角定义了旅游接待业。沃克认为旅游接待业包括旅游、住宿、餐饮、俱乐部、博彩、景点、娱乐等领域。奈米尔和珀杜认为应当把会展服务和娱乐管理囊括到旅游接待业领域中。滕则给出了外延更广的旅游接待业定义,他认为旅游接待业是利润驱动下的商业活动与传统款待活动的结合,在这一定义中,他强调了旅游接待业的经济属性,即以营利为目的。

图1.1 广义的旅游接待服务业

除了上述观点,迈克尔·奥腾巴赫更清晰地定义了广义上的旅游接待服务业(图1.1)。他认为在学术界和业界的影响下,在社会文化、政治的推动下,旅游接待服务业由六大产业构成,包括住宿业、餐饮业、休闲业、旅游景区、旅行业、会展业。这也是较受认可的旅游接待业广义定义。

《国家旅游及相关产业统计分类(2018)》将旅游产业分为旅游业和旅游相关产业两大部分。旅游业是指直接为游客提供出行、住宿、餐饮、游览、购物、娱乐等服务活动的集合;旅游相关产业是指为游客出行提供旅游辅助服务和政府旅游管理服务等活动的集合。

(二)狭义的旅游接待服务业

与上述观点不同,很多专家学者认为旅游接待服务业的外延并没有那么广,应当从更谨慎的视角给旅游接待服务业做出定义。

一个相对权威也受到国际学术界认可的观点,是由接待业管理国际期刊主编匹赞姆根据自身的研究和编审经验给出的。他在 *What is the hospitality industry and how does it differ from the tourism and travel industries?* 一文中曾经给出了旅游接待服务业的定义,并分析了其与旅游业、旅行业的区别(图1.2)。根据他的观点,旅游接待服务业是由向旅游者、旅行者和当地居民提供住宿、食物、饮料和会议等的所有商业的集合。而且,他认为餐饮服务、俱乐部、辅助类生活服务是旅游接待服务业独有的组成部分,除此之外,会展业、休闲业、住宿业和餐饮业既属于旅游接待服务业,也属于旅游业。需要说明的是,他认为旅行社、旅游景区、旅游目的地营销、旅游规划与开发、旅游交通等只属于旅游业,而不属于旅游接待服务业。

除此之外,国外多数研究者、学者认为旅游接待服务业是一种基于住宿和饮食并行的人文互惠活动,早期的旅游接待服务业由提供食宿餐饮的活动组成。在住宿方面,包括由一般到奢华的各个等级。在餐饮方面,包括餐馆、俱乐部、酒店以及购物场所、火车、飞机、轮船等多种情境下提供的食物和饮料服务。总体而言,这些研究认为住宿和餐饮是旅游接待服务业的核心部分。

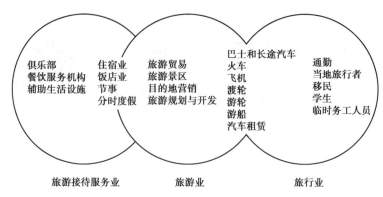

图 1.2　狭义的旅游接待服务业

（三）本书对旅游接待服务业的定义

本书在参考分析国内外学者关于旅游接待服务业定义的基础上，同时根据互联网科技的广泛应用以及旅游消费升级背景，尝试对旅游接待服务业进行定义：旅游接待服务业是指旅游目的地从事经营和服务的各类行业以营利为目的，向旅游者提供的以住宿和餐饮功能为核心的各类有形产品和无形服务的过程中产生的行为和关系的总和（图 1.3）。

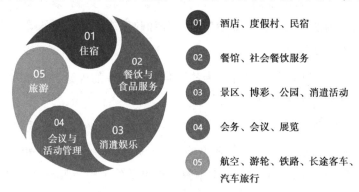

图 1.3　广义的旅游接待服务业涉及领域

关于旅游接待服务业的定义有几点需要说明的基本内涵：

1. 服务对象

从服务对象来看，旅游接待服务业主要面向旅游者提供服务，这是旅游接待服务业的核心标志。比如一家餐馆如果只为当地人有偿地提供餐饮服务，那么它就不属于旅游接待服务业的范畴，一旦该餐馆接待了一位旅游者，那么它就实现了生活接待向旅游接待服务的转变，也就成为旅游接待服务业的一部分。这也意味着，旅游接待服务业与生活接待服务业在某种程度上是交融兼用的，所以在现实中，我们往往不能也无须精准定义它们到底是不是旅游接待服务业。在大多数情况下，不妨采取较为宽松的界定。

2. 空间属性

从空间属性来看，旅游接待具有鲜明的主客情境，旅游接待发生在旅游目的地地域范围内,这意味着旅游接待服务业同样应当位于旅游目的地范围内。以旅游交通(航空、铁路)为例,一条相同的国内航线,对于国内旅游者来说,是联结旅游客源地与旅游目的地的通道,并不处于旅游目的地。因此严格来说,这并不属于旅游接待服务业范畴,但是对于国际旅游者来说,这条航线位于其旅游目的地国境内,因此属于旅游接待服务业范畴。

3.行业理念

从行业理念来看,旅游接待服务业是一个好客产业,旅游接待服务业提供的无形服务很大程度上无法通过明确的产品标准度量其优劣和把控其品质。自2010年以来,我国旅游业界探讨了"中国服务"这一新命题应成为未来的国家战略,从旅游业拓展到整个服务业的"中国服务"将与"中国制造"共同构成产业振兴和中国腾飞的双翼。旅游接待服务业是组成"中国服务"的重要部分,所以旅游接待服务业必须秉持和践行以人为本和宾客至上的服务理念。

4.产业构成

从产业构成来看,旅游接待服务业不是一项独立产业,其产业要素涵盖旅游者在旅游目的地旅游活动时所有需求的产业,特别是随着全域旅游时代的到来,旅游要素已经发生了深刻变革和拓展升级,由传统的"食、住、行、游、购、娱"六大要素扩展为"食、住、行、游、购、娱、商、养、学、闲、情、奇"十二大要素。

二、旅游接待服务业与现代服务业的关系

《国务院关于加快发展旅游业的意见》(国发〔2009〕41号)中,首次明确了旅游业"国民经济的战略性支柱产业和人民群众更加满意的现代服务业"的定位,表明现代服务业这个概念与旅游业和旅游接待服务业有着密切的关系。因此,不仅在理解旅游接待服务业的概念时,而且在旅游接待服务业管理实践中,都应该将其与现代服务业联系起来。

(一)现代服务业的概念

随着社会经济的发展,原有的服务业的概念与特征似乎不能再用来界定现代服务业,于是便诞生了现代服务业这一新的概念。中国信息协会常务副会长高新民明确指出,"现代服务业"的提法最早出现在党的十五大报告中,之后频繁地在中央到地方的各级文件中被提及。与此同时,学术界也开始对现代服务业展开研究,综合各方观点,现代服务业具有如下特征:①现代服务业是服务业;②现代服务业依托现代高新技术和现代管理制度;③现代服务业提供的服务产品附加值和技术含量高。在此基础上,我们认为现代服务业是采用现代科学技术和现代管理理念组织和发展起来的服务业。其中,新兴服务业是现代服务业的主要代表,改造后的传统服务业也是现代服务业的重要组成部分。

（二）旅游接待业与现代服务业的关系

目前学界和业界对旅游接待业是否属于现代服务业有不同理解。但是从旅游接待业产业发展的角度来看，必须厘清旅游接待业与现代服务业的关系。基于前文对旅游接待业概念与内涵的理解，以及对现代服务业特征的认识，本书认为现阶段中国旅游接待业基本属于现代服务业，是现代服务业的重要组成部分。因此，本书将旅游接待业统称为旅游接待服务业。

我们以发展的眼光看待旅游接待服务业，其现代服务业特征越发明显，主要包括以下几个方面：

1. 由新技术升级改造的传统旅游接待服务业

传统旅游接待业中的旅游住宿、旅游餐饮、旅游游览、旅游交通、旅游购物、休闲娱乐等业务，经过科学技术的革新和管理方式现代化的发展，逐步转型升级，以在线旅行社（OTA）为例，随着互联网的发展，在线旅行社能够通过搜索引擎更广泛地传递旅游产品与线路信息，通过旅游在线社区和互动式客服等方式接受游客咨询、进行产品质量和口碑管理，依托在线支付技术大大提升游客产品购买便捷度。OTA自身建设的技术密集、资本密集，以及运营过程中的信息密集，具备了现代服务业的某些特征，因此属于现代服务业。

2. 由新需求推动产生的新型旅游接待服务业

新型旅游接待服务业是在消费升级和技术进步双重驱动下诞生的旅游接待业新序列，它们在业态构成、技术应用、服务方式上与传统旅游接待业相比具有显著差异。例如，邮轮旅游接待业、汽车营地旅游接待业、民宿旅游接待业等都属于新型旅游接待服务业，它们是伴随着旅游接待服务业持续发展而出现的新业态。以邮轮旅游接待业为例，邮轮最开始只是一种长距离的水运交通工具，并不具备旅游接待功能，但是随着旅游需求的升级，集住宿、餐饮、交通休闲娱乐、度假等各种功能要素于一体的豪华邮轮登上历史舞台。这种邮轮的设计和建造依赖高端制造业，具有明显的知识密集和技术密集特点；而且邮轮造价十分昂贵，具有资本密集特点，邮轮的船上服务和港口服务的专业性也很强，需要知识技能储备充足的人员参与，必然属于现代服务业。

3. 由新理念产业融合的跨界旅游接待服务业

旅游接待服务业是一项综合性服务产业，随着展览业、创意产业、高端制造业等其他产业的兴起，产生了一系列基于产业融合理念的跨界旅游接待业业态，如会展旅游接待服务业、特色小镇旅游接待服务业等。这些旅游接待业新业态由科技、资本、知识共同推动。同时，由于面向的服务对象由大众旅游者扩展至专业游客，其提供的服务和产品具有更高的价值，因此，属于现代服务业范畴。

【同步思考】

结合实际,如何理解旅游接待服务业的内涵?

任务二　旅游接待服务业的范围和特征

【任务布置】

(一)任务情景

多样化的接待服务业

接待服务业是多样化的,在这一行业里,无论一名员工是否与客人进行直接的前台接触或者从事后台的管理工作,最具挑战的工作现实是员工具有通过创造深刻印象来影响顾客体验的能力:即使是一个"真实瞬间",却可能持续影响顾客的一生。在接待服务业中,住宿服务业与餐饮服务业是该行业最为核心的产业部门。例如,在美国佛蒙特州北部一对夫妇经营着一家家庭旅馆。这对夫妇在每年的2月为那些渴望滑雪的游客们提供周末休憩与住宿服务,这使得他们的客人年年期待重返此地度假。为此这家家庭旅馆每年都需要提供定期的客房预订及客房服务。再如,为确保位于拉斯维加斯拥有5 505间客房的米高梅大酒店一年365天全速运营,通常需要几百名员工,包括酒店提供的从经理到客房服务员、工程人员、前台服务员、餐饮服务员等工作职位。

餐饮服务业也是接待服务业的重要组成部分。饮食服务是餐馆为满足人们的基本生理需求而提供的产品,但是餐馆以及在此工作的员工也实现了顾客除饮食需求以外的许多其他愿望,例如社交与闲暇娱乐。位于纽约市的格莱美西餐馆是一群朋友们庆祝生日的最佳地点。这里的服务与食物品质十分出众且能给所有前来用餐的人士带来超出预期的体验,它使得每一位在这里度过生日的客人会终生记住这个生日聚会。这一体系包括前台的员工,如服务员、酒保、接待员、经理;也有后台的人员,如厨师、洗碗工、食物采购员以及管事员等。所有这些餐馆的工作人员及管理者都必须协调这一系统的各种活动与职责,为客人创造一个充满活力且成功的聚会。

(二)要求

请同学们思考以下问题:

阅读以上资料后请思考,文中提到了哪些企业属于旅游接待服务业的范畴? 除此之外你认为还有哪些产业?

【任务实施】

一、旅游接待服务业的范围

《牛津词典》将接待定义为好客的行为或做法,以慷慨和善意为客人或陌生人提供娱乐和招待。相对应地,接待业特指商业或专业的招待行业,通过为出门在外的人们提供住宿、食品和饮料获取报酬。基于此含义,旅游接待服务业应包括以下几个方面的内容:

①提供旅行及住宿设施、满足客人的住宿与餐饮需求是接待业的核心,是所有旅游接待服务企业必不可少的部分。

②接待业的主要产品是服务。服务具有无形性、差异性、不可分离性、不可储存性等特点。无形性是指服务的提供不能有形化为一定的载体,只能进行感知。例如,酒店前台服务员为顾客办理入住登记手续。差异性是指同样的服务不同的顾客感知会有差异。例如,酒店服务员同样的问候与手势在不同的顾客看来可能会有不同的感受,在不同的情境下也可能存在一定的差异。服务的不可分离性是指酒店的服务提供与顾客对该服务的消费在时间和空间上是不可分离的。顾客可以在武汉吃上天津生产的方便面,却无法在家里享受酒店的服务。这种不可分离性又进一步导致酒店服务的不可储存性。酒店的客房按每日出售,如果某一日未售出,将无法储存到另一个时间段。由于不可储存性的特点,能灵活进行收益管理的酒店往往会在最后时刻以低于原标价的价格犹豫不决地销售给顾客,尽可能地有效利用客房使用价值。当然,服务与物也是一个连续体,而酒店既提供服务,也提供部分物化商品(图1.4)。

图1.4 与接待业相关的物与服务连续体

③接待业与旅游有着密切的联系。接待业的主要服务对象是"旅游者和临时居住者",因而接待业往往被看作大旅行与旅游的一部分。例如,美国酒店业协会将旅游与接待业划为五个分支(图1.5),住宿、餐饮等都是其中的一个部分。

基于旅游在接待业中的重要地位,多数学者认为酒店等接待服务业是旅游的产物,由人类复杂性与简单性的心理平衡所导致。人们出门旅游往往是受复杂性的心理所驱使,表现为追求新奇、刺激。受与惯常环境不一样的吸引物影响,这往往表现为前往异地的旅行活动。而得到异域享受的旅游者还有追求简单性心理的一面,他们希望在一个陌生的环境中有熟悉的休息空间和高质量的睡眠,于是酒店作为"家外之家"便出现了。

住宿企业	餐饮企业	交通服务	零售商店	旅游目的地
酒店	餐馆	船	礼品店	娱乐
汽车旅馆	住宿地零售店	飞机	旅游纪念品商店	商务
度假酒店	售货机	汽车	工艺品商店	演出
分时度假	伙食承办中心	公共汽车	购物中心	会议
公寓、会议中心	快餐厅	火车	超市	学习
野营地		自行车	综合商场	体育活动

图 1.5　旅游接待服务业的范围与分支

当然,许多酒店的顾客并不仅仅局限于旅游者。它们在服务旅游者的同时,也可能为当地居民提供餐饮、会议等服务。国际上往往将旅游业与接待业并列,而酒店是作为接待业的重要组成部分。因此,从严格意义上说,旅游部分地包含了酒店(图 1.6),本书关于国际接待服务业的研究是建立在上文描述的基础之上的。

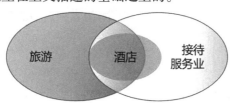

图 1.6　旅游、接待服务业与酒店的关系

二、旅游接待服务业的基本特征

旅游接待服务业是在旅游目的地空间范围内,以旅游吸引物为依托、以旅游接待设施为基础、以旅游产品为商品,直接或间接向旅游者有偿提供有形产品和无形服务的一切产业和部门的总和。除了兼具上述要素的某些基本特点,例如无形性、差异性、脆弱性、波动性之外,旅游接待服务业还具有一些自身的特点。

(一)综合性

旅游接待服务业的一个显著特征是具有综合性。首先,旅游者在旅游目的地开展旅游活动需要涉及诸多要素,是一项以游览、休闲为中心内容的综合性消费,因此决定了旅游接待服务业具有综合性。旅游接待服务业为旅游者提供包括吃、住、行、游、购、娱等一体化服务,多种多样的旅游产品满足旅游者多样化的旅游需要。其次,旅游接待服务业产业关联具有综合性。随着旅游社会化程度的提高,旅游接待服务业各相关企业出现了连带集中的趋势,具体表现为横向联合与纵向联合的方式。横向联合是指旅游接待服务业同一类型企业不同经营单位之间的合作。纵向联合是指旅游接待服务业与其所在产业链上的上下游产业进行合作和链接。最后,从旅游接待服务业的发展趋势来看,旅游接待服务业的外延正在进一步扩展、边界进一步模糊,因此,也增强了旅游接待业的综合性和复杂性。

(二)经济性

以经济收益为目的是区别私人接待与旅游接待的重要标志,因此,旅游接待服务业的经济性是不言而喻的。任何一个国家或地区发展旅游接待服务业都具有明显的经济动机。所谓"某某业"则指此种职能分类中具有共同生产性质或经营性质的具体劳动组合,是生产直接经济价值的特定劳动行业组织的业种称谓。旅游接待服务业是旅游目的地通过向旅游者提供旅游产品和服务获取经济利益的综合性行业,理所当然应该具有经济属性。

(三)服务性

旅游接待服务业是以出售劳务为特征的服务性行业,它向旅游者提供的产品是固定有形的设施和无形的服务,使游客得到物质享受和精神满足,主要是以无形的服务产品为主,有形设施和产品是旅游接待服务业为旅游者服务的依托和手段。旅游接待服务业的各个组成部门分散在旅游目的地的不同地点,以不同的方式,借助不同的服务载体向旅游者提供不同内容的服务。

(四)外向性

旅游接待服务业是面向外来旅游者的产业集合,因此外向性是其显著特征。正因为旅游接待服务业服务对象上的外向性,要求旅游接待业在一定程度上保持旅游目的地原真性特色。同时,也要根据接待对象的偏好、结构、规模等因素,做出适应性调整,以满足市场需求。此外,旅游接待服务业产生的经济效益和文化社会效益也具有显著的外向性,可以完成创收、创汇的任务,还可以促进各国、各地区人民的相互交往,增进人民间的友谊。

【相关链接】

世界旅游组织(UNWTO)发布"2019年国际旅游报告"
——国际旅游业继续超过全球经济

在相对强劲的全球经济、新兴经济体中不断壮大的中产阶级、技术进步、新商业模式、负担得起的旅行费用和签证便利化的推动下,2018年国际游客人数增长了5%,达到14亿人,这一数字比世界旅游组织预测的提前了两年。

与此同时,旅游业产生的出口收入增长到 1.7 万亿美元。这使旅游业成为经济增长和发展的真正力量,同时创造了更多、更好的就业机会,并成为创新和创业的催化剂。简而言之,旅游业正在帮助数百万人创造更好的生活,并改变整个社区。

国际旅游人数和收入的增长继续超过世界经济,新兴和发达经济体都受益于旅游收入的增长。旅游出口增长连续第七年快于商品出口,减少了许多国家的贸易逆差。

按地区划分,美洲地区 2018 年共接待 2.16 亿国际游客(+2%),创造了 3 340 亿美元的收入(+0%);欧洲地区接待了 7.10 亿国际游客(+5%),收入 5 700 亿美元(+5%);亚太地区接待了 3.48 亿国际游客(+7%),收入 4.35 亿美元(+7%)。

【同步思考】

与其他行业相比,旅游接待服务业有些什么特征?

任务三　旅游接待服务业的发展趋势

【任务布置】

(一)任务情景

接待服务业的溯源

古代的苏美尔人(古代两河流域的早期居民)早在公元前 4500 年的文物中就记载了接待服务的要素。当他们从狩猎采集转移到种植,由于生产物品的剩余,他们能够进行贸易,也有更多的时间花费在除了生产以外的其他活动,如写作、投资、陶艺创作、制作工具和饮食方面的款待等。公元前 4000—公元前 2000 年,中国、古埃及、古印度以及欧洲的早期文明活动已开始有一些接待服务供给的要素,如路边的酒馆和客栈,他们可能还生产了比水喝起来更特别的啤酒。当地的酒馆不仅提供数种啤酒,也如今天一样,还可以为人们提供一个放松与享受的地方。

古希腊与古罗马时代的著作中所提到的酒馆形式的接待服务是以《汉谟拉比法典》为伊始。在这一时期,旅行与贸易的增长也使得过夜住宿的形式成为一种必需品。最初,由于旅行缓慢、路途遥远而且费劲,很多旅行者的需求取决于私人提供的简单的住宿接待服务。随后,在古希腊和古罗马帝国,随着客栈和酒馆在各个地方涌现,古罗马人开始在所有主干道路上煞费苦心地建造设备完善的客栈。为了保证当时政府的官员和信差有可使用的、精力充沛的马匹,这些客栈一般相距大约40千米,且只能在特殊的政府文件许可下经营。一些有钱的地主也在他们房子的周边建造自己的客栈,这些客栈由家中奴隶经营。

中世纪时期的欧洲大陆,查理曼大帝在8世纪为旅行者建造了客栈提供旅途中的接待服务。在英国,驿站马车是当时受欢迎的交通方式,那时,一趟从伦敦到巴斯的旅程需要3天时间,于是有了数个驿站,并建有相应的客栈,被称为驿舍。随着旅游者数量在中世纪的增长,大量欧洲的路边客栈也拥有了类似如今的标准住宿服务。同时,随着客栈质量的提升,更多人开始旅行。由于很多旅游者家境富裕,习惯于优质的生活,因此,他们会期待有更好的客栈。

16世纪后期,一种被称为客饭的平民就餐场所开始在英国出现。16—17世纪是咖啡屋的时代,因为此时有两样"外来"的进口商品开始影响西欧国家的烹饪习惯:咖啡和茶。这些饮料进入欧洲人的生活曾经是一桩奇事,是旅游者前往君士坦丁堡(今土耳其伊斯坦布尔)享受那里的咖啡并将其带回欧洲的。17世纪,咖啡厅在欧洲各处涌现。截至1675年,意大利的威尼斯城邦已有许多咖啡厅,包括在圣马可广场的著名咖啡厅佛罗莱恩,数量之多即便是今天也能满足客人的使用。在英国,第一个英式咖啡厅于1652年开业。直到今天,咖啡厅仍是平日里人们的社交中心。

(二)要求

请同学们回答以下问题:

1. 接待服务业产生的原因是什么?

2. 当下的旅游接待服务业面临着哪些新的发展需求?

【任务实施】

随着游客消费心理的日益成熟,个性化、多样化的旅游需求日益突出,旅游逐渐成为一种不同的生活方式。一方面,游客越来越不满足于观光游,更期待深入体验当地居民的日常生活;另一方面,游客的需求更加多样化和个性化。在观光的基础上,有很多个性化需求,比如亲子、医疗、体育、科研、休闲度假、商务、移民、海外置业等,在这种消费背景下,传统单一的旅游接待服务已经不能满足市场需求,不断扩大经营范围,加强异地生活服务供给,是旅游接待服务行业发展的必然选择。

一、全球化的发展趋势

今天的世界与过往相比,全球化的趋势在更快速地改变旅游接待服务业的发展。根据世界旅游及旅行理事会(World Trave & Tourism Council,WTTC)的报告,如今,接待服务与旅游业是世界范围内规模最大、发展最快的产业,预计到2022年,该行业能够在全球提供超过

3.28 亿个就业工作岗位。在美国,接待服务与旅游业是排名前十的行业,能提供超过 1/8 的工作岗位。仅在 2013 年,美国每月增加接近 55 000 个与接待服务相关的工作岗位。今天,旅游接待服务业的快速发展让我们的世界真正地成为数年前描述的地球村。我们有机会在其他国家工作或度假,并且有更多人能够在世界范围内各个国家或地区自由地旅行。随着平均家庭收入和可支配收入的不断增长,在中国这一趋势更为显著,更多中产阶层家庭有兴趣去世界各地探索新的生活方式与文化,而更加便利的签证手续也促使旅游者更方便地在世界各国旅行。这使得旅游接待服务业在世界各国特别是发展中国家获得了长足的发展。

二、全域旅游时代,旅游接待服务资源整合、布局连锁化的发展趋势

2018 年,国务院办公厅印发《关于促进全域旅游发展的指导意见》,就加快推动旅游业转型升级、提质增效,全面优化旅游发展环境,走全域旅游发展的新路子作出部署。全域旅游就是要把一个区域整体作为功能完整的旅游目的地来建设,实现景点内外一体化,全域旅游是空间全景化的系统旅游,是跳出传统旅游谋划现代旅游、跳出小旅游谋划大旅游。

近年来,我国旅游消费从观光旅游时代进入休闲时代和度假时代,单一依托景区的做法难以适应旅游者的需求。要发展休闲旅游,就必须依托休闲街区、旅游街区、旅游风景道、旅游购物区或是旅游综合体等城市空间形态;而要发展度假旅游就必须依托度假区、生态露营地、旅游功能小镇、旅游主题民宿、高尔夫球场等城市旅游环境。要保障当下越来越多的散客旅游者的旅游品质,就要建立全社会完整的散客旅游服务体系。

旅游接待服务企业是以产品和服务为基础的,通过整个产业连锁布局,不仅可以有效盘活各种资源,畅通产业链,缩短供应链,提高效率,而且可以有效控制产品和服务质量,降低旅游产品成本,从而提高旅游接待服务企业的盈利能力,增强产品竞争力。随着每个企业的做大做强,构建一个从资源到渠道的完整产业链将成为行业的发展趋势。

三、产业转型升级中,优质服务是关键

质量是旅游接待服务业的灵魂,"优质旅游"在 2018 年被提上议事日程。中国旅游消费迎来优质旅游的新时代,但中国旅游接待业仍存在许多亟待解决的矛盾。一方面,中等收入阶层上升,旅游产品的供给无法满足多样化、个性化、优质化的需求;另一方面,旅行社企业之间的竞争也很激烈,加快产业旅游业转型升级,走质量发展之路,是适应重大社会矛盾变化,把旅游业培育成最具影响力的幸福产业,建设现代旅游强国的主要途径。

从功用上看,旅游是一种高品质的生活方式,追求的是旅游者的满足感,个性化、定制化归根结底都是为了满足游客的需求。既然出来旅游,花费多点少点无所谓,主要图个开

心,这是当前很多游客的真实想法。

品质消费时代的来临,也是当前旅游接待服务业发展的大背景、大气候。追求有品质的旅游,是推进旅游接待服务改革的大方向。改革要从政府、景区、游客三方入手,要从制度、秩序、素质等方面着力,解决旅游业的矛盾和问题。哪里游客意见大,哪里就是突破点;哪里暴露的问题多,哪里就是改进点。高品质的旅游体验,需要交通、景区、餐饮、住宿、购物、休闲等旅游全过程的精心服务。细节决定成败,用心创造品质。在这条为旅客创造更高品质旅游服务的路上,旅游接待服务还需要走得更远。

四、收益管理越来越受重视

收益管理也称收入管理,出现在 20 世纪 80 年代,是面向不可存储资产的收入管理,是一种为了提高收益的动态定价策略。收益管理最早应用于航空业,后来逐渐应用于航运业、酒店业、铁路客运、汽车出租业等,尤其在酒店这类高度竞争的服务业领域得到了广泛的应用。加强酒店业收益管理的研究,不仅对推动理论发展具有特殊的意义,而且对提高我国酒店业的收益和服务水平具有重要的实践价值。近些年,很多酒店都已经开始尝试建立收益管理团队和体系来进行市场需求的动态管理。收益管理常用的方法是需求预测、超额预订和动态定价等。

(一)需求预测

企业进行收益管理,将企业利益实现最大化的过程中,需求预测是必不可少的重要环节。对于接待业企业来说,收益管理的工作核心就是能够将客房的库存进行有效的控制,另外也包括客房、机票等的超额预订管理以及差别价格政策等,需求预测是接待服务企业为了实现收益最大化,而针对顾客、市场等对企业提出的各种需求进行提前的预测,然后根据预测结果安排旅游企业各种服务和产品。

在实际操作中,不同的旅游接待业务所出现的时间点是不一样的。比如,团队订房的需求总是比散客需求提前比较多的时间出现;在散客业务中,一些公司客户、包价客户可能由于其安排的前瞻性,能够提前预订。而相当多的一般散客订房需求出现得相对较晚,有很多接待业甚至当天才会有很多的订单。所以,很多接待业都是以已有预订作为主要判断的依据,实行先到先得的预订模式来进行日常预订管理。对于收益管理来说,其实就是要改变这种先到先得的操作方式。通过了解各种需求所出现的不同进度,并与历史数据、已有预订和最近的业务变化趋势相结合,在预订还未出现之前,预测出可能的需求数量,再加以优化,选择能够为企业带来最大化收益的需求。

例如,如果企业预测到未来的一段时间内,顾客和市场对酒店客房、航空公司机票、娱乐区门票等产品的需求较少时,企业可以采取类似于议价、团队预订优惠等销售策略来吸引服务的预订和入驻量；如果预测到的需求过高时，企业可以根据实际情况进行临时性调整，如取消团队预订优惠，向其他散客开放更多的预订等。总而言之，合理地运用预测结果，有效地利用现有资源，进而做出正确的市场决策，最大限度地刺激和满足消费需求，是旅游企业收益最大化成功的关键。

（二）超额预订

一般来说，超额预订是指接受的顾客订房数超过了接待业企业最大供给数量。以酒店为例，如果顾客实际需要住宿的客房数多于酒店最大允许客房数，超额预订便会带来超额销售。超额预订技术已被国内外各项实践证明能给酒店带来良好的经济效益。但近年来，酒店在运用超额预订技术的过程中也出现了一些问题。例如，酒店在实施客房超额预订时常面临两难的抉择：一方面，酒店客房产品具有不可储存性，虚耗的客房当天卖不出去，这给酒店带来的损失显而易见；另一方面，超额预订导致部分顾客有预订却因酒店客满而无法入住的现象越演越烈，使酒店的信誉受到损失引发法律纠纷，这也是很多酒店不愿意实施客房超额预订的原因。

然而，随着旅游电子商务的迅猛发展，酒店客房网络预订量的急剧增加以及网络预订的不确定性，都带来了酒店客房虚耗的增加。另外，近年来很多酒店开始提前一段时间着手客房的预订业务，这种预订周期的延长必然导致顾客预订后入住率的降低。因此，酒店客房的虚耗不但不可避免，而且还有增加的趋势。因此研究酒店如何在基于收益最大化的情况下实行超额预订应运而生，超额预订应该有个"度"的限制。从理论上讲，最优的超额预订点是当边际收益等于边际成本时。根据边际效益递减原理，相同的投入（如接受额外预订）带来的收益增量是递减的，当达到某一均衡点时，边际收益将等于边际成本，收益增量递减为零，相当于增加的收益和增加的成本相互抵消了，此时如果继续接受额外预订，收益增量将变成负数，总收益将从增加转而变成减少。因此，该均衡点是实现收益最大化的点，从而是最优超额预订点。按照国际酒店的管理经验，超额订房的比例可以是 5%～15%。按照国际航空业的管理经验，超额订票的比例也不应该超过 15%，以 10%～15% 为宜。

（三）动态定价

动态定价最早出现在 20 世纪 70 年代的美国航空业。1975 年，美国航空公司使用了"剩余座位"的方法，为商务旅客提供正价票，为休闲旅客提供折扣票，使销售额增长明显，于是"剩余座位"法在美国航空业中得到了广泛的应用。由于客人预订及入住酒店的时间和选择的服务及酒店的等级不统一，因此酒店的收益管理比航空业更复杂、更值得研究。所有企业的经营目标都是追求利润最大化，动态定价是酒店收益管理的主要策略之一，是通过合理制定各个时期的房间价格，追求酒店长久利益的最大化。

动态定价,即差别定价,指经营者在销售产品或服务时,按照多种不反映成本比例的差异价格进行销售,即对利润率不同的相同产品的一种定价方法。动态定价法的实施要在对市场需求准确预测的基础上进行,根据市场的变化及时调整客房价格。最常见的就是需求增加时调高价格,需求下降时也相应地降低价格。

接待业企业实施动态定价需要具备相应的条件。第一,市场可以被划分为若干个细分市场,且各个细分市场应具有明显的特点,比如预订方式习惯、支付能力、价格敏感度等。酒店的商务客人与观光客人就属于不同的细分市场。第二,产品具有不可储存性。例如,酒店的客房、航空公司的机票一天没有售出,就无法创造价值,它们无法像别的商品一样储存起来销售。第三,酒店产品通常有淡季、平季、旺季,不同的需求量应采取的价格不同。同时,接待业的产品与服务可以灵活组合以满足不同细分市场客人的需求。此外,细分市场的成本费用不应超过动态定价获得的额外收入。接待业的产品往往固定成本高,可变成本低,比较好进行成本控制。这些因素都使其非常适合采取动态定价。

大数据时代的到来使收益管理成为可能。大数据时代背景下,接待业行业要想在激烈的市场竞争中立足,不仅需要扩展数据收集的深度,同时需要成熟的大数据战略,对收集到的数据进行科学的管理与分析,将数据分析应用到实际经营过程中。随着科学的数据收集分析技术不断成熟,接待业可获得的有效数据越来越多,甚至还能够建立基于大数据数学模型对未来市场进行预测,了解市场供求关系变化,并且对区域人口、消费者水平、消费者习惯和爱好、产品的认知程度及供求状况加以分析,从而帮助接待业获得准确的市场定位。

【相关链接】

某酒店收益提升机遇分析案例

(1)豪华双床房

分别在星期四、星期日两天全部卖完,在星期三、星期五、星期六、星期一均成功销售19间,星期二销售16间。在这组数字背景下应该出现过如下问题:

①星期四与星期日,该房型订满后,不再接受预订,于是出现了订单流失客人流失到竞争酒店。

②其他日期该房型的销售热度依然很高,但最终没有满房,很可能是因为预订取消或NO-SHOW原因引起的房间空置。

③该房型市场热度比较高,而且总房间数比较少,从大市场环境分析双床房在本商圈的需求热度很高,该酒店在这个房型上的体量太小。

④该房型应考虑尝试执行动态定价,尤其是在OTA(美团酒店)渠道在每天16时左右,

考虑提价。

（2）商务大床房

一周内只有星期五、星期六、星期天的热度比较高，但是离满房的差距还很大，其他日期的需求量很低。结合其热度依然体现在星期五、星期六、星期天的情况，可以初步判断，该房型的定价与竞争对手价差较大，且明显高于竞争对手，倒逼客人优先选择竞争对手酒店，在竞争对手酒店接近满房涨价，或者满房后客源溢流，才来订该酒店。

（3）豪华大床房

市场需求量较低，其价格较高。这样的价格可以对应的客源群体相对较少，比如旅行团客人不接受这种价格；商务类、会议类客人能接受的较少；家庭式旅游客人，不太喜欢一张床的房间。以上几个方面的原因，都会导致该房型销售情况差。

（4）套房

典型的有价无市，长期滞销。在酒店产品结构中，属于鸡肋产品。

五、技术应用更加广泛

随着科学技术的进步和人们对旅游品质的要求不断提高，技术在旅游接待服务业中的应用将更加广泛，包括智慧旅游、大数据、人工智能等将更为普遍。智慧旅游是旅游业的创新发展，是顺应互联网趋势的产物，是改变我国旅游规模小、体验差等落后局面的制胜利器。"云服务+旅游"可以充分利用云服务和移动互联网技术从而提升旅游信息服务和加快旅游智能化。推进"互联网+"模式在乡村旅游产业中的合理配置、对旅游业的提升游客体验、科学和规范化管理等方面都将起到至关重要的作用。旅游管理者可利用智慧旅游系统有效采集各种旅游资讯，方便用户查询，便利发布各地旅游资讯吸引游客的目光，基于旅游者（表1.1）的需求，提供快捷的旅游服务和高性价比的旅游产品。

表1.1　旅游接待服务业应用主要功能

旅游资讯	提供旅游信息分享、旅游攻略和导游等服务
旅游产品预订	提供旅行社设计好的各种旅游线路
酒店预订	提供酒店、公寓和民宿等预订和查询服务
门票预订	提供旅游景点的门票预订
交通预订	提供机票预订、值机等服务；提供火车票预订以及列车时刻查询；提供公交、地铁和巴士等线路查询以及票务等方面的服务
点评分享	用户可以对购买的旅游产品进行评价，或者分享至其他网络平台
其　他	保险、翻译、签证、换汇、礼品卡等

通过新技术加持,实现游客服务多样化。例如,为游客提供线上、线下自助式旅游信息查询、门票购买、酒店预订、旅游商品购买等服务,实现自助下单、支付;在机场、火车站、汽车站、游客集散中心设立智能旅游服务体验中心,利用 VR、AR 等技术为游客提供沉浸式体验。再如,通过开发旅游景区小程序,使游客无须下载即用即走,无须注册,直接使用,实现体验感提升。此外,小程序还应具备为游客提供景区展示、线路导航、电子导览、景区周边查询、门票购买等服务功能。

大数据时代的到来也为旅游接待服务业的精准营销和顾客服务创造了条件。精准化营销能整合游客各方面的数据信息,并以此实现预测功能,促进人流量的增加。它们根据游客社会属性、生活习惯和消费行为等信息抽象出若干个标签,绘制游客画像来预测游客下一次购买的产品、时间等(表1.2)。比如智慧旅游景区在提升旅游体验方面可说是相当给力。智慧旅游景区可以基于大数据及机器学习技术,通过智能标签对客户进行区分,充分掌握游客来源地、年龄、兴趣偏好、消费偏好等游客画像,并准确找到游客兴趣点,从而实现精准的信息推送,精确命中用户需求,提升旅游营销效果,为游客提供方便、快捷、智能化的高质量旅游服务,从而来提升游客的旅游体验。

表1.2　游客的数据信息分类维度

游客固定特征	性别、年龄、地域、教育水平、职业、星座等
游客兴趣特征	兴趣爱好、使用 App、网站、浏览/收藏/评论内容、品牌偏好、产品偏好等
游客社会特征	生活习惯、婚恋、社交/信息渠道偏好、宗教信仰、家庭成分、游客消费特征(收入状况、购买力水平、商品种类、购买渠道喜好、购买频次等)
游客动态特征	当下时间、需求、正在前往的地方、周边的商户、周围人群、新闻事件等

【相关链接】

数字化时代,传统酒店在万亿市场中该如何立足

2019 年的今天,各行各业都已经进入了数字化战局,就连一向被贴上"传统代表"的酒店行业,也在加快速度转型,掀起一股又一股的浪潮。如今酒店在智能化的灯控、光控、空调的控制方面已经相对成熟,在这基础上他们又迎来了无人酒店、智能客房管家、机器人酒店等技术。

纵观国际酒店行业,国际酒店对智能建设的重视可谓是极高的,战略落地也不断加快。例如,希尔顿开设科技创新中心,探索未来酒店业和客户体验;万豪联手三星、罗格朗,打造智能声控"未来客房";亚马逊酒店语音智能:瞄准 B 端扩张 Alexa 服务等。我们可以很明

显地看出，希尔顿、万豪、洲际等国际酒店品牌纷纷推出智能酒店概念及实验项目。

据 Tnooz 报道，研究表明，很多酒店在 IT 方面的支出将用于提升数字客户参与度，酒店需要对满足客人实时、智能等需求的技术进行大量投资。酒店行业开始重新审视消费者的价值，研究个性化的东西，这就是今天所讲的数字化运营。

2017 年，随着经济的快速发展，人们的出行需求随之快速增长，酒店的预订引擎更是越来越紧迫，大家都在 OTA 渠道上面疯狂地"抢"。而酒店只需要在门店坐等客人上门即可。对于酒店来说，OTA 平台做到了客源的大范围接入。但平台承担了原本酒店的运营职责，同时拿走了会员的渠道。酒店自身并没有什么话语权，资源不是握在自己手上，自身发展就很被动。

这种关系发展到现在的数字化时代，痛点越来越明显。一方面，酒店需要支付给 OTA 平台较高佣金；另一方面，通过 OTA 渠道来的顾客，住完就走，酒店无法与用户产生联系，无法形成可持续的用户沉淀，获客转化是难上加难。简而言之，会员背后就是订单，但会员并不掌握在酒店自己手上，在这个数字世界中顾客与酒店品牌的联系越来越弱，即面临着生存危机。

在这个面临生存危机的时刻，酒店行业的拐点——"数字化运营"出现了。渐渐地，酒店品牌从传统的渠道之争，开始转到"数字化运营"这一根本。但是酒店的"数字化运营"看起来很美，做起来又很难。

酒店业牵手互联网平台发展"数字化运营"，是一个相对便捷的选择。一方面，酒店借助拥有庞大流量的互联网平台，以及其提供的数字化自运营工具，建立起自己的数字化营销体系。另一方面，支付宝、微信等平台也都在开放自身数字能力，为酒店行业转型突围提供解决方案。OTA、酒店集团、互联网平台，三方的融合与博弈，正搅动着酒店行业的江湖。

在这一方面，微信与支付宝提供了两种不同思路的解决方案。

不久前，微信支付公开了"智慧酒旅解决方案"，涵盖运营和活动等层面。在酒店智慧直销方面，包含了小程序订房、微信支付分、刷脸支付、搜索优化等六大工具；在服务方面，微信支付也提供刷脸住、扫码住、免押住等方式。

我们可以看到，在酒店场景的赛道上，微信依然是娴熟的社交裂变玩法，线上营销、社交裂变激励、到店客人线上化留存等手段。背后是一以贯之的"去中心化"思路，提供工具和方案，让酒店商家利用工具自主掘金微信流量。

与之相比，另一大巨头平台支付宝却是走了一条借力中心化的道路。一方面开放官方流量阵地，如会员频道、信用频道等；另一方面提供运营工具，为商家释放足够的操作空间，把公域与私域结合。支付宝超 8 亿的会员体系，是其撬动酒店行业的主要优势之一。

"首旅如家"与支付宝的合作，正是源于这一契机。首旅如家与支付宝之间的合作是一种资源互补,酒店集团提供优质的酒店资源和服务,支付宝提供完善的用户服务解决方案。

数据显示,首旅如家与支付宝实现会员互通后,首日便收获 10 万新会员,现在累计新会员已近百万,而小程序日访问也有近 30% 来自会员频道。

在微信生态,酒店行业在于可以拥有一个属于自己的私域流量池,借助小程序、公众号、企业微信等能力,让流量不"流走",沉淀于自己的流量池子中,最后在 OTA 之外建立一条专属自家酒店的直销渠道。

而支付宝的优势在于,与阿里生态的联动能力和丰富的跨界可能。酒店集团上线小程序,就有机会对接到阿里生态下的如高德、钉钉、UC、口碑、飞猪等平台上的流量池,引进潜在的客户,慢慢转化。

总而言之,在数字化世界里,数字化运营不只是酒店行业升级转型的必然趋势,更是一场迎难而上的存亡之战。

【同步思考】

新技术的应用对旅游接待服务业带来什么样的影响?

除书中所提及的内容外,你认为国际接待业还有哪些发展趋势呢?

【知识归纳】

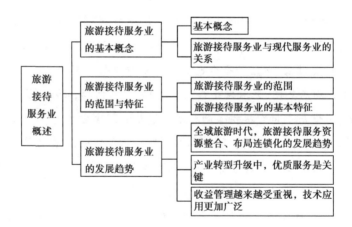

【思政要点】

请说一说,你认为旅游接待服务业在现代社会中应该发挥什么样的功能和作用?

【实践活动】

调查旅游接待服务业情况

实训目标：

旅游接待服务业与人们日常生活关系密切,它是服务业的一部分,与旅游有密切关系,包括但不限于酒店、餐厅和景区、交通等。接待业企业通常提供一个完整的住宿和服务的范围。

学生应理解旅游接待服务业的内涵和范围,对所在地区旅游接待服务业进行调查,了解 1~2 家企业的基本情况。

实训组织：

通过实地走访、网络资料查阅等形式对接待服务型企业进行认知实习。

实训任务：

组织调查所在地区的一家旅游接待服务型企业,根据调查情况写出调查报告。

实训内容：

1.调查企业的品牌、经营业务范围、服务功能种类、经营规模、价格及特色、市场定位等的基本情况。

2.访谈企业管理者,了解行业发展情况。

3.写出心得体会和调查报告。

【同步测试】

1.什么是旅游接待服务业?

2.旅游接待服务业的范围是什么?

3.旅游接待服务业具有哪些特征?

4.简述旅游接待与现代服务业的关系。

5.旅游接待服务业具有什么样的发展趋势?

项目二

旅游接待服务业
管理与经营理念

【项目目标】

> 1. 了解旅游接待服务从业者与管理者。
> 2. 理解旅游接待服务业企业的经营理念。

【项目实施】

【任务引例】

旅游接待服务业的职业发展

泰国曼谷东方酒店被很多人认为是世界上最好的酒店之一，当这位有着30年酒店管理经验的资深人士，前总经理科特被问及"成为最优秀酒店的秘诀是什么"时，他回答道："服务！服务！服务！提供服务就是'提供产品或服务'以及'提供帮助'。"每天我们要面对成千上万的客人，为每位客人提供符合他们期待的服务是很重要的，同时这也是挑战。显然，服务精神在你的行业中扮演着重要角色，不管你占据哪个职位或拥有什么头衔。接待服务业对于那些喜欢做自己事情的企业家来说，也是一个很好的选择，无论是经营酒吧、餐饮公司、餐馆还是节事活动或会展策划等，对于创业或尝试开始一个新的职业发展的人，接待服务业的前景都是很好的。思考一下：你可以以一个餐厅概念为初始，开第二家，然后开始经营连锁餐馆。不管你的梦想和目标是什么，接待服务业总会为你提供机会。这样的例子比比皆是：有一个移民在洛杉矶道奇体育场外面开设了一家卖热狗的小店，后来他成为这个连锁餐厅的所有者，变成了千万富翁——卡尔·凯奇，即卡乐星的持有者；洗碗工拉尔夫·卢比奥现在拥有卢比奥新鲜墨西哥烧烤服务餐馆的连锁经营权。这家餐馆自1983年开业以来，已销售超过5 000万份鱼肉玉米卷饼。更近一些，霍华德·舒尔茨在20世纪80年代去米兰时，对意式咖啡店的流行印象深刻，并看到了其在美国发展咖啡酒吧文化的潜质。现在他已经有超过18 000家星巴克了。其实，在接待服务业，任何一个想法都有可能成为下一个炙手可热的创业创意。

任务一　旅游接待服务从业者与管理者

【任务布置】

(一)任务情景

关于旅游接待业从业发展的建议

2022 年以来,全国高校毕业生迎来了更加复杂的就业形势,1 076 万毕业生将创历史新高。调查显示,近四成毕业生就业岗位与专业不对口,其中大旅游服务业占不小比例。勉强就业是由于毕业生在校的学习缺乏市场经验,要达到职场人的经验还远远不够,因此他们通常都是被分配到一线岗位且还不能很好地胜任岗职。

针对毕业生的就业现状,香格里拉集团中国区人力资源副总裁认为:"现在的高校毕业生越来越懂得设计和选择自己的职业道路。如果有什么忠告的话,那就是学习,一生的学习。因为我见到太多不是尖端精英学校毕业的,但最终比尖端精英学校更成功的,当然尖端精英学校出来的学生起点更高,更容易成功。一生保持学习,一生保持谦虚谨慎。"如果你能保持"温良恭俭让、谦虚谨慎"的态度,拥有永远敞开心胸、永远都能接受新鲜事物的心态,没有可能不成功。当下,一些学生会存在"你不要来教育我,我有我的个性"的心理,反而可能会让自己处在事业比较困难的阶段或者瓶颈的阶段,"脱不开自己内心深处的自我意识,将是一个很严重的问题"。

(二)要求

请同学们思考以下问题:

1. 你了解旅游接待服务业职业发展路径吗? 它有哪些内容?

2. 旅游接待业从业者应该具备哪些素质?

【任务实施】

我国旅游资源十分丰富,是世界旅游资源大国之一。在改革开放后的 30 多年里,特别是进入 21 世纪后,我国旅游业得到了长足的发展,已成为世界第三大入境旅游接待国和出境旅游消费国,并形成全球最大的国内旅游市场。根据世界旅行和旅游理事会(World Travel & Tourism Council,WTTC)2019 年报告,2019 年旅游业对全球 GDP 贡献占比 10.4%,直接、间接和引致就业的总量达到 3.19 亿个就业岗位。全球平均每 11 个就业岗位中就有一个与旅游接待服务业有关。

一、旅游接待服务业人才需求现状

随着我国旅游接待服务业呈现集团化、国际化发展趋势,旅游市场迅速扩大,专业的旅游人才十分紧缺。2019 年,根据艾媒数据中心统计全国旅游业直接从业人员约有 2 825 万人,专业旅游人才的实际需求量将达到 3 000 万人,旅游人才的缺口至少是 200 万人,今后这个缺口还将以每年 20 万人的速度递增。与此同时,我国酒店业也随之快速发展,酒店对人才的需求量也在不断上升。据统计,目前对国内星级酒店来讲,其人才的缺乏数量已经高于 10 万人,特别是管理岗位,满足率还达不到 1/2,人才缺口已成为抑制我国酒店业发展的重要瓶颈之一。

(一)从业人员构成情况

在现有的旅游从业人员队伍中,有相当一部分并非旅游专业,其中又有很多是半路出家,未曾受过系统、正规的旅游教育和相关培训,其所具备的管理知识和方法缺少先进理论的指导。从旅游接待企业的招聘情况来看,目前我国旅游接待从业人员的主要来源偏向于专业素质较高的中职和高职毕业生(图 2.1),52.35% 的旅行社和 66.7% 的酒店对中职类学生表示很需要,由此可见,职业院校学生在旅游企业中比较受欢迎。企业比较看重学生的综合素质(职业道德、服务意识、意志力)和职业综合能力(团队协作能力、随机应变能力、人际沟通能力、学习能力、适应能力),认为这些方面能力的培养非常重要。

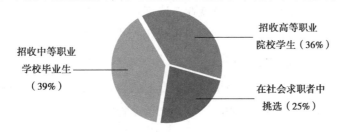

图 2.1　旅游接待服务业员工主要来源

旅游接待业服务是一个关联性极强的产业,它几乎与所有的产业都有直接或间接的关系。世界旅游组织预测,每增加 1 美元的旅游收入,就会带动相关行业增收 4.3 美元。在经济危机时期,旅游业和相关行业同时不景气,国际入境旅游服务下降的同时,酒店入住率也急速下降。2008 年,我国三大航共亏损 279.06 亿元,是中国民航历史上三大航最高亏损纪录。

交通运输业的发展可以使境外旅游者方便快捷地到达目的国,旅游国境内交通是否便利直接影响旅游者是否能方便快捷地到达旅游目的地,进而才能有进一步的旅游消费。交通运输业发展不仅会带来本行业就业人口的增加,同时也会对旅游相关行业就业人口的增加起到促进作用。

餐饮与住宿行业是旅游接待服务中最核心的行业,这是旅游者必需的消费。餐饮与住宿行业的发展直接关系到旅游业及其相关行业收入水平的提高,若餐饮与住宿行业能为游客提供方便、舒适的服务,不仅能直接增加本行业的收入,还能带动周边产业的发展,提高相关行业收入,从而增加相关行业就业岗位。

零售业在旅游接待服务中也起到了很大的作用,旅游者出游都会带旅游地的特产作为纪念或者是作为礼物送给家人和朋友。旅游产品行业要积极研发能体现旅游地特色的产品,而且要考虑方便携带,有纪念意义。旅游产品零售业的发展,会直接影响旅游产品生产工厂的就业人口数量。

邮电通信和金融行业都是旅游服务接待过程中不可缺少的。境外旅游者在旅游地需要办理本地可以使用的手机卡,或者要求旅游者国家的手机卡在旅游目的地能有效使用且费用不高、信号还要好。这就需要邮电通信行业的国际合作,以及在本国的服务质量,信号的覆盖面是否能达到要求等。金融行业的作用主要体现在外汇兑换是否方便快捷,这就要求银行有系统高效的业务办理体制和高效迅速的高素质工作人员。旅游者在邮电通信和金融系统的消费对本行业而言所占比例较小,但是该行业发展是否完善,直接关系到旅游者对旅游地的整体感受,邮电通信和金融行业的发展也是接待业就业潜力的表现。

据经验研究显示,我国旅游就业主要由接待量增长和景区环境扩容所导致,技术水平的提高对旅游就业效应有一定程度的副作用。旅游就业效应从就业的类型和层次来看,可以分为旅游直接就业、间接就业和引致就业。这三种类型的就业基本上确定了旅游就业的总量,而拉动效应主要通过对间接就业和引致就业的估算得出。

(二)旅游接待服务业人才需求特征

随着旅游接待服务业的发展,旅游市场对专业旅游人才的需求呈现新的特征。

1. 专业技能强、职业道德良好的应用型人才备受青睐

无论是旅行社、旅游景区景点,还是酒店住宿业,缺乏的正是掌握实际工作技能的一线服务人员。此类人才需要具备扎实的知识基础,能够熟练地独立进行基本服务操作,且具有较高的职业道德素质和较强的服务意识,具有良好的工作作风。

遵守社会公德和旅游接待职业道德是旅游接待服务业人才的根本要求。旅游接待服务从业人员的工作具有较广泛的社会影响,因此要求他们严格遵守社会公德和旅游接待职业道德,防止和纠正行业不正之风。与旅游者相比,旅游接待服务从业人员在旅游活动中处于主动地位,把握着信息优势,假如旅游接待服务从业人员职业道德欠缺,旅游者的合法权益就难以得到保证。根据我国实际,旅游接待从业人员要遵守的职业道德规范主要有:热情友好,宾客至上;真诚公道,信誉第一;文明礼貌,优质服务;不卑不亢,一视同仁;团结

协作,顾全大局;遵纪守法,廉洁奉公;钻研业务,提高技能。

2. 具有综合性知识的复合型人才抢手

现阶段,旅游接待服务业对从业人员的知识水平提出了更高的要求,"一专多能"成为对从业人员新的基本要求。此类人才综合素质良好,既在某一领域有独到见解和造诣,又具有扎实的基础文化知识和深厚的文化底蕴;法律法规、品牌建立与维护、经营与管理、国家及地域文化、宗教以及财会金融等各方面的知识,都需要从业人员去了解和掌握。在能力要求上重点包括以下方面:

(1)语言表达能力。语言表达能力是旅游接待服务业从业人员的基本技能。旅游接待从业人员首先要讲好普通话,语音要准,词汇要丰富,表达要准确;其次要学会一门甚至几门外语;再次是要有较好的语言运用能力,即较好的口头表达能力、笔头表达能力和语言转换能力。

(2)人际交往能力。旅游接待从业服务人员服务对象是游客,是具有丰富感情和各种各样心理需要的人,他们的处事态度、个性特征往往差异很大,为了做好服务工作,需要加强同他们的交流、沟通,以达到相互理解、提高服务质量的目的。此外,在为游客提供服务的过程中,旅游从业人员还要同旅游接待单位的人员打交道,处理好同他们之间的关系。

(3)组织协调能力。旅游接待服务从业人员在整个旅游行程中担当着组织者和协调人的角色。每一次参观游览活动,都离不开从业人员的组织以及和酒店、景点还有旅行车等方面的协调。为使整个旅游活动的各个环节能够紧密衔接,旅游接待计划的内容顺利得到实施,相关从业人员必须具备较强的组织和协调能力。

(4)对从业者的心理与行为素养提出更高要求。即使拥有了以上专业素质,假如没有一个良好的心理素质和健康体魄,也是无法从事旅游接待业的。所以,接待业从业人员必须是健康的人,达到身体健康、心理健康和社会适应能力良好三者的完善统一。接待业从业人员要有良好的心理素质,一方面要经得起游客的赞扬而不自我陶醉;另一方面要随时准备承受某些误解、怨言、委屈,甚至打击。接待业从业人员要做到在各种环境中都能保持一种持续的、积极的、良好的心理效能状态,做到处处为游客提供超常服务。

行为素养要求接待业从业人员应该气质高雅、语言文明、平等待人、举止大方等,既要有美好的职业形象,又要有良好的职业习惯,学会与不同类型的游客打交道。接待业从业人员在为顾客服务的同时,也在宣传着企业和个人,他们的言行举止直接影响到顾客的满意度和下次购买的决定。

3. 对于高阶新能力的需求已初现端倪

新的历史时期,专业的旅游接待服务人才还要更多地衍生出适应时代发展的高阶新能力。例如:运用多种思维方式处理和解决问题的能力;团队协作沟通和解决现实问题的能力；善于学习发现并不断更新完善自我的能力；使用信息技术的能力，以及拥有丰富的想象力和独特的创新能力等。

4. 新兴领域成为人才需求一大缺口

在现有的旅游行业结构中，中高层旅游接待人才稀缺，尤其是缺少兼具实践技能和管理能力的人才。而新兴的业内领域，如会展管理服务、康乐休闲度假、旅游信息整合、项目开发规划以及旅游品牌的维护和拓展人才已成为旅游市场人才需求新的缺口。

今天，旅游接待服务业的规模、范围和职业前景正在逐渐提升。我们已经认识到这是一个令人激动并具有动态发展潜质的行业，尤其是在经济发展较好的情况下，要想在接待服务业中获得成功需要诚实、努力工作、善于团队协作，以及能够忍受长时间工作的品质；同时，需要具有强抗压力和决策能力、良好沟通的技能、勇于为顾客服务的奉献精神，以及拥有提供超越顾客期望的服务的热情和渴望。领导力与雄心也是在这一行业获得成功的重要且必备的素质。

二、旅游接待服务业管理者的新思维

随着接待服务业管理实践的不断发展，同样要求管理者的思维要随之改变。国际接待业管理者应具备以下新思维。

（一）创新思维

习近平总书记曾着重强调，"企业持续发展之基、市场制胜之道在于创新"，并指出，"综合国力竞争说到底是创新的竞争。要深入实施创新驱动发展战略，推动科技创新、产业创新、企业创新、市场创新、产品创新、业态创新、管理创新等，加快形成以创新为主要引领和支撑的经济体系和发展模式"。可见，今天的中国比以往任何时候都更加需要创新驱动、创新发展。

创新思维是一种思维方法，这种思维方法综合运用了多种思维方式和逻辑模式，在社会实践需要所制约的目标的指导下，在一定心理结构的影响下，对储存的和外来的信息，经过鉴别、筛选、重新联结和组合，从而产生新知识，构成新理论和新发现。创新思维的基本形式有类比、灵感、直觉、想象等。

创新思维对管理者之所以如此重要，是因为接待服务业管理的实质在于创新。从旅游接待服务业来看，随着社会和经济发展，旅游接待服务业市场分工越来越细，旅游接待业产品雷同、千篇一律的现象比较突出，致使旅游接待服务业间竞争加剧，甚至出现恶性竞争，企业成本上升，效益下降。而旅游消费者对旅游服务和产品需求的多样化要求旅游接待业服务和产品的供给也必须呈现多元化的形态。因此，旅游接待企业首先必须立足市场，科学制定企业的经营战略。其次，旅游接待企业的硬件不能一味攀比豪华、气派、大而全，而应该在企业战略的指导下,立足于自身资源赋存状况和企业实力,尽量规划设计出独具风格、品位、气氛和文化特色的硬件产品。最后,旅游接待服务业软件也要在规范化、标准化、程序化的基础之上进行一定的提升和创新,努力向个性化、特色化、形象化的方向转变。旅游接待服务企业唯有秉持这种创新的思维观念,持续开展创新性和改造性的工作,方能不被市场淘汰,在竞争中不断发展前进。

此外,旅游接待服务业在管理上还必须善于利用现代先进的信息技术和科技手段,以提高旅游接待业管理水平。例如,随着信息技术在旅游接待业的广泛应用,现代新型营销方式,如微博、微信、抖音 App 等新型网络营销以及一些优质真人秀综艺节目等内容营销都能够有效展示酒店的形象和服务,快速传播并提升企业知名度;另外,企业还可以充分运用大数据、云计算等现代信息科技收集整理、分析和研究顾客信息,并与顾客建立良好的互动关系,以实现高效率的旅游产品和服务的生产、经营和销售管理,这对降低企业的销售成本,提高企业的经济效益和管理水平有着非常重大的意义。

【相关链接】

创意是灵魂

2016 年,上海迪士尼开园,全国各地的人带着自己的城堡公主梦奔沪追忆童年。第一年上海迪士尼就净赚近百亿,当年收回投资,势头一片大好!中国首富当时放话:因为万达在旅游业的存在,要让迪士尼二十年赚不到钱!但是从现在来看,这句话确实是在打脸。

2017 年,万达把 77 个酒店和全部 13 个文化旅游项目卖给了富力和融创,宣布了万达在旅游行业的终结。其原因离不开创意的匮乏。万达旅游城每个项目都是投资数百亿,手笔很大,但是创意却有些一言难尽。简称为 PPT 式"套模板"加上地标"连连看",广州万达城是一朵木棉花,南昌万达城的地标性建筑是一个陶瓷罐,无锡万达城是一个紫砂壶,哈尔滨万达城是一个冰壶,合肥万达城的地标是一只花鼓……

2016 年迪士尼全球营收达 556 亿美元,超过中国互联网 BAT 三巨头的总和。是什么支撑着这个百年老企业狂秒中国的互联网企业?第一是创意,第二是创意,第三还是创意。

迪士尼影业创作了无数经典的卡通角色,拥有全球几十亿的庞大粉丝量,迪士尼主题公园的出现成为人们圆梦"公主王子"的梦工厂,各种原创 IP 卡通人物偶像的出现打破了影片到现实的心理破壁。而万达旅游城千篇一律的游乐设备,没有弄明白旅游竞争的灵魂在于创意策划!

云南迪庆州十多年前财政收入仅有 3 000 万元,有了石破天惊的"香格里拉"大创意之后,十年游客增加一万倍!大理创意"风花雪月",仅仅一句广告词,让大理成为天下文艺青年洗涤心灵的胜地,这就是创意的力量。

随着人们的生活水平越来越高之后,旅行的成本越来越低,你会发现,就算每年五一、十一小长假都挤爆了,身边还是有大量的旅行者。也就是说,人们对旅行是有强烈渴望的,这种渴望是希望能够体会与现实常规生活状态的一种抽离。不论是学生党还是上班族或者是自由职业者,都希望能在一场旅途中感受到不一样的东西,不一样的文化,不一样的风景,不一样的生活方式等,这才是旅行真正的意义。

然而,很多景区还没有捕捉到时代更迭带给人们旅游观念的更新,不站在旅行消费者的角度盲目开发,"啥火搞啥",网红栈道、网红桥、网红灯展,旅行者浪费时间、浪费精力穿越了大半个中国,看到一模一样的网红景区,能不糟心吗?这样一来"门可罗雀"的现象就容易解释了。

现当下社会关于旅行的新定义,所有旅行爱好者都还在一起感受和探索,而旅游目的地的策划者、管理者应该要比旅行者拥有更超前的商业敏感度,及时碰触到这一改变并进行反应才能迅速占领市场。

当然,这个喜好不是无迹可寻的,其实我们从综艺节目的发展可以瞧出一些端倪来,为什么《向往的生活》《中餐厅》《亲爱的客栈》《忘不了餐厅》这些慢综艺越来越受大家欢迎?大概是我们都希望在光怪陆离的快节奏生活里找回内心的一丝平静,感受撕去生活标签后最真实的自己。慢下来,去生活,可能就是向往的旅行吧。

(二)竞争思维

随着我国对外开放程度的不断加深,我国各行各业都融入了全球激烈的市场竞争中。世界酒店集团百强排名年年都在发生变化,有些酒店集团从中消失了,又有一些新的酒店集团挤了进来。因此,在现实生活中,旅游接待服务企业要想在竞争中立于不败之地,就必须树立正确的竞争思维,合理地运用竞争战略,不断培育企业的核心竞争力。旅游接待服务业管理者的竞争思维体现在四个方面。

1.服务竞争

服务竞争主要体现在创新服务理念、优化服务流程、提升服务技能、增强员工服务素养、升级智能服务系统等方面。通过不断提高服务质量,以比竞争者更优质的产品和服务满足顾客需求。

2.营销竞争

在新的时代,旅游接待服务业的营销竞争着重体现在创新营销思想、制订营销战略、积累营销资源、选择营销手段、实施营销管理等方面。通过竞争的思维和方式思考营销战略战术、选择营销策略,以培养营销能力,最终实现企业营销竞争能力的提升。

3. 品牌竞争

品牌是企业所独有的、不能被竞争对手轻易模仿的一种竞争力,它是企业核心竞争力的外在表现,有不可替代的差异化能力。强势的品牌产品不仅具有更高的品质认知,而且还具有较强的溢价功能,能卖出比竞争对手更高的价格,并能获得更多的顾客认同,从而使企业具有能够持续盈利的能力。

4. 文化竞争

旅游接待服务业的文化竞争主要是指企业文化竞争。所谓企业文化,简而言之,就是企业里面一脉相承、独立而又完整的理念体系的总和,包括企业领导者的管理思想、经营理念,企业的制度和服务文化,以及员工言行举止、仪容等外在的形象气质风格。企业文化是一个企业区别于其他企业的存在形态,它的正确性、先进性、完整性决定着一个企业的竞争力和长远发展的能力。

优胜劣汰是市场竞争中的根本法则,但这种法则是建立在公平竞争的基础上的。事实上,旅游接待服务业不同企业之间的竞争应是一种竞合关系,即在竞争中求联合,在联合中有竞争,在竞争中共同发展。且竞争只是一种手段,顾客导向要高于竞争导向,因为旅游接待业的根本目的是满足顾客需求,而不仅仅是打败竞争对手。因此,旅游接待业具有竞争意识,并不意味着旅游接待业可以不择手段地进行不公平竞争,旅游接待业必须在遵守行业规则和社会道德的基础上进行合理合法的竞争。

(三)打造团队、培养团队意识的思维

旅游接待服务企业在面对行业间的强大竞争时,培养员工的团队意识,构建良好凝聚力和执行力的团队至关重要。团队的有效合作与密切配合能够极大地提高企业的工作效率,形成 1+1>2 的结合力,才能不断推动企业向前。员工应将企业作为自身基本生活和安身立命的保障,并且自己能够在企业团队里面找到自我存在的价值,有强烈的归属感和幸福感。具体来说,企业团队应注重以下几个方面进行培养:

1. 确立明确且深入员工内心的团队目标

旅游接待服务企业首先需要确定明确的方向和目标,企业目标能够带领大家朝着共同的方向努力、拼搏,直至达到预期的结果;其次,企业目标必须经过深思熟虑后制定,并符合自身发展要求。最后,目标一经制定,必须向企业全体员工进行传达、解释和宣讲说明,不仅要让每位员工清楚明白企业制定目标的依据,还必须得到每一位员工的深深认同,自觉地统一思想、明晰工作任务,这样才能有计划、有目的地去实现企业的目标。

2. 培养员工的角色意识和主人翁意识

首先,每位员工都应该有清楚的角色认知,员工要了解自己所在的旅游接待服务企业在整个旅游接待业社会系统中的地位,明确自身对企业团队的责任、义务和权益,并自觉、

自愿地投入其中。培养员工能正确处理自身同其他成员之间、个人和团队利益之间的关系,保证在团队整体利益最大化的前提下开展工作。

其次,旅游企业要培育员工的主人翁意识,要创建浓厚的亲情文化,使员工把企业视同自己的家,意识到自己是企业这个大家庭不可缺少的一名成员,自己有义务且有信心为实现企业的目标和任务贡献自己的全部力量。

最后,企业管理者还必须通过各种渠道驱动员工积极为企业的经营服务和管理活动献计献策。因为企业管理者的智慧毕竟是有限的,企业只有充分吸收全体员工的智慧和力量,才能更好更快地完成企业团队的共同目标和任务。

3. 培养员工对企业的高度信赖感和服从意识

要求旅游接待服务企业的管理者具有较高的人格魅力和管理才能,使员工对企业的管理者和上级部门充分信赖,并自愿服从管理者或领导者的指挥和调配。旅游接待服务企业可通过物质和精神上的双重激励提升员工对企业的归属感和高度信赖感,自觉服从企业的命令。这里的服从并不是指盲从,而是员工发自内心地认为自己是企业团队不可或缺的一部分,主动、自觉地服从、执行组织原则,甚至能够舍弃个人利益而坚定地维护企业的整体利益。

4. 培养员工的个性化意识与能动创造性意识

旅游接待服务企业建设优质团队,必须关注员工个性化意识的培养,在强化员工组织纪律性的基础上,能根据员工的兴趣、爱好和特长等因素积极培育、开拓员工的个性,鼓励员工充分发挥和展示自身的优势,充分发挥员工能动的创造性,为企业的可持续发展贡献智慧和力量。

(四)前瞻性思维

前瞻性思维是人们根据客观事物的发展规律,先于客观事物变化的、具有超前性的思维意识。接待服务业管理者的前瞻性思维对企业长期稳定的发展具有十分重要的影响,要培养前瞻性思维,可以从以下几个方面入手:

①拓展自身知识背景。管理者自身所具有的知识水平、应用能力及思维方式、思想传统等对管理者的前瞻性思维产生重要影响,决定了思维了广度和深度。

②注重调查研究。管理者要密切关注市场,这样才能够有机会提前发现市场机会,并先于竞争者进行决策和实施行动,从而为企业创造更大的价值。

③增强角色意识。角色意识对思维活动具有定向、控制和调节的作用。管理者角色意识的强弱直接影响对工作前瞻性的效果。管理者的奉献精神、创新意识等领导角色意识的增强,有助于管理者提高发现问题、分析问题、解决问题的效率。

④掌握预测技术。管理者需要学习科学管理技术,掌握预测技术方法,通过数据统计、

推理和验算为企业决策提供有力支撑。

⑤发挥多元思维。由于前瞻性思维具有不确定性、或然性等特点,管理者要尽量使预见结果和事物发展趋势之间的差异最小,努力避免决策上的失误。因而就要求决策者要全方位、多角度、系统性来观察和思考问题,敢于突破常规思维,善于另辟蹊径。

【同步思考】

旅游接待服务业从业者应具备怎样的能力和素质?

任务二　旅游接待服务业企业的经营理念

【任务布置】

(一)任务情景

上海波特曼里兹酒店

酒店的企业文化影响着对客服务、员工向心力、客房出租率等诸多方面,关系着酒店的发展甚至是存亡。为了解企业文化对酒店服务质量的具体影响,下面就"里兹·卡尔顿"品牌酒店集团在中国地区管理的第一家酒店上海波特曼里兹酒店进行企业文化分析。

波特曼里兹的企业文化特点总的来说可以归纳为两点。其一,酒店推崇"顾客至上,客人永远是对的"服务理念。这样的服务理念并不稀奇,在服务性行业有许多企业同样提倡这样的服务理念,可是真正做到并具体实施的,乃至一贯保持的却是凤毛麟角。在波特曼,客人办理离店手续时不需要做客房检查,客人自己申报是否用过小冰箱的食物,酒店完全相信每一个客人。如曾经遇到一位客人在办理离店手续时反映,酒店员工告诉他,早餐用餐时间是11:30结束,而他11点去吃时,早餐却在10:30结束了,为此他不得不到大堂咖啡吧付费用了一些点心。前台员工在接到这样的投诉时,并不急着辩解,也没有怀疑客人说的是否是事实,而是马上为给客人带来不便和不快向客人道歉,然后马上免除了客人在大堂咖啡吧的消费开支。在处理突发事件时,酒店要求每一位员工都要遵照酒店的"信条",站在客人的立场,体会客人的感受,尽一切可能满足客人,以为客人提供便利、完美和温馨入住体验为己任。

而上述的一切,酒店又是通过什么来实现的呢?那就是波特曼企业文化的第二个特点"员工承诺",把员工作为内部顾客,高度重视员工的满意度。前台经理 Thomas Zhu 说:"我的主要工作就是要让我的部下开心。只有员工快乐了，客人才能感到快乐。换句话说，也只有快乐的员工才能带来快乐的顾客。"这句话道出了波特曼成功的秘诀，也是对企业文化通俗而经典的概括。波特曼酒店真正理解了"员工满意+顾客满意"的含义，所以几次荣登"亚洲最佳雇主排行榜"榜首。因此，在这里我们着重介绍波特曼是如何提高员工满意度，创造员工工作价值的。

第一，酒店通过"座右铭"和"员工承诺"确定了员工的地位，表现了酒店对员工的重视。里兹·卡尔顿酒店众所周知的座右铭是"我们是为绅士和淑女提供服务的绅士和淑女"，这里有三层含义：一是它确定了员工与顾客是平等的，是主人与客人的关系，纠正了"服务人员低人一等"的偏见思想；二是它体现了服务工作中员工的重要性，强调了人性化的服务；三是它也强调了员工自身应具备的道德修养和专业水准。

第二，酒店努力提高员工的自信心。酒店的每一位员工在应聘时，都是过五关斩六将，通过层层面试才能真正成为酒店一员，对于能从这些考试中脱颖而出的人来说，既可以让他们体会到公司严谨的管理制度，也可以体验通过层层难关后的喜悦，并从中确信自己的能力，大大提高了自信心。而酒店也从被叫作QSP的考核（招聘考核中的一环，类似于心理问答）中，了解应聘者是否有天赋，是否合适酒店的工作，可谓是一举两得。

第三，对于员工付出的劳动和努力，酒店通过物质和精神两方面的奖励给予积极的肯定与评价，为员工实现抱负和工作价值提供平台。当员工在工作中为了满足客人的需求，付出了额外的劳动和努力时，部门主管会把他的事迹写成"WOO Story"，提交人事部。人事部把这些故事登载在发给员工的每日联络簿上，并把所有故事写入档案，作为升迁依据。同时，人事部也将选择好的故事发送给美国总公司，总公司会奖励故事主人公100美元和集团总裁的亲笔感谢信。酒店每个月和每个季度会评选"微笑员工"和"五星员工"，授予奖状并给予一定的物质奖励，在年度的庆祝会上给予表彰。

第四，酒店每年结合员工的兴趣爱好，安排诸多培训，同时鼓励员工在外面学习进修与工作相关的各种知识。酒店还通过"员工承诺"营造良好积极的工作环境。同事和上下级之间，部门之间关系也非常融洽，具有良好的团队合作精神。酒店充分相信每一位员工，为了使员工更好地为客人服务，并快速地处理突发事件，酒店规定每位员工每天可以不通过上级，有自由使用200美元的权利，这是酒店发挥员工对工作积极性和主动性的重要举措。而每位员工也十分珍惜酒店对自己的信任和理解，更加严格要求自己，开业至今未出现过一例员工滥用200美元授权的事情。

第五，酒店十分关心员工的生活。员工食堂的菜单每20天要全部更换。食堂旁边放有两个箱子：一个是客人喜好收集箱，一个是员工意见箱。人事部每个月汇总员工的意见，并对每个员工的意见给予回答，公布在橱窗里。每个新员工的照片、喜好、入店日期等也会贴在橱窗,介绍给每位员工。员工生日时,会登载在每日联络簿上,得到酒店的红包,也会得到来自各个不同部门的同事的祝福。前台有员工生日时,经理总会自掏腰包准备蛋糕为他庆祝。酒店总经理和人力资源部主管都定期同各部门员工一起用餐,与员工交流思想,沟通感情,使员工对酒店产生了极高的归属感和忠诚心。

(二)要求

请同学们思考以下问题:

你认为上海波特曼里兹酒店经营成功的关键是什么?它对接待服务业有什么启示?

【任务实施】

现代酒店企业销售的最基本要素,不是那些看得见的产品,而是那些看不见的酒店经营者的理念和思想。

一、CI 理念的内涵

(一)CI 的概念

CI(Corporate Identity)即为企业形象,是一种以塑造和传播企业形象为宗旨的经营战略,也是企业经营无形且无价的重要资产。它成型于20世纪50年代,70年代风靡全球,80年代中后期导入我国企业界,并为国内酒店业所接受。

CI 战略具体是指企业为了使自己的形象在众多竞争对手中给顾客容易识别并留下良好的印象,通过对企业形象进行设计,有计划地将企业自己的各种鲜明特征向社会公众展示和传播,从而在市场环境中形成企业的一种标准化、差异化的形象活动。CI 是一个丰富内涵的有机整体,它包括三个子系统:理念识别(MI)、行为识别(BI)及视觉识别(VI)。

1. 理念识别

它主要包括经营理念、精神标语、管理原则、企业精神和行为准则等。

2. 行为识别

对外行为:市场调查、广告宣传、公共关系、促销行动、公益活动和服务水准。对内行为:员工培训、工作环境与气氛、员工福利和竞争方式。

3. 视觉识别

视觉识别分为基本要素和应用要素。基本要素包括企业名称、企业品牌标识、商标、企业造型、象征图案和标准色。应用要素包括办公事务用品和用具、旗帜、标识牌、建筑外观、橱窗和制服等。

(二)CI 的主要功能

实践证明,CI 对酒店企业加强市场营销及公共关系发挥了非常直接的作用。CI 的具体功能有以下几点：

①对企业进行重新定位。

②创造和形成统一的企业形象。统一性是形成良好企业形象的前提条件。

③完整统一的 CI 设计，不仅可以改善企业形象，还可起到提高员工士气，增强企业凝聚力的作用。

④可以改善企业与社会的关系。

（三）CI 的局限性

随着市场竞争日益激烈和人们对市场经济规律认识的深化，CI 也逐渐暴露出它的局限性。CI 的整个运作过程完全是按照企业的意志加以自我设计（包装），通过无数次重复性地向社会公众展示，"强迫"顾客加以识别并接受企业自己的形象。CI 的经营战略依旧停留在"企业生产什么，顾客接受什么"的传统经营理念上。

二、CS 理念的内涵

（一）CS 的含义

CS（Customer Satisfaction）即顾客满意理念，是指企业为了不断地满足顾客的要求，通过客观地、系统地测量顾客满意程度，了解顾客的需求和期望，并针对测量结果采取措施，一体化地改进产品和服务质量，从而获得持续改进业绩的一种企业经营理念与战略。CS 战略在 20 世纪 80 年代末超越了 CI 战略，在世界发达国家盛行，并于 90 年代中期被我国酒店业认识和接受。

CS 经营战略的关注焦点是顾客，核心是顾客满意，主要方法是通过顾客满意度指数的测定来推进产品和服务，满足顾客的需求。其目标是赢得顾客，赢得市场和利润，从而实现了从"企业生产什么，顾客接受什么"向"顾客需求什么，企业生产什么"的转变。

（二）顾客满意的特定意义

1. 在横向层面上

顾客满意包括以下五个方面：

（1）理念满意：即企业经营理念带给顾客的满足状态。包括经营宗旨满意、经营哲学满意和经营价值满意等。

（2）行为满意：即企业全部的运行状况带给顾客的满足状态。包括行为机制满意、行为规则满意和行为模式满意。

（3）视听满意：即企业以其具有可视性和可听性的外在形象给顾客的满足状态。包括企业标志（名称和图案）满意、标准字满意、标准色满意以及上述三个基本要素的应用系统满意等。

（4）产品满意：即企业的有形产品和服务产品载体带给内外顾客的满足状态。包括质量满意、设计满意、包装满意、品位满意和价格满意等。

（5）服务满意：即企业服务过程中带给内外顾客的满足状态。包括绩效满意、保证体系满意、服务的完整性和方便性满意，以及情绪和环境满意等。

2. 在纵向层次上

顾客满意包括以下三个逐次递进的满意层次：

（1）物质满意：即顾客对企业有形产品和服务的核心层，如功能、品质、设计、品种和效用等的满意。

（2）精神满意：即顾客对企业有形产品和服务的形式层和外延层，如顾客对服务方式、环境、服务人员的态度、提供服务的有形展示和过程等的满意。

（3）社会满意：即顾客在对企业有形产品和服务的消费过程中所体验到的社会利益维护程序感到满意。顾客在消费产品和服务的过程中，充分地感受到企业在维护社会整体利益时所反映出的道德价值、政治价值和生态价值。

（三）CS 经营理念在接待服务业中的运用——"让客价值"理论的提出

"让客价值"（Customer Delivered Value，CDV）由美国菲力普·科特勒提出，该理论的主要含义是：顾客购买一种商品或服务，要付出的是一笔"顾客总成本"，而获得的是一笔"顾客总价值"，顾客总价值与顾客总成本的差值就是让客价值。即：

$$让客价值 = 顾客总成本 - 顾客总价值$$

顾客在购买商品时，总希望把有关成本降到最低限度，而同时希望从中获得更多的实际利益，以使自己的需要得到最大限度的满足。因此，顾客在选购商品时，往往在价值和成本两个方面进行比较分析，从中选择价值最高，成本最低，即"让客价值"最大的商品作为优先选购的对象。酒店要吸引更多的顾客，在竞争中战胜竞争对手，就必须向顾客提供具有更多"让客价值"的产品。为此，酒店可从两方面改进自己的工作：一是通过提高酒店的产品、服务、人员及形象的价值从而提高产品的总价值；二是通过降低生产和销售成本，减少顾客购买产品或服务的时间、精神和体力的耗费，从而降低顾客总成本（图 2.2）。

三、从 CS 到 CL 的延伸

20 世纪 90 年代末，正当企业界在强调 CS 理念的时候，CS 经营理念又开始向更高的境界拓展和延伸，这就是 CL（Customer Loyal），即顾客忠诚。需要说明的是，企业经营理念几次跨越的相互间关系是一种包容而非排斥的关系，前者是后者的基础，即顾客满意需要良好的企业形象，顾客忠诚必须建立在顾客满意的基础之上，缺一不可。

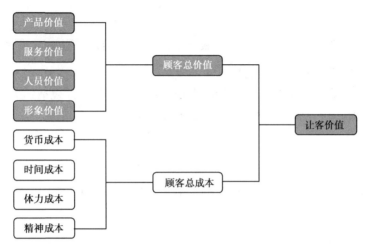

图 2.2　让客价值的构成要素

（一）CL 的基本含义

顾客忠诚是指企业以满足顾客的需求和期望为目标，有效地消除和预防顾客的抱怨和投诉，不断提高顾客满意度，在企业与顾客之间建立起一种相互信任、相互依赖的"质量价值链"。

CL 侧重于企业的长远利益，注重于将近期利益与长远利益相结合，着眼于营造一批忠诚顾客，并通过这个基本消费群去带动和影响更多潜在的消费者接受企业的产品和服务。以顾客忠诚度为标志的市场份额的质量取代了市场份额的规模，成为企业的首选目标。"顾客永远是对的"这一哲学被"顾客不全是忠诚的"所取代。

（二）顾客忠诚度的衡量标准

顾客忠诚度的高低一般可以从以下六个方面进行衡量。

1. 顾客重复购买的次数

在一定时期内，顾客对某一品牌产品或服务重复购买的次数越多，则说明其对这一品牌的忠诚度越高，反之就越低。应该注意的是，在确定这一指标的合理界限时，必须根据不同的产品或服务加以区别对待，比如重复购买汽车与重复购买可乐的次数是没有可比性的。

2. 顾客决策时间的长短

根据消费心理规律，顾客选购商品都要经过仔细比较和挑选的过程。由于信赖程度有差别，对不同品牌的商品，顾客购买决策时间的长短也是不同的。一般来说，购买决策时间越短，说明其对某一品牌商品形成了偏爱，对这一品牌的忠诚度越高；反之，则说明他对这一品牌的忠诚度越低。

3.顾客购物路程的远近

一般而言,顾客都喜欢就近购买,以节省时间和其他耗费。但是由于对品牌的偏好程度有区别,当就近没有该品牌的商品时,可能并不遵循就近购买的原则,而是选择花费更远路程去购买心仪的品牌商品,这就说明其对该品牌的忠诚度高,反之则低。

4.顾客对价格的敏感度

一般来说,顾客对商品的价格都是非常重视的,但这并不意味着顾客对各种品牌商品的价格敏感程度也一致。事实证明,对于喜爱和信赖的商品,顾客对其价格变动的承受能力强,即敏感程度低;而对于不喜爱的商品,顾客对其价格变动的承受能力弱,即敏感度高。据此亦可衡量顾客对某一品牌的忠诚度。运用这一标准时,要注意顾客对于该产品的必需程度、产品供求状况以及市场竞争程度等三个因素的影响,在实际运用中,要排除它们的干扰。

5.顾客对竞争者的态度

人们对某一品牌态度的变化,多半是通过与竞争者相比较而产生的。根据顾客对竞争者产品的态度,可以判断其对其他品牌的忠诚度的高低。如果顾客对竞争者的产品兴趣浓,好感强,就说明对某一品牌的忠诚度低。如果顾客对其他的品牌产品没有好感,兴趣不大,就说明对某一品牌的忠诚度高。

6.顾客对瑕疵品的态度

任何一个品牌都可能出于种种原因而出现瑕疵品的问题,即使伟大的品牌,诸如可口可乐等也在所难免。如果顾客对某一品牌的忠诚度高,对该品牌偶尔出现的产品质量问题会以宽容和同情的态度对待,相信品牌会很快加以妥善处理。若顾客对某一品牌忠诚度低,则一旦产品出现质量问题,客户就会非常敏感,极有可能从此不再购买这一产品,甚至传播负面消息。

(三)培育忠诚顾客的意义

忠诚的顾客是成功企业最宝贵的财富。美国商业研究报告指出:多数光顾的顾客比初次登门者可为企业多带来20%~85%的利润,固定客户数目每增长5%,企业的利润增加25%。

1.有利于降低市场开发费用

任何企业的产品和服务都必须被市场所接受,否则这个企业就不可能生存下去,而市场开发的费用一般是很高昂的。如能达到引导顾客多次反复购买,从而可大大降低市场开发费用。美国管理协会估计,保住一个老顾客的费用只相当于吸引一个新顾客费用的1/6,而且忠诚的顾客为企业做有利的口头宣传,影响其他顾客的购买行为,可为企业扩展潜在的市场需求。

2. 有利于增加酒店经营利润

愈来愈多的酒店企业认识到建立一批忠诚顾客是企业的依靠力量和宝贵财富。顾客会长期购买企业的产品和服务,他们愿意支付较高的价格,这对企业来说有利可图。

3. 有利于增加酒店竞争力

酒店企业之间的竞争,主要在于争夺顾客。实施 CL 战略,不仅可以有效防止原有顾客转移,而且有助于酒店赢取正面口碑,树立良好形象。借助忠诚顾客的影响,还有助于化解不满顾客的抱怨,扩大忠诚顾客的队伍,使酒店企业走上良性循环发展之路。企业的顾客一旦对企业形成偏好与忠诚,就很难为其他企业的产品或服务所打动,无形中可减少企业的竞争压力。

（四）"CL"理念在接待服务业的运用——"消费者非常满意"理论的提出

美国营销大师科特勒提出"消费者非常满意"（Customer Delight）的理论:顾客在购买一家企业的产品以后是否再次购买,取决于顾客对所购产品消费结果是否满意的判断。如果产品提供的实际利益低于顾客的期望,顾客就会不满意,就会不再购买这一产品;如果产品提供的实际利益等于顾客的期望,顾客就会感到满意,但是是否继续购买这一产品,仍然具有很大的不确定性;如果产品提供的实际利益超过了顾客的期望,顾客就会非常满意,就会产生继续购买的行为。因此,顾客的购后行为取决于他的购买评价,而购买评价又源于购买结果,所以企业要创造出重复购买企业产品的忠诚顾客,就要使顾客感到非常满意。

顾客对产品的期望来源于他们过去的购买经历、朋友和同事的介绍以及企业的广告承诺等。因此,要超越顾客的期望值,关键在于进行酒店管理工作时首先要将酒店顾客的期望值调节到适当的水平,在调节好顾客期望值的同时,设法超越顾客期望值,给顾客一份意外的惊喜（图2.3）。

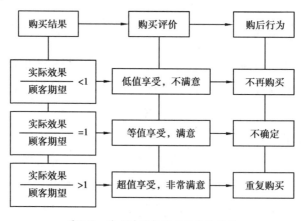

图2.3　购买结果与购后行为的关系

四、从顾客满意到员工满意的拓展

（一）ES 理念的基本含义

ES（Employee Satisfaction）的基本含义：现代企业只有赢得员工满意，才会赢得顾客满意。

因为员工是联系企业与顾客的纽带，他们的行为及行为结果是顾客评估服务质量的直接依据。服务企业必须有效地选择、培训和激励与顾客接触的员工，在他们满意的同时营造满意的顾客。

ES 战略注重企业文化建设和员工忠诚感的培育，把员工满意作为达到顾客满意这一企业目标的出发点，CI、CS、CL 与 ES 之间的联系如图 2.4 所示。

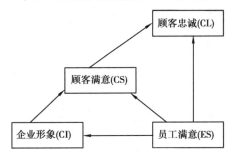

图 2.4 CI、CS、CL 与 ES 的关系

（二）员工满意的内涵

世界最豪华饭店公司"四季集团"的主席夏奕斯有一句名言："我们怎样对待自己的员工，他们就会以同样的尊重回报我们的客人。这始终是四季成功的驱动力！"现代酒店重视员工满意的理念，主要体现在六个"两"字：

1. 两个第一

即对内员工第一，对外顾客第一。只有做到对内员工第一，才有可能做到对外顾客第一。

2. 两个之家

即酒店是"宾客之家"和"员工之家"。只有使酒店成为"员工之家"，才有可能使酒店成为"宾客之家"。

3. 两个理解

即员工理解顾客，管理者理解员工。只有做到管理者理解员工，员工才有可能理解顾客。

4. 两个微笑

即员工对顾客露出真诚微笑;管理者对员工露出真诚微笑。只有管理者对员工露出真诚微笑,才会有员工对顾客的真诚微笑。

5. 两个服务

即员工服务于顾客,管理者服务于员工。要让员工对顾客提供好的服务,管理者首先要对员工提供好的服务。

6. 两个满意

即顾客满意,员工满意。只有赢得员工满意,才能最终赢得顾客的满意。

(三) 员工满意的意义

员工满意理念的强化,源于"服务利润链"理论研究的结果。"服务利润链"理论认为,在企业利润、成长性、顾客忠诚、顾客满意、提供给顾客的产品与服务价值、员工能力、员工满意、员工忠诚及效率之间存在直接相关的联系(图 2.5)。

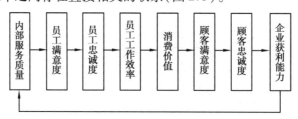

图 2.5　服务利益链构成因素图

1. 顾客忠诚度决定企业获利能力

顾客忠诚度的提高能促进酒店获利能力的增强。

2. 顾客满意度决定顾客忠诚度

顾客之所以对某酒店的产品或服务表现出忠诚,视其为最佳和唯一的选择,首先是因为他对酒店提供的产品和服务满意。在经历了几次满意的购买和使用后,顾客忠诚度就会随之提高。

3. 消费价值决定顾客满意度

顾客在购买商品时,总希望成本尽可能低,利益尽可能大,以使自己的需要得到最大限度的满足。因此,顾客所获得的价值越大,其满意度越高。

4. 员工工作效率决定消费价值

高价值源于企业员工的高效率。企业员工的工作是价值产生的必然途径,员工的工作效率直接决定了其创造价值的高低。美国西北航空公司便是以高工作效率创造出高服务价值的一个典范。该公司 14 000 位职员中有 80% 是独立工作,而飞机利用率则比其主要竞争对手高出 40%;其驾驶员平均每月飞行 70 小时,而其他航空公司只有 50 小时;每天承运量比竞争对手高出 3 ~ 4 倍。

5. 员工忠诚度的提高能促进其工作效率的提高

员工的忠诚意味着员工对企业的未来发展有信心,这种信心能够形成强大、持久的动力,能促使其为企业努力地工作。经验表明,员工不忠将会影响 20% ~ 50% 的公司业绩。

6. 员工满意度决定员工忠诚度

正如顾客的忠诚度取决于对企业产品和服务的满意度一样,员工的忠诚度同样取决于员工对企业的满意程度。根据美国一家公司对其员工所做的调查,在对公司不满意的员工中有 30% 的人有意离开公司,其潜在离职率比满意的员工高出 3 倍。这一结果显示出员工忠诚度与其满意度之间的内在联系。

7. 内部服务质量决定员工满意度

企业的内在服务质量是决定员工满意度的重要因素。员工对企业的满意度主要取决于两个方面:一是提供的外在服务质量,如薪金、红包、福利和舒适的工作环境等;二是内在的服务质量,即员工对工作及对同事持有的态度和感情。

(四)ES 理念在酒店中的运用

ES 理念注意员工忠诚感的培育,把员工满意作为达到顾客满意目标的出发点。那么,接待服务型企业应如何提高员工满意度呢?

1. 内部营销理论的提出

内部营销(Internal Marketing)是指成功地选择、培训和尽可能激励员工很好地为顾客服务的工作。内部营销的两个要点:一是服务企业的员工是内部顾客,企业的部门是内部供应商。当企业员工在内部受到最好服务而向外部提供最好服务时,企业的运行可以达到最优。二是所有员工一致地认同机构的任务、战略和目标,并在对顾客的服务中成为企业的忠实代理人。

内部营销作为一种管理过程,能以两种方式将企业的各种功能结合起来。首先,内部营销能保证企业所有级别的员工理解并体现企业的业务及各种活动;其次,它能保证所有员工得到足够的激励并准备以服务导向的方式进行工作。内部营销强调的是企业在成功实现与外部市场有关的目标之前,必须有效地完成组织与其员工之间的内部交换过程。

内部营销意味着管理者必须实施两种类型的管理:一是态度管理即确立员工的态度;二是沟通管理即在管理工作中向员工提供大量的信息。

接待服务企业要想获得成功,以上两种类型的管理都是必要的,但人们往往只认识到了沟通管理,并且通常在沟通中信息都是单向的。在这种情况下,内部营销通常以活动或行动的形式出现。向员工分发内部手册,在员工会议上向参加者提供书面和口头的信息,而真正的相互沟通则很少。经理和主管对他们的下属不感兴趣,也没有认识到他们需要反馈的信息、双向的沟通和鼓励。员工只是接到大量的信息，却没有精神上的鼓励，这当然会限制信息对接收者的影响。

想一想，查一查

上海波特曼里兹酒店是如何实施"内部营销"策略的，请举例说明？

2. 企业文化的培育

"ES"战略注重企业文化。企业文化则是企业在生产经营实践中，逐步形成的，为全体员工所认同并遵守的，带有本组织特点的使命、愿景、宗旨、精神、价值观和经营理念，以及这些理念在生产经营实践、管理制度、员工行为方式与企业对外形象的体现的总和。

良好的企业文化能激发员工的使命感，凝聚员工的归属感。企业文化通过对企业价值观的提炼和传播，让一群来自不同地方的人共同追求同一个梦想。当员工学习、了解并认同企业文化后，便能自觉地调整自己的行为、目标并与之保持一致。一个好的企业文化，可以带动企业的健康发展，调动员工的积极性，工作起来更有热情，同时提高了生产效率，对企业效益的提高，注入了新的力量。

【同步思考】

CI 和 CS 理念有什么不同？

什么是 CL？顾客忠诚的衡量标准是什么？

什么是 ES 理念？

【知识归纳】

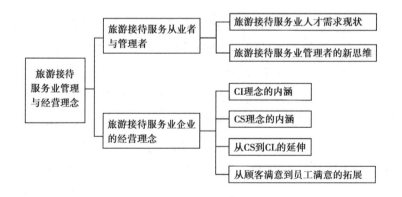

```
                              ┌─ 旅游接待服务业人才需求现状
          ┌─ 旅游接待服务从业者 ─┤
          │   与管理者          └─ 旅游接待服务业管理者的新思维
旅游接待   │
服务业管理 ─┤
与经营理念  │                    ┌─ CI理念的内涵
          │                    │
          └─ 旅游接待服务业企业 ─┤─ CS理念的内涵
              的经营理念        │
                              ├─ 从CS到CL的延伸
                              │
                              └─ 从顾客满意到员工满意的拓展
```

【思政要点】

旅游接待服务业的工作具有较广泛的社会影响，从而要求从业人员严格遵守社会公德和旅游接待职业道德,请谈一谈旅游接待服务从业人员应具备哪些素质品德,举例说明?

【实践活动】

旅游接待服务企业经营理念调查

实训目标:

根据本项目对旅游接待服务企业理念的学习,认真理解 CI、CS、CL、ES 的内涵和在企业中的实际应用。学生选择一家知名接待服务企业进行调查,深入了解其经营理念和企业文化。

实训组织:

通过实地走访、网络资料查阅等形式对旅游接待服务型企业的经营理念和企业文化进行调查。

实训任务:

组织调查了解一家旅游接待服务型企业的经营理念、企业文化及案例,根据调查情况写出调查报告。

实训内容:

1. 调查企业的品牌、经营业务范围、经营理念、企业文化。

2. 访谈企业管理者或从业者,了解他们工作的感受和实际工作案例。

3. 总结整理编写调查报告。

【同步测试】

1. 旅游接待服务业人才需求特征?

2. 接待业管理者应该具备怎样的管理思维?

3. 什么是"让客价值"? 顾客总价值与顾客总成本分别由哪些要素构成?

4. 接待服务企业如何营造忠诚顾客?

模块 二
酒店与住宿服务业

项目三

酒店业基础知识

【项目目标】

> 1.熟悉世界酒店业的发展史,我国酒店业的兴起与发展。
> 2.掌握现代酒店的功能、特点和分类。
> 3.掌握现代酒店经营管理的基本要求和方法。
> 4.了解酒店业的经营模式和发展。

【项目实施】

【任务引例】

小华的烦恼

　　小华是一名某五星级酒店的新员工,从他入职酒店的第一天开始,酒店富丽堂皇、先进新颖的外观设备、有条不紊的管理制度、形形色色的客人都非常吸引他,小华暗暗决心要在酒店行业创出一番作为。但是小华刚进入这个行业,对酒店的相关情况一无所知,他非常迫切地希望能更多地学习了解酒店基本情况和管理方法,他查阅了相关的资料发现信息量非常之大,他应该从何入手呢?

任务一　酒店业的发展史

【任务布置】

(一)任务情景

贵族酒店经营管理成功者里兹的经验与格言

　　现代饭店起源于欧洲的贵族饭店。欧洲贵族饭店经营管理的成功者是塞萨·里兹。英国国王爱德华四世称赞里兹:"你不仅是国王们的旅馆主,你也是旅馆主们的国王。"

　　里兹的经历使他立志去创造旨在为上层社会服务的贵族饭店。他的成功经验之一是:无须考虑成本、价格,尽可能使顾客满意。这是因为他的顾客是贵族,支付能力很高,对价格不在乎,只追求奢侈、豪华、新奇的享受(按现代经营管理理念,这似乎不合时宜,但在当时贵族化生活的立场,的确是成功的条件)。为了满足贵族的各种需要,里兹创造了各种活动,并不惜重金。例如,如果饭店周围没有公园景色,他就创造公园景色。在卢塞恩国家大饭店当经理时,为了让客人从饭店窗口眺望远处山景,感受到一种特殊的欣赏效果,他在山顶上燃起烽火,并同时点燃了1万支蜡烛。还有,为了创造一种威尼斯水城的气氛,里兹在伦敦萨伏依旅馆(Savoy Hotel)底层餐厅放满水,水面上飘荡着威尼斯凤尾船,客人可以在二楼一边聆听船上人唱歌,一边品尝美味佳肴。像这样的例子不胜枚举,由此可以看出里兹是一个现代流派无法形容的商业创造天才。

里兹的成功经验之二是:引导住宿、饮食、娱乐消费的新潮流,教导整个世界如何享受高品质的生活。1898年6月,里兹建成了一家自己的饭店:里兹饭店,位于巴黎旺多姆广场15号院。这一饭店遵循"卫生、高效而优雅"的原则,是当时巴黎最现代化的饭店。这一饭店在世界上第一次实现了"一个房间一个浴室",比美国商业旅馆之王斯塔特勒先生提倡的"一间客房一浴室、一个美元零五十"的布法罗旅馆整整早10年。里兹饭店的另一创新是用灯光营造气氛。里兹用雪花膏罩把灯光打到有颜色的天花板上,这种反射光使客人感到柔和舒适,餐桌上的灯光淡雅,制造出一种神秘宁静和不受别人干扰的独享气氛。当时,里兹饭店特等套房一夜房价高达2 500美元。

塞萨·里兹的格言之一是:客人是永远不会错的(The guest is never wrong)。他十分重视招徕和招待顾客,投客人所好。多年的餐馆、旅馆服务工作经验,使里兹养成了一种认人、记人姓名的特殊本领。他与客人相见,交谈几句后就能掌握客人的爱好。把客人引入座的同时,就知道如何招待他们。这也许正是那些王侯、公子、显贵、名流们喜欢他的原因。塞萨·里兹的格言之二是:好人才是无价之宝(A goodman is beyond price)。他很重视人才,善于发掘人才和提拔人才。例如,他聘请名厨埃斯科菲,并始终和他精诚合作。塞萨·里兹的成功经验对当下豪华饭店和高级饭店中的总统套间、豪华套间以及行政楼的经营管理仍然具有指导意义。

(二)要求

请同学们思考以下问题:

1. 什么是酒店,酒店业发展至今经历了怎样的一个过程?

2. 以上案例中出现人物和事件你曾经听说过吗?

3. 它们对现代酒店业的格局起到什么样的作用,我们可以从中汲取哪些经验?

【任务实施】

酒店是一个古老而年轻的行业,它伴随着人类旅行生活的开展而出现在人类社会,并随之变化。要管理好酒店,先要认识酒店,了解酒店,从而掌握酒店的运营规律,提出酒店管理的理念和方法。

一、酒店的定义

酒店也称饭店,源于英语中"Hotel"一词,原指王公贵族在乡间招待贵宾的别墅。现在,"Hotel"已成为国际上一个广泛使用的专有名词,其含义也发生了很大的变化。现代社会经济的发展带来了旅游业的兴旺,酒店业也随之迅速发展起来,而且越来越豪华,越来越现代化。

酒店在不同的地区和国家有不同的称呼,如酒店、饭店、宾馆、度假村等。酒店的实质是企业,属于第三产业,是提供住宿、餐饮、会议、娱乐和健身等综合服务的企业。酒店企业在现代社会中充当着越来越重要的角色,引起了各方的广泛重视,对酒店的定义也多种多样。

【相关链接】

国外部分权威辞典对饭店的定义

饭店一般是为公众提供住宿、膳食和服务的建筑和设施。

——《科利尔百科全书》

饭店是装备好的公共住宿设施,它一般都提供膳食、酒类与饮料及其他服务。

——《美国百科全书》

饭店是商业性的基础上向公众提供住宿,也往往提供膳食的建筑物。

——《大不列颠百科全书》

为公众提供住宿设施与膳食的商业性的建筑设施。

——《简明列颠百科全书》

中国国家标准《旅游饭店星级的划分与评定》(GB/T 14308—2010)中,使用了"旅游饭店"(Tourist hotel)一词来概括以上各种称谓。并对旅游饭店作如下定义:

以间(套)夜为单位出租客房,以住宿服务为主,并提供商务、会议、休闲、度假等相应服务的住宿设施,按不同习惯可能也被称为宾馆、酒店、旅馆、旅社、宾舍、度假村、俱乐部、大厦、中心等。

综合以上观点,作为一个酒店,应该具备以下三个特征:

①酒店是经政府批准并具有住宿设施的建筑。

②酒店以住宿、餐饮服务为核心功能,并为顾客提供各种服务。

③酒店是一个寻求合理利润的经济实体。

二、世界酒店业的兴起与发展

现代的酒店是在传统的饮食和住宿产业基础上发展起来的,它的发展进程大体上可分为四个时期。

(一)古代客栈时期(12—18 世纪)

在西方,客栈作为一种住宿设施虽然早已存在,但真正流行却是在 15—18 世纪。当时,虽然欧洲许多国家如法国、瑞士、意大利和奥地利等国的客栈已相当普遍,但以英国的客栈最为著名。

早期的客栈规模小、设备简陋。一个房间摆上几张床,旅客们往往挤在一起睡觉,吃的也是和主人差不多的家常菜。除提供食宿之外,客栈无其他服务。客栈是独立的家庭生意,房舍是家庭住宅的一部分,家庭是客栈的拥有者和经营者。到了客栈盛行的 18 世纪,在英国等地的客栈除了为旅客提供食宿之外,还成为人们聚会并相互交往、交流信息的场所。当地的客栈往往坐落在乡镇人群活动的中心区域或公共马车车站旁,成为当地社会政治与商业活动的中心。

(二)大饭店时期(18 世纪中叶—19 世纪末)

随着社会经济的发展和旅游业的产生,旅游开始成为一种经济活动,专为上层统治阶级服务的豪华饭店应运而生。

在欧洲出现了许多以"饭店"命名的住宿设施。无论是豪华的建筑外形,还是高雅的内部装修,无论是奢华的设备、精美的餐具,还是服务和用餐的各种规定形式,都是前王公贵族生活方式商业化的结果。饭店与其说是为了向旅游者提供食宿,不如说是为了向他们提供奢侈的享受。所以人们称这段时期为"豪华饭店时期"(又叫大饭店时期)。具有代表性的此类饭店有巴黎的巴黎大饭店和罗浮宫大饭店、柏林的凯撒大饭店、伦敦的萨依伏大饭店等。饭店投资者、经营者的根本兴趣是取悦于社会上流,求得社会声誉,往往不太注重经营成本。

大饭店时期,饭店服务有了创新,注重服务质量和标准。作为本时期饭店经营者的代表人物,瑞士人塞萨·里兹(图 3.1)提出"客人永远是对的""我们是为绅士和淑女服务的绅士和淑女"这样的饭店经营格言。大饭店时期的许多经营与服务的哲学和信条至今仍在世界饭店业中奉为圭臬,恪守不渝。

图 3.1 塞萨·里兹

(三)商业饭店时期(20 世纪初—20 世纪 50 年代)

商业饭店时期,是世界各国饭店业最为活跃的时代,是饭店业发展的重要阶段,它使饭店业最终成为以一般平民为服务对象的产业,它从各个方面奠定了现代酒店业的基础。

20世纪初,世界上最大的酒店业主出现在美国,他就是埃尔斯沃思·米尔顿·斯塔特勒。1908年斯塔特勒在美国巴法罗建造了第一个由他亲自设计并用他名字命名的斯塔特勒饭店,该饭店是专为旅行者设计的,适应了市场的需求,创造了以一般平民所能负担的价格条件,一个带卫生间的客房价格仅为1美元50美分,但却提供世界最佳服务为目标的新型饭店,开创了饭店业发展的新时代。斯塔特勒在饭店经营中创造性地加入了许多革新和措施:

①他按照统一标准来管理他的饭店,不论你到波士顿、克利夫兰,还是纽约、巴法罗,只要你住进斯塔特勒的饭店,标准化的建筑和设施、标准化的服务都可以保证。

②他创新性地为客房增加便客设施:

- 安装防火门。
- 在房间门边安装电灯开关,使得客人能够进入一间已开灯的房间。
- 配有私人浴室。
- 为方便客人进入房间,把钥匙孔直接安装在球形门拉手上面。
- 每个房间都供应冷热水。
- 安装全身镜。
- 赠送晨报。

他的饭店是第一批提供私人浴室、更大的客房、客房服务、室内无线电和饭店之间的预订服务的。今天的产业标准中许多基本的设施和控制系统,包括自来水、电话、门边的电灯开关,都是斯塔特勒的创举(图3.2)。

图3.2 斯塔特勒和他的酒店

与斯塔特勒同时期的还有另外两位人物在现代酒店业中扮演了同样重要的角色,一位是希尔顿酒店集团创始人康拉德·希尔顿先生,一位是万豪酒店集团的开创者威拉得·马里奥特先生。

想一想,查一查

现代酒店中还有哪些设施和服务是斯塔特勒酒店没有的?

请查阅并讲述康拉德·希尔顿或威拉得·马里奥特的生平事迹和他们的酒店。

(四)现代饭店时期(第二次世界大战以后至今)

20世纪50年代以后,随着欧美国家战后经济的复苏,人们在国内、国际的旅行和旅游活动日益频繁,空中交通及高速公路日益普及;亚太地区经济的开放和进步都促使跨国跨地区的旅游活动迅速发展;企业经营方式、组织结构不断创新,新的企业经营和营销理论与实践层出不穷;等等。这些对酒店业的发展产生了巨大的影响,酒店业中出现了许多根本性的变化。

一位叫凯蒙斯·威尔逊的人在一次家庭旅行中对酒店的设施服务感到非常失望,于是他创立了假日旅馆(Holiday Inn)来为这些进行自驾旅行的家庭提供干净、低价的客房。1952年,第一家假日旅馆在孟菲斯开张,很快,人们就准确地知道了在一家假日旅馆中他们能期望获得些什么服务并且将享受到这些服务,人们经常驶离他们的旅行路线去寻找最近的假日旅馆。威尔逊曾说过:"最好的意外就是没有意外。"这一追求酒店品质一致性哲学的创立使很多人把凯蒙斯·威尔逊尊为现代酒店连锁的鼻祖。很多人认为,威尔逊是第一个在一间客房中放置两张床位的酒店经营者。假日酒店后来成为洲际酒店集团的一部分。

20世纪60年代开始,为了吸引中低收入的旅游者,第一家经济型的酒店联号——汽车酒店6(Motel 6)在美国的加利福尼亚成立。从此,各大酒店集团都开始重视经济型酒店这一重要的细分市场,目前,几乎所有饭店集团的品牌系列中都包括了一个甚至多个经济型酒店联号。

20世纪70年代,酒店业中出现了一种新型的经营概念——分时共享(Time-Share),并开始在世界各地推广,许多大的饭店联号积极参与到这一新型的销售和经营方式之中。分时共享的经营方式不仅能为企业带来财务回报、帮助企业抵御经济环境的变化,还能培养忠诚客户,共享度假村资源。

20世纪80年代和90年代,全球酒店联号中开始了以收购兼并为主要形式的整合扩张活动,出现了大批规模庞大、拥有完整的品牌系列、从事多样化经营的巨型饭店联号。至此世界酒店业很大程度上为这些巨型酒店联号所控制。

三、中国饭店业的发展历史

在中国,饭店业是一个古老而又年轻的行业,已有3 000多年的历史。

(一)中国古代的饭店业

中国古代的旅行活动主要有天子和诸侯巡游巡狩、古代商队商贸活动、政治家们外交游说和平民百姓的踏青郊游。在中国古代,住宿设施大体可分为官办设施和民间旅店两类。

古代官办的住宿设施主要有驿站和迎宾馆。驿站是中国历史上最古老的一种官办住宿设施,专门接待往来信使和公差人员;迎宾馆是古代官方用来款待外国使者、外民族代表及商客,安排他们食宿的馆舍。古代迎宾馆作为一种官办接待设施,适应了古代民族交往和中外往来的需要,它对中国古代的政治、经济和文化交流起了不可忽视的作用。

古代民间旅店,早在西周和春秋战国时,在大路上每隔一定距离修置邮舍、传舍与馆舍,以供游客住宿之用。两汉中期,对外贸易的日益发展,长安城内建造起180多所"群邸"供外国使者和商人食宿。南北朝时期出现了"邸店",供客商食宿、存货和交易。宋朝出现了众多的"同文馆""大同馆""来宾馆"等旅馆,这些设施不但提供客房,还提供酒菜饭食,晚上还有热水洗身。可以说这些民间的客店和旅馆,是现代意义上饭店的雏形。

(二)中国近代的饭店业

中国近代由于受到外国帝国主义的入侵,沦为半殖民地半封建社会。当时的饭店业除有传统的旅馆之外,还出现了西式饭店和中西式饭店。

西式饭店是对19世纪初列强入侵中国后,由外国资本建造和经营的饭店的统称。这类饭店规模宏大,装饰华丽,设备先进,经理人员皆来自英法德等国,接待对象主要以来华外国人为主,也包括当时中国上层社会人物及达官贵人。代表有北京的六国饭店、北京饭店、天津的利顺德饭店(图3.3)等。这是中国近代饭店业中的外来部分,是帝国主义列强入侵的产物,但也把西式饭店的建筑风格、设备配置、服务方式、经营管理的理论和方法带到了中国,对中国近代饭店业的发展起了一定的促进作用。

中西风格结合的中西式饭店。这类饭店从建筑样式、服务项目到经营方式都受到西式饭店很大的影响,而且在经营体制上也仿效西式饭店的模式,实行饭店与银行、交通行业联营。中西式饭店的出现和仿效经营,是西式饭店对近代中国饭店业具有很

图3.3 华夏第一店——天津利顺德饭店

大影响的一个重要方面,并与中国传统的经营方式形成鲜明对照。从此,近代中国的欧美式饭店业的经营观念和方法逐渐中国化。

(三)中国现代酒店业

我国现代酒店业的发展历史不长,但速度惊人。自 1978 年我国开始实行对外开放政策以来,大力发展旅游业,这为我国现代酒店业的兴起和发展创造了前所未有的良好机遇。从 1978 年至今,我国酒店业大体经历了四个发展阶段:

1. 第一阶段(1978—1983 年):由事业单位招待型管理走向企业单位经营型管理

这一时期的酒店很大部分是从以前政府的高级招待所转变而来的,以完成政治接待任务为主,基本没有上缴利润,缺乏经营活力。1978—1983 年,旅游行政部门重点围绕三个方面,即如何使我国酒店业从招待型管理转轨为企业型管理、如何提高饭店管理水平和服务水平、如何提高管理人员素质以使之掌握现代化饭店管理知识等方面,做了大量工作。经过几年的努力,一大批原来的事业单位初步实现企业化,酒店经营水平有了明显变化,服务质量有了显著提高。

2. 第二阶段(1984—1987 年):由经验型管理走向科学管理

20 世纪 80 年代初期,我国的酒店为求进一步发展,开始考虑引进外资。广州的东方宾馆率先引进外资进行改造与扩建并获得了成功,这大大推动了我国酒店业的发展。之后几年中,我国一批合资或合营的现代化旅游酒店相继开业,如广州的白天鹅宾馆,北京的建国饭店、长城饭店等。

我国在这一阶段也开始引进外国的先进管理经验,其中较为典型的是长城喜来登饭店和建国饭店引进香港半岛集团的管理经验。其中,建国饭店的经营管理取得了极大的成功。

3. 第三阶段(1988—1994 年):吸取国际上通行做法,推广星级评定制度,我国酒店业进入了国际现代化管理新阶段

酒店星级标准的制定和实施是中国酒店业发展史上一件划时代的大事。1987 年,我国酒店业经过多年的持续发展,酒店数量已达到 1 823 家,拥有客房 18.5 万间。但在酒店业的发展过程中不可避免地出现了一系列问题,其中较为突出的是,在饭店的设计、建设、装修、经营、管理、服务等方面缺乏规范、规则和相应的秩序。当时的海外客人对酒店的投诉也始终居高不下,酒店行业急需进行统一的行业规范。1987 年,国家旅游局聘请世界旅游组织的专家到我国考察了 113 家酒店,全面、系统地调查研究了酒店行业的实际情况,根据我国国情,结合国际经验,制定了中国酒店的星级标准。该标准经国务院批准,于 1988 年正式开始宣传、贯彻和推行。

星级制度出台后,体现出了强大的生命力,受到了酒店的欢迎,其原因是星级标准符合

酒店发展的需要,可帮助酒店在市场上定位,走上标准化发展道路。我国在 1988 年制定了《中华人民共和国旅游饭店星级评定的规定》,并于 1988 年 9 月 1 日起实施等级星级酒店制。此后星级标准又先后进行了 3 次修订。《旅游饭店星级的划分与评定》(GB/T 14308—2010)于 2019 年又启动新一轮修订工作,新版标准将重点引导和规范酒店业低碳、环保、可持续发展,助推旅游业走在生态文明建设前列。

4. 第四阶段(1994 年至今):我国酒店逐步走向专业化、集团化、集约化

20 世纪 80 年代以后,国际上许多知名酒店集团纷纷进入中国酒店市场,我国也成立了第一批自己的酒店管理公司。90 年代以后,我国酒店业的总量急剧增加(图 3.4),竞争也进一步加剧。截至 2020 年底,我国共有星级酒店 8 423 家,其中五星级酒店 820 家、四星级酒店 2 399 家、三星级酒店 4 074 家。"走集约型发展之路"越来越成为酒店业的共识,要求酒店业应从单纯追求总量扩张、注重外延型发展向追求质量效益、强化内涵型发展转变。

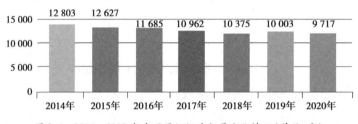

图 3.4　2014—2020 年中国星级饭店数量变化情况(单位:家)

【同步思考】

酒店的发展经历了哪几个时期?各时期有何特点?

任务二　现代酒店的功能、特点和分类

【任务布置】

(一)任务情景

迪拜七星级酒店——帆船酒店

全世界最豪华的酒店当数阿拉伯联合酋长国境内迪拜的帆船酒店,也称"阿拉伯塔""伯瓷酒店""阿拉伯之星"。它是世界上第一家七星级酒店。迪拜是阿拉伯联合酋长国的第二大城市。20 世纪 90 年代以后,大力发展旅游业,知名企业家 Al Maktoum 投资兴建了美轮美奂的帆船酒店。

　　酒店开业于 1999 年 12 月,糅合了最新的建筑及工程科技,迷人的景致及造型,使它看上去仿佛和天空融为一体。酒店的工程花了 5 年时间,2 年半时间在阿拉伯海填出人造岛,2 年半时间用在建筑本身,使用了 9 000 吨钢铁,并把 250 根基建桩柱打在 40 米深海下。酒店是一个帆船形的塔状建筑,一共有 56 层,321 米高,由英国设计师 W. S. Atkins 设计。它有着 202 套复式客房、200 米高的可以俯瞰迪拜全城的餐厅以及世界上最高的中庭,到过这里之后,你才能真正体会到什么叫作金碧辉煌。它的中庭是金灿灿的,它的最豪华的 780 平方米的总统套房也是金灿灿的。客房面积从 170~780 平方米不等,最低房价也要 900 美元,最高的总统套房则要 18 000 美元。总统套房在第 25 层,家具是镀金的,设有一个电影院、两间卧室、两间起居室、一个餐厅,出入有专用电梯。由于这家超级豪华酒店实在是太特别了,很多外来访客都想来参观一下(对绝大多数人而言,也只能是这样饱饱眼福)。不过请注意,踏进这家饭店可是要付参观费的,平日 100 Dhs、假日 200 Dhs(1Dhs 约等于 2.25 元人民币),不过可抵作餐厅消费就是了。

　　酒店内的 AI-Mahara 海鲜餐厅仿佛是在深海里为顾客捕捉最新鲜的海鲜,在这里进膳的确是难忘的经历——要动用潜水艇接送。从酒店大堂出发直达 AI-Mahara 海鲜餐厅,虽然航程短短 3 分钟,可是已经进入一个神奇的海底世界。海里有餐厅,空中也有餐厅,客人只需乘搭快速电梯,33 秒内便可直达屹立于阿拉伯海湾上 200 米高空的 AI-Mahara 餐厅。餐厅可容纳 140 名顾客,晚餐之际,夜空璀璨,客人于此环观迪拜的天空和海湾,享受地中海风味的高级厨艺。

　　据说在伯瓷,凡眼睛判断为金色的东西,定是黄金无疑。大到厅里的巨型柱子,小到门把、家具手柄、水龙头、电话等等,都用黄金装饰得优雅而不落俗套。据说,酒店当年装修耗金 30 吨。对于一个沙漠之城,水比黄金要金贵得多,而在伯瓷酒店里却看不到一点缺水的困窘。金龙头下哗哗流水,遍处丰盈的绿色植物,透过露天喷泉喷涌而出的巨大水柱,让记者看到了什么是富得流油。这些事实让人没法不好奇:建成这座酒店花费究竟有多大? 入住酒店的客人,一出迪拜机场就有酒店提供的两种“豪华选择”:坐劳斯莱斯豪华轿车过去,或是乘直升机。乘机前往的话,在 15 分钟的航程里可以从高空鸟瞰迪拜市容,然后徐徐降落在酒店 28 层的直升机停机坪上。当然,这种高档享受是要付出高昂代价的。在酒店的楼顶,还有一个世界独一无二的“空中网球场”,它由直升机停机坪改建而成,距地面 300 多米。著名的网球选手费德勒和阿加西,就曾为备战迪拜男子网球公开赛,在这里打过友谊赛。酒店房价虽然不菲,客源却依然踊跃。“不怕价高,只怕货差”,这句商界名言在迪拜再次得到印证。

　　伯瓷共有 202 套客房,所有的客房都是两层楼的复式结构。房间面积最小的也有 170 平方米。皇家套房大得吓人,足有 780 平方米,摊开来的话,面积相当于两个篮球场。套房的设备更让人咋舌,里面竟然有私家电梯和泳池。屋里的摆设都是世界各地的珍宝,睡床还能旋转。让人叫绝的是卧房的天花板上,装有一面与睡床相映成像的大镜子。伯瓷酒店员工大约在一两千人,菲律宾人最多,其次是印度人。在酒店服务层很难遇到一位迪拜本地人。"迪拜本地人太富裕,根本不会从事服务业。"一位酒店服务人员对记者说。据他介绍,还有几十名中国人在酒店工作。招募如此多的中国员工一是因为中国人力资源丰富,另外去迪拜消费的华人越来越多,也是一个重要原因。

(二)要求

请同学们回答以下问题:

1.从人工岛上美轮美奂的七星级酒店到普通的酒店宾馆,它们本质上是一样的吗?

2.酒店有哪些功能和特点?

3.你了解的酒店类型有哪些?各自的特点是什么?

【任务实施】

历来对酒店的称呼很多,中文中有饭店、宾馆、旅馆、旅社、宾舍、度假村;英语里有Hotel,Motel,Inn,Guesthouse,Tourist Resorts,Lodge 等(表3.1)。酒店业自其产生一直对人类社会发挥它不可或缺的作用。

表3.1 "酒店"英语单词对照表

英语单词	中文释义
Hotel	大型饭店、酒店
Motel	汽车旅馆
Inn	小型饭店、酒店、客栈
Guesthouse	宾馆、小型家庭旅馆
Resorts	度假村
Lodge	旅馆、旅社

一、酒店的作用

酒店最初的功能是为旅途中的人们提供住宿服务,但随着人类社会的发展,酒店已经成为具有向客人提供食、宿、商务、娱乐、会议、购物于一体的多功能的综合服务企业。酒店是旅游供给的基本构成要素,它与旅游交通、旅行社并称为旅游业的三大支柱。现代酒店的作用主要有以下五点:

（一）社交活动中心

从酒店的发展历史看,酒店一直都有着所在地社会文化交流中心的作用。现代酒店业的发展给当地社会的政治、经济、文化等方面的发展都带来重要影响,会刺激、促进和活跃当地社会的对外交往、经济发展和文化交流。许多城市积极引进国际知名品牌酒店入驻,看重的就是酒店对当地各方面的拉动和促进作用。

（二）增加外汇收入

酒店作为旅游业经营活动的基本必备设施,是创造旅游收入的重要部门,对增加国家外汇收入、平衡国际收支有着积极的意义。

（三）提供广泛就业机会

酒店是劳动密集型行业,可以为社会提供广泛的就业机会,按照我国酒店行业人员配置的情况,一家300间左右的酒店岗位缺口是500~600个,同时还能为相关行业提供大量的间接就业机会。根据国际统计资料和我国的实际经验,高档酒店每增加一个房间,可以提供直接和间接的就业岗位5~7个;中档酒店每增加一个房间,能创造4~5个就业岗位。

【相关链接】

世界上酒店用工比例比较

据国际饭店餐饮协会提供的材料,目前世界上酒店用工比例是:美国和西欧国家平均每间客房0.7人,日本0.6人,以色列0.5人,香港0.8人,拉美地区1.2人,非洲国家2.5人,我国1.5~1.8人。西方国家用人比例小的主要原因有两点:一是计算机普及率高,酒店各部门全部由计算机管理,工作效率高,用人少;二是酒店内部不设客房部和工程部,有些部门虽设置但不用固定工人,而用临时工。

（四）促进消费方式和消费结构变革

酒店向所在地的居民提供餐厅、娱乐等服务的消费的场所,不断地吸引着本地居民消费。当酒店提供的服务越来越多,酒店在丰富居民生活的同时,也潜移默化地改变着他们的消费方式和消费结构。

（五）带动相关行业发展

酒店对当地经济的拉动作用是有目共睹,其中重要的一项就是能带动相关行业的发展,给所在地区带来巨大的经济效益。据有关资料显示,入住酒店的客人金60%的开支花费是在酒店以外的社会其他行业进行的,而且客人在酒店消费的物品大多是由社会其他相关行业提供的。此外随着我国经济发展中剩余资本的增加,酒店保值增值的作用也日益明显,酒店为资本提供了较好的投资方向。

二、酒店产品的特点

酒店是以有形的空间、设备、产品和无形的服务效用为凭借,投入旅游消费领域中,具有一定独立性的资本或资金运作的经济实体。

(一)酒店产品的构成

1. 酒店的产品是客人的一段食宿经历

①物质产品。它包括客人在酒店消费使用的食品、饮料、床单、毛巾及其他实物形态的产品。

②感觉上的享受。它是通过酒店的建筑物设施、家具装修、灯光用具等共同营造的酒店良好氛围给客人感官上带来的愉悦感受。

③心理上的感受。它是由酒店实物形态产品、设施、用具等传递的,给客人带来的由感官到心理享受的升华,包括地位感、成就感、舒适享受程度和满意程度等。

顾客在酒店这段食宿经历质量的好坏,主要取决于酒店产品的物质形态,也取决于顾客主观的经历和看法。

2. 酒店产品是酒店硬件和软件的综合体

①酒店位置。酒店所处的地理位置从很大程度上决定酒店产品的好坏。例如:交通便利与否、是否紧邻商业区、周边是否风景优美,这些都是客人选择酒店的重要考虑因素。正如斯塔特勒先生在讲述他酒店经营成功秘诀时所说"地点、地点、还是地点"。由此可见地理位置对酒店经营的重要影响。

②酒店设施。酒店的建筑物外观、设施设备、酒店的各类客房套房、各具风格的餐厅、配套的康乐中心(包括歌舞厅、美容院、游泳池、健身房、桑拿房、保龄球馆、麻将室等)的齐备程度、档次的高低也是构成酒店产品的重要条件之一。

③酒店服务。服务是酒店的核心产品,客人到了酒店,不管他们的目的是住宿、用餐、宴请或娱乐,都离不开服务。美国著名的酒店大王曾说过:"酒店所卖的东西只有一种,那就是服务"。谁能提供优质服务,谁就能兴旺发达,谁要提供劣等服务,谁就会走向衰落。

④酒店氛围。氛围是客人消费过程中对酒店整体形象的一种感受。例如:不论是现代豪华设施,还是民族风格的陈设,不同格调的装饰艺术品、花草布置,以及与之相适应的服务员的形象装扮,共同烘托出酒店的氛围,对客人都将有着特殊的吸引力。

⑤酒店形象。酒店形象是指酒店通过品牌建设、公关活动、服务、销售等在公众中所形成的良好形象,涉及酒店的历史、知名度、经营思想作风、产品质量和信誉等诸多因素。

⑥酒店价格。价格也是产品的构成要素之一。

3.酒店产品是满足客人物质和精神需要的有形产品和无形服务的总和(图3.5)

①核心产品。酒店核心产品就是服务。

②实质产品。实质产品指可以单独定价,客人根据实际需要而购买的产品。如各种客房、饮料、宴会、商品、康乐设施、娱乐项目,也包括美容美发、客衣洗涤、复印、打字、传真等服务项目,这些项目既根据客人需要购买,又必须加入服务人员的劳动,即现场服务。

③支持产品。支持产品指为保证核心产品和实质产品能够满足客人需求,确保产品质量等级规格而起支持作用的产品。离开了这些产品,核心产品和实质产品则很难实现,但其又很难于单独定价出售。

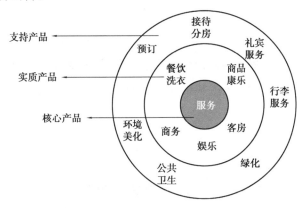

图3.5 酒店产品构成图

(二)酒店产品的特性

1.高额的经营成本

酒店既是劳动密集型企业,又是资金密集型企业。根据酒店产品内涵的需要,酒店不仅初期投资大,而且有很高的运营成本。因此,要达到收支平衡,需要很高的客房出租率。

2.价值的不易保存性

酒店产品是即时性消费的产品,生产和消费同步进行。今天客房没有出租,今天的价值就失去了;今天酒店的实质产品没有售出,今天酒店员工的使用价值也没有实现。酒店产品的价值是无法像实物产品那样保留下来的。

3.受人为因素影响大

酒店企业是最现代化的企业又是生产方法最传统的企业,先进的设备设施供客人使用,服务员则必须靠手工劳动来提供服务,往往是一对一进行服务,不像实物产品生产企业那样进行规模化大生产,产品具有一致性,酒店产品质量受人为影响因素大。再加上对酒店产品质量的好坏评价更多是来源于顾客,而不同的顾客由于需求、消费偏好、消费经历的不同,会对同样的酒店产品有不同的评价,这也使酒店产品的受人为影响性更加突出。

4. 空间的不可转移性

由于酒店产品要以建筑物为依托,由此决定了酒店无法将自己的产品作出空间上的转移。所以酒店自其建设选址开始,必须慎重地考虑权衡,以免影响到日后的经营效果。

5. 销量的季节波动性

国外新酒店在开业时扔掉大门钥匙是一种仪式,意味着酒店永远不会关门,将全年无休地为客人提供服务。但旅游业又是有着较强季节性的行业,有明显的淡旺季的差别。航空公司可以通过增加或取消一些线路的航班来调节机位的数量,酒店不仅有固定的位置,也有固定的客房供应量,销量的季节波动十分明显。

三、酒店的分类

按照酒店服务对象、规模、等级和计价方式分类,是国际酒店业的传统分类方式。根据某些特定标准对酒店进行分类:一是有利于顾客选择;二是有利于酒店的市场营销;三是便于同行业的比较。

(一)按服务对象分类

1. 商务型酒店

商务型酒店以接待从事商务活动的客人为主,是为商务活动服务的。这类客人对酒店的地理位置要求较高,要求酒店靠近城区或商业中心区,其客流量一般不受季节的影响而产生大的变化。商务型酒店的设施设备齐全且档次较高,服务功能比较完善。

行政楼层,也称商务楼层,是这类酒店的一大特色,它是酒店中划出几个楼层专门用来接待高级商务客人的。行政楼层专门设有服务台,隶属于前厅,称"前厅驻客房办事处",客人可在楼层处登记,服务员集前厅登记、结账、餐饮、商务中心及客房贴身管家等服务于一身。楼层设有专门的客人活动室,免费提供咖啡、茶水、点心、水果等供客人休息、会客、就餐之用。

2. 度假型酒店

度假型酒店以接待休闲度假客人为主,多兴建在海滨、温泉、风景区附近,度假型酒店要求有较完善的娱乐设施,如滑雪、骑马、狩猎、垂钓、潜水、冲浪、高尔夫球、网球等,以吸引游客。度假型酒店经营易受淡旺季影响因而采取较为灵活的经营方式,如实行淡季、旺季价,不少度假型酒店增设了会议设施,吸引各种会议客人。近年来,不少旅游胜地也出现了分时度假型酒店。

3. 长住型酒店

长住型酒店可以为租居者提供较长时间的食宿服务。此类酒店客房多采取家庭式结构,以套房为主,房间大者可供一个家庭使用,小者有仅供一人使用的单人房间。长住型酒店的设施及管理较其他类型的酒店简单,并根据客人的需要提供餐饮及其他辅助性服务。酒店和客人通过签订租约的形式,确定租赁的法律关系。

从发展趋势看,长住型酒店一是向豪华型发展,服务设施和服务项目日趋完备,如不少大城市出现的酒店式公寓;二是分单元向客人出售产权,成为提供酒店服务的共管式公寓,不少酒店还实行定时分享制。

4.会议型酒店

会议型酒店是以接待会议旅客为主的酒店,除食宿娱乐外还为会议代表提供接送站、会议资料打印、录像摄像、旅游等服务。要求有较为完善的会议服务设施(大小会议室、同声传译设备、投影仪等)和功能齐全的娱乐设施。

5.观光型酒店

观光型酒店主要为观光旅游者服务,多建造在交通便利的风景名胜区,经营特点不仅要满足旅游者的食宿的需要,还要求有公共服务设施,对服务速度效率要求高。

6.汽车酒店

汽车酒店是随着私人汽车的增多与高速公路网的建成而逐渐出现的一种新型住宿设施。早期汽车酒店设施简单、规模小,多为家庭式经营,建在公路旁,以接待驾车旅行者为主。20世纪50年代,以美国为代表的国家出现了一定标准的定型汽车酒店,它们建在城市边缘或高速公路沿线,有免费的停车场,出入方便,服务有限,价格低廉,逐渐与一般酒店并驾齐驱,成为酒店行业公认的一部分。

(二)按酒店规模分类

目前对酒店的规模旅游行政部门还没有一个统一的划分标准。较通行的分类方法是以客房和床位的数量多少,分为大、中、小型三种:

①小型酒店:客房在300间以下。

②中型酒店:客房在300~600间。

③大型酒店:客房在600间以上。

(三)根据酒店计价方式分类

1.欧式计价酒店(EP)

客房价格仅包括房租,不含食品、饮料等其他费用,我国各地绝大多数酒店均属此类。

2.美式计价酒店(AP)

客房价格包括房租以及一日的早、午、晚餐。一些世界知名的海岛度假胜地多数采用此种计价方式。

3.修正美式计价酒店(MAP)

客房价格包括房租及早餐和一顿正餐的费用。

4.欧陆式计价酒店(CP)

客房价格包括房租及一份简单的欧陆式早餐(咖啡、面包、果汁)。此类酒店一般不设餐厅。

5.百慕大计价酒店(BP)

客房价格包括房租及一顿丰盛的西式早餐。这种计价形式对商务旅客具有较大的吸引力。

(四)按酒店等级分类

1.概念

酒店等级的高低主要反映的是不同层次的客源的不同要求,标志着建筑、装饰、设施设备、服务项目、服务水平与这种需求的一致性和住店客人的满意程度。

2.酒店分级的目的

①保护客人的利益。

②便于行业管理与监督。

③有利于促进酒店行业的发展。

④有利于增强员工的责任感、荣誉感和自豪感。

3.酒店的分级方法

不同国家和地区采取不同的评定方式对酒店进行等级评定,将酒店划分为不同的等级,并用符号(星、钻石、梅花等)、数字(一、二、三等)、字母(A、B、C 等)以及文字描述(豪华、舒适、现代等)加以区分。

目前,国际上在划分酒店等级上还未有正式的统一标准,但有些标准是众所公认的,如清洁、设施水平、家具品质及维修保养,服务与豪华的程度。各国和地区在划分酒店等级上都有自己的标准。例如:法国的酒店分为"1—5 星"五级;意大利采用"豪华、1—4 级"制;瑞士酒店为"1—5 级";美国采用"五星"和"五花"等级制;我国台湾、东南亚等国采用"五花"等级制。

4.我国酒店星级评定制度

我国旅游酒店参照国际标准,在 1988 年制定了《中华人民共和国旅游饭店星级评定的规定》,并于 1988 年 9 月 1 日起实施等级星级酒店制,我国现行的标准为 2010 年修订的最新版本《旅游饭店星级的划分与评定》(GB/T 14308—2010),从 2011 年 1 月 1 日起正式开始实施。新标准重点强调了星级酒店的必备项目、核心产品、绿色环保、应急管理、软件可衡量和特色经营六个方面的要求,对引导和规范我国酒店业的发展将产生重要作用。

（1）划分和依据

《旅游饭店星级的划分与评定》（GB/T 14308—2010）规定，用星的数量和颜色表示饭店的等级。星级分为五个等级星级（含白金五星）。最低为一星级，最高为白金五星级，作为星级的补充，开业不足一年的酒店可以申请预备星级，等级与星级相同。星级评定结果三年有效（星级及其标志使用权），预备星级有效期一年。

星级评定的目的是保护旅游经营者和消费者的利益，其依据是依酒店的建筑装饰、设施设备及管理、服务水平等，酒店星级的取得表明该酒店所有建筑物、设施设备及服务项目均处于同类水准（图3.6）。

图3.6　星级酒店挂牌标识

（2）适用范围及评定组织

我国各种经济性制度旅游酒店在正式开业一年以后都可以参加星级评定，正式开业不足一年的酒店可以申请预备星级。政府鼓励酒店参加星级评定，但尊重酒店意愿，采取自愿报名的形式。

全国旅游酒店星级评定的责任机关是国务院旅游行政管理部门，其职责是领导与监督各级饭店星级评定机构开展工作，组织实施五星级酒店的评定与复核工作，保有对各级旅游酒店星级评定机构所评定酒店星级的否决权。

省、自治区、直辖市旅游酒店星级评定机构，按照全国旅游酒店星级评定机构的授权和督导，组织本地区旅游酒店星级评定与复核工作，保有对本地区下级旅游酒店星级评定机构所评酒店星级的否决权，并承担推荐五星级酒店的责任；同时，负责将本地区所评星级酒店的批复和报告书上报全国旅游酒店星级评定机构备案。

（3）星级评定的基本步骤

依据《旅游饭店星级的划分与评定》（GB/T 14308—2010）制定本评定程序。

①受理

A. 申请。申评三、四、五星级酒店须向市旅游酒店星级评定委员会办公室（简称"市星评办"）报送申请材料；申评一、二星级酒店须向所在区旅游酒店星级评定委员会办公室（简称"区星评办"）报送材料，所在区未设星评机构的可直接向市星评办申请。各区星评办根据申请情况向市星评办报送星评计划。酒店须报送下列申请材料：酒店星级申请报告、消防验收合格证（复印件）、特种行业许可证（复印件）、卫生许可证（复印件）、工商营业执照（复印件）、酒店装修设计说明等。

B.受理。申评一、二星级酒店的申请报告由所在区星评办受理；三星级及以上酒店的星评申请由市星评办直接受理。相应评定权限的旅游酒店星级评定机构应在核实申请材料的基础上于14天内做出受理与否的答复。

C.指导性检查。市、区星评办收到酒店申请材料后，派出星评员到酒店进行指导性检查。星评员主要检查和指导酒店做好下列工作。

Ⅰ.组建评星工作领导机构。

Ⅱ.制订评星工作计划书。

Ⅲ.要求酒店召开评星动员会，把评星要求贯彻到每一个岗位、每一个员工（包括承包部位），营造评星氛围。组织学习《旅游饭店星级的划分及评定》，对照《标准》试打分，寻找差距，落实整改。

②评定

星评办经请示星评委领导同意后，正式组织对申请酒店进行评定检查。

A.明查。星评办委派星评员（2~3人）前往酒店开展明查。

Ⅰ.面会。召开星评员与酒店中高层管理人员见面会，星评员听取酒店负责人汇报酒店基本情况和评星准备工作等。会议由星评员主持。

Ⅱ.实地检查。星评员按照星级标准对酒店进行实地检查并对照标准进行评分。

Ⅲ.反馈会。星评员向酒店管理层（中层以上人员）反馈星级评定情况，指出存在问题，提出整改要求。

Ⅳ.整改落实。申评酒店根据星评员反馈意见制定整改计划和抓好落实（酒店须将整改计划书报市星评办）。

B.暗访。在明查通过后，一个月内星评办再次派出星评员（2~3人）到酒店进行暗访。

Ⅰ.实地检查。星评员以客人身份到饭店预订客房入住酒店进行暗访检查，暗访任务完成后，正式通知酒店管理方，继续检查酒店非面客部门。

Ⅱ.意见反馈。星评员召开反馈会，向酒店（中层以上人员）反馈暗访检查意见。

Ⅲ.整改与落实。酒店根据星评员反馈意见抓整改落实。

Ⅳ.星评办自对申请评星酒店开展明查之日起，经星评委领导批准，在旅游政务网上对申请评星酒店情况进行公示，收集各种反馈意见。公示期7天。

③评审

明查、暗访结束后，星评办将检查情况及公示情况汇总整理报星评委评审。经星评委主任、副主任及各委员评审通过后，旅游酒店星级评定机构对申请星级的酒店作出评审意见。

④批复

通过评审认定达到标准的三星级及以下旅游酒店由市星评委主任或副主任签署后批复；四星级旅游酒店由市星评委主任或副主任签署后，推荐上报省星评委评定；五星级酒店由省、市星评委推荐上报全国星评委评定。

⑤复核

对已经评定星级的酒店，星评机构每年派检查员按标准进行复核。对不达标的星级酒店，评定机构可根据情节轻重给予相应的处分，直至取消星级，并在相应范围内公布处理结果。

【同步思考】

结合酒店产品的构成和特点，在酒店经营过程中对我们有些什么启示？（酒店产品的无形性意味着什么？服务与消费的同步性对酒店产品的质量有什么样的风险？）

任务三　现代酒店管理的基本方法

【任务布置】

（一）任务情景

分粥故事的制度思考

世间的问题，极复杂的原可以用极简单的事例加以说明。一位叫阿克顿的英国历史学家讲过一个分粥的故事，可以给从事企业管理的人士一些感性的体悟。

由七个人组成的小团体，其中每个人都是平凡而且平等的。他们没有凶险祸害之心，但不免自私自利。他们想用非暴力的方式，通过制定制度来解决每天的吃饭问题——要分食一锅粥，但并没有称量用具或有刻度的容器。大家试验了不同的方法，发挥了聪明才智，多次博弈形成了日益完善的制度。大体说来主要有以下几种。

制度一：指定一个人负责分粥事宜。很快大家发现，这个人为自己分的粥最多。于是又换了一个人,结果总是主持分粥的人碗里的粥最多最好。阿克顿的结论是:权力会导致腐败;绝对权力产生绝对腐败。

制度二:大家轮流主持分粥,每人一天,这样等于承认了个人为自己分粥的权利,同时给予了每个人为自己多分粥的机会。虽然看起来平等了,但是每个人在一周中只有一天吃得饱而且有剩余,其余六天都饥饿难挨。大家认为这种办法造成了资源浪费。

制度三:大家选举一个信得过的人主持分粥。开始这位品德尚属上乘的人还能公平分粥,但不久他开始为自己和溜须拍马的人多分。不能放任其堕落和风气败坏,还得寻找新思路。

制度四:选举一个分粥委员会和一个监督委员会,形成监督和制约。公平基本做到了,可是由于监督委员会常提出各种提案,分粥委员会又据理力争,等分粥完毕时,粥早就凉了。可见,如果制度效率不高,就要吃凉粥,就要影响当初制定制度时所想达到的那个目的。

制度五:每个人轮流值日分粥,但是分粥的那个人要最后一个领粥。令人惊奇的是,在这个制度下,七只碗里的粥每次都是一样多,就像用科学仪器量过一样。每个主持分粥的人都认识到,如果七只碗里的粥不相同,他确定无疑将享用那份最少的。好的制度浑然天成,清晰而精妙,既简洁又高效,令人为之感叹。

制度与方法至关重要。成功的企业管理者,一定擅长于借制度之力。分粥理论给我们的一个启示就是要有一套好的制度,要敢于跳出传统的思维去寻找新的解决问题的办法,一套好的机制对管理者来说比自己事无巨细、事必躬亲要有效得多。

(二)要求

请同学们回答以下问题:

1. 什么是制度?

2. 好的制度从何而来?

3. 在现代酒店管理中应该运用哪些管理制度、方法?

【任务实施】

酒店管理是以管理学的一般原理为基础,综合运用多学科知识,从酒店业本身的业务特点和管理出发而形成的一门独特的管理学科。

酒店管理水平反映了一个国家、一个地区、一个城市的精神面貌和生产力水平,反映了社会经济、文化意识形态水准、在推动商品流通、经济发展,促进对外开放和精神文明建设等方面都有重要作用。

酒店管理实际上既包括经营也包括管理。经营与管理是两个密不可分的概念,但也有着不同的内涵(表3.2)。

表3.2 酒店的经营与管理的联系与区别

	经 营	管 理
区别	A.主要由上层管理者承担。 B.主要解决与酒店外部环境有关的问题。 C.侧重于酒店全局性、战略性问题。 D.既要考虑当前问题,又要考虑长远发展。 E.以解决动态问题为主。 F.非程序化。	A.主要由中下层管理者承担。 B.主要解决酒店内部条件利用问题。 C.侧重于酒店局部的、战术性问题。 D.主要对象是当前酒店产品生产技术活动。 E.以解决静态问题为主。 F.程序化。
联系	A.目标上具有一致性。 B.经营是管理发展到一定阶段的必然结果。 C.经营中有管理,管理中有经营。	

一、现代酒店管理的一般目标

(一)盈利

从事正当、合法的酒店经营活动、获取最大限度的利益,关心业主的利益是酒店管理的首要目标。

(二)不断提高员工的工资和福利待遇

酒店的全体员工是企业之本,必须关爱员工,充分调动和激发员工的积极性和责任感。

(三)提供顾客信赖的产品

酒店必须关注顾客的需要,并满足顾客在物质、精神和发展方面的需要,才能使企业盈利。

(四)成为本地区的模范商户

应考虑社会的需要,关爱社会,符合国家的法律、法令、法规、环境、资源保护和能源利用等多方面的要求,才能使企业持续发展。

二、现代酒店管理的属性

(一)酒店管理的共性

①酒店产品的生产需要制定相应的生产工艺流程和标准。

②消费者的需要是酒店产品设计与生产的基本依据。

③酒店必须依靠质量管理来保证自己所生产的产品的质量。

④正常的组织运作是企业生产的基本保障。

⑤"以人为本"是企业的核心。

⑥做好财务分析与财务控制。

⑦设施设备管理保证经营正常运行。

⑧安全工作是基本任务。

⑨企业的长远利益和战略利益是发展中的重要问题。

（二）酒店管理的特殊性

①手工操作和人际交流是酒店服务的主要手段。

②酒店管理必须与国际接轨。

③酒店的经营必须将价值规律与人际关系规律并重。

④酒店是社会的文明基地。

三、现代酒店管理的基本方法

现代酒店的管理活动应以管理学的相关原理和方法为依据,围绕酒店的管理内容和工作目标,在此介绍几种酒店最常用也是最具代表性的管理方法。

（一）标准化管理的方法

1. 基本内容

酒店的标准化管理是指在酒店服务过程中,通过对服务标准的制定和实施,达到服务质量的标准化、服务方法的规范化、服务过程程序化、质量控制全程化,以获得稳定优质的服务过程。

这些标准范畴都是对重复性事物所做的统一规定。

（1）服务质量标准

主要解决如何进行服务的问题,指对酒店的管理和服务应达到的水准和要求的规定。

①服务要求。它明确地规定了需经顾客评价的服务质量特性的工作要求,如餐厅食品的类型、饮料的等级、卫生洁净程度。

②服务准备要求。它明确地规定了要保证服务质量特性所呈现组织内部的服务准备要求,如餐厅的服务人员数、提供服务的设施设备等。

③服务提供要求。它明确地规定了保证服务质量特性的服务提供要求的外部评价(顾客、社会)和内部评价(企业内部)。外部评价如餐厅的点菜速度、上菜速度、结账速度、上菜的准确性和服务员的仪表;内部评价如菜肴的烹饪时间、烹饪速度、清洁类型及速度等。

④验收标准。对于服务质量的特性要有验收性条文,明确定性和定量指标。如规定的餐具摆件的顺序、位置、方向、件数和种类;菜品原料分别的分量要求;总台入住登记的时间限制;设备坏了报修后多长时间来修理等。

(2)服务提供规范

规定了提供某项服务的方法和手段。也就是所说的服务方法的规范化和服务过程的程序化。

①服务提供过程的程序。它详细地说明了完成某项服务活动的准确方式,指导人们按照顺序依次进行。服务程序是服务提供规范的重要组成部分,从某种意义上讲,制定服务、提供规范就是编制一套服务提供程序。

通常在编制服务程序时把一项工作分为服务前、服务中、服务后三个阶段,每个阶段有若干步骤,编制时要注意各个阶段之间的衔接。如接受电话预订客房流程(表3.3)。

表3.3　电话预订

阶　段	步　骤
服务前	1.接到订房电话时,先问清客人抵离日期、用房数及房间类型。 2.查看订房流量表,确定可否接受预订。如当天客人已满,可建议客人改订相关酒店;如客人所需房间类型已订满,可建议预订其他种类的房间,客人无法接受,则建议客人改订相关酒店。
服务中	1.接受订房时,填写预订单;向订房者说明房价,并在预订单上注明。 2.问清并记录客人的姓名,核对姓名的拼音字母,确保记下姓名的准确性;客人抵离日期及航班或车次、要求预订房间的总数量及人数、房价和客人的付款方式、预订者姓名、公司及电话号码。 3.凡与酒店有协议或合同的公司,旅行社订房,须在预订单上注明合同号码。如客人将在早上抵店,而酒店出租率又相当高的情况下,向客人说明酒店的退房时间为中午12:00。 4.将所记录的预订资料与订房者核对,确保预订信息准确无误后输入电脑。
服务后	最后接待员在预订单的下方签名,并填上日期,整理资料后归档(按客人入住日期)

②服务方法的规范化。即指按照酒店明文规定的保证服务质量标准的方法进行工作。如客房的清洁整理工作就要按照从上到下,从里到外,干、湿分开,环形清理,注重墙角的规范方法进行。规范化的服务不但可以提高服务质量,而且便于检查和管理,避免差错和事故的发生。另外,规范化的服务还有利于提高服务人员的素质和服务能力。

（3）质量控制规范

质量控制规范规定了控制和评价服务特性和服务提供特性的程序，目的是有效地控制服务的全过程，是服务全过程的一个重要组成部分。质量控制规范的设计应包括以下内容。

①识别关键活动。在服务过程中要善于找出影响服务质量特性的关键性岗位或活动，也就是我们常说的服务质量控制点。抓住了它们并较好控制，就抓住了服务质量的根本。

对服务质量影响大，起决定作用的岗位或活动经常出现不良服务的岗位或活动顾客意见多的岗位或活动。

例如，对于餐厅服务来说，膳食的配制和准备活动以及向顾客提供饭菜的及时性是关键性活动，也是服务质量的控制点。

②确定可度量和监督的服务质量特性。在识别服务质量控制点后，应对控制点本身及前后相关活动进行细致分析，确定出可度量和监督的服务质量特性，以保证该控制点达到服务规范和服务提供规范的要求。

可以度量的服务质量特性。例如：客户满意率，用餐等待时间等。

可以监督的服务质量特性。例如：客房清洁的步骤是否是遵循"从上到下"，餐厅上菜的顺序是否是遵循"先撤后上"等。这些质量特性都是可以监督和控制的。

规定特性的评价方法。对于总结出的服务质量特性，应用何种方法进行检查测量。例如：抽样调查法，填表法，问卷法等。

建立控制手段。有了活动特性的评价方法，对活动特性进行了测量，那么怎么样算达到了服务质量的要求呢？这就必须有一个规定的界限来衡量，并进行适当的控制。例如：《旅游饭店星级的划分与评定》（GB/T 14308—2003）中规定，四星级饭店的设施设备应得的最低分为320分；维修保养的得分率必须在95%以上等。

③注意事项。质量控制规范是标准化管理的重要一环，在质量控制规范体系中要明确检验方案和检验人员，质量控制规范的内容应能有效地控制每一个服务过程。

2. 实施标准化管理的意义

①在酒店的经营活动和服务工作中建立了最佳秩序，使酒店的工作做到事前有指导，事故差错可防范，以争取最佳效果。

②标准化管理强调了对服务过程的控制标准和每项服务特性的验收标准，其是服务过程和事后的检查的依据，同时便于纠正偏差，提高服务质量水准。

③有利于提高酒店管理人员和服务人员的素质和能力，有章可循，明白应该怎么样做。

④便于管理，减少浪费。

⑤保证服务和产品质量的一致性和稳定性，减少客人因服务质量和产品质量不稳定而

引起的投诉。

3.客人和社会满意度是衡量标准化管理的最终标准

服务质量的优劣最终还是要取决于顾客的感受和顾客的评定。在实施标准化的过程中,既要重视服务质量供方评定,更要重视服务质量的顾客评定。

(1)供方评定

既有管理者的控制和监督,又有员工的自我测量。检查是否遵守已规定的标准。

对是否符合标准管理进行监督。如出现偏差,需对过程进行调整。

(2)顾客评定(最重要的评定)

酒店企业尤其应重视服务中和服务后的顾客评定,并善于引导顾客对服务标准作出评定。善于引导顾客坦率、及时地提出对饭店及其服务的看法、意见和评定(服务质量调查表、顾客评优活动、老顾客座谈、节日联谊会),采取合理的纠正措施,并尽快向顾客解释和使顾客能够察觉到。

对顾客的满意程度进行评定,标准化管理是否得到了认真的实施以及实施的效果,如果顾客仍不满意,则说明标准化管理仍存在不足和有待改进的地方。应评价顾客评定和供方评定的相容性(顾客评价的主观性与个体性)。

顾客评定和供方评定是在满足顾客和社会需要从而取得饭店效益这个根本目标上统一起来的。

【相关链接】

蚊帐的作用

一位客人到一家高星级酒店入住。进入客房以后,客人看了看房间的设施,要求服务员提供一床蚊帐。服务员对他解释说,我们这里是五星级的高级酒店,客房内是不会有蚊子的。不管服务员如何解释,客人仍坚持要一床蚊帐,此事惊动了值班经理。后来值班经理了解到,客人要一床蚊帐只是为了寻找平时睡觉的感觉,没有蚊帐他没有安全感。

(资料来源:郑向敏.现代饭店管理[M].大连:东北财经大学出版社,2008.)

问题:酒店的功能设置应以什么作为标准呢? 标准化和个性化服务能否具有统一性?

分析:现代酒店功能的设置是以客人的需求为依据的,在标准化服务前提下,要为客人提供高度个性化、定制化的服务,这是市场的需求,是酒店企业努力的方向。在顾客需求多样化的今天,只按照常理来推测顾客的需求,是无法令客人满意的。标准化服务和个性化服务在有效满足客人需求层次上是能达到有效统一的。

(二)六常管理法

六常管理法是由著名酒店管理与服务培训专家邵德春由日本的"5S"法总结创新出来

的酒店管理模式。"六常"就是常分类、常整理、常清洁、常维护、常规范和常教育。"六常法"的管理方法能为现代酒店管理带来巨大的效应。

1.基本内容(图3.7)

(1)常分类:就是把酒店管理的所有物品分成两类:一类是不再用了的,另一类是还要用的。

(2)常整理:就是把不用的物品清理掉,把还要用的物品数量降至最低用量,然后摆放井然有序,贴上任何人一看就能明白的标签。物品可按使用时间长短分开存放;也可按照高、中、低用量分别存放,如仓库货架中间部分最方便的地方存放用量最多的物品,拿起来不太方便的地方存放用量少一些的物品,以此类推。工具或材料还可按照操作顺序放置等。

(3)常清洁:意思是整理完了就要给物品、设施做清洁工作。

(4)常维护:意思是对前面"三常"的成果进行常维护。维护"三常"的最好办法就是做到不用分类的分类,不用整理的整理,不用清洁的清洁。

(5)常规范:就是要把员工的一切行为规范起来。可通过岗位职责,岗位工作程序化、规范化来进行规范。

(6)常教育:就是通过批评教育,使全体员工养成"六常"习惯。

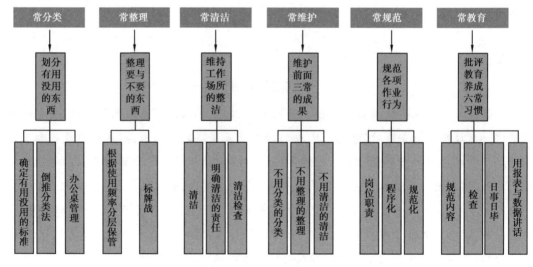

图3.7　六常管理的内容

2."六常管理法"的意义

"六常法"的创新观念是建立在实行全员管理基础上的,先让员工从简单的小事做起,一旦形成习惯后便能自觉地执行操作规范,而在执行之后,员工能切身体会到工作环境的改善、工作压力的减轻,因而愿意长期坚持下去。

①节约员工时间成本,提高工作效率。

②降低库存量,减少物品积压现象。

③提升酒店管理层次,提高酒店的利润空间。

如果客人进入一间酒店,看到什么都是井井有条、有规范,就会觉得酒店的管理到位,从而增加好感。

酒店"六常法"的实施,可以从根本上杜绝酒店"电灯无人管、水流无人关、空调无人修"等现象的发生,节约水、电、气等费用,从而降低酒店的管理成本。一般的餐饮企业,空间都比较拥挤,实施"酒店六常法",不仅可以合理使用空间,更可以将多余的空间用于出租,增加酒店的经济效益。

【相关链接】

开放厨房供客人参观学习

我们去吃法式大餐时,发现它的餐厅中间是厨房;去吃日本料理时,也发现它的厨房在餐厅中间!为什么中国人的餐厅不开放?其中的原因我们都心知肚明:厨房太脏了,油烟味太浓了。厨房那么脏,如果要开放的话,客人全跑光了,谁还敢吃饭?可是实施了"酒店六常法"以后,厨房再也不是环境肮脏凌乱、地板又湿又滑、连酒店管理人员也不愿进的地方,而是一个可以完全开放、供客人参观学习的优美景观,这样既能增加酒店的经济效益,更能增加社会效益。浙江金悦大酒楼实施"六常管理法"后,便推出了开放式厨房项目。在短短的 8 个月时间内,开放式厨房已经接待了 2 000 多名参观者,许多单位看了这个厨房的卫生情况以后,马上与服务总台签订了定点消费协议,大大提高了酒店的知名度与社会影响力。

(三)"5W1H"管理方法

在酒店的管理工作中常常出现这样的情况:计划和目标都比较切合实际,但最终的实施结果总是不尽如人意;或者已经找到了影响酒店服务质量的主要原因,但不能确定采取哪种措施,才能使计划做到切实可行,其主要原因就在于缺乏"5W1H"的管理方法,即缺乏具体的措施方案来保证计划、目标的贯彻实施。酒店日常工作千头万绪,要保证酒店目标的实现必须切实做好每一项工作,而每项工作的完成有赖于切实可行的工作方案和计划,"5W1H"的管理方法必不可少。它主要围绕六个方面来解决明确实施措施中相关问题:

What——目标,即预计要解决什么问题,要达到的目的是什么。

Why——必要性,即为什么要制定这一目标。

Where——地点,即这个目标或措施在哪个部门或什么地方执行。

Who——执行人,即这个目标或措施由谁或哪个部门执行。

When——时间,即每项目标或措施在什么时间开始,什么时间完成。

How——方法,即采用什么方法和措施来完成这些目标。

在实施"5W1H"的管理方法时,上级应尽可能地下放权限,给下级以自由处理的余地;而下级在执行上级的方针时,一方面要对照检查,一方面要大胆使用自己的权利,依靠自己的判断,独立完成任务。

例如,重庆金源大酒店使用"5W1H"方法,安排了重庆建筑科技职业学院顶岗实习生的培训计划。

重庆金源大酒店培训部:

重庆建筑科技职业学院派遣其顶岗实习生到我酒店实习,现安排学生在顶岗实习前有为期10天的岗前培训,时间从11月2—11日,实习内容主要是了解整个酒店运营和管理情况,掌握各主要岗位服务的程序和技能,其培训课程安排如下,请你们做好准备。

重庆建筑科技职业学院顶岗实习生培训计划安排表

日期	(上班)时间	培训内容与目的	负责培训人	培训地点	培训方式与手段
2	8:30—17:30	了解本酒店各部门基本情况及业务内容	酒店人力资源部主管	五楼会议室	讲授、参观认知
3—4	8:30—17:30	掌握前厅入住登记程序、标准和基本技能	前厅领班	五楼会议室	跟班观察,跟班服务
5	8:30—17:30	掌握前厅总机服务程序、标准和基本技能	前厅总机领班	五楼会议室	跟班观察、跟班服务
6—7	8:30—17:30	掌握中餐厅、西餐厅服务程序、标准和基本技能	餐饮部主管	三楼中餐部	跟班观察、跟班服务
8—9	8:30—17:30	掌握整理客房程序、标准和基本技能,了解对客服务技能	客房部主管	八楼	跟班服务、负责两间客房的清洁
10	17:00—23:00	掌握夜班服务的程序、标准和基本技能	客房服务领班	八楼	跟班服务
11	8:30—17:30	了解前厅、餐饮、客房部经理对各部门的管理和业务活动	各部门副经理	五楼会议室	跟班检查、列席相关会议

此表分送:财务总监、客房部经理、客房部管家、餐饮部经理、前厅部经理、公共关系部

经理、销售部经理。

此表上报：总经理、副总经理、人事部经理。

【同步思考】

请举出酒店管理方法在酒店中的具体运用实例，并说明效果。

任务四　现代酒店集团经营模式的发展

【任务布置】

（一）任务情景

全球第七大酒店集团喜达屋被积极竞购

喜达屋酒店及度假酒店国际集团（简称喜达屋）自 2015 年 4 月便对外释放考虑出售的事宜，10 月 28 日，外媒率先曝出消息称，上海锦江国际酒店集团、海航集团和中投集团三家中国公司正在向政府申请竞购喜达屋——《华尔街日报》周二曝出这条消息后，喜达屋股价当天增长 9.1%，达到 74.81 美元，创造了自 2009 年以来的单日最高涨幅。

按房间数量计算，喜达屋是全球第七大酒店集团，旗下包括喜来登、W 酒店、威斯汀等 9 个酒店品牌。在全球拥有 1 200 多家酒店，房间数达到 35.4 万。在 2012 年，从金融危机中复苏过来的喜达屋的营收曾增长 12.4%，至 63.2 亿美元。但在那之后，已经连续两年下滑，2013 年、2014 年分别下降了 3.3% 和 2.2%，2015 年依然不乐观。在经常被提及的竞争对手中，不管是从酒店总量和房间量，还是增长率，喜达屋和它们的差距都在拉大。这些都给喜达屋带来了巨大的财务压力。

对于喜达屋来说，引入资本能最快解决现金流的问题。酒店是有生命周期的，可能每 10 年就要翻新，这对于旗下多为高档酒店的喜达屋来说，是个巨大的经营挑战。类似的问题曾发生在许多国际酒店集团身上，比如 20 世纪 70 年代依靠自建酒店扩张的万豪集团，但其通过建立专营地产公司和酒店管理公司，将酒店资产进行证券化包装，从而回笼现金流。

在这种情况下，公司一边开始在全球寻找战略投资者，一边实施轻资产战略，逐渐从自营转向"托管经营"和"特许加盟"的模式。根据喜达屋 2005 年的财报，当时集团旗下 864 处酒店房产中的 130 处是自营。而到 2015 年，喜达屋的自营项目已经大幅缩水至 32 处，"托管经营"和"特许加盟"店则分别增长到 593 和 613 家。

美国经济学家乔治·斯蒂格勒曾说:"每一家美国大公司都是通过某种程度、某种方式的并购而成长起来的,几乎没有一家大公司主要是靠内部扩张成长起来",今天的酒店业格局也是这样形成的。

收购开始于20世纪50年代,那是现在这些大型国际酒店集团的雏形。当时希尔顿收购了著名的纽约华尔道夫酒店,又斥资1.11亿美元收购了美国斯塔特勒饭店公司,成为当时美国金额最大的酒店业并购案。

洲际的前身美国假日酒店公司也从1957年开始出售特许经营权,到1968年已经发展到上千家。相比之下,万豪一开始采用自营为主的模式,直到1993年才分为地产公司和酒店管理公司。后者大举收购饭店和建造新饭店,进一步扩张公司规模,酒店数量从1993年底的760家增加到1997年初的近1 400家。

喜达屋旗下的威斯汀、喜来登品牌也是在90年代被收购而来。通过一次次收购,小的酒店品牌逐渐聚合成大型集团,让酒店业走到了今天的样子。

(二)要求

请同学们回答以下问题:

根据你的了解,现代酒店集团有哪些经营方式?

【任务实施】

一、现代酒店集团

酒店集团也称酒店联号或连锁饭店,指在本国或世界各地直接或间接地拥有和经营两个以上的酒店,使用统一的名称、标志,实行统一的经营管理规范与服务标准进行联合经营的酒店企业。

(一)酒店集团经营的基本形式

1. 直接经营

直接经营是酒店集团经营的最原始的形式,是酒店集团直接投资建造酒店或购买、兼并酒店,然后由酒店集团直接经营管理的形式。采用此种经营方式的酒店集团其扩张速度和规模很大程度上受到自身实力的影响,相对增长较慢,投资风险也较大。酒店集团通常在发展初期多采取此种形式。

2. 特许经营

特许经营是酒店集团向其他酒店或企业让渡特许经营权的一种经营形式。酒店集团的特许经营强调获取特许经营权的酒店在特定的时间、地点,以特定的方式经营酒店业务,以保障酒店集团品牌经营效果和声誉。一般不对联号酒店进行直接管理,受让者须向酒店集团交纳特许经营权转让费以及使用费。

特许经营可使酒店集团投资很少就可以达到扩张的目的,使酒店集团的收入多元化,以最小的成本保护了未来的市场,最大限度地利用了积累的经验与知识。成员酒店最直接的好处就是能得到顾客立即的认同,企业品牌形象迅速提高,同时能够享受酒店集团的很多服务。

3. 管理合同经营

管理合同经营是指酒店业主聘用酒店集团或管理公司签订管理合同,其中管理公司是酒店业主的代理人,以所有者的名义,从经营所得的收入中支付经营的所有开支,获得管理费,上交剩余利润给所有者。

4. 租赁经营

租赁经营模式中被租赁酒店的所有权不属于酒店集团,酒店的所有权和经营权分开,酒店的业主和经营者分别属于两个独立的公司。经营公司只承担经营风险,一旦经营失败,可减少风险。租赁经营主要有三种形式。

（1）直接租赁形式

承租的公司使用酒店的建筑物、土地、设备等,每月交纳一定的租金。一家酒店要经营成功需要一段较长的时间,故在租赁合同中要规定租赁的年限,以免酒店集团在其经营成功之际,所有者将酒店收回。

（2）分享盈利的租赁形式

在酒店行业中,有许多酒店集团采取分享经营成果的租赁形式。企业所有者愿意以收入或利润分成作为租金,由此可消除通货膨胀等因素的影响。

按总收入的百分比计算。例如,向出租者缴纳总收入20%的租金。

按经营利润的百分比计算。例如,将80%经营利润作为租金向出租者缴纳。按总收入和经营利润混合百分比计算。例如,向出租者缴纳60%经营利润和5%的总收入作为租金。一般来说,出租企业不愿承担风险,比较喜欢根据总收入的一定百分比来计算租金。

（3）出售—回租租赁形式

此形式是企业在将酒店产权转让给他方的同时,又要求他方将酒店租回再继续经营的形式。时权经营、产权式酒店是这一经营模式下的产物。

（二）酒店集团经营的主要优势

1. 市场营销优势

首先,酒店集团规模大,经营成功,在公众中产生良好的印象和品牌,因而在国际上享有较高的声誉。

其次,酒店集团有统一的品牌,这种统一的品牌遍及世界,使消费者感到非常方便;酒店集团有统一的销售和组织网络。

2. 人力资源优势

国际酒店集团十分重视人力资源的开发,一些以管理合同为主要扩张形式的酒店,如希尔顿集团,更是将优秀的人才看成酒店利润的主要来源。进入 21 世纪,由于高科技的挑战和经营管理环境的变化,国际酒店业普遍面临人才争夺的竞争压力。国际酒店集团在人力资源方面的优势首先表现在员工的教育培训上。许多酒店集团都建有自己的培训系统和培训基地。如假日集团开办的假日大学、希尔顿设立了酒店管理学院、瑞士的凯撒里兹酒店管理学院等,用于轮训各成员酒店的管理人员和培训新生力量。

3. 质量管理优势

酒店集团制定了统一的管理程序和服务标准,使他们在质量管理上更加制度化、规范化、程序化、标准化。酒店集团内部的分工精细而明确,从而为酒店生产和技术上的专业化和部门化提供了条件。

4. 财务优势

酒店集团总部可以通过资金的集中使用,来帮助集团内部某些资金短缺的酒店企业克服困难;因为酒店的规模经济效益,使平均费用的支出更加节省,从而有力地开拓和利用了酒店的财源;酒店集团更容易得到金融机构的信任,因而在筹措资金方面具有明显的优势;酒店集团还能为所属酒店提供金融机构的信息,并帮助其推荐贷款机构。

5. 采购优势

酒店集团标准化程度高(设备和消费品及其他用品等标准化),使酒店集团可以集中大批量地向生产商订购或采购,从而得到优惠价格或其他优惠条件;由于联号的规模大、实力强,使它可以建立为全集团服务的设施,在方便集团内部酒店的同时,又降低了成本。

(三)酒店集团难以克服的缺点

由于酒店集团规模庞大,其内部沟通容易出现一些问题。酒店集团在管理费用及其控制上也存在较难解决的问题。作为酒店集团为了发挥优势,保持声誉,必须要强调集中统一,强调标准化的事实,但各国、各地区在许多方面差异较大,集中和分散的矛盾非常突出。

二、世界著名酒店集团在我国的发展概况

(一)引进初期

1978 年,党的十一届三中全会通过了"对内搞活、对外开放"的战略方针。伴随着改革开放的春风,国际酒店集团开始进入我国内地。1982 年 4 月 28 日,北京建国饭店开业,并

委托香港半岛管理集团进行管理。在 1982 年到 1989 年这 8 年时间,先后有 30 余家国际酒店进军我国内地,如喜来登、希尔顿、雅高、香格里拉、半岛等酒店集团。从此,我国开始抛弃原有的酒店(宾馆)在计划经济下的以成本为中心的事业型运作模式,转向在市场经济下以利润为中心的企业型运作模式。这一局面为进一步引进国际先进的现代酒店管理制度创造了良好的政策环境。

到 1990 年,国际酒店集团在我国内地的布局已见雏形。然而,尽管各酒店集团在进入我国内地之前无不经过了细致的市场考察和分析,它们在进入初期还是遇到了很多困难。

1. 万豪对中国市场的考察

万豪国际集团在 1994 年至 1995 年组成华裔占多数的中国市场调查小组,历经广泛、详细的调查分析,形成了上百页的中国市场对策报告和进入中国市场的初步计划。调查小组发现,中国酒店业虽然有着良好的基础,但发展到一定阶段后,就很难进一步拓展。虽然在 20 世纪 80 年代初期不断有国际化的酒店管理公司进驻我国内地市场,但大量地聘用外籍人员给企业带来了沉重的经济负担。

2. 凯悦和雅高的尝试与探索

改革开放之初,凯悦集团经历了两次短暂的试探。由于当时我国酒店业刚刚起步,因而业主代表大多也不专业,造成了许多误解。凯悦集团在考察中就遇到过"要求总经理一定要派外国人,否则就不像一个国际酒店"的要求。再加之我国消费者当时的消费能力有限。例如,雅高集团起初将其国际三星级商务品牌"诺富特"引进中国(相当于国内的四星级),那时,有消费能力的人会首选五星级酒店,而国际三星级酒店离大部分中国人的生活还是太遥远。20 世纪 90 年代初,雅高将其五星级品牌"索菲特"引入中国市场,但先前引入的"诺富特"的三星级形象对其带来了一定的发展局限。

3. 香格里拉独特的进入方式

香格里拉集团是第一个在我国内地进行"带资管理"的酒店集团。这一经营形式的确立为香格里拉集团今后在我国内地的迅速发展奠定了良好的基础。

4. 对我国本土酒店集团的启示

(1)市场考察和分析是投资决策的基础

国际著名酒店集团在进入我国内地时都进行了细致的市场调查和分析。虽然这些酒店集团的品牌在国际上大多享有盛名,但进入我国内地市场时仍是十分慎重的,目的就是要降低风险、树立良好的品牌形象。

(2)采取多样化的合作与经营方式

这些酒店集团除香格里拉外,在进入我国内地市场初期大多采取管理合同、品牌输出的经营模式。这些模式的确定也是建立在对我国内地市场调查的基础之上的。

（3）对所要投资的企业所处的环境作细致的分析

政治及法律环境：这包括政治制度、方针政策、法律法规等方面；经济环境：这是企业在经营和发展中所面临的最基本、最重要的因素；文化环境：这包括所处国家的教育水平、风俗习惯、文化传统、民族特征等。

（二）全面发展时期

2001年是一个转折点，这一年，我国成功加入世界贸易组织，外资连锁酒店在我国内地市场开始进一步往纵深发展。至此，国际十大跨国酒店集团巨头已全部登陆我国内地市场。2008年，北京奥运会再次引发了国际酒店集团的投资兴趣，推动了酒店业新一轮的扩张。外资酒店连锁企业的出租率、营业收入、经营利润等各项指标均超过了国有酒店企业的平均水平。国内外酒店集团开始在全国大城市酒店业中发挥主导性作用。

随着海外游客数量的激增，以及越来越多的国际会议和展览选择将中国作为目的地，中国的酒店业迎来了前所未有的发展机会。众多的酒店品牌以其丰富的管理经验和成熟的管理系统使所管理的酒店提供的服务水平及盈利水平大多高于本土酒店品牌。

外资酒店在我国内地落户的首选就是一线城市。目前，万豪、希尔顿集团、卡尔森旗下的品牌、洲际旗下的酒店在我国开设的酒店主要位于北京、上海、重庆、三亚和杭州、合肥等城市；也有少部分的假日酒店在二线及交通比较便捷的地区，如天津、杭州、西安等。因为只有一、二线城市的消费水平才能满足它们的需求，从而使酒店经营下去。随着我国经济及旅游业的发展，外资酒店也开始研究我国三线及其他城市的市场潜在发展空间。例如，香格里拉酒店集团在内蒙古满洲里的酒店投资项目就显示了这种趋势。

20世纪90年代后期，跨国酒店集团在我国内地的竞争也从区域性、单品牌的策略性竞争转向全方位的竞争。一些大型跨国酒店集团在我国内地市场制订了扩张数十家，甚至上百家经济型酒店的发展计划。这些计划一旦得以实施，必然会对国内业界产生相应的示范作用，并从战略上推动经济型酒店在中国的发展。

实际上，在任何一个产业中，满足多数人消费需求的产品和生产该档次产品的企业都是消费模式的多样化和供应商市场定位的结果。经济型酒店的意义正在于此。在国际酒店业中，经济型酒店大约可以占70%的市场份额。从市场运作的角度来说，经济型酒店完全可以运作成知名的服务品牌，并通过规模经济取得良好的效益，如温德姆集团的"戴斯"、洲际集团的"假日"、雅高集团的"宜必思"等国际品牌。

（三）深入发展时期

外资酒店在经营管理及酒店连锁规模等方面在一定程度上都优于本土酒店，对我国酒店业未来的发展起到了引导作用，但同时由于外资酒店具有的资金及品牌优势，也相应地给本土酒店的发展带来了负面影响。

目前,世界排名前 10 位的国际酒店管理集团均在我国内地实行连锁战略,相对比较活跃的有万豪、洲际、凯悦、雅高、希尔顿、香格里拉、凯宾斯基等酒店集团。这些酒店集团前期在我国内地进行试水,往往只使用一个主打品牌,如,洲际的"皇冠"、雅高的"索菲特"、万豪的"万豪"、喜达屋的"喜来登"等。

2015 年是全球酒店行业的转折年,国内外酒店集团都发生了一些收购、合并的重大事件。万豪以 122 亿美元把喜达屋收归囊中,一举超越希尔顿成为全球最大的酒店集团;雅高则通过收购费尔蒙莱佛士酒店集团,弥补了自己在高端酒店领域的不足。与此同时,我国本土酒店也在行动。锦江集团收购了欧洲第二大酒店集团——法国罗浮酒店集团,逐步实现了海外扩张的战略,并增持雅高股份,成为雅高的最大股东;在国内则收购了铂涛 81% 的股权,一跃成为全球第二大酒店管理集团。

三、世界著名酒店集团在我国的本土化发展

世界著名酒店集团在开拓我国内地市场时,必然要遵循客观规律,走本土化发展的道路。正所谓"民族的才是世界的。"

(一)管理人才本土化

随着经济的发展和人性化管理在全球兴起,人才成为酒店业竞争的主要阵地。尤其是世界著名酒店集团在经营管理时多采用合同管理方式,所以其竞争的实质就是管理人才的竞争。由于大多数酒店管理集团都是跨国管理的,这一特点使本土化成为企业参与竞争所必备的条件之一。国际著名酒店集团自 20 世纪 80 年代初开始在我国内地推行人才本土化战略。当时,国内几家主要外资酒店集团的外方人数最高曾达到 150 人,占总员工数的 10%。20 世纪 90 年代以后,随着中方管理人才的成熟,许多外资酒店在管理方面顺利实现了人才本土化,这成为其核心竞争力之一。

(二)经营管理本土化

世界各大著名酒店集团都有其自身特有的管理模式与制度,在进入我国内地市场时,必然会与其原有的酒店管理模式产生一些碰撞与冲击。这一过程不是简单地取代,而是两者的融合。融合的实质是两种制度优势互补,从而创造出一种更符合我国国情的管理制度。

例如,雅高集团在与北京和平宾馆合作时,由于雅高集团属于带资管理,既是合资企业的股东之一,又是受聘于董事会的管理方,因此合资双方首先经历的是一个思想融合、贯通的过程。合资带来的最大变化是客源结构的改变。随着欧洲客人与日俱增,与之相适应的

管理和配套服务水平的期望与实际出现了落差。

(三)设计装潢本土化

酒店的装潢设计是给客人留下第一印象的主要因素,在设计时既要考虑当地的文化,又要分析客源市场的情况。面对国际化的酒店客源,由于客人十分渴望了解异域文化,因此如果在设计中融入当地的文化特色,一定会赢得他们的喜爱。在以当地客人为主要客源的酒店,可以根据当地环境特点进行酒店室内设计。

酒店在装潢设计时,还要充分考虑对经营成本的影响。例如,万豪酒店集团在接受管理委托时,就充分考虑了业主的成本控制需求,向业主推荐既有国际性概念,又了解中国国情的设计师,这样既可以节约成本,又可以更大程度地展现当地风情。

(四)与当地社区的关系

世界著名酒店集团在我国内地的发展过程中,大多十分重视与当地社区的关系。这也是它们之所以能够将集团的文化和产业发展到世界各地的主要原因之一。

例如,喜达屋酒店及度假村集团推行的"喜达屋关爱计划"是其最重要的服务文化,核心内容是"关爱客人,关注生意,关心同事"。喜达屋集团管理的上海瑞吉红塔大酒店在当地积极参与各种社会公益活动,出资赞助福利院孤儿的全程教育,并协助上海"初升的太阳"慈善机构举办募捐、义演活动。

再如:2019 年底受全球新冠疫情的影响,国际国内酒店集团都遭到了巨大损失。全球的疫情危机对雅高酒店集团的影响也不可小视。然而,雅高集团决定全力服务一线医护人员、所有抗击新冠疫情的法国人民以及弱势群体。截至 2020 年,雅高的 40 多家酒店共为全法国无家可归的人员提供了 1 000~2 000 个床位。而上海派出驰援湖北医疗队回来,在上海的隔离酒店就是雅高提供的位于青浦的"上海卓越铂尔曼大酒店"。

四、我国酒店集团的发展

(一)我国酒店集团

第一家酒店集团——上海锦江酒店集团,成立于 1984 年 3 月。目前国内知名的酒店集团有如家酒店集团、白天鹅酒店管理公司、北京首旅集团、浙江开元酒店集团、万达酒店集团、金陵酒店集团、碧桂园酒店集团、港中旅酒店有限公司、岭南集团、凯莱酒店集团、海航酒店集团等。

中国本土酒店集团发展可分为三个阶段:

1. 第一阶段为 1982—1988 年的认识尝试阶段

1982 年 4 月 28 日,香港半岛酒店集团接管了中外合资的北京建国饭店,这标志着我国酒店集团化的开始。从此国际著名酒店集团纷至沓来,这给我国的酒店业带来了巨大影响,国内酒店开始了酒店集团化的认识和尝试。这个时期国内酒店集团主要是以政府主导行为为主的酒店集团和酒店联合体。

酒店集团的代表有:1984年3月成立的上海锦江(集团)联营公司。

酒店联合体的代表有:1987年1月成立的中国酒店联谊集团,它由分布在全国8个城市的10个成员酒店组成,是我国首家酒店横向协作联合体。

在这个阶段酒店集团还进行了管理输出的尝试,如1987年3月上海锦江集团托管北京昆仑酒店,并成为我国首家酒店集团成建制、模式化输出管理的豪华酒店。

2. 第二阶段为1988—1997年的探索建设阶段

随着改革开放的深化和旅游业的发展以及外国酒店集团更多地进军中国酒店市场,我国本土酒店集团或酒店公司进行了更积极的探索。1988年1月广州白天鹅酒店管理公司成立。1988年4月6日,国务院办公厅转发了《国家旅游局关于建立饭店管理公司及有关政策问题请示的通知》确立了酒店管理公司的性质、意义和职能,同年8月22日国务院批准颁布由国家旅游局制定的《中华人民共和国旅游涉外饭店星级标准和评定星级的规定》。这些政策给我国酒店和酒店集团的建设提供了政策性的标准和依据。1990年3月28日,上海锦江(集团)联营公司正式接管北京国际酒店,这标志着我国正式探索出本土酒店集团跨地域经营管理的道路,我国酒店集团进入了跨地域发展的新阶段。

90年代中期以后,大型行业性集团进入旅游业,因此出现了他们兴建的从事经营酒店业和旅行社业的酒店集团。1997年9月9日中国银行系统正式成立了东方酒店管理公司。

随着中国本土酒店集团的不断发展和外国酒店集团的大量入驻,本土酒店集团也悄然迈出了国门。1996年8月,大连丽景大酒店在美国西海岸买下了美国洛杉矶托伦斯广场酒店的所有权,并交由泰达酒店管理服务公司全权管理,从而实现了开拓海外市场的尝试。

3. 第三阶段为1997年至今的拓展成长阶段

这个时期国际酒店集团走向了兼并组合的道路,而我国本土酒店集团由于实力不强很多原来受委托的酒店纷纷退出了我国酒店集团的管理。

2001年后,中国酒店集团在行政和市场的作用下,开始了以合并、重组为主的集团化改革,出现了"二次集团化"。中国酒店集团在这两个双重机制作用下逐渐形成了以锦江国际、首旅建国、岭南花园、中粮凯莱为代表的国有控股酒店管理公司,以浙江开元为代表的民营酒店集团,以如家、锦江之星和莫泰为代表的一批本土经济型酒店运营商。

到2019年,最具规模的10家中国酒店管理公司(集团)分别是:锦江国际酒店集团、华住酒店集团、首旅如家酒店集团、格林酒店集团、尚美生活集团、东呈国际集团、住友酒店集团、上海恭胜酒店管理有限公司、开元酒店集团,共有酒店25 405家,客房2 247 482间。

(二)我国酒店集团发展存在的问题

1. 管理制度和经营模式存在很多漏洞

从我国酒店行业集团化发展的总体上来看,在管理、人才建设等方面都滞后于国际品牌。虽然我国酒店行业借鉴采取了国外的管理合同、特许经营、自由加盟等多种连锁方式,但还是缺乏支持品牌连锁所必需的整套科学、系统化的管理模式和职业化的管理团队。在酒店集团化中管理制度和经营模式方面还存在很多不足。

2. 酒店行业同质化现象比较严重

酒店品牌的树立能够引发顾客的消费偏好,增强消费者的认同感和对品牌的忠诚度。酒店品牌的塑造建立在服务质量之上,具体表现在价格、服务人员的仪表、建筑外观以及明显能对顾客产生第一印象的其他方面。同样的两家酒店,尽管硬件设施、服务质量不相上下,但其中一家始终抓住任何机会凸显酒店形象,知名度比另一家更高,自然而然吸引了更多的客源。因此,在感觉消费时代,各集团酒店经营者应注意品牌形象战略的应用,避免在没有明确市场地位及市场结构分析的情况下,就妄下论断,相互抄袭,造成对同类客源市场的过量供应和重复竞争。

3. 连锁化规模有限

目前中国酒店业连锁化经营的比例不超过40%,而在美国超过80%,连锁发展空间广泛。通过连锁模式提升单体酒店品质,扩大集团的规模经济效益是大势所趋。

在过去20年里,欧美等国的酒店集团在连锁进程中大体扮演着领跑者和助推器的角色,而国内的酒店集团则基本上都在扮演着模仿追随的角色,尽管逐步自主自立起来,也开始发力打破外企独大之势。中国国内酒店连锁如想长远,必须在关注国际同行的同时,继续大力推进自主创新,扎实将品牌建设、运营体系建设、培训等一系列基础打牢。

4. 酒店行业人力资源管理和人员培训尚不规范

由于近年来我国旅游市场的迅猛发展而带动酒店行业的高速增长,但在酒店管理人才方面,我国的高校培养却滞后于市场的发展。在酒店集团内部,酒店人力资源部门在员工招聘、员工培训和员工激励制度的设计方面都存在很多问题,以至于不能很好地为酒店集团化作很好的人力方面的支撑。

5. 酒店集团化品牌建设相对滞后

中国本土酒店管理集团要想继续不断地发展壮大,并在全方位赶超国际酒店管理公司,就需要拥有自己的国际品牌酒店。但酒店品牌定位要以硬件的品质规格标准配合服务共存才能成功,也要较多连锁式酒店一起加上现代化管理标准才能逐步建立自己的品牌。

我国酒店行业若要参与国际竞争,就需要更大规模的资本运作,进行品牌的培育。同时,品牌建设又是几代人的事情。目前最重要的是要把握难得的发展机遇,把中国酒店品牌的建设提升到新的高度去认识和探求,使我国的酒店能实在地从品牌运营中受益,不仅建造在本土市场上成功的品牌,也能在将来成长为全球强势品牌,见表3.4。

表3.4 2022年度全球酒店集团325强榜单前十名

排行	酒店集团	总部所在地	房间数	酒店数
1	万豪国际	美国	1 491 191	8 082
2	锦江国际集团	中国上海	1 266 976	12 359
3	希尔顿	美国	1 127 430	7 165
4	洲际酒店集团	美国	911 627	6 164
5	温德姆酒店集团	美国	842 510	9 059
6	雅高酒店集团	法国	802 000	5 400
7/8	华住酒店集团	中国上海	773 898	8 176
9	精选国际酒店集团	美国	627 864	7 487
10	北京首旅如家酒店集团	中国北京	467 983	5 987

想一想,查一查

请同学们想一想中国有哪些著名酒店品牌,查一查他们的品牌故事和历史。

提示:锦江国际酒店集团、首旅如家酒店集团、世纪金源酒店管理集团等。

五、现代饭店新产品模式

近年来,随着消费者的需求由单一化向多样化、多层次发展,我国饭店业也趋向多元化、多类型,为不同客人提供了不同档次类型的接待服务设施。

(一)经济型酒店

经济型酒店是相对于传统的全服务酒店而存在的一种酒店业态。20世纪30年代末期到50年代末期是经济型酒店的萌芽与发展初期。这一阶段的主要特点是汽车旅馆的出现与发展。例如,早在1939年美国佛罗里达几家汽车旅馆就自发形成了行业联合组织品质庭院,并于第二年改名为品质庭院联合酒店,为单体汽车旅馆业主提供行业服务。经济型酒店在近几年在中国的发展颇为引人注目,以锦江之星和如家快捷为代表的国内经济型酒店品牌已见市场成效,并在国际酒店业中具有较高的知名度(2020年《HOTELS》公布的"全球酒店325强"中排名名列第2位和第10位);以速8和IBIS为代表的国际品牌开始加速在中国的发展。

经济型酒店也称有限服务饭店,其实质就是住宿功能突出,简化甚至取消其他功能的单一功能性饭店。

1. 经济型酒店的特点

（1）功能简化

经济型酒店的功能集中在住宿上,其他功能大幅压缩甚至取消。国外也被称为 B&B 饭店（住宿+早餐）。

（2）性价比高

经济型酒店一改过去廉价酒店卫生差、设备陈旧的格局,把现代家居卫生、简约、舒适融入客房产品中,价格经济实惠,但价廉而不廉价。

（3）节约成本

经济型酒店在能源、人工、用品等方面都比较节省。就人工一项,星级饭店的客房数与员工数（人房比）通常是 1:1.2 以上,而经济型酒店则在 1:0.5 以下。

需求旺盛、投资少,回报快、发展势头好、效益好是经济型酒店兴起的主要原因。国际酒店集团纷纷在中国市场开设经济型酒店,如法国雅高、美国速8、洲际集团等。我国本土饭店品牌也在强劲发展经济型酒店,1996 年上海锦江集团旗下的"锦江之星"作为中国第一个经济型酒店品牌问世。进入 21 世纪,各种经济型酒店品牌如雨后春笋般迅速发展起来。首旅酒店集团和携程网于 2002 年共同投资设立的如家快捷也得到了迅速的成长,并于 2006 年赴纳斯达克上市,成为中国酒店业海外上市第一股。除此之外,2005 年成立的 7 天连锁酒店和汉庭酒店也分别于 2009 年和 2011 年赴海外上市。

2. 经济型酒店现存的主要问题

经济型酒店的超速发展也带来了品牌、管理及资金等瓶颈故障。

（1）经济型酒店行业标准欠缺

关于"什么是经济型酒店""经济型酒店应有什么样的收费标准"一直是业界普遍讨论和关心的问题。我国酒店业至今尚未出台相关的行业标准,行业管理标准远远落后市场发展的态势,与欧美等西方发达国家标准先行、市场开拓跟进的做法相比,形成了鲜明差距。

目前客人对经济型酒店的要求是要具有相应的规范、基本服务质量和专业水平,经济型酒店的规范化问题是亟待解决的问题。

（2）经济型酒店运行成本优势逐步减弱

随着越来越多的同类型竞争者的进入,以及适用于经济型酒店的有限土地、厂房资源成本的迅速上升,经济型酒店的成本优势正在慢慢消失。前几年,开设一家经济型酒店的回收期为 3~5 年,现在需要 8~10 年,从而增加了经济型酒店的运行成本和生存压力。

（3）面临外资经济型酒店的激烈竞争

在欧美及日本等发达国家，经济型酒店是一种发展得非常成熟而成功的酒店经营模式。中国加入 WTO 之后，越来越多的发达国家的经济型酒店进入中国市场，开展连锁经营。在中国市场上，他们开始了一轮"圈地运动"，这使得国内的经济型酒店发展面临着很大的压力。

（4）专业化人才短缺，人员流动快

相对于外资同行，本土经济型酒店的发展瓶颈是专业化人才短缺。人才的欠缺主要是中小型酒店经理人的欠缺，没有系统规范的经理人教学和培训程序，使专业人才的缺乏成为经济型酒店发展中的一大困难。

3. 我国经济型酒店的经营策略

（1）对客源市场进行调研，做好市场定位

任何酒店都应有自己的目标客源市场，一个或者几个细分市场，竭诚服务，精益求精，满足特定客源的需求，从而稳定顾客市场。因此，做好市场定位，了解客源消费动机和客源消费行为特征，有利于增加经济型酒店的市场竞争力。

（2）有效控制成本，在"经济"上下功夫

经济型酒店主要瞄准的是 20% 低端市场的价格敏感消费者，其成本控制自然就是酒店的首要任务。对于经济型酒店的成本控制应该通过以下几个途径来解决：其一是通过网络化布局实现集团层面上的规模经营；其二是充分利用政策优惠降低人工成本和税收支付；其三是充分利用现代信息技术来构建网络平台降低营销成本。

除此之外，还应继续在降低人力成本、节约硬件支出上下功夫。经济型连锁酒店强调"经济"并不意味着降低酒店的管理服务标准，其服务规范、基本服务质量和员工的专业水平与星级酒店的要求是一致的。

（3）精心品牌塑造

管理者在管理经济型酒店中，要立足品牌和特色策略，谋求特色发展，形成品牌效应。经济型酒店品牌的树立能够引发顾客的消费偏好，增强消费者的认同感和对品牌的忠诚度。在感觉消费时代，经济型酒店管理者应注意品牌形象战略的应用，不断优化酒店各类物品的设计和包装，不断提升酒店的环境布置、装饰质量和气氛烘托，进一步抓好全体员工仪表仪容、语言举止的规范，使酒店品牌形象的内涵和外在表现高度统一起来，达到特色经营，品牌经营，促使品牌经济酒店的不断发展。

（4）人力资源管理策略

在经济型酒店人力资源管理中，要不断创新。在酒店经营中，要采取人性化管理，要在整个企业管理过程中充分注意人性要素，以充分激发人的潜能为己任。管理者应尊重下属,善于沟通;让员工参与决策,广泛听取员工的意见。通过培育组织文化,使员工形成共同的价值观和共同的行为规范,主要依靠组织文化而非制度对员工实施管理,并在组织和成员间建立起富有意义的伙伴关系。

当然,人力资源管理中对人力资源成本的控制也很重要。要根据酒店特点,进行科学策划、预算。经济型酒店中应开发复合型人力资源,培养复合型人才。为避免人力资源的浪费,开展一专多能活动,广泛进行同一部门内部和不同部门之间不同岗位的交叉培训,培养复合型、多用途的人才。

(二)主题酒店

主题酒店以某一特定的主题,来体现饭店的建筑风格和装饰艺术以及特定的文化氛围,让顾客获得富有个性的文化感受;同时将服务项目融入主题,以个性化的服务取代一般化服务,让顾客获得欢乐、知识和刺激。

主题酒店的推出在国外已有60多年的历史。兴起于1958年的位于美国加利福尼亚的Madonna Inn是美国最早、最具有代表性的主题酒店。目前世界上的主题酒店以美国的"赌城"拉斯维加斯最为集中和著名。

2010年星级饭店评定的新标准中增加了特色类别项,对于以住宿为主营业务,建筑与装修风格独特,拥有独特客户群体,管理和服务特色鲜明且业内知名度较高的旅游饭店的星级评定,可参照五星级的要求。这为主题饭店、精品饭店等新型业态评五星级饭店预留一个口子。

主题酒店作为一种正在兴起的酒店发展新形态,在我国的发展历史不长,分布范围目前也仅仅局限在酒店业比较发达的广东、上海、深圳等地。我国第一家真正意义上的主题酒店是2002年5月在深圳开业的威尼斯酒店,它融合了文艺复兴和欧洲后现代主义的建筑风格,以威尼斯文化为主体进行装饰。广州番禺的长隆酒店是一家以回归大自然为主题的主题酒店。此外,在香港,为配合迪士尼乐园的建设,香港兴建迪士尼乐园酒店和迪士尼好莱坞酒店,它们都是以迪士尼为主题的主题酒店。虽然主题型酒店在我国还处于发展阶段,但作为国际酒店业发展的新趋势,为处于激烈竞争态势下的我国酒店发展提供了新思路,拓宽了视野。

1. 主题酒店的特点

差异化是酒店产品的生命力所在。酒店产品不可专利化是酒店产品易模仿和抄袭的根源,这使得酒店之间的竞争步入非正常竞争乃至恶性竞争的地步。如何构筑酒店产品的特点,形成产品差别,积淀产品特色,并使之不易抄袭和模仿,成为酒店业共同的难题,而主题酒店却很好地做到了这一点。鲜明的文化特色、张扬的个性特征、高质量的消费对象是主题酒店的主要特色。

2. 主题酒店的经营策略

（1）"酒店+景点"新型发展模式

酒店与景区的完美结合开创了主题酒店"酒店+景点"的全新发展模式。例如香港迪士尼乐园旗下的两家酒店——迪士尼乐园酒店和迪士尼好莱坞酒店，它们共计 1 000 个房间，年入住率在 80% 以上。有的则是充分利用景区周边的地理优势以及景区主题，使酒店具有鲜明特色，扩大知名度，为酒店创造新的发展空间。其中最典型的是广州番禺长隆酒店，它是中国唯一一家坐落于野生动物旅游景区的生态园林主题的五星级酒店，左邻长隆动物世界，右依香江野生动物世界。酒店设计为典型的南非风格，充满着原始风情，置身其中有如同回归大自然的感觉。

（2）经典文化主题具有吸引力

从主题文化的选择上看，经典文化主题有更强大的吸引力、更广泛的认知公众和市场亲和力，有利于吸引更多的潜在公众消费者。在对主题文化的构建上要深挖内涵，切忌形式大过内容。

（3）动与静的融合

主题的表现是静与动的融合。所谓"静"，是指主题表现的载体，如酒店的建筑特点、装饰、气氛等硬件设施；而"动"则是指各种丰富多彩的主题活动，以静衬动，动静组合，相辅相成。

（4）功能与文化的融合

酒店打造主题文化，需要实现文化与功能的融合。满足客人根本需求的始终是功能。文化是为功能服务的，而不能游离于功能之外。

（5）雅俗共赏

现代旅游活动的大众性，决定了主题开发和经营必须充分考虑大众旅游的需求特点，不能"曲高和寡"；同时又不能一味地媚俗，简单地迎合旅游者的口味，而应该雅俗兼容。

（6）产业链的特色产品

主题的运用不仅要吸引客人，更要产生经济效益。开发与主题文化相适应的特色产品，刺激客人消费，增加酒店收入。

主题是酒店的灵魂，酒店创立主题的根本目的是避免或减少重叠性的市场竞争，实现有序的和精致的市场细分。主题酒店的设计不是让酒店附着、粘贴一种文化概念，而是将主题文化的各种元素融入酒店的建筑设计、环境装饰、经营空间、服务过程和管理系统中，形成凝聚于主题品牌中的产品新形象，也只有这种经营主题，主题酒店才是真正有价值和生命力的。

（三）绿色酒店

世界范围的环境问题以及由此引起的人类健康问题越来越受到关注和重视，因此绿色浪潮席卷全球。旅游和酒店作为与环境息息相关的产业，在其发展的过程中对环境问题要更加重视。

1. 绿色酒店的基本概念

在规划、建设和经营过程中，坚持以节约资源、保护环境、安全健康为理念，以科学的设计和有效的管理、技术措施为手段，以资源效率最大化、环境影响最小化为目标，为消费者提供安全、健康服务的饭店。

《绿色饭店》（GB/T 21084—2007）主要内容包括：

（1）绿色设计

将节约资源、保护环境的因素纳入饭店设计环节之中，帮助确定设计的决策方向，减少资源消耗和对环境的影响。

（2）安全管理

（3）节能管理

（4）降耗管理

（5）环境保护

（6）健康管理

（7）绿色宣传

（8）加分项

2. 绿色酒店的等级

评分标准的满分为 315 分，其中加分项 15 分。

得分在 270 分及以上的酒店评为五叶级绿色酒店；得分在 240 分及以上的酒店评为四叶级绿色酒店；得分在 210 分及以上的酒店评为三叶级绿色酒店；得分在 180 分及以上的酒店评为二叶级绿色酒店；得分在 160 分及以上的酒店评为一叶级绿色酒店。

【同步思考】

现代酒店业有哪些发展趋势？

【知识归纳】

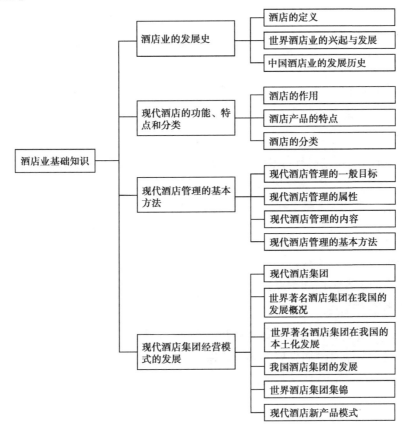

【思政要点】

　　作为酒店管理专业的学生,请说一说你认为酒店业在现代社会中应该发挥什么样的功能和作用?

【实践活动】

调查酒店企业情况

实训目标:

学生根据对所在地区酒店的调查,了解1～2家酒店企业的基本情况。

实训组织:

在校企合作的酒店中进行认知实践。

实训任务：

组织调查所在地区的一家星级酒店，根据调查情况写出调查报告。

实训内容：

1.调查酒店企业的品牌、所属酒店集团、经营规模、功能服务种类、价格及特色、市场定位等基本情况。

2.访谈酒店管理者，了解酒店行业发展情况。

3.写出心得体会和调查报告。

实训指导：

组织学生到校外酒店进行认识实习，或者在互联网搜集资料并结合实地调查走访。

【同步测试】

1.试述酒店的含义。

2.酒店的主要功能有哪些？

3.简述酒店的主要作用和特点。

4.酒店的类型有哪些？

5.目前中国旅游酒店存在的问题有哪些？

6.谈谈你对中国未来酒店发展趋势的认识。

项目四

现代酒店的组织
与计划管理

【项目目标】

> 1. 熟悉现代酒店组织管理的原则及内容。
> 2. 掌握现代酒店组织结构的类型及常规部门的设置。
> 3. 熟悉现代酒店计划指标体系的内容。
> 4. 掌握酒店计划的编制与实施。

【项目实施】

【任务引例】

民营企业家的烦恼

某民营企业家李某通过自己的勤奋创业,创建了自己的家族财团,可他投资的一家下属三星级酒店的经营管理状况却不尽如人意。原因是该酒店的总经理是由李某的舅舅王某担任,王某文化水平较低,仅为初中毕业,做事又常凭主观判断,缺乏计划,且该酒店很多关键高层管理岗位均由王某的至亲和好友担任,有的甚至对酒店管理的专业知识一窍不通,只是托关系找人情由王某帮助安排在酒店工作。一段时间来,该酒店的管理状况日益混乱,酒店效益下降,亏损严重,导致员工工资奖金无法兑付,员工怨声载道。李某发现情况不妙,想对该酒店进行较大幅度的改革,可是碍于舅舅的面子又无法进行,李某陷入了深深的烦恼中。

任务一 现代酒店组织设计原则与管理制度

【任务布置】

(一)任务情景

吴总的悲哀下场

吴某是某大型四星级国营酒店的老总,在其任职的 6 年期间,酒店由原来的年创利近 500 万元"发展"至年亏损近 100 万元。后因群众举报,当地检察机关对吴某立案侦查,发现吴某竟将该酒店当作自己的私有财产,并设有自己的小金库。其权力在酒店中至高无上,什么事情都是由他说了算。

据了解,吴总当初刚刚走马上任时还是为酒店的发展尽心尽力的,其能力也得到了酒店各级管理人员及普通员工的认可。在其上任的第一年,酒店有了较大的发展,生意红火,并通过了国家星级酒店的评定,挂牌四星级,年创利达 500 万元。吴某交代,他发现该酒店由于是国营体制,过去的体制不够健全,组织管理的监督和民主机制更是无从谈起,他越来越觉得其在该酒店中的权力可以凌驾于任何人之上且不会被发觉。私欲的膨胀逐渐把吴某推向了罪恶的深渊。他在酒店建立自己的小金库,肆意挥霍公款用于赌博和物质生活享受,先后去中国澳门和美国,以考察为由豪赌,导致国家财产大量流失。吴某疏于对酒店的日常管理,这使得酒店人心涣散,经营状况每况愈下,从最初年创利近 500 万元到负债经营,实在令人痛心。吴某也因贪污挪用公款被判刑,锒铛入狱。国家财产的大量流失和酒店经营的困境令人深思。

(二)要求

请同学们思考以下问题:

你认为该酒店的组织设计缺陷体现在哪些方面?如何在日常经营管理中监督总经理的职权行使?

【任务实施】

为了保证酒店经营的有效性,不管是什么样的组织形式都应该遵循一定的现代组织管理原则,制定一定的管理制度,并具体规定各岗位的岗位职责。

一、现代酒店组织设计与管理的原则

(一)工作专业化(专业分工)原则

工作专业化原则是指将一个复杂的工作分解成诸多相对较简单的环节,并把细分出来的环节分配给一些具体的个人去操作。如把前厅接待工作分解为迎宾、行李、入住登记、问询、收银等环节;将餐饮服务分解为迎宾、领位、开单、传菜、上菜、收银、酒水服务等环节,再落实到个人。实行专业化分工的优点是:使复杂的工作变简单;使每个具体操作的人易于掌握和使操作达到熟练、规范化;有助于操作精度与速度的提高。

(二)部门化原则

为了保证有效的工作协调和对工作的控制,有必要把某些工作组合在一起,这些工作分组通常称为部门。酒店应将各种不同性质的工作分配给专业部门去完成,同时将员工安排到与其职务有关的工作岗位上,以利于发挥每一位员工熟练工作的优势,同时,使组织内人员的任期有合理的稳定时间,减少员工变换工作并减少由此带来的心理调整所花费的时间等,以提高工作效率。

(三)统一指挥原则

一个权威组织,从最高到最低的职位必须正式组成一个连续的等级链,各职位权责明确,沟通渠道明晰,命令层层下达,工作层层汇报,从而形成一个连续的程序化的指挥系统。在酒店中,管理者的命令应层层下达,从最高管理层到最低管理层的命令应保持一致,所以指令应该是指挥者向直接下属下达而不能越级指挥。现代组织要求酒店每个员工只有一个直属上级,以避免指挥混乱。

(四)权责对等原则

等级链是一条权力线,每一环的层次上都有相应的权力。权力和职责是组织的两个基本要素。在组织管理中,行使权力者必须承担相应的责任,职权与职责相符是必然的。管理者的权力应由组织明确规定,要求把责任明确地落实到人,谁该负什么责任应该很清楚。

(五)管理幅度原则

管理幅度是指一个管理者能够直接有效地管理下属的人数。管理者的管理幅度是有限度的,取决于管理人员的能力、员工的素质、酒店的规模、各部门的业务情况等多种因素。处在不同层次上的主管人员的管理幅度是不相同的,一般的规律是:高层主管的管理幅度小于中层主管的管理幅度;中层主管的管理幅度又小于基层主管的管理幅度。酒店中各层次的管理幅度,从高到低一般以 3~12 人为宜。

(六)管理层次原则

管理层次是管理组织的纵向系统层级。当一个组织完成它的任务所需的人数超过管理幅度时,就需要有两个或两个以上的指挥者分而治之,在这两个或两个以上的指挥者之上又有一个更高的指挥者,以保证整个组织指挥的统一性,于是产生了多个管理层次。酒店企业一般实行三层次或四层次管理(图4.1)。

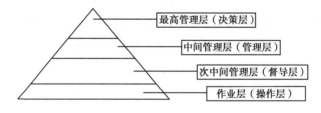

图4.1 酒店管理层次图

(七)弹性原则

酒店组织的客观环境是不断变化的,管理的目标、措施也常发生变化。这就要求组织机构不能一成不变,而应有较大的弹性,以适应经营环境的变化。管理弹性分为局部弹性和整体弹性两类。局部弹性是指在管理的各环节上要保证一定的灵活性,尤其是在关键环节上要留有充分的余地。整体弹性是指整个管理系统的可塑性或适应能力。

上述各项原则不是孤立的,而是互相联系、互相制约的,统一于一个有机整体内,不能只强调某一项而否定另一项,要全面考虑,综合运用。

二、现代酒店组织管理的内容

组织管理就是把成员结合起来以有效地实现组织既定目标的过程。酒店作为一种管理活动的组织,要求做好以下几方面的管理内容:组织设计、组织运用、人员任用和组织变革。通过出色的组织活动,使组织结构合理、运转高效、资源配置优化,各种关系处理恰当,人的积极性得到充分发挥。

(一)组织设计

组织设计是以组织结构安排为核心的组织系统设计活动,是组织总体设计的重要组成部分,是有效地实施管理职能的前提条件。组织设计的内容主要包括:

①职能分析和职位设计。分析整个组织活动得以正常有序、有效地进行应该具备哪些职能,然后根据职能设计职位。

②部门设计。根据一定的标志和原则划分部门,形成合理的部门结构。

③管理层次与管理幅度的分析与设计。首先要对影响管理层次和管理幅度的各种因素加以分析,然后划分出不同的管理层次,并确定适当的管理幅度,目的是要保证整个组织结构安排得精干与高效。

④组织决策系统的设计。包括组织领导体制的确立,高层组织的权力结构设计,高层决策机制的设计,各种咨询性或顾问性组织的设计等。

⑤组织执行系统的设计。组织的执行系统和相应职能部门的设计,目的在于有效地开展各项组织活动。

⑥横向联系和控制系统的设计。包括进行信息交流、综合、协调等方式的设计。

⑦组织的行为规范设计。包括进行规章制度、管理工作程序、组织成员的行为准则和技术操作规范等一系列标准的设计。

(二)组织运用

组织运用就是执行组织所规定的功能,通过开展各种管理活动使组织发挥功效,最终实现组织的目的。因此,组织运用是一个从静态结构到动态活动的过程,主要内容包括:

①制订各部门的活动目标和工作标准。

②制订办事程序和办事规则。

③建立检查和报告制度。

④做好各种原始记录和信息资料的整理。

⑤具体开展各种管理活动。

（三）人员任用

人员任用就是要根据因事设职、因职择人、量才使用的原则，根据职务的需要，在每一个工作岗位和部门配备最适当的人选，同时也为每一个人找到最适合的岗位，以便人尽其才。在人员任用时要特别注意以下几点：要给每一个部门配备一个有能力的领导人；要注意各类人员性格与能力的互补，克服因人设事；不要启用消极和悲观的人；不要启用对组织缺乏忠诚和奉献精神的人。

（四）组织变革

任何组织都不会是一成不变的，任何组织也都不会是完美无缺的，随着组织内部条件和外部环境的变化，一个富有生命力的组织为了适应这种变化，必然会及时地做出相应的调整，也就是进行组织的变革，以达到组织的自我发展和自我完善。

三、现代酒店组织管理制度

酒店的组织管理制度以酒店领导体制为主体，以岗位责任制度为基础。由业务、人事、财务、信息、行政等若干活动管理制度组成，从而形成一套完整的管理制度体系。

（一）酒店领导体制

1.各级决策中心内部的领导体制

（1）一长制

一长制是指决策权集中于一个负责人的领导制度。其优点在于：权力集中、责任明确、行动迅速、效率较高。其缺点在于：如果负责人选择不当，他又大权独揽，其后果是严重的。一长制适用于行政的、行动的、军事的、执行性的事务处理，酒店企业通常实行一长制。

（2）委员会制

委员会制是指决策权在两个以上的负责人手里的领导制度。优点是：能集思广益，决策问题较周密，可防止个人专权的现象，不易有大的价差。缺点是：凡事都要集体决定，决策过程长，行动较慢，遇有分歧则会拖延时间而降低效率，权力分散，职责不易分明。委员会制适用于讨论立法、制订方针政策、长远规划、顾问咨询、协调关系等事务的处理。

2.上级部门对下级部门之间的领导制度

（1）集权制

集权制是指一切决策权均集中在上级部门，下级部门必须服从并执行。优点是：政令统一,标准一致,力量集中,能统筹全局,做到令行禁止。缺点是:缺少灵活性,不利于发挥下级的积极性和智慧。由于上级比下级远离客观实际情况,因而适应客观情况变化的能力较差。

集权制适合于小型酒店。

(2)分权制

分权制是指下级部门在自己管辖的范围内,有权自主地决定问题,上级对此不必干涉。优点是:能发挥下级的特长,较易适应客观情况的变化。缺点是:容易偏重局部利益,形成小团体主义和本位主义。过分则政令不统一,不能统筹兼顾。

分权制适用于规模较大、工种复杂、实行事业部制的大型酒店,是现代化酒店中领导制度的发展趋势。

(二)总经理负责制

总经理负责制是酒店管理的根本制度,是酒店内部实行的最高管理组织形式。

1.总经理的主要责任

(1)对酒店经济效益提升的责任

作为酒店总经理,首要责任和工作,就是要为所领导与管理的酒店企业创造良好的经济效益,使酒店效益和利润最大化。酒店总经理运用所掌握的专业知识和管理才能,调动一切能调动的人、财、物、信息等社会资源力量,为实现酒店效益最佳、服务最优而努力。

(2)对酒店战略目标制订的责任

作为酒店的灵魂人物,总经理从上任的那天起,就应该为酒店制订出年度,甚至更长的战略发展目标和发展蓝图。科学而实事求是地制订酒店长远发展战略目标,不仅是总经理的责任和义务,也是酒店能长远发展的基石和航标。无论签约时间的长短,都应该忠诚于所服务的酒店企业和业主,制订出酒店长远发展的战略目标,尽到自己的责任。

(3)对酒店品牌塑造的责任

酒店发展的良好状态要具有优良的品牌形象、品牌知名度和品牌声誉。作为酒店总经理,应树立强烈的品牌意识,并积极实施和推进品牌战略。只有拥有了自己的强大品牌,才能在激烈的竞争中形成自己的竞争优势,才能使酒店企业长远发展。酒店的品牌塑造是一个系统而综合的工程体系,包含酒店的经营宗旨、服务理念、VI形象识别系统、CI营销推广体系、良好的社会公众形象、优质高效的服务形象等。

(4)对酒店团队文化建设的责任

酒店企业同样是具有体制结构、经济结构、文化结构的社会体系。完善酒店的文化内涵是每一位领导者都必须做好的工作职责。作为酒店的最高行政长官,必须用共同的价值观来凝聚每个员工,并激发他们的服务智慧、创新智慧、经营智慧,为企业创造良好的工作氛围。所带领的团队,既是一支文化定位鲜明、企业学习氛围浓厚、创新精神强烈且目标精神高度一致的团队,也是一支具有强大战斗力的队伍。

(5)对环境保护的责任

在当今全球环境恶化、能源危机、能源价格不断攀升的事实面前,应该有责任和义务,为保护环境、节约能源,为推进绿色环保酒店事业做出自己的贡献,尽一份自己的社会环保职责。经济效益的提高与酒店的绿色环保是相辅相成的。在酒店日常经营中,做好水、电、气等能源物耗的控制节约,做好设备的养护和维护,延长使用寿命,不但为酒店节约了大笔能耗费用、维修费用,还为社会节约了能源。同时,在酒店中大量采用环保设备、环保用品、绿色食品,还能赢得更多的客源,赢得良好的社会美誉。

(6)对酒店安全保障的责任

没有安全就没有酒店良好的经济效益,没有安全酒店就不可能实现可持续发展。纵观国内外发生重大安全事故的酒店,轻则给酒店带来不利的社会影响,使其形象受损,效益下降;重则造成巨大的财产损失、人员伤亡和法律责任等。酒店安全工作十分重要。作为总经理,在日常经营管理工作中,一项重点工作职责就是抓好全店上下的安全工作,做好酒店内外"防火、防盗、防食物中毒、防诈骗、防抢劫、防突发事件、防工程设备事故、防员工工伤事故、防客人意外受伤事件"等。平安就是效益,这应成为我们每一位员工常常思索的一个问题,也是我们酒店企业义不容辞的社会责任。

(7)对酒店员工培养的责任

在酒店业中流行着这样一句话:"没有满意的员工,就没有满意的顾客。"要想使管理工作不断提高,每一步都离不开全体员工的配合与协作。员工是酒店的基石,是酒店创造效益的灵魂,是对客服务的先锋。作为酒店最高的管理者,在抓好酒店经营决策、品牌塑造、内外协调工作的基础上,还应该充分调动每一位员工的工作积极性、服务的主动性、对酒店的忠诚性以及优质服务的热情。同时,要心存对每一位员工的感激之心,感谢他们在一线服务工作中的辛勤付出,感谢他们为酒店发展、效益提升所做出的贡献。

(8)对酒店可持续发展的责任

可持续发展是酒店企业生命力的体现,是酒店具备了强大市场竞争力的体现。对酒店可持续发展的责任主要体现在:一是在任期内能使酒店的经济效益不断提升,社会品牌知名度不断扩大,服务与管理水平不断提高;二是在任期结束后,能留下一支优良的员工队伍、管理人员队伍,良好的财务状况和设备设施,能使酒店继续走上良性循环,走向可持续发展的道路。总之,每一位领导者都应具有战略家的眼光,与酒店各部门管理人员有良好的合作关系,能严守机密,在日常管理的每一个节点上体现出上述责任。

2.总经理的岗位职责

①全权负责处理酒店的一切事务,带领全体员工努力工作,完成酒店所确定的各项目。

②制订酒店经营方向和管理目标,包括制订一系列规章制度和服务操作规程,规定各级管理人员和员工的职责,并监督贯彻执行。制订酒店一系列价目,如房价、餐饮毛利等。对本行业各种动向有高度的敏感性,制订市场拓展计划,带领销售部进行全面的推广销售。详细阅读和分析每月报表,检查营业进度与营业计划完成情况,并采取对策保证酒店经营业务顺利进行。

③建立健全酒店的组织系统,使之合理化、精简化、效率化。主持每周的总经理办公会检查情况汇报,并针对有关问题进行重点讲评和指示。传达政府或董事会的有关指示、文件、通知。处理好人际关系,协调各部门之间的关系,使酒店有一个高效率的工作系统。

④健全各项财务制度。阅读分析每日、每月、每季财务报表;督促监督财务部门做好成本控制,财务预算等工作;指导财务工作;检查分析每月营业情况;检查收支情况,检查应收账款和应付账款。

⑤有重点地定期巡视公众场所及各部门工作情况,检查服务质量,并将巡视结果传达至有关部门。

⑥酒店维修保养工作。

⑦与各界人士保持良好的公共关系,树立酒店形象,并代表酒店出面接待酒店重要贵宾。

⑧指导训导工作。培养人才,提高整个酒店的服务质量和员工素质。

⑨以身作则,关心员工,奖罚分明,使酒店有高度凝聚力,并要求员工以高度热情和责任感去完成好本职工作。

⑩选聘、任免酒店副总经理、总经理助理、部门经理等重要人事变动。负责酒店管理人员的录用、考核,决定酒店机构设置,员工编制及奖惩、晋升工作。

(三)经济责任制

酒店经济责任制的核心内容是将酒店组织的经营管理目标进行逐层分解,落实到酒店的各部门、各岗位和具体的个人,按照权、责、利相一致的原则,将个人创造的效益与酒店整体效益相联系,并以此为基础进行劳动分配,个人创造了多少劳动价值就能分配应有的劳动所得。经济责任制,就是将酒店的经济责任以合同的形式固定下来的一种经营管理制度。

酒店经济责任制包括以下主要内容:

1.制订酒店决策,明确酒店组织的总体经营目标

通常实行定量化的管理,将酒店的经营目标进行分解,以指标的形式下放,利于考核和

成果的评定。

2. 考核

考核结果必须真实详尽并且清楚公平,它是酒店员工劳动分配的标准和依据。

3. 效益为本,按劳分配

根据各部门和个人所创造的效益实行按劳分配。酒店的经济责任制的分配方式有计分计奖制、浮动工资制、提成工资制、承包计奖、租赁承包、抵押承包等多种形式。

(四)岗位责任制

岗位责任制是酒店在管理中按照工作岗位所规定的人员岗位职责、作业标准、权限、工作量、协作要求等的责任制度。岗位责任制是一个完整的体系,包括酒店领导人的责任制——总经理责任制;各部门主管和技术人员的岗位责任制;各生产、服务人员的岗位责任制。酒店服务人员的岗位责任制是责任制的基础,也是岗位责任制的主要形式。

酒店岗位责任制一般包含以下内容:岗位名称,上下级领导关系,本岗位的职责任务和职责范围,本岗位的工作量(工作数量或工作时间),本岗位的服务质量标准和工作质量标准,交接班的内容、程序和制度,对设备的使用、维护和保养,对物资的保管和使用,安全生产的要求和制度。

(五)员工手册

员工手册让每位员工对酒店的性质、任务、宗旨和指导思想、酒店目标、酒店精神有充分的了解。员工手册规定了酒店和员工、员工与员工之间的关系准则,使员工树立一种责任感和归属感。它所规定的奖惩条例,便于规范员工的行为举止,从而提高员工素质和酒店的整体素质。员工手册一般包括以下内容:

1. 序言

由董事长或总经理代表酒店向员工表示欢迎,对员工进行勉励。

2. 总则

说明本酒店的性质、规模、设施状况、星级、经营管理的基本思想和宗旨,提出员工的权利、工作条件、发展的可能与晋升途径,明确酒店与员工的关系。

3. 组织管理

包括酒店的组织形式和组织结构、酒店的组织原则、酒店的管理体制和管理人员的聘任等。

4. 劳动管理

明确员工性质类别、服务员的招聘录用、人员培训、终止聘用、工作时间、工作餐、工作间、工资、工作调动、退休和有关劳动人事方面的管理规定。

5. 福利

提出有薪假期、其他假期、休假制度、医疗保健、宿舍等有关的福利项目。

6. 店规

包括员工须知(仪容仪表要求、个人卫生标准、工作纪律)、酒店规则、保安检查、出勤、考勤、员工电话使用、防火措施、员工投诉及其他有关规定。

7. 奖惩

确定酒店奖惩的等级、奖惩权限和实施手续,各等级奖惩内容的具体条款和奖惩方式。

8. 其他

根据酒店的具体情况提出一些其他有关事项的内容。

【同步思考】

酒店组织管理的基本原则是什么?

任务二　现代酒店组织结构的设置

【任务布置】

(一)任务情景

总经理该如何决定

A 酒店是中外合资的一家四星级大酒店,有 1 200 个床位和 800 个餐位,某外国财团控股 51%。其机构设置与国内的四星级酒店有很大的差别。该酒店开业后不久,中方代表、员工对酒店的组织机构意见很大,主要有两点:一是酒店应该有工会组织;二是酒店营销部的人员太多,达 65 人;三是质量监督部门权力太大,有许多职能与酒店其他部门重叠。外方总经理在了解这些意见后做出了决定。

(二)要求

请同学们思考以下问题:

总经理的决定可能是什么?并说出你的理由。酒店应该依据哪些因素来设置组织结构?

【任务实施】

酒店组织是一个由多层次、多部门组合而成的复杂系统。酒店组织结构的设置必须有利于提高酒店组织的工作效率,保证酒店各项工作协调有序地运行。组织结构设计涉及酒店组织的部门划分、组织结构模式等问题。每一家酒店都应在分析酒店自身特点的基础上确定合适的酒店组织模式。

一、现代酒店组织结构的概念与影响因素

(一)酒店组织结构的概念

酒店组织结构(机构)是指酒店企业为了适应环境及其变化,有效地开展经营活动,为达到组织目标而建立的内部权责配置和分工协作体系,是由一系列职位(或职务)所明确的正式的人际关系结构。作为组织功能发挥的载体,合理的组织结构可以保障组织运行的效率和秩序。组织结构在形式上由两大部分构成:一是酒店内各部分的划分,二是在系统中各部分的组合形式。酒店的组织结构反映了管理者的经营思想、管理体制,直接影响经营的效率和效益。

(二)影响酒店组织结构的因素

1.组织目标和经营战略

不同的组织目标和经营战略,决定了组织的功能设计,由此形成不同的组织结构形式。战略重点一旦改变,必然要求调整功能设计,从而调整和创新组织结构。

2.组织目标和环境

构成组织外部环境的因素包括经济、政治、文化、自然环境,以及社会需求结构、目标市场、行业内竞争等。它们都对组织的目标和战略产生影响,从而对组织的内部结构形式产生影响。

3.组织的技术

技术以及技术设备的水平不仅影响组织活动的效果和效率,而且会影响组织活动的内容、方式、职能配置和职位设置。例如,信息处理的计算机化对组织的结构形式和人们的工作方式产生了深刻影响。

4.组织的规模

规模也是影响组织结构的因素,一个小型酒店的结构形态不可能与大型酒店的结构形态完全一样。

5.组织所处的发展阶段

组织的结构形态还受到组织所处的发展阶段的影响。美国学者托马斯·卡农提出组织发展的五阶段理论,即创业、职能发展、分权、参谋激增和再集权阶段。

二、现代酒店组织常规部门的设置

（一）酒店营业部门

酒店营业部门可分为前厅部、客房部、餐饮部、康乐部、商品部、旅游部。

（二）酒店职能部门

酒店职能部门可分为人事部、销售部、工程部、安全部、财务部。

（三）其他机构设置

酒店其他机构包括党组织的领导机构和工会、共青团、妇女组织机构。

三、现代酒店组织结构类型

（一）组织结构图

酒店组织结构图是全面反映酒店业务内容、部门组成、业务区域划分、权责关系、岗位分工、人员安排的综合图解（图4.2）。一般是以树形图展示组织内的机构构成和主要的职权关系，绘图时常以"方框"来表示职位或部门；方框的垂直排列位置说明该职位或部门在组织层级中所处的位置；"直线"则体现这两个职位或部门之间的隶属和权力关系。

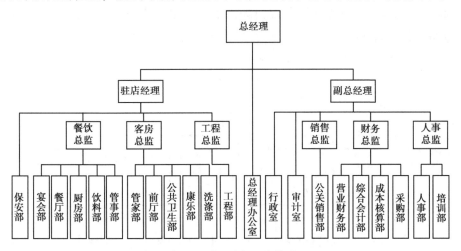

图4.2 某酒店组织结构图

（二）酒店组织结构的基本类型

1.直线制

直线制就是按直线垂直领导的组织形式。其特点是组织中各个层次按垂直系统排列，酒店的命令和信息从酒店的最高层到最低层垂直下达和传递，各级管理人员对所属下级拥有管理的一切职权，统一指挥各种业务。直线制组织结构或无职能部门，或设一两个职能部门,一个职能部门兼有多种管理职能。如办公室是一个职能部门,但它兼有行政、人事、保安、财务等几项职能。直线制组织结构比较适合规模小、业务较单纯的酒店(图4.3)。

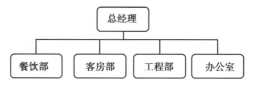

图4.3 直线制组织结构

这种组织结构的优点是:权力集中,机构简单,决策迅速,职责清楚,上下联系简捷。其缺点主要有两个方面:一是要求酒店经营管理人员具有全面的经营管理知识和业务能力,并具有较强的综合协调能力和指挥能力;二是由于集权过多,缺乏横向的协调和配合,一旦酒店经营规模扩大或发生复杂的问题,就会出现不适应的状况。

2. 直线职能制

直线制和职能制的结合形成了直线职能制的组织结构。其特点是把酒店所有的部门分为两大类:一类是业务部门(也称直线部门),业务部门按直线型进行组织,实行垂直指挥;一类是职能部门,职能部门按分工和专业化的原则执行某一类管理职能。直线部门管理者在自己的职责范围内有业务决定权,能对其所属下级实行指挥和命令并且负全部责任。职能部门的管理者,只能对业务部门提供建议和相关管理职能的业务指导,不能指挥和命令业务部门。直线职能制适合有较齐全的旅居功能而无多种经营的酒店。目前,我国酒店大多采用直线职能制的组织结构(图4.4)。

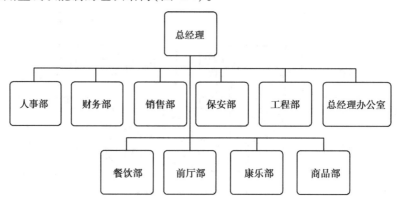

图4.4 直线职能制组织结构

这种组织结构的优点是:既有利于整个酒店的统一指挥,又能充分发挥职能部门专业化管理的作用,从而提高经营管理水平;有利于加强行政领导的权威,提高酒店经营活动的有效性和高效性;有利于突出酒店经营管理的主次,发挥专业管理人员的作用,提高酒店专业管理水平;有利于培养有较强行政指挥能力的复合管理人员,特别是酒店总经理、部门经理层的管理人员。其缺点有两个方面:一是行政领导容易包揽一切事务,而管理部门的作用发挥不够,各职能部门之间横向沟通和协调性差;二是在业务指导上,直线领导与职能部门可能会出现一定的矛盾冲突。

3. 事业部制

事业部制组织结构是工业企业发展到可生产多个主产品时的一种组织形式(图4.5)。为了生产不同的主产品,在总公司领导下以产品为中心设立几个事业部,每个事业部生产特定的产品。根据总公司的决策,事业部分散经营,各事业部在经营管理上拥有自主权和独立性,实行独立核算。

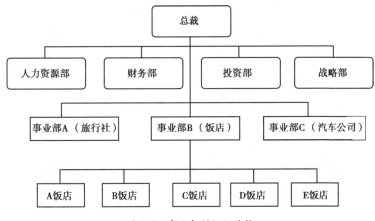

图4.5　事业部制组织结构

我国酒店实行事业部制组织结构主要有以下情况:有的酒店以主体酒店为核心,同时设立与主体酒店有资本联系的若干个企业,其组成往往采用事业部制;有的酒店通过资本运作管理若干家酒店,形成连锁这种形式的酒店往往采用事业部制;有的酒店除了主体酒店外还有附属的旅行社、大型餐馆、快餐公司等企业,这类酒店也多采用事业部制。

事业部制的优点在于:有利于酒店高层管理人员摆脱日常行政事务的负担,集中精力抓好酒店的经营发展战略和重大经营决策;有利于面向市场、分散经营,提高酒店经营管理效率,增强酒店的应变能力,提高服务质量和水平;有利于考核各事业部的经营业绩,促进各事业部之间进行比较和竞争,调动各方面的积极性和主动性;有利于培养主持酒店经营管理工作的高级人才。其缺点有以下几点:各事业部之间容易形成部门狭隘观念,而忽略酒店整体利益;部门之间横向协调差,不利于人才流动;机构重复设置而导致管理费用增加、利益协调困难等。因此,应根据酒店实际情况灵活采用相应的组织形式。

4. 矩阵式组织结构

矩阵式组织结构有纵横两套管理系统,把酒店的管理部门分为传统的职能部门和为完成某项任务而由各职能部门派人参加联合组成的小组(图4.6)。

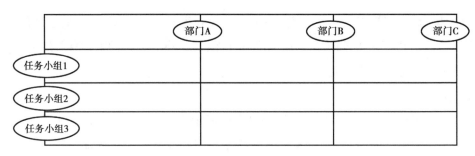

图 4.6　矩阵制组织结构

矩阵式组织结构的优点是：具有较大的灵活性、适应性，能够把横向职能部门的联系、纵向项目小组的协调、集权和分权有机地结合起来；有利于发挥专业人员的潜力；有利于各种人才的培养。其缺点是：双重领导容易产生矛盾和扯皮现象；对项目负责人的要求较高。

【同步思考】

酒店直线职能制组织结构的特点？

任务三　现代酒店计划的编制

【任务布置】

（一）任务情景

塞达斯酒店是一家拥有300间客房的豪华型海滨度假酒店，位于亚得里亚海沿岸比较偏远的地区。多年来，它一直以豪华的设施和优质的服务而享有盛誉，企业内部从管理层到服务员素质都相当高。它的员工从第二次世界大战后创业以来就一直与它同呼吸共患难，他们认为公司为其考虑得非常周到，因此都对它怀有一颗赤诚的心和高度的责任感。因此公司的人员变动一直就不大，尤其是与同行业的其他企业相比。最近几年来，这些工作多年的员工开始陆陆续续进入退休年龄，而这个小镇的劳务市场也开始萎缩，越来越多的人开始到大城市里找工作。结果，那些即将退休的员工逐渐被一些外地的年轻人取代，而这些人却常常要赶好几英里的路来上班。这几年虽然该酒店对其建筑和地基一直进行修缮，食物、房间用品、娱乐设施等都尽力维持优良，但其服务质量已经开始下降，一些长年的老客户已经不再光顾，酒店的声誉也日渐衰落。总经理曾多次召开高层管理人员会议商讨对策，大家一致认为企业的管理机制已经失灵，监督部门必须对基层雇员施展权威。他们认为这些新来的年轻雇员缺乏责任心，惰性强，不尊重权威。而这些新人则抱怨他们有些想法很现代,会对酒店有帮助,可就是没人听。9个月前,新来了一位总经理替下了曾经在酒店工作长达11年的前任总经理。股东们充满希望,认为这位新经理会扭转酒店的乾坤,但是营业旺季已经过去了,仍不见任何起色。股东们与总经理召开全体职员大会,打算商讨出一套能使酒店走向正轨的行动方针。

(二)要求

请同学们思考以下问题:

总经理应该集中力量解决什么问题?请你制订一个行动方针(即制订出该酒店的计划)帮助总经理走出困境。

【任务实施】

没有计划就不存在管理。虽然计划不能保证你取得成功,但是酒店管理者如果能有意识地努力做计划,注意不确定性因素,科学地分析决策,实现发展目标的机会就会增加。

一、酒店计划概述

(一)计划的概念

计划就是企业组织根据环境的需要和自己的实际情况,确定组织在一定时期内的目标,并通过行动计划的编制、执行和监督来协调、组织各类资源以顺利达到目标的过程。简言之,计划就是要做什么和怎么做的行动指南。计划是酒店管理中的首要职能。

(二)计划的层次

1. 最高层次——目标

目标是根据企业宗旨而提出的组织在一定时期内要达到的预期效果,是一个组织各项管理活动所指向的终点,也是计划的最高层次的内容。没有一个明确的目标来指引,计划工作就难以把握方向。

2. 中间层次——战略

组织战略是对组织资源的使用方向上的规划,是计划中间层次的内容,是连接目标和具体计划间的桥梁。

3. 基础层次——具体的计划体系

具体计划是各层次的具体活动安排,是计划最基层的内容,也是计划中最具操作性的成果。计划中的目标和战略必须逐层展开并形成各层次的具体计划,才能有效地组织和协调各类活动。

二、现代酒店计划的类型与要求

(一)类型

酒店计划是由酒店各层管理人员制订和实施的。因此,我们可以从酒店不同管理层的角度,分析与把握酒店不同计划的类型及特点(表4.1)。

表4.1　不同管理层的计划类型及特点

管理层次及人员	花费时间	计划类型	不确定性	计划期
高层:公司总裁、酒店总经理	75%	战略性:酒店发展的全面的、长期的政策	具有很大的不确定性	1~5年的滚动计划
中层:部门经理	少于50%	战术性:部门业务的行动计划	有一定的不确定性	1个月~3年的滚动计划
低层:主管	10%	作业性:每周、每天的作业安排	不确定性最小	低于3个月的滚动计划

(二)酒店计划制订的要素

一项好的酒店计划应该包括六方面的内容:目标、措施、实施时间、负责人、预算、评估控制。如华美达酒店销售制订一项宴会销售计划:首先要确立目标即12月的地方宴会收入比去年同期提高12%。其次要列出一系列措施、措施实施的时间和负责人,比如从电话号码簿上找出有关大公司、大机构和商会的名单与联系地址,完成时间是6月1日至6月15日,由销售部经理负责。第三要列出收入、支出与损益预算,如每天销售宴会12桌,每桌600元,每月以30天计,营业收入为216 000元,除去推销宴会的支出包括员工推销费、差旅费和电台、报纸、电视等各种广告费为17 075元,净收入为198 925元。第四要有评估控制人,如总经理,他要审定这一计划,并根据实际需要及时进行调整。

三、现代酒店计划的指标体系

酒店计划指标就是酒店在计划期内用数值来表示的经营、接待、供应、效益而要达到的目标和水平。酒店计划指标是一个体系,指标相互联系、相互补充。酒店管理人员根据这一系列指标来了解酒店的经营业务情况,做出评估判断。

(一)质量指标类

1.客房(床位)出租率

表示酒店接待能力利用状况的指标。

$$客房出租率 = \frac{客房或床位实际出租总数}{可供出租客房或床位总数}$$

合理的客房出租率控制在 70% ~ 85% 。客房(床位)出租率直接影响到酒店的经济效益,酒店对这一指标要每天、每月、每年进行统计,以及时了解酒店业务运转状况,为酒店经营提供依据。

2. 客房双开率

客房双开率即双倍客房占用率,指两个人同住一个房间的数量占所出租客房总数的百分比。计算公式为:

$$客房双开率 = \frac{双开房间数}{已出租房间数} \times 100\%$$

客房双开率是扩大酒店经营收入的重要手段。

3. 劳动生产率

劳动生产率是指酒店全员的劳动生产率,它反映了酒店的劳动效率状况。

$$劳动生产率 = \frac{报告期内酒店营业收入之和}{报告期内酒店平均职工人数}$$

4. 设备完好率

设备完好率是指报告期酒店完好设备在全部设备中的比重,是反映酒店设备技术状况和评价设备管理工作水平的一个重要指标。酒店提供给客人使用的设备应力争达到百分之百的完好率。

5. 宾客满意率和投诉率

宾客满意率是被调查的宾客中满意人数与被调查总人数之间的比率。宾客投诉率是投诉客人之和与酒店实际住宿宾客人数之和的比率。

(二)数量指标类

1. 客房(床位)数

客房(床位)数是表示酒店接待能力的最基本指标,是其他各指标的基础。

2. 接待人数

接待人数分为住宿人数(也称人次数)和人天数(也称人过夜数)。

3. 客房出租率

它反映客房实际销售价格情况。计算公式为:

$$客房出租率 = \frac{报告期内已出租客房天数之和}{报告期内可供出租客房天数} \times 100\%$$

4. 客房实际平均房价

反映客房实际销售价格情况。计算公式为：

$$客房实际平均房价 = \frac{报告期内客房营业收入之和}{报告期内已出租客房间天数之和}$$

5. 销售额（营业收入）

营业收入是一定时期内酒店经营效果最基本的价值指标。它是酒店在营业中提供服务和商品的价值总和。这一指标要求用两个方面的测算来确定：一是以报告年的指标为基础，计划年增长若干百分点的办法测定；二是由酒店各种营业收入加总而成。

6. 成本和费用

酒店的成本和费用是酒店在经营管理过程中各种支出和耗费的综合。它可以从两个方面测定：一是以报告年度的营业成本率和费用率为基础，根据计划年度的相关因素测算出计划年度的营业成本和费用；二是先测算出各部门的营业成本和费用，把各部门的成本和费用汇总后，形成酒店的营业成本和费用。

7. 利润总额

利润是考核酒店经济活动成果和质量的综合性指标，它集中地反映了酒店的经济效益状况。酒店核定利润指标，主要是核定各经营部门的部门利润指标，各部门经营利润的汇总形成酒店利润指标。在核定各部门利润指标时，还要核定各部门的毛利率、毛利额、利润额。利润的大小一方面反映市场销售状况，另一方面取决于成本和费用的控制情况。

8. 人均消费额

$$人均消费额 = \frac{酒店营业收入总额}{接待人次数}$$

9. 基建改造投资额

酒店在计划期内进行基本建设或对固定资产进行更新改造所需的金额。

四、酒店计划的编制

（一）估量机会

包括对未来可能出现的变化和预见机会进行初步分析，形成判断；根据酒店的长处与短处了解酒店所处的地位；了解本酒店利用机会的能力；列举主要的不确定因素，并分析发生的可能性和影响程度；在反复斟酌的基础上，扬长避短，进行科学的决策。

（二）确定目标

好的目标要符合以下标准：第一，目标要落实在纸面上，这会使人在制订计划时考虑更周全,也可时刻提醒管理人员去努力实现它,并可作为工作检查的标准。第二,目标要被理解和接受。第三,目标既要具有可行性又要具有挑战性。第四,要规定实现的时间,否则不会产生紧迫责任感。另外,目标规定的实现时间必须与员工的工作时间与对目标感兴趣的时间相一致。第五,要具有可衡量性。

(三)确定前提条件

计划工作前提条件可以分为三种,即不可控条件、部分可控条件和可控条件。外部前提条件多数为不可控条件,内部前提条件大多数为可控条件。不可控前提条件越多,不确定性越大,就越要通过预测工作确定其发生的概率和影响程度的大小。

(四)拟订可供选择的方案

当制订好目标并肯定目标与预测一致后,再决定达到目标的最佳方案。必须考虑各种可能的方案,切忌只研究一种方案,而忽略了其他更好的途径。

(五)评价各种备选方案

对计划的各种备选方案进行比较评价,确定最优方案是计划的关键环节。那么,如何才能评选、确定一个最优方案呢?首先,需要组织一个得力的评选方案的班子,对方案在各个方面的合理性与科学性作出正确评价。其次,要确定方案选择标准。再次,评选方案工作一定要深入、认真、细致;评价方案不只是依据评价指标从中选择最高的,还必须详细审查方案的可行性程度。方案的可行性分析报告是最重要的评选、确定依据,评价指标再高,如果不具备基本的现实可行性,也是毫无用处的。

(六)选择方案

方案选择是计划工作的关键一步,也是决策的实质性阶段。计划工作的前几步都是在为方案的选择打基础。方案选择应充分考虑酒店的目标,而酒店的目标又分为综合目标与部门目标两个方面。

1.酒店综合目标的选择

包括市场营销目标,财务目标,人事目标,社区关系目标,设施、设备、服务、管理等经营目标,研究和发展目标。

2.酒店部门目标的选择

包括完成任务的投入资源目标、完成任务的产出结果目标、完成任务的服务与管理目标。

(七)实施计划

实施计划需要大量的具体工作,如政策的制订、实施过程的安排、实施的方法等。

五、现代酒店计划的实施

(一)计划的执行

1. 建立强有力的业务指挥系统

执行计划要有一个强有力的高效率的业务指挥系统作为保证。酒店以总经理为首的行政业务指挥系统是执行计划的有力保证,在这一系统的指挥下,各层次各部门按照本身的职责和业务范围具体领导执行计划,落实并实践计划中各项任务和指标。

2. 建立和健全经济责任制

执行计划要与实施经济责任制相结合,经济责任制明确规定了各级岗位的权利和责任,是执行计划的保证。

3. 建立和健全检查制度

认真检查执行情况,严格考核执行计划结果。检查通常采用的形式包括店务会议的检查、经常性检查和突击性检查。

(二)酒店计划的控制

控制指酒店的管理人员根据相关的市场信息和内部信息,按照决策目标和核定的标准对酒店经营活动进行监督、调节、检查、分析和校正,使之不发生偏差而依照正常的预定轨道进行,以达到预期目标的管理活动。酒店计划控制是指在计划执行过程中定期或不定期地把计划中的各项指标与实际执行情况进行比较,发现差异,分析原因,采取措施,以保证计划顺利完成。控制活动的基本过程为:

1. 明确标准

因考核对象不同,控制标准可分为实物数量标准、货币数量标准、服务规程、岗位职责、员工手册。

2. 控制关键环节

作为酒店的关键环节,主要有产品质量、价格、服务质量、成本消耗。

3. 反馈、分析偏差

评定的结果如果出现了偏差,就需要对偏差进行纠正。纠正偏差包括两个方面的内容:找出发生偏差的原因,调整与纠正。

4. 计划调整

如果偏差是由计划制订不合理而引起的,则需要调整计划。计划调整的内容是多方面的,或调整计划指标,或调整投入等。不管哪一种调整,都需经过店务会议的充分讨论和论证,由总经理做出最后的决策。

【同步思考】

酒店计划管理中有哪些主要计划指标?

【知识归纳】

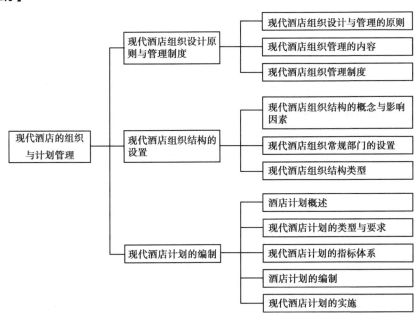

【思政要点】

酒店企业组织结构是一个严密而相互联系的系统,每一个部分和岗位都在企业的经营运作中起着重要的作用。酒店企业的员工在工作过程中应遵守职业纪律和法律法规,树立爱岗敬业的职业精神,培养团队合作意识,用自己的实际行动为企业发展做出贡献。

【实践活动】

编制组织结构图

实训目标:

理解企业组织管理的基本原则,在此原则的指导下能根据企业的运行方式和管理内容编制组织结构图。

实训组织:

通过实地走访、网络资料查阅等形式对熟悉的企业展开深入调查,绘制企业的组织结构图。

实训任务：

组织调查了解一家企业的运行方式和管理内容,绘制企业的组织结构图。

实训内容：

1.调查企业的品牌、经营业务范围、部门设置、运行方式。

2.编制企业组织结构图。

【同步测试】

1.现代酒店组织常规部门有哪些？主要职责是什么？

2.如何制订一份年度酒店管理计划？

3.酒店有哪些计划指标类型？

项目**五**

现代酒店的
筹资与规划

【项目目标】

> 1. 了解现代酒店筹资方式与策略的选择。
> 2. 熟悉现代酒店投资可行性分析。
> 3. 掌握现代酒店规划设计中要注意的问题。

【项目实施】

【任务引例】

新酒店的筹建

酒店行业是一个资本、管理和劳动力都很密集的行业,专业性很强,与制造业、房地产业及其他行业有着很大的不同。酒店行业既有很高的投资风险和经营运作风险,同时又有很高的回报。因此,酒店行业容易受到市场变化的影响。如果没有正确的理念作为指导,酒店投资将会失去方向,最终失败。

酒店在新建、运营、投资以及利润分配过程中都需要有一定的资金,筹集资金是酒店各项财务工作的基础。酒店在筹集资金过程中需要合理预测资金需要量、选择适当的筹资方式、计算资金成本、分析筹资风险,据此做出合理的资金筹集决策。如果一位企业家想投资兴建一家酒店,你会给他的投资提供什么样的建议呢? 如果毕业后你想创业筹建一家酒店,应该从何入手呢?

任务一　现代酒店筹资方式与策略的选择

【任务布置】

(一)任务情景

亚朵——"新住宿时代的商业进化"

成立于 2013 年的亚朵,旗下拥有 A. T. HOUSE、亚朵 S 酒店、ZHotel、亚朵酒店、亚朵 X 酒店、轻居六大住宿品牌。截至 2021 年 3 月 31 日,亚朵集团旗下已开业酒店数量 608 家,覆盖中国 131 座城市,客房数量达 71 121 间,积累了超过 2 500 万注册个人会员。2015 年,依赖忠诚的用户社群,亚朵发布电商"亚朵生活馆"和亚朵金融产品线"朵有钱"。

2016年12月23日,亚朵在北京举行以"新住宿时代的商业进化"为主题的融资发布会,宣布完成C轮融资,共获得君联资本和陆兆禧个人合计1亿美元等值人民币的投资,以及浦发银行、交通银行、招商银行等三家银行近4亿元人民币的授信额度。

亚朵创始人王海军(耶律胤)预言:酒店行业的未来在于从房的价值走向人的价值,实现人与人的连接。未来中国只有一种商业,就是lifestyle。现阶段的亚朵对标迪士尼,目标成为新住宿业的超级IP。

获得此轮融资后,亚朵将加大在技术、数据和算法研究上的投入,用数据驱动服务;在消费服务生态体系搭建更多场景和资源合作,布局IP化的住宿全品类以及"在路上"生活产业链,构建全新的生态圈。

(二)要求

请同学们回答以下问题:

1. 案例中亚朵酒店在发展过程中通过哪些方式进行资金筹集?
2. 亚朵酒店将筹集的资金主要用于什么用途?
3. 我们可以从亚朵酒店的筹资中汲取哪些经验?

【任务实施】

酒店筹资是指酒店根据生产经营、对外投资和调整资本结构等活动对资金的需要,通过筹资渠道和资本市场,并运用筹资方式,经济有效地筹集酒店所需资金的财务活动。

筹集适当的资金是酒店生存和发展的基础。对于新建酒店来说,需要筹集一定量的资金用于购建客房、餐厅等建筑物,需要购买机器设备以及原材料、商品等物资,需要垫付员工薪金并支付酒店创建期的各种创办费用;对于现存酒店维持正常经营来说,需要筹集一定量的资金用于不断购置固定资产以维持或扩大酒店经营能力,需要储备足够的原材料、商品并支付职工薪金以为客户提供服务,需要及时清偿债务,以维持酒店的信誉等。

因此,为了最有效地筹措和使用酒店的资金,就必须加强酒店资金筹措与管理。本项目主要从酒店筹资的原则、筹资的种类、筹资的渠道、筹资的方式等方面了解现代酒店的投资筹划。

一、酒店筹资的原则

酒店资金筹集需要根据酒店经营管理需要,遵循以下基本原则:

(一)适度原则

酒店筹资要根据酒店经营需要合理预测确定资金需要量。资金不足,将会影响酒店正常经营;资金过剩,闲置不用,又会影响资金使用效率。所以适度筹资,既要保证酒店经营需要,又能提高资金使用效率。

(二)及时原则

酒店是季节性经营的企业,在旅游旺季,酒店对资金的需要量较大;而在旅游淡季,酒店对资金的需要量相对较小。为此,酒店在筹资过程中,需要对资金供求现状进行深入细致的调查,合理预测酒店的资金需要量,及时筹措所需资金,以满足酒店经营所需。

(三)效益原则

酒店筹资必须讲求效益,以尽可能小的成本,取得尽可能大的收益。这要求酒店一方面尽量选择资金成本低的筹资渠道和筹资方式,降低资金综合成本;另一方面合理确定资金投资方向,使有限的资金获取最大的投资收益。

(四)结构合理原则

酒店筹资必须考虑各种筹资渠道和筹资方式的合理比例结构,注意举债规模与资本结构和偿债能力相适应,避免不应有的财务风险。为此,酒店需要从全局出发、从长远出发,合理安排资本结构,既充分利用现有资金,又尽可能在合理的范围内利用社会资金,扩大酒店经营规模。

(五)合法原则

酒店筹资要遵循国家法律法规,尤其是在向社会筹资时,要严格按国家规定执行,严格申报程序和操作规程,严禁违法筹资,保障国家金融秩序的稳定。

(六)计划原则

酒店筹资必须实行计划管理。首先要做出周密详细的计划,预测所筹资金的未来经济效益,确定所筹资金数额、使用方向、使用时间、资金使用预计收益、还本付息时间等,以保证所需资金顺利获得。

二、酒店筹资的种类

(一)按筹资的使用时间划分

按筹资的使用时间可分为短期筹资和长期筹资。

①短期筹资是酒店为了满足经营过程中临时资金需要而筹集的资金,筹资期限较短,一般在一年以内。

②长期筹资是酒店为了长期发展所需筹集的、使用期限较长(一般在一年以上)的资金。

将酒店资金筹集划分为短期筹资和长期筹资,有利于酒店从经营周转和长期发展需要出发,决定所筹资金的使用和偿还,并制订相应的财务政策。

(二)按筹资对象的范围划分

按筹资对象的范围可分为内部筹资和外部筹资。

①内部筹资是酒店向有关投资者筹集的资金,也称权益筹资。

②外部筹资是酒店向外部有关金融和非金融机构、个人等筹集的资金,也称债务筹资。

划分权益筹资和债务筹资,目的在于合理安排资金使用,酒店债务筹资需要安排到期偿还,权益筹资酒店不需偿还。

(三)按筹资的形态划分

按筹资的形态可分为实物筹资、货币筹资和无形资产筹资。

①实物筹资是酒店筹集的、以实物形式投入酒店的资产,主要有固定资产和存货。

②货币筹资是酒店筹集的、以货币形式投入酒店的资产,包括本币和外币。

③无形资产筹资是酒店筹集的、以无形资产形式投入酒店的资产。

划分实物筹资、货币筹资和无形资产筹资,有利于酒店在筹资决策上选择最适合酒店使用的资金形态。

三、酒店筹资的渠道

酒店筹集资金的渠道主要包括金融机构、非金融机构、社会居民和企业内部四个方面。

(一)金融机构

①国内商业银行是酒店筹集资金的主渠道。如中国工商银行、中国银行、中国建设银行、招商银行、深圳发展银行等。

②国内非银行金融机构。如城市信用社、信托投资公司、证券公司、保险公司等。

③国际金融机构。如世界银行、亚洲开发银行、世界证券交易机构等。一般情况下,国内企业在国际上筹资,通常由国家有关部门帮助,以国家作为担保人才能奏效。

(二)非金融机构

1. 国家财政

包括中央财政和地方财政。酒店业是我国较早对外开放的产业,随着政府职能的转变,国有资本逐步退出酒店业,而将民营资本引入酒店业。所以依据国家财政筹集资金的数额正在减少。但国家开发西部的经济策略,使得国家大力扶植西部旅游业,其酒店业通过国家财政筹集资金的数额将会有所增加。

2. 其他企事业单位

包括国内外各种企事业单位。如基金会、房地产开发商、工业企业等。

（三）社会居民

社会居民是酒店筹集资金的另一重要渠道,酒店可以通过发行股票、债券等方式向社会居民筹集资金。

（四）酒店内部

酒店主要通过内部积累筹集部分经营所需资金。

四、酒店筹资的方式

酒店筹集资金可以通过权益筹资和负债筹资两种方式进行。

权益筹资主要有资本金、资本公积金、留存收益、吸收直接投资、发行股票等几种形式。权益筹资所筹集到的资金是属于酒店的自有资金,能增强酒店的偿债能力,而且支付报酬的方式较为灵活,通常是酒店经营状况好,支付的报酬多,经营状况不好,则可以少支付甚至不支付报酬,有利于降低酒店的财务风险。但权益筹资支付的报酬由于是在税后支付的,一般资金成本较负债融资高,而且股权过于分散,原股东容易丧失对酒店的控制权。

负债筹资方式主要有发行债券、借款、融资租赁、商业信用等几种。负债融资的利息是在税前支付的,资金成本相对较低,当酒店投资收益率大于负债筹资利息率时,扩大负债融资的比率能扩大酒店自有资金利润率,同时负债筹资能使股东保留对酒店的控制权。但负债筹资需要定期偿还本金和利息,财务风险较高,而且筹资时受限制的条款较多,筹资额有限。

（一）酒店自有资金

酒店自有资金是指由酒店投资人投入酒店的资本金和酒店经营积累所形成的所有者权益,一般包括资本金、资本公积金及留存收益三部分。

①资本金是指酒店建立时,在工商行政管理部门登记注册的资金,是所有者权益的最基本的构成部分,也是酒店从事经营活动最基本的资金来源和保证。对资本金的筹集,主要通过发行股票或集资方式来筹措。

②资本公积金是酒店所有者权益的一部分,资本公积金作为酒店资金来源的一个重要方面,主要是由股票溢价发行、法定资产重估增值、受领赠与所得、处理资产的溢价收入等形成,是酒店的一种准资本。

③留存收益是指酒店经营所得利润的内部积累,是为了补充投资、扩大经营或为以盈抵亏做准备,而将酒店在本期或前期净收益中的一部分留存下来所形成的。

（二）商业信用

商业信用是西方企业中短期融资的主要方式之一,是指从酒店的供应商处以各种应付货款或票据方式而筹措资金的方法。应付货款是指采取赊购方式先购入酒店所需原材料、辅助商品,过一段时间再付款,从而解决酒店资金暂时短缺的困难,同时也有利于减少酒店资金占用的成本。应付票据是指酒店通过开出期票,允诺在一定时间内向供应商付款的书面承诺,实质上也是达到赊购酒店所需商品的目的。商业承兑汇票是指旅游酒店同供应商之间根据合同规定的延期付款条件开出的反映酒店债权债务关系的票据,一般可通过背书到商业银行贴现。

商业信用作为短期筹资方式比较方便,限制少、筹资及时且有弹性,但是,商业信用要求酒店有良好的声誉和信用。

(三)银行信用

银行信用是酒店筹资最重要的渠道,是由各种银行机构所提供的信用。银行信用一般包括短期借款、长期借款、抵押借款、票据贴现等。银行信用作为酒店筹资的主要方式之一,要求酒店必须严格按照计划和规定向银行机构借款;要求借款项目有可行性,能保证按期还本付息;要求借款有物资保证或经济担保,减少银行出借款项的风险。

(四)融资租赁

租赁是指酒店在某一特定时期内,通过契约关系向出租人获得财产使用权利处置权的一种筹资方式。

租赁的形式有融资租赁、营业租赁、服务租赁等。融资租赁是酒店较常采用的方式,首先由承租人选定设备和设施,然后与出租人磋商价格和条件,由出租人出资购买,承租人向出租人订立租赁合同,通过支付一定的租金而使用设备和设施。合同到期后,再支付一笔约定好的转让金,设备和设施的财产权就归属于租用的酒店所有。

(五)产权融资

酒店投资者主要考虑的产权融资途径是发展产权酒店。这种融资曾是投资者最钟爱的方式之一,也是众多房地产开发商最佳的融资渠道之一,但是由于相关法律的缺失,导致诸多法律纠纷发生。

产权式酒店是指开发商将酒店的每间客房分割成独立产权出售给投资者,投资者一般不在酒店居住,而是将客房委托给酒店管理公司,统一出租经营,并获取年度客房利润分红,同时获得酒店管理公司赠送的一定期限免费入住权。

(六)风险投资

风险投资简称风投,也称创业投资,是指向初创企业提供资金支持并取得该公司股份的一种融资方式。风险投资是私人股权投资的一种形式。风险投资公司是专业的投资公司,由一群具有科技及财务相关知识与经验的人组合而成,经由直接投资获取投资公司股权的方式,提供资金给需要资金者(被投资公司)。风投公司的资金大多用于投资新创事业或是未上市企业(虽然现今法规上已大幅放宽资金用途),并不以经营被投资公司为目的,仅是提供资金及专业上的知识与经验,以协助被投资公司获取更大的利润为目的,所以是一种追求长期利润的高风险高报酬的投资。

(七)私募资本

私募资本是指无须经由政府监管部门审核或注册的、非公开募集的证券性资本。

酒店开发商以股权有限公司的主发起人身份,向社会定向招募投资人入股,共同作为发起人,形成资本融资。

美国等资本市场比较发达的国家,私募活动越来越活跃,风险资本也绝大部分是以私募方式筹集的,私募资本对这些国家的企业创立和发展起到了重要作用。对于我国来说,适度发展私募资本市场,对一些尚未成熟的高科技产业、难以从正式金融获得资金的民营经济、正式金融力量比较薄弱的广大中西部地区,可能会起到较好的促进作用。

(八)政策支持性融资

国家政策支持包括旅游国债项目、扶贫基金支持、生态保护项目、文物保护项目、世界旅游组织规划支持、国家及省市旅游产业结构调整基金、国家重点扶持的行业性酒店。这种融资方式对开发商性质要求较为严格,必须是符合国家规定资质的酒店开发商和开发项目,才能进行政策性资金融资。

酒店筹资需要综合考虑各种因素,权衡利弊,正确选择筹资渠道。比较各种筹资方式的利弊,使筹资成本尽量降低、筹集资金及时到位、资本结构逐步优化,并尽量避免所有权或控制权发生变更。

【同步思考】

筹资是一项风险较大、操作较难的工作,必须遵循的原则有哪些?

任务二 现代酒店投资可行性分析

【任务布置】

(一)任务情景

百合花酒店投资可行性分析

Y公司注册于香港,注册资金5 000万美元,以不动产投资和酒店经营管理为主要业务。Y公司于1990年进入内地发展,截至2020年底,总资产已达400亿元人民币,净资产达250亿元人民币,已经形成不动产投资开发、酒店投资经营及相应的发展模式和经营管理团队。为追求长期利益和内地不动产价值可预期的升值潜力,公司开始布点投资中等规模的酒店并将其作为公司战略资产经营。

本次酒店投资,Y公司酒店项目取名为"百合花酒店",拟建于S市北部规划新建城市CBD的环城东路以东、绍大路以南地块,项目西临50米宽的环城东路,北临62米宽的绍大路,视野开阔,道路两侧绿化带已形成。项目距老市区中心约2千米,距S市火车站约0.8千米。百合花酒店规划总建筑面积5万平方米,规划主体建筑高度21层。主要建筑物有酒店、健身中心、商业用房及配套用房等。项目公用设施接入方案已获得当地政府批准。

百合花酒店建设规模由标准房300间,其他豪华套房20间,总床位630个并配套相应的服务设施组成。建设标准按4星级酒店标准设计。项目总投资20 000万元人民币,全部投资由Y公司采用自有资金投入,Y公司拥有100%产权。本项目投资包括已经投入的土地、城市配套费用、项目建设费用和流动资金。

本项目的投资估算范围为土地征用费、土建工程、项目配套设备、项目设计费等。

本项目收入由客房收入和服务收入组成。服务收入包括餐饮服务、娱乐服务、商业服务。

项目总成本主要由物料消耗费用、工资、燃料及水电费用、折旧摊销、其他费用和修理费、营业税金等组成。

本项目建设和经营风险因素主要包括市场风险、管理风险、资本风险。市场风险表现为项目市场竞争能力的好坏;管理风险表现为建设期和经营期管理工作的好坏;资本风险表现为资产增值和抗风险的能力。政策风险表现为宏观经济和政策环境。

本项目位于经济发达的长三角区域,加之宏观经济良好,对项目市场的分析比较乐观,市场风险较小;企业已有多年房地产和酒店业从业经验,营销模式独特而成功,管理经验丰富,因此管理风险较小。

(二)要求

请同学们回答以下问题:

1. 请归纳案例中百合花酒店投资可行性分析包括哪些内容?
2. 酒店投资可行性分析的作用是什么?

【任务实施】

酒店作为一个经济实体,其经营成功与否取决于许多相互关联的因素。因此,如果酒店在建设之初或者项目投资之前,就对各种相关因素进行仔细分析,成功的可能性就比较大。反之,若不重视项目可行性研究,虽然有时也会侥幸成功,但更多的情况则是失败。所以必须充分认识可行性研究在酒店投资中,尤其是长期项目投资中的重要性。

一、地区状况分析

分析地区状况需要对目标国家或地区的政治、经济、社会及文化等各方面进行详尽的研究。本国和目标区域之间语言和文化的相似性会使规划、发展、管理和控制一家新酒店更容易。此外,尽管今天更为频繁和迅速的航空运输及不断改善的通信系统使得距离的重要性开始降低,但是在地理上接近客源市场(预期的顾客来源)对酒店的选址也是一个重要的标准。

跨国界的商业活动受到政府许多控制机制的影响,包括旅行和贸易壁垒。处理国际性商业往来中也会经常遇到法律方面的问题。有关旅行(如果有的话)、出于工作原因的旅行、进出口关税、政府对正常的商业交易的许可等方面的程序和限制,应该尽早调查清楚。

二、酒店市场需求分析

除政治稳定性问题(这会使投资和项目处于突发的风险中)以外,市场可行性对于所有者来说,也是酒店投资项目中需要考虑的因素。

初步的需求或市场分析,由市场确定、对当前和预期市场状况的分析、对出租率和房价潜力的估计三者组成。这些分析接下来将用于预测收入。自然的、气候的、文化的、商业的等其他方面具有吸引力的因素,同样也要加以明确;基础设施和交通的可进入性也是需要考虑的重要因素。

除此之外,主要的出境客源产生国的经济环境及其与目标国有关的发展趋势也需要进行分析。其他需要注意的因素还包括当地酒店业发展和竞争的程度、本国到访人数及旅行方式的近期变化。有助于确定潜在市场及估计总体需求的信息来源包括政府的出版物、旅行刊物及其他的二手信息来源,还包括同旅游、贸易业或其他专业协会代表、政府官员及旅游业中富有经验的其他人士的会晤等。

一个初步的销售额预测应该在较早的阶段作出,以确定项目在经济上的可行性。影响预测的因素包括市场发展趋势、在同一产品类别中进行竞争的酒店数量、竞争者的优势、潜在的市场份额、季节性、预期的平均房价和出租率、规划进行的销售和市场营销计划。在国际市场中预测销售额时,还应考虑汇率、利率及政治等因素。销售额的预测必须同现金流预算联合起来考虑,以确定是否有足够的收入来满足偿债的要求。假如收入不足,在进行预测时应该采取其他必需的决策。

当初步的项目盈利情况被估算出来以后,酒店投资开发商必须在进入异地市场的潜在盈利和涉及的风险之间进行权衡。由于没有简单的数学工具可以利用,这种估价是很难做出的。某些不依靠常规融资手段的所有者,往往靠情绪而不是经济因素来作出是否建设一个酒店的决策。

即使市场和商业上的盈利性预测都表明项目很有希望,还是会有一些其他因素使项目具有风险。其中一些因素,如已经在前面讨论过的政治稳定性和政府方面的要求,还有一些与人们如何进行商业活动有关的无形因素,也要进行深入研究。例如,在一个国家被认为是不道德的行为,可能恰恰是另外一个国家的生活方式之一;在某国被认为是非法的、不公平的竞争行为,在其他一些国家非但会被作出不同的诠释,还会在政府知晓的情况下实行。只着眼于本国文化的酒店投资开发商将会为学习其他地方这些隐蔽的商业做法付出高昂的学费和代价。

想一想,查一查

随着我国住宿业的快速增长,行业规模持续扩大,新型业态不断涌现。因此,对于一个以住宿服务为主营业务的住宿企业的业态归属从理论上可组合为 50 多种业态。哪些是近年来涌现出的住宿业新类型? 与市场需求(客源)之间是什么关系?

三、酒店项目建议与成本估算

酒店项目总投资,一般包括固定资产投资、建设期资金利息和经营流动资金等。固定资产是指能在酒店经营过程中长期发挥效能,并能保存自身物质形态的劳动资料,如酒店的房屋建筑、家具和装修、各种设施和设备等。它们的价值是逐年转移到经营成本中的,但投入则是一次性的。流动资金是指酒店为保证正常经营活动而用于购买原材料、燃料、低值易耗品所需要的资金。由于流动资金随经营活动开展不断变换资金形态,因此流动资金周转是管理中的重点。资金利息是酒店借贷资金应支付的资金成本之一,即付给资金提供者的报酬。

对酒店项目总投资的估算,固定资产一般采用概算指标估算法,即按国家规定标准计算,并考虑不可预见的因素影响,允许有 8% ~ 10% 的估算误差。流动资金的估算是按项目和时间分别估算后再汇总而得。为了简化估算,一般也采用扩大指标计算,即流动资金额为固定资产金额的 10% ~ 20%,或者为旅游酒店年销售收入的 20% ~ 25%。资金利息则按照贷款的规定计算。其他相关项目投资费用及不可预见费等,可以按照比例系数法来估算。例如,旅游酒店项目投资的不可预见费用一般按总投资额的 5% ~ 8% 考虑。

酒店投资项目成本一般包括酒店经营成本和国民经济增支成本。我国目前在可行性研究中一般仅考虑企业成本。

酒店经营成本是指旅游饭店向宾客提供酒店产品及服务过程中所发生的全部支出,主要包括营业成本、营业费用、管理费用和财务费用。营业成本是酒店经营过程中发生的各项直接支出,包括餐饮成本、客房制品成本、洗涤成本及其他成本。营业费用是指酒店各部门在经营中发生的各种费用支出,包括运输费、保管费、水电费、广告宣传费、差旅费等。管理费用是指酒店为组织和管理酒店经营服务而发生的并由酒店统一支付的费用支出,包括员工教育费、福利费、保险费、绿化费、折旧费、诉讼费、租赁费、上交管理费等。财务费用是指酒店经营期间发生的各种利息支出、汇兑损失及其他各种筹资费用支出等。总之,在进行酒店投资项目成本估算时,必须根据项目投入运营后的情况,正确地估算酒店经营成本费用。

除了正确估算酒店经营成本费用外,还应估算投资项目的国民经济增支成本。国民经济增支成本是指由于采用某一投资项目而使国民经济失去的各种资源及机会成本损失。尤其是旅游酒店的投资项目,往往涉及土地、人工成本、外汇、环境保护、生态平衡、城市布局等方面的增支成本,因而必须正确地估算并列入成本费用中予以考虑。

四、酒店收入与费用估算

为了确定一个投资项目是否对社会有利,除了对该项目的成本进行估算和分析外,还必须对项目的效益也进行估计和预测。从整个社会角度看,酒店投资项目的效益既有经济的,也有非经济的。概括起来可以从以下三个方面考虑,即酒店经济效益、酒店外部效益和无形效益。

①酒店经济效益是指投资项目投产后使酒店经营效率提高,导致酒店产品和服务成本降低而带来的效益,是投资项目带来的直接经济效益。酒店经济效益的估算,一般通过酒店利润表进行预算,即通过逐年估算建设期、投产期和达产期的利润,编制现金流量表,按确定的贴现系数,换算成净效益现值,以便进行经济分析与评价。

②酒店外部效益也称社会效益,是指投资项目投产后所形成的、提供社会需要的产品和服务,以及相应带动社会相关设施、设备和人力得到充分利用,甚至带动或促进相关企业成长和发展的效益。对酒店外部效益的估价,可通过定性分析和定量计算来确定。

③无形效益是指酒店项目投产后对酒店和社会带来的、间接的、无法计量的经济效益。例如,提高了酒店的形象和声誉、促进酒店的营销、美化了环境、丰富了人们生活水平等。

任务三　现代酒店规划设计中要注意的问题

【任务布置】

(一)任务情景

徐先生谈酒店设计对经营的意义

北京市旅游行业协会饭店分会会长、港澳中心有限公司常务董事兼总经理徐先生,作为一名成功的酒店经营者,他对酒店设计谈了一些认识。徐总认为,一个专业的酒店必须由一支专业的设计队伍来设计,有些设计师虽然具有很好的专业技能,但是如果没有足够的酒店设计知识,那么他未必是一个好的酒店设计师。徐总说:设计是一件比较复杂的事情,要求考虑客流量、室内温度的控制、灯光的照明等细节,一个新建酒店在刚开始设计时就应该有使用者、经营者、投资方和设计师的参与。有些设计师并不能理解他所设计的酒店在施工完成后,在经营、管理和运作流程方面将会出现的问题,这就要求设计师必须了解酒店的定位、功能分布和业主的投资。

1. 确定酒店的定位

设计师首先要了解酒店将来的经营方向。换句话说就是在建这个酒店之前,酒店的性质是旅游型的酒店、商务型的酒店、度假型的酒店还是会议型的酒店,这个定位是由这个酒店所在的城市、所处的环境和它将来经营管理者的背景决定的。专业化的酒店不一定就是五星级的酒店,三星级的酒店未必就差,而一、二星级酒店也未必就不能经营。反而在某种程度上讲可能会盈利,回报率还可能会更高一些。设计一家酒店之前,一定要考虑到酒店的地理环境和业主对未来酒店的经营定位,并根据他的投资额度来决定酒店的档次。

2. 合理的功能分布

评价一家酒店时,主要是看它的功能分布,而不是单看它的外形、装修等方面。酒店的外形设计不论是什么风格,关键是让人有温馨的感觉,而功能布局合理了,则有益于将来对酒店的经营管理。比如餐厅和客房的距离、大堂的高矮、餐厅门的大小、员工占用空间的多少等。设计师甚至应当站在工作人员的角度去考虑各个功能区域的布局设计,考虑设计的可行性和可用性,这样的设计才会给业主将来的经营和运作带来方便,为今后酒店良好的运转打下基础。

3. 合理分配业主的投资

在资金有限的情况下，钱要使在刀刃上，在酒店要害部位的设备，要使用最好的，如电话交换机、锅炉、电梯、大堂的地面、空调等，而在地毯、墙纸家具、装饰品等这些易耗品上节省资金，没有必要在资金紧缺的时候增加多余的耗费。只有酒店的整体布局合理了，酒店里重要部位的设备正常运行了，等到资金宽松时或者经营效果出来后，才可以随时更换易耗品。最后要让使用者，也就是未来的经营者来审这张图，只有这样才能让设计达到比较完美的效果。

（二）要求

请同学们回答以下问题：

1. 酒店的规划设计对酒店有何意义？
2. 酒店的规划设计和普通房地产项目有什么区别？

【任务实施】

酒店的建筑与设施设备是酒店的硬件，是酒店投资的主体和重要的经营资源，也是酒店产品的重要组成部分。由于酒店自身经营业务活动的特点，因此对建筑与设施设备的规划设计配置具有较强的专业性要求。

酒店的规划设计包括酒店选址、评估（投资可行性分析）、设计、建设、筹备、试运营及正式开业。

一、酒店建筑的选址

酒店建设地点的选择对生意兴隆与否有重要影响。如果地点选择不当，即便装潢精美、菜品美味、服务周到，生意也不可能兴隆。因此，不论是在筹划开店还是正在营业，都必须彻底研究地点问题，研究重点是营业地点的特性和与之配合的营业方针。

（一）酒店类型主要取决于城市的性质

酒店的空间、环境和服务设施，必须满足客人的生活与活动的要求，不同的城市设置不同的酒店，配备相应的空间和设备，才能满足不同客人的需求。

①旅游胜地、世界名城，要有同等级的旅游酒店，为宾客提供好的休息、餐饮才能满足客人的需要。

②商业重镇、沿海港口城市，要有商务型酒店，有良好的通信条件和商务活动场所。

③政治、文化中心，要有接待来访贵宾的高级宾馆，有满足各级官员进行社交等活动的场所和相应的服务。

④交通枢纽地区,要有满足客人路过、中转、候机、候车、候船的酒店,可以只提供食宿服务,最好能提供有关航班、车次和船次的信息。

⑤大城市入城干道路口、长距离公路的中点,往往布局汽车酒店,提供住宿、餐饮,设有停车场,包含修车、洗车、加油等服务,还可以配备一定的康乐设施。

⑥风景胜地,要有交通方便、风景好的度假村。以小别墅或低层楼群形式为主,有集中的服务中心。

⑦会议多的城市,要有功能齐全、完善、设施较为详尽的各类会议中心。

⑧使馆、领事馆和有众多外商办事机构的城市,要建有公寓式酒店,出租给较长时间暂住的客人。

(二)酒店规模取决于客源市场的情况

从城市各地段的性质来看,需要对那些要求提供住宿、餐饮服务的各类设施和场所进行评价,因为这些设施的规模、数量、等级、大小等因素直接关系到酒店的类型和规模。需调查与评价的旅游活动和服务设施如表5.1所示。

表5.1　需调查与评价的旅游活动和服务设施

分　类	活动内容	服务设施
商业	贸易交往、商品陈列、交易会、展览会、商务旅行	写字楼、陈列室、展览馆、公司、购物中心、步行街
会议	各种集会、会议、学术交流	会议中心、会议厅、多功能厅、大学、研究所、食堂
旅游	风景游览	山、海、湖、河、风景区、公园、自然保护区
	文化活动	展览馆、博物馆、古迹、纪念地、大学、研究机构
	宗教活动	庙宇、道观、寺庙、圣地
	娱乐活动	电影院、歌剧院、音乐厅、娱乐中心、游乐世界、夜总会
	体育活动	体育场馆、球场、赛场、滑雪场、海滨浴场、帆船港
	疗养	疗养院
探亲	暂住中转	城市交通枢纽附近

(三)酒店建筑选址适宜的地段

酒店建筑选址适宜在以下地段:①经济较为发达、交通条件好的地区;②交通便利、通达度高的地区;③接近市中心或闹市区的地区;④环境安静,具有一定私密性的地区;⑤风景优美的旅游胜地。

酒店建筑选址地块的评价因素包括：①基地面积、土地价格、地形地貌、市政设施条件；②与道路的连接、限制与规定,街面的长度、深度与进出方向；③有关规划、法规、规定对基地的限制；④基地的日照、通风、影印面积、周围建筑与环境、背景噪声等；⑤建成后酒店形象是否突出,景观效果；⑥汽车出入是否方便。

二、酒店功能规划的基本因素

酒店的功能规划是指按照现代酒店管理模式的运作要求以及客人在酒店的活动规律,对酒店内外建筑设施进行科学、合理的布局设计及空间分割。酒店内部建筑结构必须按照酒店管理和运作要求进行规划设计,不合理的功能设计会造成运作中各种矛盾的冲突,无法保证酒店的正常运行。

功能规划的主要依据包括客人在酒店内一切活动的方便和舒适、酒店运作和管理的需求、有关法规和条例的规定以及酒店经营目标的具体要求等。在具体实施中,功能规划的基本因素为面积、区域、流线、设备设施、安全、能源管理及可持续发展等。

(一)面积

面积是容纳酒店功能设施设备的载体,是客人在酒店内活动的环境条件,是现代酒店管理运作的基础。

1.酒店各部门规划的面积

酒店各部门规划的面积是反映酒店类型、等级、规模、服务项目设置数量的基本数据基础。

首先,酒店面积的确定受酒店市场定位和星级标准的制约,规划设计中必须严格按照国家评定星级标准的要求来确定酒店有关部门的面积,根据自身条件尽力争取达到上限；其次,在规划设计中也要考虑酒店的财力和市场定位,依据经营目标确定自己的服务和档次,根据不同服务项目的各自需要空间来确定酒店不同区域的空间面积；第三,酒店面积的确定还要考虑区域功能和收益面积等要素。酒店各类服务功能都需要占有一定的面积,必须按照其自身的要求提供必要的操作和活动的面积空间,同时在一功能区进行整体布局,还应科学设计、合理规划,这样既可以节省面积的开支,又能发挥设备的综合效能。例如,员工是酒店的宝贵资源,是酒店服务的提供者,想让员工为客人提供优质的服务,就必须保证为员工提供必要的住宿、餐饮、洗漱、培训等场所。但酒店的面积"寸土寸金",如果酒店后台占用面积过多必然会影响酒店对客服务项目所占的面积,会影响到酒店经营和经济效益,因此应综合分析,从酒店盈利角度出发,合理分配收益面积比。

2. 酒店规划与设计中有关面积的基本概念

（1）占地面积

占地面积也称用地面积，是指一个酒店占有的土地面积，包括建筑物、停车场和前后庭院等所占有的土地面积总和。

（2）总建筑面积

总建筑面积是指酒店建筑物所有楼层（含地下层）的面积总和。

（3）容积率

当建筑物层高超过 8 米，在计算容积率时该层建筑面积加倍计算（各个地区或城市有各自相关规定）。容积率越高，居民的舒适度越低，反之则舒适度越高。

$$容积率 = \frac{地上总建筑面积}{规划用地面积}$$

（4）绿化系数

绿化系数是指酒店的绿化面积与用地面积的比值，是衡量酒店绿化环境质量的主要参数。在绿化过程中还要摒弃单一的"大色块"草地铺设，通过科学、合理的地形设计，建造多种植物共存、景观和植物协调的环境。

（二）区域

区域是指酒店各功能项目和设备设施在酒店中所处的地理位置及其分布。区域规划与设计中主要考虑区域之间的联系和区域间的抗干扰两个重要问题。

1. 区域之间的联系

酒店规划与设计中应将功能内容接近且相互补充，活动程序或经营运作环节相互衔接的区域按照程序的先后来布局，区域的紧密联系有助于客人活动的方便以及运作的顺畅。例如，电梯的位置应距离总服务台稍近，并处在客人行进的延伸处，便于客人入住登记后乘电梯进房休息；厨房与餐厅一般应在同一楼层，若在不同楼层，应配置专门的电梯送菜；在厨房与餐厅之间的通道中不要有阶梯，以方便餐车运行等。

2. 区域间的抗干扰

区域在某种程度上也存在相互影响的情况，其产生的干扰会给客人在酒店的活动带来不便，给正常运作造成障碍。《旅游饭店星级的划分与评定》（GB/T 14308—2010）对有关项目作了严格规定，并在"设施设备评定标准"中明确规定，在大堂内摆摊设点或相关营业设施，严重影响大堂气氛应扣 4 分；对餐厅布局以及客房隔音也有评分的具体要求，为了避免舞厅等娱乐场所的声音影响客房，装修的墙壁应采用吸音材料，同时娱乐部门应与客房层保持一定区域间隔位置；厨房与餐厅之间采用双门，或中间过渡房间，或进出分开的弹簧避免厨房的油烟气味及噪声影响餐厅客人正常用餐；锅炉的烟雾、设备机房的噪声都会影响酒店营业区域的正常经营，所以要将设备机房设置在主楼外的附楼内或主楼的地下室，并考虑减震措施。

3.区域规划与设计的因地制宜

不同地理位置的酒店进行区域规划有不同的方法。城市中心酒店为充分利用地面的有效收益面积,往往向空中发展。风景区的酒店为了不破坏自然环境的整体美,风景区一般不允许修建高楼大厦,因而占地面积相对较大,一般由分布多处的低层建筑物群落构成。因此,度假区酒店多采用分散式布局,而城市酒店多采用集中式布局。无论何种酒店都应遵循因地制宜原则,考虑区域的联系与抗干扰问题。

4.区域规划与流线的关系

区域规划与流线关系相当密切。区域是由流线串起来的,是按一定程序顺序进行的各个局部,例如,厨房有粗加工,切配和烹饪等区域;桑拿浴有更衣、淋浴、干蒸、浸泡、按摩和更衣等环节;洗衣房有分类、洗涤、脱水、烘干、平熨和折叠等工序。这些区域的布局应按照其自身运作顺序设置,不能颠倒。因此,在进行区域规划设计中还必须考虑流线因素,只有两者结合,同时考虑面积因素,才能合理地规划与设计。

(三)流线

流线是人、物、力(运作)的运行路线。酒店流线包括客人流线、服务流线、物品流线、设备流线和信息流线。

1.客人流线

客人流线是指客人在酒店活动的路线,包括在大堂里的行走、餐厅里的就餐路线、会议客人的行走路线等。凡是涉及客人在酒店里活动的轨迹均属于客人流线。

2.服务流线

服务流线是指酒店员工进行服务、督查、加工等经营活动的路线,如员工通道、餐厅传菜、洗衣房员工操作路线、厨房加工程序等。现代酒店服务意识体现之一是服务产品的专用性,即酒店服务产品是为宾客而生产的,酒店的客用设施都是提供给宾客用的,员工不得使用。由此衍生出客人流线与服务流线的分离。

3.物品流线

物品流线是指酒店各部门使用物质、物品的进出路线以及排放废弃物品、物质的路线,如客房布草洗涤的进出、厨房原材料的进入及垃圾的清出等。物品流线设计中要考虑如何提高物品的输入和输出的工作效率;清污分流、生熟分流;不与客人流线交叉;输入物品的安全性。

4.设备流线

设备流线是指酒店设施设备在运行中相互之间的程序关系以及设备设置的位置顺序,如洗衣房各种洗涤设备加工顺序、厨房设备按加工工序的摆放顺序、电器线路以及管道铺设的走向等。设备流线的设计应注意安全可靠、隐蔽、便于维修、使用方便、减少能源损耗、控制环境污染和空间的充分利用。

5.信息流线

信息流线是指酒店在经营管理中的各种数据、信息的计量、传递、交换、储存与反馈的路线。例如,怎样设置酒店计算机管理系统终端才能保证科学合理的利用;设备维护信息如何传递才能保证设备及时得到维护保养;总台与财务部门怎样快速准确处理经营数据等。

酒店流线应是科学分析、精心规划与设计的结果。酒店流线设计的优劣直接影响客人在酒店里正常活动、酒店服务质量和经营效益(图5.1)。

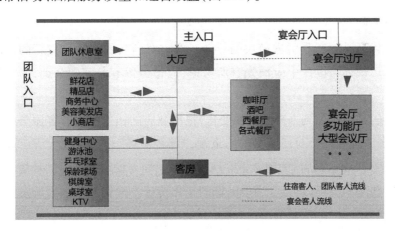

图5.1 酒店基本流线平面示意图

(四)设备设施

酒店设施设备是酒店运行的首要条件,也是酒店服务质量组成的重要部分。在对酒店建筑设施进行规划与设计时,必然要考虑到设备设施的因素。规划前就应对设备购置进行必要的经营投资分析,特别是大型的、主体的设备,如电梯、锅炉、发电机组、冷冻设备等。根据酒店的目标市场、经营项目、星级标准等选择合理的设备,然后才能进行必要的建筑设施规划。规划中要考虑设备占用空间大小、附属管道等设施要求、设备所处位置与客人的使用以及服务操作的联系、对周围环境的影响、操作及维护管理的方便等因素。

(五)安全

安全是酒店开展各种活动的基础,只有在安全的环境里,酒店的经营管理活动才能取得预期的经济效益和社会效益。规划中应按照《旅游饭店星级的划分与评定》(GB/T 14308—2010)和建筑物防火设计规范规定,设置必要的消防设备、消防中心,还要考虑防火区、隔火墙、疏散通道、应急平台和建筑的负气压通风效果。同时,还要考虑监视系统的设置,有隐患的设备、管道、电缆的安放、铺设,厨房加工流程的合理安排,熟、生分离,以及污水、污物的处理位置及方式等。

（六）能源管理

能源消耗直接关系到酒店经营成本,科学、合理的能源管理不仅可以为酒店节省数量可观的费用,而且是酒店可持续发展的要求。采用大玻璃墙、顶部透光的中庭和窗户可以利用自然采光,节省电源,同时,良好的自然采光比人工光源更符合客人的心理需求;选用节能设备,如照明灯具、变频调速水泵等;设计合理的结构及选择合适的建筑材料能减少能量的消耗;在结构中,科学设计管道的铺设路线,尽量减少管道的铺设长度和复杂程度,既可以避免不必要的路途损耗,也为以后设备的维护带来便利;建筑设计中还应考虑楼宇自动管理系统的使用以及红外线感应器对结构的要求等。

（七）可持续发展

酒店是现代高科技产品引进最快的行业。客人对酒店服务项目更新的需求也是最快的,因此,在酒店规划与设计中应预先有所考虑,应适当留有一定的余地,为日后发展创造条件。

规划设计者必须考虑到未来酒店的变化,根据酒店的档次、经营、客源等因素作适当的超前设计。例如,随着社会对环境保护的重视,"绿色酒店"将成为现代酒店评定的重要标准,应有意识地将"绿色酒店"的理念贯穿在酒店的规划与设计中。保护环境不仅包含自然生态环境不受污染和破坏,还包含当地区域的文化传统不受到外来因素的意识侵略而面目全非。

三、酒店建筑的结构布局

一个酒店是否能正常运行并获取双重效益,不仅取决于高质量的服务,而且取决于酒店内部的结构布局。结构布局合理,空间流线布置妥当且功能完善的酒店无疑是成功了一半。

（一）酒店功能分析

酒店无论大小,其主要功能可分为五个部分:①大堂接待;②客房;③餐饮;④公共活动;⑤后勤服务管理。

（二）酒店建筑结构布局的设计原则

1. 总的设计原则

①充分满足宾客的需求。②充分发挥酒店功能,追求最佳效益。

2. 具体原则

①满足宾客需求的原则。②体现经济效益的原则。③客用与员工用设施分离的原则。④符合规范原则。⑤注重美感与文化氛围的原则。

（三）酒店主要功能区的结构布局设计

1. 酒店外环境

酒店外环境的塑造,主要涉及景观、朝向、风向、交通、消防、出入口、防噪声、绿化和相关的公共工程,在设计时应尽量美化绿化,形象突出、内外环境的和谐协调,并考虑到节能设计。

①符合城市规划、市政工程的要求。

②交通组织合理,车流、人流路线清楚,不受干扰。

③庭院绿化要讲究,可设置广场绿化、庭院、花园等多种形式。

④酒店出入口应标志明显,酒店出入口与职工、货物出入口严格区分,职工和货物出入口应设在酒店背部或侧面,要留有残疾人通道。

⑤门厅外应有停车场、回车道、人行道、雨篷等设施。

2. 前厅大堂

大堂是酒店客人出入最多,酒店最重要的公共活动场所。大堂的设计水准高低往往代表酒店形象的好坏。设计时应注意功能区分与空间分隔,突出氛围和文化品位(表5.2)。

表5.2　酒店大厅功能区域划分

区　域	内　容
前台区	登记、结账、咨询工作台
	经理助理办公室
	礼宾部工作间
	行李存放间
	付费电话机
座位区	座位区的类型及规模
	大堂吧、食物、饮品服务
	喷泉、水景、绿化
流通区	公共电梯通道
	大堂吧、休闲区通道
	商品部及其他公共空间通道
	停车场通道
零售区	超市
	服装店
	礼品店
	旅游服务
	商务中心

①门可用双车道和旋转门、隔音、防尘和节能。

②大堂空间可分为运动空间和停滞空间，可运用地毯、隔断、雕塑、台阶、沙发和不同颜色的石料装修分隔，线路组织避免交叉干扰。

③可以设计风格独特的中庭作为大堂的共享空间，比例尺度上符合人的心理感受。

④总台位置明显、醒目。应附有相应的办公设备。装饰上不可以用镜子铺设墙面，注意时钟的分针刻度要统一。

⑤大堂多设营业面积，以利于经营。可设计酒吧、咖啡厅、自助餐厅、商场、花店、美容室、书店等经营设施。空间分隔应注意藏露区分。

⑥电梯厅位置适中，数量基本符合 $\dfrac{2+客房数}{100}$ ，服务电梯按客梯总数 30% ～40% 进行估算。

⑦大堂可设计休息区、洗手间、公共电话、书报栏、酒店服务示意图、商务中心等。

3.客房

客房是酒店主体和存在的基础，是客人休息、工作或会客的场所，设计主要突出安全、舒适、经济的特点。

①客房层应主要位于塔楼里，布局呈立体垂直规划排列，保证相同功能空间位于一个立面上。

②客房层由客房区、交通枢纽、服务区等构成。客房区可以走廊两侧布局，门可以错开排列以增加私密性，交通枢纽居中，明确、简洁并和客房有噪声分区；服务区主要有楼层服务台、开水间、清洁工具间、储藏室、机房及员工卫生间等相应设施，客人流线与服务流线要分开。

③客房类型结构应根据客源需求有一个合理的比例。

④客房单元应具有安全舒适性，内部空间主要有睡眠空间、书写阅读空间、起居空间、储藏空间和盥洗空间。环境氛围营造上通过家具、软包、灯光、设备、色彩、艺术品来表现。

4.餐饮设施

餐饮设施是为客人提供菜肴食品和酒水饮料的场所，它的布局应根据酒店整体布局进行，以构成完整的系统适应酒店经营。

①餐饮设施应布置在酒店公共活动部分中客人最容易达到的部位，一般在裙楼和中庭周围，有的酒店还在地下室和顶层设置特色餐厅。

②餐厅围绕厨房布局，尽可能区分客人进餐厅与传菜路线，前后场可以双道门设计，以免串味和传菜、撤碟相混淆。

③厨房部分设计布局应符合餐饮业的工艺流程，精加工场所可分布在货物出入区，应

远离客房;仓库应根据不同原料物品进行分区设计;粗加工区、烹饪区、备餐区和洗涤区布局应注意生熟食品区分,符合工作流程和卫生要求,空调设计应使厨房形成负压区。

④餐厅应根据不同类型、要求进行设计,内部空间布局可进行二次分隔,形成多个空间,并通过灯管、音乐、服务、菜肴、艺术品等突出其主题特色。

5. 娱乐、康乐设施

娱乐、康乐设施是现代酒店满足宾客需求的重要场所,也代表了酒店等级和形象。

①娱乐设施主要包括歌舞厅、卡拉 OK 厅、棋牌室、电子游戏厅、影视厅等,通常布局在酒店底层后部、侧面及裙房或公共设施区域,避免对其他区域的噪声污染。

②康乐设施主要有健身房、桑拿浴室、保龄球室、台球室、网球场、游泳池、垒球场和高尔夫球场等。不同类型的酒店有不同的选择,在布局上往往根据具体情况进行选型,因其场地选择、占地大小,设施繁简差别很大,需要合理规划。

6. 行政办公及员工生活部分

行政办公及员工生活部分属于酒店内部用房,应与客人使用部分分开,互不干扰。

7. 洗衣房

主要功能是洗涤酒店所有客用棉织品、客衣、工作服,并保管棉织品。洗衣房一般设置在地下室或高层酒店的设备层,平面布局应遵照工艺流程,分设员工出入口,污衣入口和清衣出口,并避免噪声干扰。

8. 仓库

在布局上采用有分有合,按需设置的方法。其中客用消耗用品仓库、低值易耗品仓库、行政总仓库、棉制品仓库可采用大空间集中设置,各部门专用仓库则靠近该部门设置。

9. 各类工程用房

如维修中心、电工房、木工房、消防中心、监控中心、电脑机房等,应根据自身特点布局在相应的场所。

【同步思考】

酒店规划设计中主要有哪些流线设计?

【知识归纳】

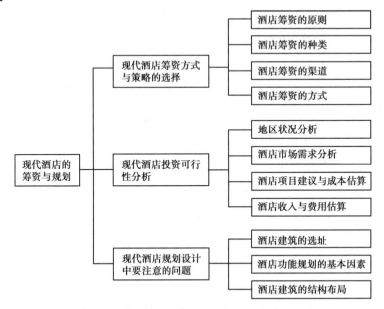

现代酒店的筹资与规划
- 现代酒店筹资方式与策略的选择
  - 酒店筹资的原则
  - 酒店筹资的种类
  - 酒店筹资的渠道
  - 酒店筹资的方式
- 现代酒店投资可行性分析
  - 地区状况分析
  - 酒店市场需求分析
  - 酒店项目建议与成本估算
  - 酒店收入与费用估算
- 现代酒店规划设计中要注意的问题
  - 酒店建筑的选址
  - 酒店功能规划的基本因素
  - 酒店建筑的结构布局

【思政要点】

"没有安全,就没有效益"是酒店人常挂在嘴边的警语。因此,酒店开业前,要考虑到各种安全问题,包括资产安全、食品安全、环境安全、人身安全等。作为未来的酒店职业人,你如何理解"未经消防安全检查或者经检查不符合消防安全要求的,不得投入使用、营业"?

【实践活动】

走访酒店企业情况

实训目标:

学生根据所在地区对酒店的调查,了解1~2家酒店企业的基本情况。

实训组织:

在校企合作的酒店中进行见习认知。

实训任务:

组织调查所在地区的一家星级酒店,根据调查情况写出调查报告。

实训内容:

1.调查一家酒店企业的选址、功能规划、投资方式、市场定位等基本情况。

2.访谈酒店管理者,了解酒店开业前要做哪些工作。

3.写出心得体会和调查报告。

实训指导:

组织学生到校外酒店进行认识实习,或者在互联网搜集资料并结合实地调查走访。

【同步测试】

1.现代酒店规划设计中有哪些主要内容?

2.酒店有哪些主要的流线?酒店流线设计的基本原则是什么?

3.影响酒店选址的主要因素有哪些?

4.简述酒店筹资的主要方式和原则。

项目六

现代酒店管理
的关键点控制

【项目目标】

> 1. 掌握现代酒店管理的关键点,酒店硬件设施的管理方法。
>
> 2. 掌握现代酒店服务质量管理的概念、方法。
>
> 3. 掌握现代酒店成本控制方法。
>
> 4. 了解现代酒店安全管理及其在酒店经营过程中的重要性。

【项目实施】

【任务引例】

布什下榻于上海波特曼丽嘉酒店

美国前总统布什下榻于上海波特曼丽嘉酒店,这家酒店也曾接待过美国前总统克林顿。酒店一个很重要的准则,就是为每一个客人提供个性化的体贴入微的服务,当然包括布什总统这样一位特殊的客人,使他感到在中国很安全,酒店就像他的家一样温馨。

出于种种原因,这一次,布什总统没有携带夫人一起来,但酒店知道他们是一对很恩爱的夫妇,于是,就从美国找来一批放大的照片,其中有他夫人和女儿的照片,还有他两条爱犬的照片,准备悬挂在总统客房的最显眼处,让他一走进电梯就可以看到。可是出于安全原因,布什上楼的路线一改再改,所有照片也只得一移再移。最后在 18 日晚上,布什终于来到了总统套房的楼层。当他一眼看到自己夫人的照片时,顿时非常感动地问酒店管家:"你们是怎么找到这些照片的?"管家告诉他:"这是一个秘密,我们只希望能给您带来一些家的感觉。"他笑眯眯地说:"我已经有这个感觉了。"

布什总统有早起锻炼的习惯,而且特别喜欢跑步。酒店特意为他准备了一个放满各种跑步用品的包,里面有镶着他名字的运动衫、短裤、袜子、毛巾,甚至连鞋子上也有他的名字。他很喜欢这份特殊的礼物。他的管家在第二天早上告诉酒店,总统收到礼物的当天晚上,就穿着运动服在房间里跑来跑去。

丽嘉酒店的服务颇具个性化,对客人的爱好了如指掌,细微之处令人惊叹。美国第一夫人最大的爱好是阅读,她在大学里学的是图书管理。酒店考虑到布什在上海时间紧,没有机会买东西送给夫人,于是就买了一套英文版的《红楼梦》,并在外面用绸缎做了一个精美的盒子,作为礼物送给第一夫人。布什总统是得克萨斯州人,他身边很多工作人员都是他以前做州长时的老部下。除了布什总统外,怎样才能让他的工作人员在上海有宾至如归的感觉呢?送他们每人一枝黄玫瑰,因为黄玫瑰是得克萨斯州的州花,送黄玫瑰就是欢迎归来的意思。于是酒店在半年前就订了6 000多朵玫瑰,一方面采用黄玫瑰来做大堂中间的巨型盆花,另外一方面包括记者在内的所有客人进入大堂时,都会献上一朵黄玫瑰。这个效果出奇地好,客人看到黄玫瑰时万分惊喜。后来,布什总统的公关顾问回美后,给丽嘉酒店总经理寄来一张卡片。她告诉总经理,当她的美国朋友听到布什在上海住的是波特曼丽嘉酒店时,很多人马上说:"哦,这是一个美国酒店集团。"但她马上纠正他们:"这个酒店比美国酒店还要好。"白宫工作人员后来评价波特曼丽嘉酒店的工作几乎接近完美的境界。

任务一　控制现代酒店硬件设施设备

【任务布置】

(一)任务情景

小王是某五星级酒店大堂副理,在处理客人投诉等方面做得非常好,但最近他对于酒店投诉十分头痛。酒店于2015年建立,至今经营了7年,从2022年开始,小王每天会接到超过十起的投诉,而且均集中在酒店房间的设施或者酒店其他经营场所的设备问题上;在一天的早会上,小王向总经理以及部门经理作了汇报,大家开始思考如何改善的问题,并将此项工作交给小王,希望他能找到解决办法。

(二)要求

请同学们思考以下问题:

小王工作中的困难是由什么原因引起的,怎么避免此类问题的发生?

【任务实施】

一、酒店设备的概念

设备是酒店各部门所使用的机器、机具、仪器、仪表等物质技术装备的总称。

设备具有多次使用的特性,不是一次性消耗品。由于大多设备价值昂贵,因而大多数设备属于固定资产,设备的价值形态在会计科目中列为固定资产。酒店设备设施管理范围主要有:供热设备,供冷设备,供电设备,水、煤气管道设备,电梯、起重设备,厨房设备,维修机械设备,监控设备,消防设备,办公设备,弱电设备及酒店设施等。对这些设备、设施的管理,必须采用先进的科学管理方法进行使用管理、运行管理、维修管理等全过程管理。

①按固定资产管理要求分类:适合于酒店财务部门的管理。

②按技术管理要求分类:适合工程技术部门管理。

二、酒店设备管理

为满足酒店经营服务的需要,酒店对设备采取一系列技术的、经济的、组织的措施,对设备的投资决策、采购、验收、安装、调试、运行、维护、检修、改造直至报废的全过程进行综合管理,最大限度地发挥设备的综合效能。

酒店设备运行的好坏,直接关系到酒店的服务质量,关系到酒店的销售价格,关系到酒店的安全,关系到酒店的工作效率及酒店的利润和社会影响。酒店所提供的各项良好服务与其使用先进完好的设备密切相关。因此,酒店设备的管理越来越受到重视。

三、酒店设备管理的特殊性

(一)面客设备设施的美观性、方便性、适用性

与工厂设备的管理要求不同,酒店客人使用及视觉所及的设备设施不但需要内在质量、功能要保持完好,还要方便使用,外观整洁漂亮,第一时间要给人一种"高档次"感觉。如:灯具的安装要横平竖直、不锈钢器具不得有水渍污渍、壁纸平整无皱等。如为体现方便性,客房内的床头柜应选择尽可能简单的形式,冷热水要有标识等。

(二)设备计划检修及处理临修时的不可扰客性

工厂的设备检修按计划执行即可,但酒店执行设备检修计划时还必须将客人的因素考虑在内。"一切围绕客人转"是酒店运营管理的最高准则,设备的检修操作亦不例外,最好在客人不知不觉中进行。经常因设备故障不得不临修而影响客人的做法是不可取的,因此应大力减少对客人有影响的临修数量。

(三)设备计划检修、临修任务完成的时效性

工厂的设备计划检修一般按网络图进行,完成计划节点。酒店的设备计划检修除了按此进行外,还要遵循"不能影响客人"的原则。例如:若热水系统出现故障,最晚也得在大多数客人习惯用热水的时间以前完成故障处理,计划检修也是如此。万一不能做到这点则应有补救措施,而这又会对酒店的收益产生影响,因此应尽可能避免这种情况发生。由此也可看出这里所说的"时效性"实际也就是客人的"时效性"。

(四)设备设施使用者的特殊性

酒店的许多设备设施的使用者是来店的客人(尤其指客房),因此这部分设备设施的故障损坏率较高,这也是造成临修多的因素之一。根据调查,这主要是因为某些客人对他所

使用的设备设施不了解不会用所致。如有的客人误将房间内中央空调开关当照明开关使用,拍打感应水龙头,不会使用混水龙头等。

基于酒店设备管理上的这些特殊性,对于如何做好酒店的设备管理,就应该有一个适合酒店实际情况的思路和认识。

四、酒店设施的管理制度的建立

良好的设备的技术状态表现为性能良好、运行正常、耗能正常。为了确保酒店服务质量,必须建立有效的设备管理制度。

1. 一般设备的管理制度

对各部门的一般设备,其管理制度主要有:设备的岗位职责、设备使用初期的管理、设备的操作维护规程、管理责任人制度等。

2. 动力设备管理制度

动力设备的管辖权在工程部,必须严格按照相关的管理制度进行管理,以减少故障,防止事故的发生。

机房管理制度包括:凭证操作制度、交接班制度、巡回检查制度、清洁卫生制度、安全保卫制度、机房值班制度、操作规程、维护规程、安全技术规程等。

3. 设备润滑管理制度

按计划对各种设备进行润滑工作,以减低机器设备零部件的损坏率,使设备经常处于良好的技术状态。

五、设备的维护保养

设备的维护保养是指人们为保持设备正常工作以及消除隐患而进行的一系列日常保护工作。要保证酒店的崭新和洁净,设施设备的安全、方便,提高服务质量。

1. 维护保养的基本要求

维修保养必须达到的四项基本要求:整齐、清洁、润滑、安全。

2. 日常维修保养和定期保养维护

(1)日常维护保养

是设备保养的最基本保养,分为每班保养和周末保养。日常维护的基本要求:

整齐——整齐体现了酒店的管理水平和工作效率;

清洁——清洁为设备的正常运行创造一个良好的环境;

润滑——润滑保证设备的正常运转和提高设备的使用寿命;

安全——安全是一切工作的出发点;

完好——设备完好是设备管理的目标。

（2）定期维护保养

由维修工定期进行的维护工作,是工程部以计划的形式下达的任务。

3.按工作量大小

日常保养:重点对设备进行清洗、润滑、紧固、检查状况。由操作人员进行。

一级保养:普遍地进行清洗、润滑、紧固、检查,局部调整。操作人员在专业维修人员指导下进行。

二级保养:对设备局部解体和检查,进行内部清洗、润滑。恢复和更换易损件,由专业维修人员在操作人员协助下进行。

三级保养:对设备主体进行彻底检查和调整,对主要零部件的磨损检查鉴定,由专业维修人员在操作人员配合下定期进行。

六、设备的维修

（一）设备的维修方式

1.事后维修

设备发生故障后或性能、精度降低到合格水平以下时所进行的修理称为事后维修。此时,设备已坏,损失已经发生。适用于利用率低,维修技术简单、能及时提供用机、实行预防性维修不合算的设备。

2.预防维修

预防为主是酒店设备维修管理工作的重要方针。预防维修有两种方法:

（1）定期维修

定期维修是按事先规定的计划和相应的技术要求所进行的维修活动,是一种以时间为基础的预防性维修方法。适用于已经掌握了磨损规律的设备。特点是事先确定修理的类别、修理的周期结构、制定修理的工艺、确定工作量,提出维修所需要的备件、材料计划。

（2）预知性维修

预知性维修是一种以设备技术状态为基础的预防性维修方法。它系统地分析设备的劣化程度,并在故障发生前有计划地进行针对性的维修,既能保证设备经常处于完好状态,又能充分利用零件的寿命,所以比定期维修更为合理。

3.改善维修

为改善和提高设备的功能,在条件许可的情况下,对设备进行改善性维修,可以提高设备的可靠性。

（二）设备的维修类别

1. 小修

设备小修是工作量最小的一种修理，对于实行定期维修的设备，小修主要是更换或修复在期间内失效或即将失效的零部件，并进行调整，以保证设备的正常工作能力。对于实行预知性维修的设备，小修的工作内容主要是针对日常点检和定期检查中发现的问题，拆卸、检查、更换或修复失效的零部件，以恢复设备的正常功能。

2. 项修

项修是根据酒店设备的实际情况，对状态劣化已经达不到生产要求的项目，按实际需要进行针对性的修理。项修时，一般要进行部分的拆卸、检查、更换或修复失效的零部件，从而恢复所修部分的性能和精度。

3. 大修

大修是对酒店设备进行维修工作量最大的一种计划维修。大修时要对设备全部解体，修整所有基准件，修复或更换磨损、腐蚀、老化及丧失精度的零部件，使之达到规定的技术要求。大修的费用较高，且性能难以达到出厂时的技术标准，所以，大修要事先进行可行性分析。

（三）设备的维修形式

1. 委托修理

委托修理是指酒店把酒店设备的修理工作委托给生产厂家或专业维修公司。这样，可以减少酒店的开支且使设备得到专业的维修，所以，委托修理是酒店设备维修的重要方式。

2. 自行修理

较多酒店采用此种方式，在这种方式中最有特点的是万能维修制。酒店设置万能工，任务就是对酒店所有设备进行有计划的循环检查维修，对万能工的要求较高，万能工还要承担酒店的应急维修工作。

七、人员的维修意识培养

生产力水平提高了，也必然要求劳动者有与之相适应的知识结构。因此，酒店从业人员对酒店设备方面的知识了解越多，对酒店的认识也就会越全面越深刻，对酒店工作也就越有积极的作用和影响。酒店设备门类繁多，涉及许多学科的专业知识和技术，相关的书籍已有不少，所以应该对设备额操作人员进行系统的，专门的设备操作技能培训，对于管理者应该让他们意识到设备管理的重要性，制定规范的一体化的设备管理和操作制度。

【同步思考】

根据本任务的学习,找寻解决任务情景问题的途径和方向。

任务二　现代酒店服务质量的管理控制

【任务布置】

(一)任务情景

这天傍晚,一位住店的老先生来中餐厅吃饭。在他第二次来吃饭的时候,服务员主动提到他非常喜欢吃酒店的一种味料——辣椒圈,他点的其他菜都没吃完,唯独那辣椒圈,送上来他就津津有味地吃,并用它来下饭。于是服务员走过去问他:"先生,要不要我再给你来一碟辣椒圈啊?"他听后,连忙高兴地说:"好啊,这个好送饭,开胃,我每天和人家吃饭时餐餐是鱼、肉,很腻,这个好!"他指着辣椒圈说。第三天也差不多是这个时间,老先生又来吃饭了。服务员主动走过去招待他,并送去关切的问候,在他的菜送上后,还主动装了一小碗辣椒圈送到他的前面,他开心地连声道谢。走时老先生还拍着服务员的肩膀说:"小伙子,你的服务真到家,说真的,以前我在其他地方谈生意,天天都陪人家出去吃饭,大鱼大肉的,吃得自己都没胃口了,但人老了不按时吃饭不行啊,你们的辣椒圈真是太好吃了,开胃得很。"服务员对他说:"欢迎您以后再来,我们一定尽力让您老尽兴而来,满意而归!"

(二)要求

请同学们思考以下问题:

酒店服务质量管理的作用是什么?它主要有哪些内容?

【任务实施】

服务质量是酒店的生命线,是酒店的中心工作。在酒店业的竞争中,尤其是在目前买方市场条件下,最根本的就是质量的竞争。服务质量不仅关系到酒店的经营、效益、声誉,更关系到酒店的兴旺与发展,这已经是酒店业界的共识,可以这样说,服务质量是酒店的立身之本,抓好酒店的服务质量工作是酒店从业人员最经常的工作。因此,它是酒店业常说常新的永久话题,同时也越来越得到酒店行业管理者的关注。

由于酒店业处处体现了人对人的服务,而服务质量则是对我们每一位员工工作质量的检验,所以我们说:酒店的服务质量是每一位服务员服务质量标准的连贯传递,从而形成满足宾客需求的系列周到的服务。

服务质量不仅是管理者的事情,它是一个整体,是需要酒店各个部门、各个岗位共同建造起来的。

一、服务质量的含义

服务质量的含义应该包括酒店的设备设施、服务水平、菜肴质量和安全四个方面。其中服务水平包括礼节礼貌、仪表仪容、卫生、工作质量等若干方面。由于服务质量是综合性的集合观念,其中每个环节、每个元素、服务的每个过程都会对服务质量的整体产生影响。这就需要酒店各岗位的每一个员工,在每一个服务环节过程中都能充分认识酒店整体服务质量的特性,每一个员工都要有强烈的服务质量意识,这样才能保证酒店有优质的服务质量,客人的各种需求才能得到充分的满足。

酒店服务质量标准包含三个基本部分:

①宾客需求就是服务质量,宾客满意就是服务质量标准。也就是说对客服务,首先要方便客人,其次是方便我们的内部管理,时时、事事、处处以客人为中心。因为宾客对酒店内的需求是比较广泛的、具体的,他们对满意的需求程度也是比较高的。酒店服务必须以宾客需求为中心,必须不断适应宾客,不断更新观念。现代酒店要求:酒店设计的产品内容、服务项目、应以宾客的需求来设计,并且力求完美周到。

②从酒店管理的角度去讲,宾客的满意程度是服务质量标准要求之内的,从另一个角度去说,我们制订的各项服务程序、服务标准应该以方便客人,使客人满意为标准,既要符合酒店惯例,又要体现自己的特色。酒店各岗位的工作规范、工作标准制订要具体、严谨,服务程序要尽可能管理化、特色化、现代化等。

③在我们日常服务工作的检查中,要注意检查我们的每项服务,我们每一位服务员的服务是否是不折不扣地按照规定的程序、规定的标准进行操作。

需要重视我们各级管理人员、员工要端正对质量检查工作的态度,正确地处理检查与被检查,管理与被管理这一对矛盾。从换位的角度去看待这个问题。如果我们的确按程序、按标准、按规范去操作了,不偷工减料,我们的各级管理人员尽心尽责,严格按规范、按程序、按标准去抓、去管理,这些矛盾也会迎刃而解了。

二、加强服务质量管理重要意义

首先,服务质量决定企业的信誉,而信誉就是企业的生命,所以,服务质量是企业的生命线。对于酒店企业来说,信誉来源于各岗位、各位员工为宾客提供的高质量服务。只有我们的信誉好了,让客人感到他们的消费是物有所值,我们才会获得良好的经济效益和社会效益,才会使我们的酒店门庭若市、客源不断、生意兴隆。

第二,服务质量决定企业的生存。在目前旅游市场竞争日益激烈的情况下,优胜劣汰、适者生存,已经成为不可逆转的发展趋势,酒店要接受各类宾客的检验与评判。为了使酒店在激烈的市场竞争中站稳脚跟并且取胜,必须狠抓服务质量,而且要常抓不懈。服务质量越好,酒店对宾客的吸引力越强,在竞争中取胜的可能性就越大。

第三,服务质量决定企业的效益。我们知道,效益包括两个方面,即经济效益和社会效益。社会效益就是酒店的知名度、社会影响力、美誉度,是我们的无形资产、宝贵财富。经济效益则是维系我们企业生存、发展的原动力,没有好的经济效益,就不能支付企业正常的费用支出,就没有了可供发展的基础。所以,社会效益和经济效益是一个问题的两个方面,是不可分割的,二者之间相互依存、相互联系。企业良好的经济效益肯定来自企业良好的社会知名度,良好的社会影响。而较高的知名度肯定会给企业带来良好的经济效益。社会效益是基础,经济效益是我们追求的结果,而决定这两个效益的主要因素,就是服务质量。服务质量高,两个效益肯定就好,否则就会差。

第四,服务质量决定企业的发展。如果我们的企业信誉好、经济效益、社会效益好,我们的企业就可以在生存的基础上得到更好的发展,更能提高我们的知名度,这样良性循环,从而获得更好的经济效益和社会效益。

一位经济学家曾经说过:"市场经济就是消费者至上的经济,市场经济带来了产品竞争、销售竞争,要想在竞争中取胜,就要牢固树立适应市场需要,一切为宾客着想,一切从宾客出发的观念。如果宾客都不来,就无法销售,当然也就无法获利。很明显,如果你当了上帝,那么宾客就只好另寻他们了。"

只要我们的服务人员和管理人员能千百次地使用"五声十一字",做到"四个一样",只要我们的各级管理人员在日常管理工作中,要求我们的服务员一丝不苟地执行我们的服务程序,达到我们既定的工作标准,我们的服务质量就会大大提高,我们的企业就一定会从质量中求得永久的信誉、求得效益、求得品牌、求得发展,一定会在激烈的市场竞争中立于不败之地。

服务质量不只是管理者的事情,它是一个整体,是需要酒店各个部门、各个岗位共同来建造的。服务的哪一个环节出现问题,都会影响到整体服务质量,影响到酒店的声誉,同时会直接影响到我们的经济效益和社会效益。这主要是因为服务质量需要"连贯传递",需要每个岗位的员工为客人提供"系列周到"的服务。因此,酒店服务质量如何,既反映酒店管理者的素质,更反映酒店员工的素质,不仅反映员工的业务素质,也反映着员工的思想素质。可以说,人是服务质量各要素中的关键要素。日本松下公司成功的秘诀之一就在于全体员工具有强烈的服务质量意识。

【同步思考】

酒店服务质量含义是什么？

任务三　现代酒店成本控制

【任务布置】

（一）任务情景

月饼采购协议

一年一度又到中秋时节，某酒店餐饮部门下单采购一批月饼作为中秋节的员工福利。一天，采购部接到了财务的一个电话，在询问了酒店月饼采购进度情况后，其提出是否可以与供应商谈判将这批月饼订货量的 100 个作为浮动量，以避免发生库存与浪费。虽然合同签订已有一段时间，但为了最大限度地降低物料浪费的风险，财务部及时与供应商洽谈，并适时提出这个条件，经过双方的反复协商谈判，供应商最终答应了酒店方的这个条件。眼看临近月饼到货的日子了，这天餐饮部门及时找到采购部，提出由于月饼备货有了新的补充来源，在总申购量不变的情况下，要求采购部向供应商减少申购量，不多不少，正好 100 个。由于前期的工作有备无患，合作进程就很顺利了。

（二）要求

请同学们思考以下问题：

什么是酒店成本控制？以上案例中出现事件你曾经听说过吗？我们可以从中汲取哪些经验？

【任务实施】

一、现代酒店成本控制内涵

随着我国改革开放的不断深入，国际知名酒店品牌正大举进入中国市场，跨国经营和国际标准管理将全面参与中国酒店业的市场竞争，我国酒店业正面临着前所未有的危机和挑战。这将对中国酒店业产生深远的影响，将会促进我国酒店业服务质量和管理水平的提高,并向国际标准靠拢。面对更加激烈的国际竞争,我国酒店业只有形成自己的竞争优势,降低成本,迅速实现低成本扩张,才是中国酒店业发展的根本出路。

要提高我国酒店的管理水平,强化成本管理,就必须从抓酒店外部运营环境与强化内部管理等多方面一起着手。通过多管齐下,不断理顺酒店运行环境,提升管理水平。第一是采用先进技术,降低酒店企业经营成本;第二是人工成本管理与调动员工积极性并重;第三是加强采购管理,降低酒店采购成本;第四是全面引入战略成本管理体系,提升酒店核心竞争力。

(一)酒店成本

酒店成本主要是指酒店的运营成本,即酒店在日常经营过程中所发生的相关成本,不包括前期的酒店建造成本和后期的酒店终结成本等成本。它不仅包括在酒店实体内部发生的成本,还包括上游成本和下游成本。酒店是个特殊的企业,其成本构成较为复杂。企业内部发生的成本就是酒店在直接为客人提供服务,包括住宿、餐饮、娱乐、休闲的过程中所发生的成本。从酒店价值链角度来看,即价值活动中的基本活动所产生的成本。上、下游成本包括采购成本、技术开发成本、人力资源管理成本、信息化成本等等。

(二)酒店成本管理

酒店成本管理就是对酒店成本进行的管理。这里所要强调的是成本管理不等同于单纯的成本降低。成本降低是以成本最小化为目标,不停地降低、降低再降低。成本管理关注的是企业整体的效益和长远的发展。

(三)成本管理的一般原则

企业在构建成本管理体系和方法时,为了发挥好成本管理的作用,实现成本管理目标,应遵守这样一些基本原则:及时性原则、节约性原则、责权利相结合原则、互相协调原则。

及时性原则。及时性原则是指成本管理系统能及时反映成本管理过程中实际发生与管理标准之间的偏差,使之能及时消除偏差,恢复正常。当成本管理系统中出现偏差而没有及时发现并采取措施予以纠正时,间隔越长企业遭受的经济损失就越大。因此,在成本管理过程中,应及时纠正偏差,以减少失控期间的损失。

节约性原则。实施成本管理一般会产生一些费用,如人员工资费、办公费等,这些费用一般称为管理成本。实施成本管理的目的就是通过实行有效的管理活动,在花费一定支出的同时为企业带来更大收益,如果管理成本超出管理收益,则该项管理活动是不可行的。实施成本管理一定要符合节约性原则。

责权利相结合原则。为调动企业内部各单位积极性,许多企业都在推行责任会计制度。在实施成本管理时,就要同企业所实行的责任会计制度相结合,对于成本管理的结果要进行具体的分析,落实奖惩措施,才能促进成本管理和责任会计制度的加强,调动各单位的积极性。

互相协调的原则。成本管理是一项系统工程,既然是一项系统工程,就会涉及企业的各个部门、每个职工。要做好成本管理工作,仅靠成本管理部门的努力是不够的。在实施成本管理工作中,成本管理部门要加强与其他部门沟通协作,确保成本管理工作能实现目标。

二、现代酒店成本控制存在问题

100 %的酒店经理对这样一个公式都十分熟悉:

经营利润=营业收入-营业成本-税金-营业费用-财务费用

从该公式中我们不难看出,成本费用是酒店经营支出补偿的最低界限,其管理水平的高低会直接影响企业的获利能力。然而,这一简单公式所蕴含的深刻管理哲学并非为每位酒店经理所掌握。有效控制成本和费用对经营目标的实现十分重要,使得绝大多数酒店决策者都十分注重成本费用管理,但在管理操作过程中也存在一些问题。

(一)损害顾客合法利益

在控制成本费用时,每个酒店经营管理者都应该牢记两个公式,即"利润=价格-成本"和"低成本≠低质量"。前者是日本著名企业丰田汽车公司的经营观,其基本含义为在产品价格由市场决定的情况下,减少成本就能增加企业利润;后者则是对第一个公式的约束,对酒店而言,即指降低成本不能以损害客人的利益为代价。

然而,在现实经营过程中,有一些酒店尤其是规模小、档次较低的酒店选择了舍本逐末的做法。它们随意取消服务项目甚至减少客房用品的标准配量,采购原材料时以次充好或者在食品加工中减少配料定额等。这些短视行为最终会使酒店失去市场。

(二)降低设备用品质量

为了迅速缩减成本,低档酒店尤其是流动资金不足的酒店往往喜欢在设备、用品上打主意。一般而言,主要体现在以下三个方面:

采购时,不是借助科学的市场调查购买物优价廉的商品,而是试图用低价采购一般的设备或用品,以降低成本;不注重设备的日常维护,致使设施设备提前报废;某些设备老化或信笺、服务指南等低值易耗品早已过时却不及时更新,最终影响了酒店的服务质量。

(三)压缩正常营业费用

一座大型酒店的营业费用一般有 25 项之多,其中,除了工资、折旧、大修理费、水电费、物料消耗等大额项目外,还包括宣传促销、教育培训、劳动保护等多种费用。在不浪费的前提下,上述费用的支出都是维持酒店正常运转所必需的,因而不能随意削减。例如,若不对客房、餐厅、车队等部门的设施设备进行定期大修,在短期内的确可以降低经营成本,但从长计议必将使大量设备提前报损。遗憾的是,不少酒店经营者由于追求短期政绩等原因,偏偏采取了这种不明智的行为。

(四)削减员工福利待遇

在开展成本费用控制时,酒店还容易步入另一个误区——克扣员工工资或减少正当福利,以降低企业的营业费用。如果酒店经营者抱有这样的想法,那就彻底错了。假日酒店联号的创始人威尔逊先生认为,有幸福愉快的员工,才有幸福愉快的客人。克扣工资福利不仅不能控制费用,还会导致员工把不满的情绪带到工作中,造成一些人为的浪费和额外的支出。更糟糕的是,员工的抵触情绪会明显降低酒店的对客服务质量。

三、加强现代酒店成本控制,增加酒店经济效益

酒店的成本费用控制是一项系统工程,它涉及酒店的每项业务、每个部门和每位员工,归根结底都与人有关,因此,控制成本费用的关键仍在于提高经营者的管理水平和增强全体员工的成本意识,只有这样才能标本兼治。

(一)培养员工成本意识,建立勤俭节约的企业文化是成本控制的前提

员工处于酒店的最前线,酒店的成本是否控制得好,归根到底取决于员工的个体行为。酒店是一个流动性相对较大的行业,而老员工的作风极大地影响着新员工的行为,这就需要建立整个企业勤俭节约的文化。特别是在酒店开业时形成的一些工作习惯会保留相当长的时间,并且影响后来的员工。比如充分利用"二手纸",对于一些内部文件、通知、规定等,可以用平时用过一面不再需要的纸;对于用过一面的报表纸等可以经过剪裁作为草稿纸用;客房用剩的肥皂、清洁液等可以收集起来给员工洗手间使用;破损的布草可作为抹布使用;晚上亮灯的时间随着季节、天日长短合理调整;员工离开办公室,随手关灯,下班关好空调;食品加工时合理充分利用边角料等等。企业文化的建立是一个长期的过程,酒店经理、主管的榜样作用是非常重要的。只有当酒店的每一位员工都自觉地节约每一张纸,每一滴水,每一度电,酒店才能真正地做到成本最低。

(二)定成本预算,实施成本考核奖惩制度是成本控制的关键

成本预算是成本控制的量化表现。只有对每一项成本项目制订了具体的指标,并且对此进行考核,成本控制才有了现实的目标。制定成本预算时,要坚持完整性、针对性、合理性、挑战性的原则。有的酒店往往只对前台营运部门进行考核,其实后台部门费用的控制也十分重要。有的酒店考核部门总费用,而事实上有的费用员工是不能控制的,如信用卡

手续费,营业税金等,这些不可控成本若包含在考核中,考核就会产生偏差,也会失去动力。预算要针对每个部门的特点,在可控成本的范围内,给出相应的成本指标。预算指标要合理并且要有挑战性。指标过于苛刻,实践中无法完成,也就失去了努力的动力;若指标过于宽松,很容易实现,那也失去了控制的意义。预算指标可以根据历史的数据,结合本行业的惯例,分析未来的形势和酒店的策略综合得出。预算指标要每个月都给,每个月要召开成本分析会,对与预算差异大的成本项目进行分析,找出原因,以便对成本控制的薄弱环节及时进行改正提高。考核可以半年或年度进行,对于成本预算指标完成好的部门,给予奖励;对于未完成成本预算指标的,相应给予惩罚。考核也可以与半年奖或年终奖相结合,成为奖金考核的一个内容或指标。对于不合理的预算指标,考核时要加以分析,在以后的预算中及时进行修正。对于一些变动成本,如餐饮成本等,可以用比率来考核;对于相对固定的费用,如电话费等,也可以用绝对数进行考核。如厨房员工可考核餐饮食品成本率;酒吧员工可考核餐饮酒水成本率;管事部员工可考核清洁用品、瓷器玻璃器皿消耗量占餐饮收入的比率;房务部员工可考核客房清洁用品、客用品、办公用品消耗量占客房收入的比率;后台员工可考核办公用品费、电话费;工程部员工可考核维修费用等。水电费若能读表到部门,也可以作为部门的考核指标;若不能读表到部门,可以作为所有员工的考核指标,同时可以特别对工程部进行考核。

(三)建立成本监督体系,设立在总经理领导下,有专人监督检查的成本控制小组是成本控制的保证

员工有了成本意识,并且有奖惩考核制度进行激励,但要真正实现最大限度的成本节约,还需要在日常工作中有专人监督检查,及时更正,这样才能保证成本控制工作的成功实施。酒店中,有些费用是员工不能控制的,比如固定资产折旧费、员工工资费等,这些费用主要由管理当局来做决策。员工能够控制的往往是那些变动成本,比如原材料消耗、水电费等,而我们要控制的也正是这部分成本。针对不同性质的成本,酒店要建立完整的监督控制体系,由专人负责,对成本控制的实施情况进行监督检查。酒店的成本监督控制体系主要可从以下四部分展开:

1. 餐饮成本控制

餐饮成本是酒店最大的直接变动成本,它直接影响着餐饮的利润。餐饮成本控制不是无限制地降低餐饮成本率,而是要在保证餐饮质量的前提下,降低原材料消耗、提高出成率、减少浪费。特别是现在社会餐饮业越来越发达,酒店要保持很低的成本率是很难有竞争力的。餐饮成本控制可由成本控制总监作为总负责。成本控制总监由财务总监领导,这样便于管理监督,但真正责任人是行政总厨。成本控制总监一方面要及时出成本报表,分析成本的合理性,随时与行政总厨沟通,对成本中出现的异常,用料的不合理等提出建议;

另一方面,成本总监要随时到厨房进行检查,对厨师操作过程中的浪费现象及时指出。比如食品边角料是否充分利用,提高产出率;调料使用是否考虑保质期,防止过期等。垃圾箱也要作为重点检查的对象,看是否有浪费。行政总厨更要在日常工作中对操作过程进行控制,制定合理的操作程序和标准,尽可能提高产出率、减少浪费。

2. 能源费用控制

能源开支是酒店非常大的一个支出项目。酒店的能源费用支出往往高达营业总额的10%左右。而每个员工的行为都会影响到能源费用的高低。能源费用可以由工程总监作为总负责,并吸收相关人员组成节能小组。节能小组主要有三方面的职责:①寻求节能的新方法。工程部是水电、设备方面的专家,在采购设备、使用、改造过程中,都要考虑到节能的因素。同时要寻求新的节能设备、方法等。②制订节能措施。通过对整个酒店水、电、燃料的使用情况进行调查,找出能够节能的具体措施。如过道的灯在光线足够的情况下,可以关掉路灯;大堂白天光线足够的情况下,也可以关掉路灯;办公室没人时要关掉灯,下班要关空调;根据温度来决定开空调的时间;酒店外的路灯、霓虹灯根据天气情况、季节变换相应更改开灯时间等。通过制定具体的措施,并落实到每个部门,让每个员工响应执行。③对节能措施的执行情况进行检查。节能小组要对整个酒店的节能措施执行情况进行例行检查和突击检查。对于未能按规定执行、浪费能源的现象及时指出,并采取措施要求其改正。

3. 其他费用控制

其他每个部门的可控成本如办公费、电话费等由部门经理负责。每个部门可以指定专人来控制办公用品的领用;对通话时间过长的电话由其自行付费;办公室一般不开通直拨电话等。每月要对部门费用进行分析,对于异常的费用要找出原因,及时改正。

4. 设备控制

酒店的设备非常多,特别是综合性的星级酒店,设备的投资更大,如锅炉、电梯、空调、洗衣设备、健身设备、游泳池等。设备的投资维修是酒店的一项重要支出。对设备的管理要建立"预防性维护"体系。设备在采购、安装时就要考虑如何使设备使用更加方便、长久,如何节省能源;同时设备在正常运营过程中,就要对之进行日常维护保养,这样才能延长设备使用寿命、保证经营活动的正常开展。没有良好的预防性维护,等到设备出故障时再进行修理,不但要花费大笔的修理费,而且还会降低设备的使用寿命,更严重的还会影响到酒店的正常经营,甚至导致经营中断。因此,对设备的控制要注意"预防性",是事先的维护保养,而不仅仅是事后的修理。对设备的"预防性维护"正是有效节约成本的措施之一。

增收节支,创造利润最大化是企业的最终目标。在竞争激烈而又微利的酒店业,通过创建勤俭节约的良好企业文化,制定合理的成本费用考核奖惩制度,并建立由专人负责的监督检查体系,全面的成本控制体系就建立起来了。成本控制的加强,必然能导致经济效益的提升,从而为提高酒店竞争力,创造利润最大化奠定坚实的基础。

【同步思考】

如何加强现代酒店成本控制,从而增加酒店的经济效益?

任务四　现代酒店的安全管理

【任务布置】

(一)任务情景

火星事件

一天,笔者在异地做客,与几位朋友在一家当地闻名的三星级酒店自助餐厅用餐。菜台上除了部分已加工好的熟食品外,还有一部分生鲜食品,需要用火锅烧煮。也许客人自己选菜、自己动手往火锅下料也算是一种乐趣吧,大家吃得既忙乎,亦乐乎。

吃过一阵,火锅的酒精炉火苗小了下来,显然炉中的固体酒精所剩无几。我们几位中的唯一女性冯小姐向站在远处的一位服务员招手说:"服务员,酒精没了!"不一会儿,这位服务员带来一个装着固体酒精的小铁罐。也许是她急于完成任务,也许是不知操作规范,并没有取出原来炉中还有火苗的装酒精铁罐,就将固体酒精直接倒入炉中罐里。"忽"地一下一团火焰往上蹿,火星四溅,吓得我们几位往后躲。其中一颗较大的火星不偏不倚飞落在冯小姐头上。冯小姐被灼痛得哇哇大叫,并不断地用手扑打着自己的头。冯小姐怒不可遏,大声喊叫:"领班,过来!"领班急匆匆赶到,脱口而出的第一句话是:"对不起,这位服务员是新来的,她……"

领班话还没说完,就被我们中的一位先生打断:"你为什么不先问客人有没有被烫伤?"接下来又是经理接受投诉,又是领班、服务员赔礼道歉。本来气氛不错的一餐饭,被这突如其来的"火星事件"搅得兴趣全无。

(二)要求

请同学们思考以下问题:

1.你了解酒店的安全管理吗? 它有哪些内容?

2.上文中存在哪些错误操作?

【任务实施】

一、酒店安全管理的内容

（一）开展安全教育培训

安全管理工作的落实有赖于酒店全体员工的努力,因此,为强化员工"安全第一"的观念,保安部要从专业化的角度承担起酒店安全法制教育培训工作并负责员工安全素质的考核。这种培训工作要根据教育对象的不同确定培训重点。面对新入职的员工,保安部要重点介绍安全管理的重要性及消防、治安等基本安全责任和防范措施,并经考试合格方能上岗;对于老员工,则要时刻提醒其强化安全意识,任何时候不能有任何懈怠心理和侥幸心理;针对宾客,则要重点告知如何强化自我保护能力,免遭意外伤害。

（二）健全安全管理制度

酒店管理几乎涉及酒店内的每个部门和人员,为保证安全管理工作的一致性和严谨性,保安部要根据国家安全部门和上级主管部门的有关规定和要求,结合酒店,拟定和落实各项基本安全制度。从内容上讲,包括酒店管理的总体方案、各种防范措施及各项安全制度、规定。

（三）维护内部治安秩序

随着现代酒店功能和经营领域的扩大,酒店日益成为复杂的小社会,保安部还应在治安部门的指导下,强化酒店治安管理。这些管理工作包括:对住店宾客户口登记实行监督,对可疑的重点人员进行控防,对员工轻微的违法行为进行教育,对危险物品进行管理。

（四）协助公安机关查处有关事故

酒店安全必须获得公安机关的支持保证。保安部应承担起公安部门的"协助员"角色,主动向当地公安机关汇报工作,反映情况和问题,请求支持和帮助。在此基础上,建立治安联防制度,为酒店安全提供良好的外部条件。

二、酒店消防安全管理

（一）酒店火灾原因分析

1.客人吸烟

很多酒店火灾是由于客人吸烟不注意所致,主要有两种情况:一是卧床吸烟,特别是酒后卧床吸烟睡着后引燃被褥酿成火灾。二是吸烟后乱扔烟头。

2.电器设备故障

现在酒店诸多功能集中在同一建筑内,各种电器设备种类繁多,这些设备用电负荷大,再加上有的电器电路电线安装不符合要求,因而成为引起火灾的主要原因。

3.大量易燃材料的使用

现在酒店除了拥有各种木器家具、棉织品、地毯、窗帘等易燃材料外,还有大量的装饰材料,一旦发生火灾,这些易燃材料会加速火势的蔓延。

4.火情发现不及时

现在酒店绝大多数的火灾发生在夜间,此时客人已休息,酒店工作人员又少,火灾苗头往往不易被发现,人们一旦发现火情,火灾已具一定的规模,给补救工作造成很大困难。

5.消防设施、设备配备不足

很多酒店火灾的发生与蔓延,是由于没有配备足够的消防器材所致。按照消防法规定,一类建筑通道每15米必须安放手提式灭火器一部,二类建筑通道每20米必须安放手提灭火器一部。不少酒店都没有达到这个要求。

(二)酒店的消防设施

消防设施系统包括火灾报警系统、消防控制系统、灭火系统及防、排烟系统四大部分。

1.火灾报警系统

酒店火灾的自动报警系统由火灾探测器和火灾报警控制器构成。

(1)火灾探测器

酒店常见的火灾探测器有烟感式探测器、温感式探测器和光感式探测器。烟感式探测器有两种,一种是离子感应式,另一种是光电感应式。

(2)火灾报警控制器

这是报警系统的控制显示器,它是电子元件及继电器组成的高灵敏火灾监视自动报警控制器。

虽然酒店有完备的自动报警系统,但由于火灾发生时的情况较为复杂,火灾探测器也不可能遍布在酒店的每一个角落,所以,还需要通过人工报警系统加以辅助。

2.消防控制系统

消防中心的主要设备有:

(1)火灾报警控制器

这是火灾报警系统的"主机",也是消防中心最重要的设备。

(2)设备运行状态监视屏

为了掌握酒店有关在用设备的运行状态,消防中心设有设备运行状态监视屏。例如监视屏可显示电梯运行状态,水泵运行台数和其他需要显示的设备运行状况。

（3）总控制台

火灾发生后，控制各设备停运或启动的按钮、设备运行指示灯都集中排列在总控制台上。此外，总控制台还设有紧急广播、报警直通电话（或119报警电话）、小型电话总机和对讲机等通信、指挥设备。

（4）备用电源

万一供电线路故障，发生停电情况时，备用电源可对总控制台送电，以保证总控制台操作的电用量。

3. 消防灭火系统

消防灭火系统主要由消防栓灭火设备、自动喷淋两部分组成，消防栓灭火设备包括消防栓、水龙带和水枪。自动喷淋有自动喷水灭火系统和自动喷淋报警系统两种，自动喷水灭火系统是较经济的室内固定灭火设备，使用面比较广。

4. 防、排烟系统

高层酒店的疏散楼梯和消防电梯必须是防烟的。防烟的功能包括以下两部分组成：

（1）排烟系统

排烟分自然排烟和机械排烟两种方式。室外疏散楼梯和敞开式疏散楼梯间都采用自然排烟的方式。

（2）正压通风系统

在发生火灾后，启动进风风机，向楼梯间加压送风，使楼梯间达到66.5帕的压力，余压进入前室也可达到40帕左右，大于走廊内的气压。

（三）火灾报警、疏散与扑救

1. 火灾报警

酒店火灾报警分为两级。一级报警和二级报警。一级报警，在酒店发生火警时，只在消防中心报警，其他场所听不到铃声，这样不至于造成整个酒店的紧张气氛。二级报警，在消防中心确认店内已发生了火灾的情况下，才向全酒店报警。

2. 火灾疏散

酒店发生火灾，一旦失去控制，要尽快把酒店的人员和重要财产及文件资料撤离到安全地方。

3. 火灾扑救

发生火灾，酒店必须在第一时间按照灭火战斗预案，组织人员进行扑救。火灾扑救时，必须根据不同的火灾类型，采用不同的灭火办法。根据燃烧物质的特性和燃烧特点，一般可以把火灾分为下列五类：

A 类火灾：固体物质火灾，一般在燃烧时能产生灼热的余烬。

B 类火灾:易燃、可燃液体火灾和可熔化的固体火灾。

C 类火灾:可燃气体火灾。

D 类火灾:可燃的金属火灾。

E 类火灾:指带电物体燃烧的火灾。

三、酒店卫生安全管理

(一)公共卫生工作

公共卫生是指酒店公众共有共享的活动区域的卫生,其又可分为前台和后台的公共卫生。酒店的公共卫生安全管理工作,主要应该采取以下措施:

1. 清洁卫生

酒店的公共场所必须保证整洁,做到无垃圾、无污迹、无异味。为此,酒店必须制订公共卫生清洁工作的制度和公共卫生计划,实行定岗划片、分工负责、落实到人。

2. 通风消毒

保证酒店中央空调系统安全送风,确保向酒店各个场所输送新风,及时清洗布草,并严格按照规范的酒店卫生清洁程序进行设备、用具的消毒操作。

3. 消灭害虫

蟑螂、蚊蝇、老鼠等害虫不但影响环境卫生,而且也是各种疾病的传播者,因此只要一发现老鼠、蟑螂、蚊蝇等必须立即灭杀,在它们容易出没的地方经常喷洒杀虫剂。

(二)食品卫生工作

酒店的食品卫生,就是要向顾客提供没有受过污染、干净、卫生和富有营养的、对人体安全的食品。要预防食物污染,保证食品安全,关键必须采取以下措施:

1. 食品的采购、验收与储存

保证食品原料新鲜、无污染,这是保证食品卫生的基础。

2. 食品的加工

食品加工是保证食品卫生的关键关节。对此,酒店必须做到:

①必须严格遵守操作卫生规定。

②必须注意火候与温度,确保食品的卫生安全。

③食品添加剂应当按照国家卫生标准和有关规定使用。

3. 设备、餐具与环境卫生

设备、餐具与环境的卫生是保证食品卫生的重要因素,酒店必须做到:

①所有设备、餐具都应洗涤之后再经消毒处理。

②加工食物原料用的设备等,由于它们与生料直接接触,消毒应更加仔细,比如生熟案板及刀具应分开,并做明显标识。

③清洁消毒设备保证清洁卫生,才能确保洗涤食具的清洁卫生。

④专人负责餐厅内冷餐设备的清洁卫生工作。

⑤保证地面、门、窗等的清洁,无积水、油污;无卫生死角。

⑥做好杀虫工作,厨房抽屉内整洁、无灰、无蟑螂、无鼠迹。

(三)员工卫生工作

员工卫生,这是酒店卫生防疫工作的基础之基础。如果操作人员患有疾病或者个人卫生不良、操作方法不当等,都有可能导致病菌的传播。

加强员工卫生工作,应该注意加强以下工作:①员工健康管理;②员工个人卫生管理;③员工卫生教育。

四、酒店治安管理

酒店治安管理是指酒店为防盗窃、防破坏、防流氓活动、防治安灾害事故而进行的一系列管理活动。

做好酒店的治安工作,主要应该做好以下工作:①配备必要的安全设施;②健全安全管理制度;③加强有关人员的管理:员工管理;外来施工人员的管理;顾客的管理。

五、酒店信息系统安全管理

酒店信息系统的安全,是指维持网络正常运行的硬件、软件、系统中的数据和系统的运行四个部分的安全,使之不受到偶然的或者恶意的因素造成部件的破坏、更改、泄漏。

(一)酒店信息系统安全管理的内容

1. 技术方面

主要侧重于防范外部非法用户的破坏。

2. 管理方面

主要侧重于内部人为因素的管理。

(二)酒店信息系统的安全工作措施

①信息系统的安全设计。②操作系统的安全选择。③自然因素的安全防控。包括防水、防火、防磁、防震、防静电、防尘等。④计算机病毒的有效预防。

【同步思考】

酒店如何切实做好安全管理工作,保证客人的人身财产安全?

【知识归纳】

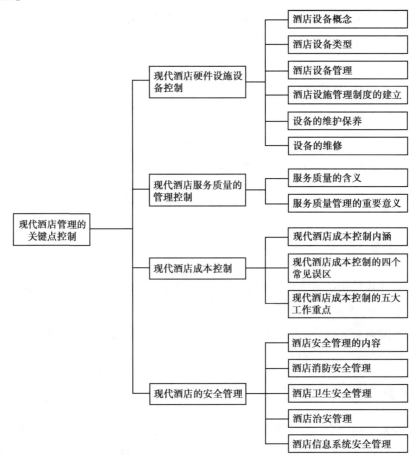

【思政要点】

　　酒店设施设备的良好维护和使用是酒店得以持续运行的重要保障,酒店的安全管理是酒店一切工作的基石,酒店良好的服务质量是酒店盈利的基础,酒店成本控制又是酒店运营管理中的重要内容。酒店行业的从业者应秉承良好的职业道德和责任感,支持酒店关键点管理的相关内容,自觉维护酒店设施设备和顾客的安全,保证服务产品的质量,支持安全节能生产。

【实践活动】

酒店安全管理调查

实训目标：

根据本项目的学习，实地调查所在地区一家酒店安全管理的相关内容，明确安全管理对酒店的重要性。

实训组织：

通过实地走访、网络资料查阅等形式对酒店企业安全管理的相关内容进行调查。

实训任务：

组织调查了解一家酒店在安全管理领域的相关内容和典型案例，根据调查情况写出调查报告。

实训内容：

1. 调查酒店安全管理的相关内容和案例。

2. 访谈企业管理者或从业者，了解他们工作的感受和实际工作案例。

3. 总结整理编写调查报告。

【同步测试】

1. 酒店安全管理包括哪些内容？

2. 酒店常见的火警、火灾原因是什么？应怎样预防？

3. 酒店服务质量有哪些构成要素？

项目七
现代酒店品牌建设
与信息化管理

【项目目标】

> 1. 了解现代酒店营销活动。
> 2. 熟悉酒店的品牌建设。
> 3. 熟悉现代酒店信息化的基本内容。
> 4. 了解智慧型酒店。

【项目实施】

【任务引例】

洲际酒店运营指数整体呈高位发展，
品牌运维投资领跑效应明显

2020—2021年，国际高端酒店品牌运营指数持续增长，指数环比增长4.59%。国际高端酒店采取多项措施来提升运营效果，一方面，品牌采取控制人力成本、租金等开源节流，以及加强融资、保留现金、业务整合等来保证财务状况；另一方面，品牌不断努力挖掘线上营销模式，采用直播、促销等营销手段，积极推出了一系列创新产品组合，增强品牌运营渠道，创新消费体验。洲际酒店在此期间运营指数虽呈现较大幅度波动，但整体呈现高位发展，平均运营指数为96.60。

微博拥有的媒体属性和社交功能属性可让酒店进行便利的创作，帮助酒店实现品牌传播曝光、获取关注者，从而挖掘精准客户，提供产品服务，助力销售转化。迈点研究院监测，截至2021年7月，洲际酒店微博粉丝量突破14万，微博累计发布数量超过3 314条，主要内容围绕洲际大使贵宾计划、联名品牌合作、黑珍珠特色餐饮、品牌旗下项目等话题展开，微博运营表现较好。

微信作为当下消费者日常使用频度更高、自媒体力量更为聚集的一大工具，酒店品牌在热门事件被动影响下呈现出明显波动。洲际酒店微信发布内容主要包括集团开业事件、财务数据、促销措施、设计风格、产品特色等，获得较好的品牌展示效应。

在线点评信息已成为潜在客户、忠诚的消费者和口碑传播的引擎。洲际酒店集团通过OTA渠道、自有预订渠道和会员体系，持续加深与客群的长期联系，不断提升其网络口碑和客群满意度。另外，疫情常态化时代，洲际酒店集团预期将从休闲、商旅复苏中获益，消费客群越来越强调设计感和体验，为此洲际酒店集团积极拥抱这些变化，持续加码网络口碑的提升和产品的细节提升，近年来着眼布局奢华度假、亲子家庭、个性设计与健康运动方向。

从洲际酒店点评量来看,酒店品牌点评量超过60万条,网络口碑表现强劲,平均好评率均超过93.71%。目前,OTA平台垄断市场已然形成,美团点评、携程网、同程艺龙、去哪儿网是酒店营销最主要的OTA平台。其中,携程、去哪儿网最具竞争优势,酒店覆盖最广,实际客群点评量最高。同程艺龙客群点评数量也较多,美团点评量最少。

(摘自《迈点研究院》)

任务一　现代酒店营销活动

【任务布置】

(一)任务情景

小溪作为一名新进入酒店行业的员工,就职于一家五星级酒店。经过三个月的工作,小溪已经了解了基本的部门情况和工作内容等事宜,开始被安排从事具体的客户接待任务。但面对领导布置的众多客户接待工作,她却遇到了问题:不同的客户有什么特点?怎么区分这些客户?……同时,酒店地理位置优越,拥有温泉这一天然资源,酒店各项设施设备齐全,是一个集会议、度假、休闲为一体的综合性酒店。本来客人一直比较稳定,但近几个月客人数量有所下降。经理要求小溪协助部门主管进行调研,并想出切实的解决办法;小溪又开始了新一轮的工作内容。

(二)要求

请同学们回答以下问题:

1. 什么是酒店市场营销?对酒店经营有何意义?

2. 酒店市场营销需要完成哪些任务?怎样完成?

3. 如何开展酒店营销活动市场分析?

【任务实施】

一、现代酒店市场营销概念

菲利普·科特勒在《旅游营销学》中给营销下了这样的定义:营销是个人和团体通过为他人创造产品和价值并进行交换而满足其需要和欲望的社会过程和管理过程。这个定义中强调了对满足社会成员需要和欲望方面的功能。总的来说,营销是一种个人或组织的行为职能,最终目的是需要盈利。因此市场营销这个行为涉及一个企业所有的经营行为,不是推销,不是公共关系,不是广告,也不是某次策划。

那么,我们可以根据多位学者的研究,将酒店市场营销的概念概括为:不仅仅是经营销售,更多的是需要了解、调研宾客的合理需求和消费欲望,确定酒店目标市场,并且设计、组合、创造适当的酒店产品,以满足市场需要。

二、现代酒店市场营销特点及意义

(一)现代酒店市场营销的特点

由于酒店产品与其他产品有着较大的不同,其市场营销也不同于普通的市场营销,可以将酒店营销特点归纳为以下几点。

1. 目标营销与过程营销并重

酒店要实现盈利,需要销售其产品,积累品牌口碑。在这个过程中,由于酒店产品具有无形性、生产与消费的不可分割性及产品价值不可储藏性等特点,要求酒店管理需要注重服务的每一个环节,并且重视最后这个产品的产生,顾客在接受酒店产品时是否满意。只有将这两者结合起来,酒店最终目标才可能实现。

2. 通过关系营销培育品牌忠诚

在酒店营销过程中,"二八法则"一直影响着营销活动。酒店产品的销售要严格遵循这条法则,酒店80%的利润来自20%的顾客。因此,通过关系营销活动,让酒店的回头客增多,逐步形成品牌忠诚,进而提高产品的销售和酒店的利润,这是一种关系营销的思想,也确实可以达到酒店经营的目标。

3. 酒店市场营销灵活度相对较低

由于酒店产品是不可移动的,那么酒店在进行产品介绍过程中势必有所局限,也就给营销活动带来了一定的难度。另外,由于其不可移动性,如果酒店产品当日没有销售完毕,也没有办法运输至客源地进行销售,这也使酒店市场营销活动灵活度较低。

(二)现代酒店市场营销的意义

随着我国酒店业日益发展且与国际接轨,酒店营销意识在我国酒店业中得到发展,成功的营销是酒店在激烈的市场竞争中处于不败之地的有效保证。

作为现代酒店的经营,市场营销其核心作用已是势必所趋。酒店的营销必须与酒店内其他部门密切配合,如住宿与前台、客房,用餐与餐厅,会议与工程、音响等。营销部常常代表顾客的要求和利益,而顾客的要求有时非常挑剔,有可能影响其他业务部门的正常工作程序,营销部应做好顾客与经营部门的协调工作。市场营销的作用在于沟通酒店和客源间市场的供求关系,以求酒店的最佳效益,因而酒店的市场营销是酒店经营管理的核心。

三、现代酒店营销环境分析

在酒店市场营销活动过程中会受到来自多方因素的影响,我们可将这些影响因素构成的系统称为酒店市场营销的环境。为了更好地完成酒店市场营销任务,我们需要对酒店市场营销环境进行分析,以根据环境制定出合适的策略。根据这些影响因素的内外属性,我们可将之分为宏观环境和微观环境。

(一)宏观环境

宏观环境是指酒店企业或酒店业运行的外部大环境。市场营销人员必须根据外部环境中的各种因素及其变化趋势制定自己的营销策略,以达到市场经营目的。在酒店市场营销中,宏观环境因素主要包括政治法律因素、文化因素、经济因素、技术水平因素及人口、地理因素等几个方面。

1. 政治法律环境

政治法律环境是强制和约束企业市场营销活动的各种社会力量的总和。包括一个国家的政治形势、经济政策、贸易立法和消费者利益保护组织等。在任何一个国家或地区,总是要运用自己的法律行政手段,干预社会经济生活。因而政府的法令条例,特别是关于旅游业、住宿业的立法,对酒店市场需求的形成和实现具有不可忽视的调节作用,而这些法律法规都是在酒店企业的控制范围之外。另外,其他相关法律和规定也可能影响酒店的发展,比如带薪假期制度,就为我国酒店行业的发展起到了推动作用。

2. 社会文化环境

社会文化环境指一个国家、地区的民族特征、价值观念、生活方式、风俗习惯、宗教信仰、伦理道德、教育水平、语言文字等的总和。社会文化影响造就和支配着人们的生活方式、消费结构、主导需求以及消费方式。因此,文化因素对消费者的需求和购买行为的影响是很重要的。个人爱好不同,消费习惯不同,从而导致不同需求。酒店市场经营受教育水平、宗教信仰、传统习惯等文化因素的影响很大。

3. 人口环境

对酒店企业或者行业而言,市场即是消费者,而消费者的人口情况对酒店经营起着至关重要的作用。其中包括了酒店客源国或客源地的人口数量和增长速度、人口的地区分布和流动、人口的年龄结构、人口的性别结构、人口的家庭规模等因素。

4. 经济环境

酒店企业处于整个国家经济的发展产业当中,自然会受到社会经济环境的影响,因为这是影响和制约社会购买力形成的主要环境力量。而社会购买力则取决于国民经济的发展水平,国民的收入水平,并直接或间接地受消费者收入、价格水平、消费者支出状况、储蓄和消费者信贷等经济因素的影响。根据恩格尔系数的定理,随着家庭收入的增长,用于购买食物的支出占总支出的比例下降,而用于其他方面的开支(如通信、交通工具、娱乐、教育、保健等)和储蓄所占的比重将上升。随着我国经济的发展,国民消费水平随之改变,酒店行业也需要随之改变,市场营销活动也愈发增多。

5. 自然环境

自然环境对于酒店市场环境的影响包括两个方面:第一是自然资源供应,特别是对于依赖旅游景点和景区的度假型酒店,优质丰富的旅游资源可以吸引顾客,增加顾客的逗留时间,从而在进行市场营销活动时可相应地增加酒店在该方面的优点。比如厦门、北海、杭州等城市的酒店皆是比较看重酒店周围的自然环境;第二是指物质资源环境的供应,比如水、电、煤等,一旦某种必需的物质资源短缺必然会给酒店市场发展带来影响。

6. 科技环境

科技对于各行各业均有影响,科技化和智能化也将普遍进入社会生活的各个领域。在酒店设施设备的改进上,科技就起到了很大的作用。随着科学技术的发展,电脑的普及,酒店工作效率越来越高,在服务质量提升方面也越来越高。提高顾客满意度,更加促进酒店行业的发展。当下我国处于科学技术高速发展的时期,"互联网+"的时代已经到了,酒店也需要紧跟时代趋势,在酒店经营上进行适当的改革,如图 7.1 所示。

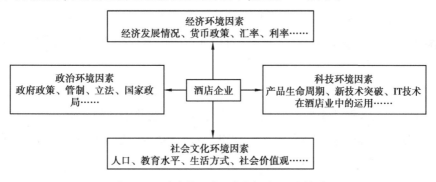

图 7.1　酒店直接环境因素分析的 PEST 模型

(二)微观环境

酒店市场的微观环境是指与企业市场营销活动关系密切,并有直接影响的企业外部因素的总和。其特点是微观营销环境的变动对企业营销的影响往往是具体的,其影响范围也比较小,时间比较短,企业在一定的程度上可以控制。在酒店市场营销中,微观环境因素主要包括酒店内部关系、营销中介机构、供应商、顾客、竞争者以及公众等。

1. 酒店内部关系

酒店是一个重视团队协作的企业,从顾客开始接触酒店开始,就需要各个部门严阵以待,以提高顾客满意度为最终目的。因此,各部门的沟通以及各管理层之间的沟通就显得尤为重要了。

2. 供应商

酒店供应商包括为酒店提供日常经营活动所需的原材料及其他商品的商家、厂家。他们的议价能力、配合程度等,都对酒店经营产生着影响。

3. 营销中介机构

中介机构指处于酒店生产者与酒店者之间,参与酒店产品流通业务,促使买卖行为发生和实现的集体和个人,包括经销商、代理商、批发商、零售商、交通运输公司、营销服务机构和金融中间商等。他们的行为直接影响了酒店的营销活动。在我国,酒店市场营销中介机构主要包括旅行社、旅游网站等,特别是旅游网站,对于酒店的入住率有很大的影响作用。

4. 消费者

酒店消费者主要指购买酒店产品的客人,那就包括了个别的酒店消费者和机构购买者。这两类消费者特点有所不同。个别的酒店消费者指最终进行酒店消费的购买者,他们人数涉及面广,需求差异大,多属小型购买,购买频率较高,购买流动性较大。针对这此类消费者所采取的市场营销策略方法就有所不同,比如促销手段的侧重就不同,可以使用受众面广的广告媒体进行宣传等。机构购买者是指为开展业务而购买酒店产品的各种企业或机关团体等组织。具有购买者数量较小但购买的规模较大,机构购买需求弹性较小等特点,那么针对此类消费者则需要重点关注,可以通过关系营销来维护双方的关系,从而稳定酒店的客源。

5. 竞争者

酒店行业竞争越来越激烈,关注竞争者才有机会在竞争中占得先机。酒店在采取市场营销策略的时候,也需要考虑竞争对手的策略,结合自身企业的条件进行综合判断,从而得出结论,因此竞争者对企业经营活动的影响非常大。

6. 公众

前面已经提到过,酒店产品主要是通过顾客体验来体现其价值,那么酒店在大众口中的口碑就显得尤为重要,品牌效应也需要通过顾客来建立和传播。公众包括甚多,主要的有媒介公众、金融公众、政府公众、民间团体、地方公众、一般公众和内部公众,酒店在进行经营活动过程中务必考虑到诸多方面的影响。

（三）SWOT 分析

SWOT 分析，即基于内外部竞争环境和竞争条件下的态势分析，就是将与研究对象密切相关的各种主要内部优势、劣势与外部的机会和威胁等，通过调查列举出来，并依照矩阵形式排列，然后用系统分析的思想，把各种因素相互匹配起来加以分析，从中得出一系列相应的结论，而结论通常带有一定的决策性。运用这种方法，可以对研究对象所处的情景进行全面、系统、准确的研究，从而根据研究结果制定相应的发展战略、计划以及对策等。此分析方法又称"态势分析法"，现常用于酒店对自己所处的环境进行分析。

其中，S（strengths）是优势、W（weaknesses）是劣势，O（opportunities）是机会、T（threats）是威胁。按照企业经营管理的完整概念，分析一个企业"能够做的"（即组织的强项和弱项）和"可能做的"（即环境的机会和威胁）之间的有机组合。酒店进行 SWOT 分析，是酒店企业对内部的优劣势和外部环境的机会与风险进行综合分析，据以对备选战略方案作出系统评价，最终达到选出一种适宜战略的目的。

【同步思考】

1. 现代酒店市场营销的意义？

2. 酒店市场营销的特点与酒店产品的特点相互有什么关系？

任务二　酒店的品牌建设

【任务布置】

（一）任务情景

文华东方酒店品牌故事：无可比拟的奢华

文华东方酒店集团（Mandarin Oriental Hotel Group）是一个国际酒店投资和管理集团，旗下拥有的顶级豪华酒店及度假村遍布世界各知名旅游胜地。

自 1963 年第一家文华东方酒店——香港文华东方酒店成立，半个多世纪以来，文华东方在 21 个国家和地区经营了 31 家酒店及 8 个酒店管理式住宅项目，并有数个酒店和酒店管理式住宅项目正在筹建。从布拉格到拉斯维加斯，从波士顿到巴塞罗那，从上海到三亚……文华东方始终坚持"服务、设计、餐饮、水疗""完全地愉悦并满足我们的客人"，也因此使得文华东方品牌能以一种"传奇"的姿态留在人们心里。

作为全世界最独特的奢华酒店之一，每一间 Mandarin Oriental 酒店都可以称得上是"顶级服务"的代名词。文华东方拥有一批训练有素，素质极佳的员工，不论在何岗位，都能做到用心体贴，想客人所需。而且他们分寸掌握得刚刚好，能触动客人身心，让客人流连忘返。

除了工作人员，文华东方还通过各种小细节，小心思，触动着客人的神经。在香港置地文华东方的大厅里，设置了一个由爱马仕包包皮裹成的座椅，上面依旧提供老派擦鞋服务，当 John Lobb 鞋油呵护你爱履之时，你可以翻看报纸、享用冷饮、整理日程和仪表等；而在房间玄关处则被安上了一个珠宝店橱窗式的冰柜，用来放置 Welcome Amenities，这样不至于让某些金贵的欢迎饮品和甜品在最终被尝到时变质变味。

值得一提的是，以"折扇"为标志的文华东方，还有一项传统，每家酒店在开业前，都会邀请史学家、艺术家或者设计师根据当地的文化气质和风土人情为酒店寻找或设计一把独一无二的扇子。

以"扇子酒店"广为人知的文华东方酒店集团，还有一个纪录——全球拥有最多米其林星级餐厅的酒店集团。根据近期公布的《米其林美食指南2018》，文华东方酒店集团获得米其林星级殊荣的餐厅总数增至14间，共摘取米其林二十一星荣誉。从西班牙菜、意大利菜，经典英国菜到现代法餐、传统法餐，精致中餐，无不一一囊括，充分体现了文华东方在烹饪领域的专业性和多样性。

在文华酒店，不仅能感受贴心的服务，还有放松的身心。

（二）要求

请同学们回答以下问题：

1. 什么是酒店品牌？

2. 你知道哪些著名的酒店品牌？

【任务实施】

酒店品牌，是指酒店为了识别其酒店或产品，并区别于其他竞争者所用的一种具有显著特征的标记。品牌的外形要素通常由名称、标志和商标组成，而品牌的内涵要素则是酒店经营理念、经营方针、经营方式、服务理念、服务特色、服务质量等方面的有机组合。酒店的品牌经营，则是通过品牌设计、品牌推广、品牌保护及品牌资产评估等活动，以提高客人的满意度、忠诚度和酒店企业的知名度、美誉度。实施品牌经营战略是中国酒店业所面临的时代特征所决定的。

酒店品牌是企业一项重要的无形资产，好的品牌具有极高的市场价值，是酒店企业的一笔巨大财富。要提高酒店品牌的生命力，使企业获得持续的竞争优势，酒店集团必须不断进行品牌维护和提升。同时,通过对酒店的市场环境以及相关环境进行科学的分析,制定出酒店的营销策略并加以实施,也有利于酒店品牌的提升。

【相关链接】

CIS 是英文 Corporate Identicy System 的缩写(或 Corporate Image System)。在中文中,一般翻译为酒店形象识别系统或酒店身份战略。具体而言,它是指一个酒店运用独特、新颖、鲜明、引人入胜的标志,将酒店的内在气质和外显特征,通过传播向公众进行宣传,借以树立酒店良好的社会形象,达到促销的最终目的。

一、酒店品牌塑造

酒店品牌战略又称品牌经营战略,是指酒店通过塑造良好的酒店品牌市场形象,提升品牌知名度,并以此为凭借开拓市场,扩大市场占有率,吸引顾客,并培养顾客的品牌忠诚度以取得丰厚利润回报和竞争优势的一种战略选择。

1. 酒店品牌定位

酒店品牌定位就是确定品牌在市场中的适当位置及其发展取向,定位的目的在于创造和渲染酒店及产品的个性化特色。发挥酒店及产品的自身优势,找准自己的位置,沿着定位策略进行延伸,才能使品牌长盛不衰。

2. 酒店品牌设计

根据酒店品牌的市场定位,赋予品牌特殊的外显特征。品牌设计是将品牌定位更加具体化和明晰化。品牌的外显特征就是酒店产品或酒店的文字名称、图案标记或两者的结合,用以象征酒店或品牌的特性,是酒店形象、价值观、信誉、文化的综合与浓缩。

(1)酒店品牌设计的主要内容

①酒店品牌创意

所谓酒店品牌创意,即为酒店品牌赋予一个个性鲜明的主题。创意"主题"并无一定范围,但通常可以表现为:经营者的主张、经营者的兴趣等。

②酒店品牌命名

在品牌经营的大市场中,品牌的名称成千上万,取一个好的品牌名称是创立酒店品牌形象的重要内容。正如艾·里斯所说:"名称是把品牌吊在潜在顾客心智中的挂钩。"纵观国内外著名的酒店品牌,如假日、香格里拉、喜来登、雅高等,它们在塑造上取得成功的主要原因可归纳为:新颖独特、名称动听、发音响亮、语言健康、不随时间推移而落伍。

③酒店商标设计

商标是酒店品牌形象视觉系统的中心要素,商标形象从主体上直接影响酒店品牌形象的特征与风格,品牌的所有商业身份都与商标有关。商标形象运用点、线、面、色四元素来塑造,其风格通过对这四种元素的不同设计组合来实现。

（2）酒店品牌设计的原则

①简洁、醒目,易读、易记。②构思巧妙、暗示属性。③富蕴内涵、情意浓重。④避免雷同、别具一格。

3. 酒店品牌推广

（1）酒店品牌推广的过程

①品牌识别阶段

这一阶段的主要目的是提升酒店品牌的知名度。通常的做法是在较短的时间内使品牌形象对目标市场消费群体产生覆盖面广、高频率的感官刺激。

②品牌认知阶段

这一阶段品牌推广的主要目的是使消费者从知道品牌发展到接受品牌。最适用的方式为品牌公关活动。

③品牌忠诚阶段

品牌忠诚度是消费者对品牌感情的量度,反映出一个品牌的消费者转向另一品牌的可能程度,尤其是当该品牌在价格上或者产品特性上有所变动时。随着对品牌忠诚度的培养和增加,基础消费者受到竞争行为的影响程度将大大降低,因此,对品牌的忠诚能直接转变成未来的销售。

（2）酒店品牌推广途径

①广告推广

广告推广是新闻媒介为推销广告版面和广告节目时间而进行的活动。广告推广的具体方法有:利用自身媒介进行宣传,借助其他媒介宣传,寄送各种宣传材料,登门拜访主要广告客户,举办与广告客户联络感情的联谊活动等。广告推广的宣传内容一般是通过列举一些具体事例,强调本媒介所刊播的广告的效力。这项工作通常由广告部门或推广部门负责。一般来说,企业在将某些产品投入市场之前,就应通过各种广告形式介绍产品定位,以吸引消费者购买,从而使企业品牌得到宣传。

②公关推广

公关推广是以公关关系为主要工具的营销,是以公关为工具、为导向的传播。在广告费越来越难以承受、媒体的种类与数量越来越多,消费者产生资讯焦虑的今天,公关成为企业品牌传播的重要武器。

③服务推广

优良的酒店服务是吸引消费者购买的重要手段。消费者购买酒店品牌产品一般是为了获得产品的使用价值,取得物质和精神上的满足。

【相关链接】

近年来,随着信息视频化的普及,短视频已成为信息推广的主流。市场数据显示,截至2020年12月,短视频市场规模已达到1 408亿元,用户规模为8.73亿,占网民整体的88.3%,用户人均单日使用时长为110分钟。短视频凭借其强大的感染力、传播力和趣味性等优势,已经很明显地被大众看见。在流量创造价值的时代,短视频已成为营销利器。

二、酒店品牌竞争战略

(一)酒店品牌竞争战略优势

在经济快速发展的今天,酒店行业也是日新月异在发展,品牌成为影响消费者决策的重要因素,而作为支撑酒店长久发展的策略,酒店只有做好品牌战略才能在品牌竞争的时代,在激烈的竞争中获得主动权。

酒店品牌竞争战略的优势表现为:品牌竞争能扩大酒店的市场占有率、品牌竞争能保证酒店的长期获利、品牌竞争超越了一般的酒店产品竞争。

(二)酒店品牌扩张战略

1.利用品牌资源实施扩张战略

现代酒店企业常用对品牌进行开发利用、参与品牌竞争的战略。很多酒店集团正是因为成功地运用了品牌扩张战略,才取得了市场竞争的优势地位。从已有的实践来看,品牌扩张能给酒店企业带来的好处集中表现在以下几个方面:借助品牌忠诚,减少新品入市成本;扩大产销能力,提高市场占有率;发展规模经济,实现收益最大化。扩张战略中也包括品牌延伸扩张战略,例如利用已有品牌推出新产品或改良产品的谋划。

2.酒店品牌市场扩张战略

酒店品牌市场扩张战略是指酒店品牌占领市场、开拓市场、扩大市场份额的总体谋划方略。不同的酒店可按照品牌发展的实力不同,在以下两种战略中进行选择:

(1)市场重点突破战略

当酒店实力相对较弱或者处于品牌发展初期阶段时,往往先要力求在市场上立足,然后逐步进行扩张。

(2)市场全面推进战略

市场全面推进战略就是酒店企业从多个方面、多个角度对市场进行全方位开拓的战略。

3.酒店品牌规模扩张战略

这是提高酒店综合实力的客观要求,也是提高酒店品牌形象、形成品牌优势的客观要求。酒店品牌规模扩张战略有多种实现方式,一般情况下为以下几种:

①酒店兼并是指兼并酒店对被兼并酒店的资产进行吞并和吸收,被兼并酒店将酒店的产权有偿让渡给兼并酒店,兼并酒店实现资产一体化,同时取消被兼并酒店法人资格的一种经济行为。

②酒店收购是指一家酒店通过购买另一家酒店的部分股份或全部股份,从而取得对另一家酒店控制权的产权交易行为。

③特许经营是连锁经营的一种模式,是以契约为基础的技术贸易形式。特许者把自己拥有的商标,包括服务商标、商号、产品、专利和专有技术、经营模式等以合同的形式转让给被特许者使用,被特许者按合同规定,在特许者统一的业务模式下从事经营活动,并向特许者支付相应的特许加盟费和特许权使用年费,承担规定的义务。

④战略联盟即通过组建战略联盟实现品牌的强强联合。这种品牌的合作既是资源优势上的互补,又是竞争实力的强强联合。

4.酒店品牌维护战略

酒店品牌经营维护战略是指酒店企业在具体的经营活动中所采取的一系列维护品牌形象、保护品牌市场地位的行动。所谓酒店品牌法律维护,就是运用法律手段对酒店品牌的所有人、合法使用人的品牌(商标)实施各种保护措施,以防范来自各方面的侵害和侵权行为。

三、世界著名酒店集团的品牌经营战略

(一)经营类型

1.区位类型

世界著名酒店集团按照酒店所在区位的特点,为酒店设计不同的品牌特色。如商务酒店、度假酒店、汽车酒店、机场酒店。

在各种酒店类型中,商务酒店是最具有普遍性的类型,区位对于商务酒店起着至关重要的作用。酒店业有一句至理名言:"建设酒店,第一是选址,第二是选址,第三还是选址。"但凡一家成功的商务酒店,一定处于其所在地区较优越的地理位置。度假酒店主要是为满足旅游者休闲和度假的需求建立的,面对的主要是旅游度假型客人,它是为旅游度假型客人提供综合性服务的酒店。现在,度假酒店已经成为主流酒店中一种重要的类型,不断给游客带来新鲜的度假体验,可分为目的地度假酒店、城市度假酒店、主题度假酒店。

汽车酒店是私人汽车拥有量增加和高速公路网络发展的产物。20世纪60年代初,大型客机的出现使大规模、远距离的航空运输成为可能,同时机场酒店得到了较快的发展。

2.经营档次

酒店产品作为一种旅游产品,为顾客提供的是一种经历与回忆,而顾客由于受个人因素(如收入水平、生活环境、兴趣爱好等)的影响,所购买的产品在价格、质量方面存在着差异。随着旅游者的消费经验和经历不断丰富,其需求层次必然有所差异,市场自然分化为大小不同、档次各异的细分市场。不同需求的旅游者在细分市场上追逐不同的产品。作为给旅游者提供产品的酒店企业,形象定位与企业战略的制定必须建立在针对旅游者的不同细分市场的基础上,通过推出受某一细分市场欢迎的产品,确立在这一细分市场的品牌形象。

(1)豪华型和高档酒店

豪华型酒店体现的是各个时代人们对酒店水准永无止境的想象与探寻,引领着酒店业发展(表7.1)。豪华型酒店很难形成一个具体、统一的标准,它是人类所能达到的想象力与创造力的极致体现。从诸多豪华型酒店的实际状态来看,可以归纳出豪华型酒店所具备的共同特点:人类梦想与想象的成果;科技、艺术、财富三位一体;提供了至尊、至贵、至奇、至新的境界与体验;成为公共性和跨阶层的、食宿与休闲娱乐融合的综合体验的旅游目的地。

表7.1　世界部分豪华酒店品牌列表

品牌名称	所属酒店集团	酒店数	品牌叙述
索菲特	雅高	120	让您感受到原汁原味的法式生活艺术
四季	四季	100	高度定制化服务,待人如己的法则
JW万豪	万豪国际	92	最优雅、豪华的万豪品牌
香格里拉	香格里拉	65	每时每刻让客人喜出望外
柏悦	凯悦	24	为讲求私密性、个性化服务和亲切、雅致环境的有鉴赏力的旅客而设
康拉德酒店	希尔顿	20	向高品位人士提供独特的体验,打造高品位人士首选的奢华酒店

资料来源:各酒店集团官网(2017)

各大酒店集团之所以倾力打造高档酒店品牌,有以下几方面原因:

①高档酒店代表着酒店集团的经营水平和形象,同时也是展现酒店集团独特的、有别于竞争对手的重要竞争层面。

②高档酒店由于具有一定的品牌知名度,在进入特定区域时具有某种放射效应。

③高档酒店引领并统率企业经营战略的主要方向。

④高档酒店是酒店行业创新的主要发生地。

（2）中档酒店

中档酒店作为介于豪华型和经济型酒店之间的中间形态,在经营战略、目标市场的制定上有自己独特的地方(表7.2)。各大酒店集团根据自身整体战略的差异,在中档酒店的发展、各档次酒店的构成比例、品牌组合方面各有不同。各大酒店集团除了凯悦和四季之外,都拥有一定数量的中档品牌酒店。

表 7.2　酒店集团部分中档酒店品牌列表

品牌名称	所属酒店集团	酒店数	品牌叙述
智选假日	洲际	1 319	无微不"智",让您随时能量满仓
华美达	温德姆	约900	做您所想,将余下的事交给我们
万怡	万豪国际	850	无限舒畅、全新入住体验
希尔顿	希尔顿	740	使旅客真正有一种"宾至如归"的感觉
诺富特	雅高	452	为客人提供国际标准的住宿及服务,让客人充分体验物有所值

资料来源:各酒店集团官网(2017)

①中档酒店注重顾客特征,选择有针对性的顾客群体,以体现出酒店的经营特色。例如,诺富特酒店是雅高集团的中端品牌。酒店在选择店址时必须达到"交通便利、省时以及准时"3 个标准,为商务以及度假旅客打造一个与世界同步的国际化网络。"诺富特"品牌反映了生活以及社会的潮流,会场布置和会议接待能力是其亮点。

②中档酒店品牌在当前国际市场中具有较大的扩展空间。当前,中档酒店的国际竞争日渐加剧。由于豪华型酒店在市场份额、投资规模、管理水平和人员素质等方面要求较高,中档酒店成为国际品牌扩张和企业并购发生的主战场。

（3）经济型酒店

经济型酒店的最初形态可追溯至 20 世纪 30 年代末到 20 世纪 50 年代末的汽车旅馆(表7.3)。从 20 世纪 80 年代末到 20 世纪 90 年代末,经济型酒店行业开始进行品牌调整。大型酒店集团的多元化战略和投资政策促使其更加倾向于通过资本运作来购买和整合行业内原有的品牌,而不是自创新品牌。

表 7.3　酒店集团部分经济型酒店品牌列表

品牌名称	所属酒店集团	酒店数	品牌叙述
Roadway Inn	精选国际	约400	温馨的家园,精品房间
速8	温德姆	约2 300	为每一位客人提供干净的房间和友好的服务
宜必思	雅高	约900	确保在舒适的房间里拥有最佳睡眠

资料来源:各酒店集团官网(2017)

经济型酒店（Economy Hotel）是相对于全服务酒店而存在的一种酒店形态，一般定位于普通消费大众。其房价适中，把客房作为经营的重点，基本设施齐全，具有干净、方便、舒适的特点。酒店本身没有餐饮管理设施或仅提供十分有限的餐饮服务，且房价低廉。经济型酒店在经营中虽然提供的是有限服务，但并不是低质量服务。

（二）演进趋势

伴随着世界经济的复苏，酒店业迎来了崭新的春天。21世纪，旅游市场以欧美地区为重点，同时亚太地区也迎来了蓬勃发展，并由此促进了亚太地区酒店业的迅猛发展与升级飞跃。这种种变化预示着酒店业将继续发生巨大的变革。21世纪的酒店发展有以下演进趋势。

1. 发展细分市场，实行多品牌战略

当前，各大酒店集团实行多品牌战略，即根据不同的细分市场采用不同品牌的战略，使不同类别的酒店都有自己独特的品牌和标志，从而与集团其他自身酒店品牌区分开来。实行多品牌战略的意义在于：其一，保证自身的品牌安全策略，避免出现一荣俱荣、一损俱损的局面；其二，在不同细分市场上形成鲜明的品牌认知，形成固定的顾客群体。

2. 全球化经营的战略联盟越来越受瞩目

进入21世纪的国际酒店集团将会在世界酒店市场被基本瓜分完毕的情况下进行重新排列组合。酒店业的全球化虽然起步较晚，但是发展速度之快是惊人的。如洲际酒店集团、温德姆酒店集团等全球化经营涉及的国家和地区极其广泛。其中，洲际集团已覆盖100多个国家和地区。21世纪的全球化趋势已不再是以往简单的博弈或你死我活的竞争，而是一种在竞争中合作的战略联盟，以在全球一体化的大圈子里共同寻求更多的资源和财富。

3. 通过兼并收购进行扩张已渐成主流

兼并收购的形式是多种多样的。温德姆酒店集团就是通过一系列并购活动不断发展、壮大的，其旗下各种形式的酒店可以同时开展旅游服务业务。法国的雅高集团也不断进行并购活动，不仅在酒店业中具有重要的地位，还涉足旅行社业务、餐馆经营、娱乐业等。万豪集团并购喜达屋集团后，除了将旗下的30个品牌按照"奢华品牌""高级品牌""精选服务品牌"和"长期住宿"等类别划分外，还进一步增设了"经典"和"特色"的分类维度。

这样一来，集团就可以在酒店业和其他相关产业中展开经营活动，以获取单一经营的酒店所不能获得的竞争优势。如今，国际酒店集团通过并购来扩张的趋势的特征主要表现为：金额越来越高（有的达到百亿美元）；跨国或地区越来越多；投资银行和不动产信托投资机构直接参与酒店业中的并购。新一轮的并购展现了管理技术和企业销售资源网络的一种优势互补。酒店集团扩张不再局限于一城一池的得失，而将精力集中于更广阔的市场经营战略的布局中。

四、我国酒店品牌建设的途径

(一)走集团化发展道路

中国酒店企业要创建国际品牌,就必须实施集团化经营,将酒店品牌扩张到国际市场。但多年以来,我国酒店业走的是互不干扰、各自为政、各行其道的"散沙式"发展模式,这样导致的直接后果是企业发展缺乏底气,从根本上削弱了酒店业的整体生产力。目前,国外知名酒店集团以"联合舰队"的态势直逼中国酒店市场。面对这种国内市场国际化、国际竞争国内化的竞争现状,我国酒店应转变观念,走集团化发展道路,充分发挥各自设备、信息、人才、技术、资本、网络等优势,形成合力,发挥规模经济之效用。

(二)进行品牌扩张

第一,连锁经营的品牌扩张。在酒店已经初具"加盟连锁""租赁连锁""管理合同连锁"的一些主要共性特征的基础上,借鉴国际著名酒店管理公司的经验,进一步强化分品牌跨区域的连锁,确立"高效率、共享性、低成本"的竞争优势。第二,合资合作的品牌扩张。探索合资、合作的品牌扩张之路,与国际、国内大公司挂钩,直接进入国际大循环;或与港、澳企业建立经济联系,逐步进入国际大循环;或与国内实力公司联手,共同抵御外来竞争冲击。构建一个强势的品牌,有利于跻身于国际著名酒店管理公司行列。

(三)提升品牌质量

第一,提高服务品质。服务品质是指服务符合顾客要求的程度。在既定品牌理念的引领下,着力在服务设计质量和行为质量上下功夫,强化酒店的经营方向和服务产品及其质量控制标准的组合,不断提高员工的外在表现水准、对顾客的热情及对工作的忠诚等,牢固树立服务质量意识,将更多的宾客牢固地凝聚在品牌的旗帜下。第二,加强质量监控。健全现有的各类管理服务标准,进一步统一完善品牌的质量标准。通过多种渠道加强对酒店服务质量的检查考核,加强对体系内质量的监控,确保品牌所代表的服务质量的一致性和稳定性。服务质量是酒店品牌的基础,要创建中国酒店的国际品牌,就必须达到超越服务质量的国际水平。

(四)注重文化内涵

在现代社会,人们到酒店更多的是去寻求一种精神上的享受,这种能带来享受的根源就来自文化。从某种意义上来说,客人来到酒店消费,是购买文化、消费文化、享受文化。因此,对现代酒店而言,要研究文化性的产品,开展文化性的管理,创建文化性的品牌。注重酒店品牌建设中的文化内涵,一是要注重建筑设计上的文化性。建筑外形、色彩设计、照明设计、建筑材料选择、装饰风格和艺术品的选择布置均应有明确的文化主题作为基本的设计理念,并以此主题作为贯穿其中的纽带,使酒店外观建筑成为品牌文化的重要载体,充分展现具有特色的文化氛围。二是要注重营销活动的文化性,在产品设计和销售过程中,注重研究享受文化、宗教文化、时尚文化等,增强酒店产品和营销的文化内涵,寻求不同的文化卖点。三是要注重服务中的文化内涵,提高酒店从业人员的文化涵养,逐步从"佣人式"的服务转向"绅士式"的服务。

【同步思考】

国际著名酒店集团在我国的发展对我国本土酒店集团有哪些启示?

任务三 现代酒店信息化的基本内容

【任务布置】

(一)任务情景

锦江之星酒店作为国内知名的经济型连锁品牌,从 1997 年发展至今,公司旗下各品牌酒店总数已达 800 余家,分布在全国 31 个省、直辖市,178 个城市,客房总数超过 9 万间。与此同时,锦江之星同时管理着"金广快捷酒店、百时快捷、白玉兰酒店、锦江大厨"等各类子品牌。未来计划每年以 100 家新开店面的速度向外扩张。如此迅速强大的扩张背后,是什么支撑这家公司保持持续、稳健的运营状态?

大多数人对锦江之星的了解仅仅是入住后的服务感受,锦江之星的客房干净精致、设施简约,不张扬,不奢华。细致的服务中透露出锦江之星以客户为中心的服务理念。实际上,锦江之星的运营与锦江之星背后的信息化支撑系统密不可分。

据锦江之星 IT 总监梅烽介绍,在锦江之星的信息化架构中,有订单系统(CRS)、客户管理(CRM)、本地和中央的资产管理系统(PMS)、网站管理(WEB)、加盟伙伴管理(FMS)等诸多管理平台。

(二)要求

请同学们回答以下问题:

1. 什么是酒店信息化?

2. 为什么信息化建设能使酒店节省运营成本、提高运营质量,给顾客带来高质量服务呢?

3. 为什么说酒店信息化是我国现代酒店发展的必然趋势?

【任务实施】

伴随着信息技术的快速发展,全球信息化浪潮席卷了世界的每一个角落。毫无疑问,这股浪潮正在且必将继续对人类的思想观念和生活方式产生深远的影响。事实上,我国已经有越来越多的企业认识到,将企业信息化战略融入其总体发展战略,对提升其业务运作层次和企业的综合竞争能力是极其重要的。在酒店行业中,"酒店信息化"也正成为时下一个响当当的口号。

一、企业信息化概述

企业信息化实质上是将企业的生产过程、物料移动、事务处理、现金流动、客户交互等业务过程数字化,通过各种信息系统网络加工生成新的信息资源,提供给各层次的人们洞悉、观察各类动态业务中的一切信息,以作出有利于生产要素组合优化的决策,使企业资源合理配置,以使企业能适应瞬息万变的市场经济竞争环境,求得最大的经济效益。

企业信息化中企业以业务流程的优化和重构为基础,在一定的深度和广度上利用计算机技术、网络技术和数据库技术,控制和集成化管理企业生产经营活动中的各种信息,实现企业内外部信息的共享和有效利用,以提高企业的经济效益和市场竞争力。这涉及对企业管理理念的创新,管理流程的优化,管理团队的重组和管理手段的创新。

随着中国酒店业的蓬勃发展,越来越多的酒店使用信息技术来提高自身的管理水平,把中国的传统酒店与现代信息化管理有机地结合在一起,为酒店的做大、做强、管理规范化起到至关重要作用。酒店的管理目的是成本控制、运营控制,其最终结果表现为效率和效益。而要达到这一目的,管理数据的及时性、准确性、完整性、有效性是至关重要的,而这些特性恰恰是信息系统最重要的特点。

二、酒店信息化及其意义

(一)酒店信息化定义

酒店信息化是一个集计算机技术、信息技术、网络通信技术、数字语音技术、多媒体技术和酒店科学管理于一体的,以达到节省运营成本、提高运营质量、给顾客带来高质量服务的技术手段。

酒店信息化发展主要分为三大应用领域:

①为酒店管理者、决策者提供及时、准确地掌握酒店经营各个环节情况的信息技术。

②针对酒店的经营,为节省运营成本、提高运营质量和管理效率的信息化管理和控制技术。

③直接面对顾客所提供的信息化服务,如订房系统、点餐系统、餐费结算系统等。

(二)酒店信息化的意义

1. 提高酒店经济效益

借助现代科技的酒店内部多种管理信息系统,不仅可以降低酒店运营成本、提高管理效率、全面整合酒店资源,而且数字信息产品培植了酒店新的营业收入增长点。信息技术的使用,使得管理者可以随时掌握酒店的经营状况,增强各部门之间的协作,从而可以大大降低酒店人力资源成本。虽然酒店信息化是一项耗资巨大的系统工程,但它给酒店带来的总收益将远远超出其成本。

2. 强化核心竞争能力

信息时代互联网的发展和应用改变了酒店的营销方式、拓宽了营销领域、丰富了营销技术,如何借助网络的信息化平台开展酒店网络营销、开展有特色的服务、优化酒店管理的流程,成为酒店业竞争的新内容。酒店信息化建设的过程也是贯彻实施酒店管理理念的重要途径,谁先采用了先进的科技手段,谁就将增加自身的核心竞争力,谁就将抢占市场的先机。

回首中国酒店业科技应用的历史,科技不断给酒店业带来新的活力。网络预订系统可以跨全球进行房间预订,宽带网络让商务客人可以在房间里与客户随意交流,客房智能化的设计让客人感觉到了更为便捷的服务。今天,酒店业已经不再局限于传统的价格竞争,而是转变成了各酒店集团连锁品牌的树立和运用网络系统进行整体营销的竞争。在今后的几年中,酒店业的竞争将主要在智能化、信息化方面展开。

【相关链接】

数据化:数据代表着对某一件事物的描述,通过记录、分析、重组数据,实现对业务的指导。数据化的核心内涵是对大数据的深刻认识和本质利用。最直观的就是企业形形色色的报表和报告。

数字化:数字化就是把物理系统在计算机系统中仿真虚拟出来,在计算机系统里体现物理世界,利用数字技术驱动组织商业模式创新,驱动商业生态系统重构,驱动企业服务大变革。

信息化:信息的数字化。信息化是指建设计算机信息系统,将传统业务中的流程和数据通过信息系统来处理,通过将技术应用于个别资源或流程来提高效率。

智能化:智能化是指使对象具备灵敏准确的感知功能、正确的思维与判断功能、自适应的学习功能,以及行之有效的执行功能而进行的工作。智能化是从人工、自动到自主的过程。

数字化是形成产品数据的主要技术手段和方法。信息化是规范及管理业务的技术手段。前者为形成数据,后者为应用数据。智能化是信息化、数字化、数据化最终的目标,也是发展的必然趋势。数字化是推进信息化的最好方法,数字化带来了数据化。数据化是将数字化的信息进行条理化,通过智能分析、多维分析、查询回溯,为决策提供有力的数据支撑。通过数字技术的深入运用,构建一个全感知、全链接、全场景、全智能的数字世界,进而优化再造物理世界的业务,对传统管理模式、业务模式、商业模式进行创新和重塑,实现业务成功。

三、酒店信息化实施范围

根据现状,要想实现酒店信息化,就要先具备数据采集、信息保存、信息处理、传输控制等信息处理能力,这将成为酒店信息化管理和办公自动化的重要基础。从前台客人入住登记、结账到后台的财务管理系统、人事管理系统、采购管理系统、仓库管理系统都将与智能管理系统连接融合,构成一套完整的酒店信息化科学体系。不同类别、不同管理模式的酒店需求是不同的,如何根据不同的酒店需求为酒店提供合适的信息化系统,对酒店科技配套也是一项挑战。

信息化的实质就是将酒店的对客服务、物料移动、事务处理、现金流动、客户关系等业务过程数字化、标准化。网络信息技术在旅游酒店中的广泛运用,使得旅游酒店无论是在内部管理还是在外部营销等方面都发生了显著的变化。其覆盖的范围主要有:

第一,硬件设施智能化。硬件设施是涉外旅游酒店星级评定的一个重要指标。随着信息技术的快速发展,电子化、智能化、网络化的先进设施设备开始出现在现代化酒店内。磁卡锁、IC卡锁、感应卡锁、指纹触摸锁等各种交互性更高,含有高新技术的电子门锁取代了以往的弹子机械锁。

第二,销代环节、过程简约化。在网络技术还没有出现以前,旅游者的需求满足过程要通过"旅游代理商—零代商—批发商,设计与生产服务产品—组团社—接待社—酒店—旅游者"这样一个相当长的流通环节。以Internet为代表的IT,极大地减少了旅游者与旅游厂商(旅行社、酒店)之间的信息传递时间与费用,旅游服务从需求的产生到满足之间的环节减少。典型的例子是"旅游者(通过网络)提出需求—酒店设计提供相应服务—旅游者—评价"。又如,酒店通过餐饮管理软件在从点菜、厨房分单到条码划菜、结账等环节全方位、智能化管理的基础上,又开始采用掌上无线点菜系统,使1~3名服务员就可以准确无误地完成20张餐桌原先需要6~10人的工作,使得服务流程简化,减少了跑漏。这不仅大大降低了人力成本,还大大提高了工作效率。

第三,预订系统多元化、一体化。目前CRS、CDS与万联网销代在酒店业成三足鼎立之态势。随着信息技术的不断完善,三者最终将连为一体。CDS 接纳集团酒店的 CRS 和其他中介预订组织,参与酒店客房的分销。旅游者对酒店的预订在经过 CDS 的数据处理后,进入酒店集团各自的预订系统,然后转发至被预订酒店。万联网的飞速发展与普及使得旅游电子商务出现迅速增长的势头。CDS 在继续保持原先的分销渠道和供应商的同时,积极开拓网上市场,开发自己与顾客直接联系的渠道,或者与万联网服务供应商建立伙伴关系。

第四,对客服务个性化。互联网高速化、互动式的特点,改变了酒店过去受空间、时间限制的服务方式和服务效率。过去许多需要中间商诸如旅行社、航空公司的介入才能完成的工作,现在可以通过酒店的信息管理系统来完成。一方面这使得旅游者有了更充分的信息来源,客人选择酒店产品的范围和权利大大提高。另一方面,酒店从中获得了更强大的信息处理和传输能力,可以更加深入、细致地进行市场调研和市场细分,建立详细的客户档案,记录曾经接待过的每一位客人在房间类型、朝向、餐饮口味等各方面的禁忌或是偏好,从而可以不受空间、时间限制及时满足消费的个性化、特殊化的需求,实现"一对一"的特定营销。

第五,市场竞争全球化。信息技术的迅猛发展使旅游酒店业在全球范围内面临更加激烈的竞争。万联网的开放性、国际性和多媒体性使得酒店的经营范围扩展到全球。电子商务扩大了酒店业的竞争领域,使企业从常规的广告竞争、促销手段、产品设计等领域的竞争扩大到无形的虚拟竞争空间,这也为酒店提供了一个更为广阔、更具潜力的竞争领域。

四、酒店信息化建设的内容

信息化建设就是从信息化平台入手,通过引入先进的计算机管理软件,整合、再造生产经营的管理流程,实现物流、资金流、信息流和工作流的集成,全力提升酒店管理的效率和效益。主要内容包括:

①建立完善的信息管理系统,完成管理软件的升级以及软件的整合。从下图中我们看出:酒店信息管理系统包括前台、后台、扩充和接口四个系统,通过各系统的纵横连接,形成信息化管理系统的基本模式和结构(图 7.2)。

②实现办公自动化,以高科技手段强化管理,实现整个酒店信息交换的电子化,整合酒店资源,实现优势互补。

③做好网站的建设,使网站成为行业资讯丰富、功能完善的专业化网站。开通电子邮件服务,提供电子预订、电子结账等功能,为客户提供完善、方便的在线服务;定期刷新网页,及时宣传酒店营销策略、新闻动态,实现互动式的营销模式,同时完善网络安全机制。

④必须建立互动的、扁平化、网络化组织结构。加强组织间的横向联系,在酒店内部做到即时信息、即时决策,减少中间环节,对市场和客户做出即时反应。

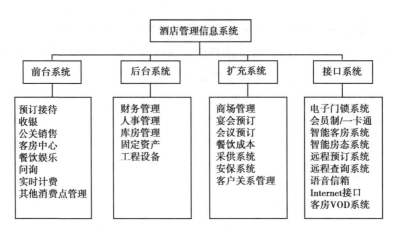

图7.2 酒店管理信息系统包括的四个子系统

【相关链接】

科技助力君澜酒店集团信息化建设一体化平台

作为国内酒店 10 强,全球酒店 100 强,君澜酒店集团于 2013 年 5 月进行了改制,对旗下三大品牌 50 余家酒店开始进行集团化管理。从那时起,君澜的信息化建设也走上了全局化部署和一体化构想的道路。

在君澜酒店集团 CIO(首席信息官)高建飞看来,目前国内酒店特别是连锁酒店集团及多品牌酒店管理公司管理的各家酒店应用不同品牌的信息化系统,给酒店经营和管理带来了很多弊端。例如,系统不统一,数据不集中,集团和酒店管控、分析、决策无法有效实现或效率不高;PMS 系统不同,会影响整体营销策划、品牌推广、渠道直连、会员共享等提高酒店营收等经营活动的开展。因此,信息化建设,必须依托一体化平台才是正道,一体化是酒店信息化平台未来发展的必然趋势。

高建飞对君澜的信息化未来,有着大平台、一体化的宏大构想。按照他的构想,君澜三个品牌的所有酒店都将纳入一体化平台的设计中,而酒店运作及管理过程中必须应用的其他信息化系统比如 CRS、CRM、PMS、财务系统、供应链系统、OA 系统、人力资源系统等等,也都将统一整合进去。这样的整合与创新改造无疑是一个浩大的工程,因此,借用高总的话:在平台理念和一体化设计的基础上,要借助各个供应商各自的优势,各方协同作战、优势互补,建立战略性合作关系,共同开发。这样的构想与合作模式,在国内来说具有极大的开创性,相信一定会对国内酒店的信息化建设及酒店软件研发的格局产生不小的影响。

国内酒店信息化建设过程中面临着一些问题,而想要像君澜一样自主研发一体化平台,所需要的投入是巨大的,这对于中小型酒店而言是不可行的。同时,国际性的大品牌研发商诸如 Opera、Info、Fedelio 等的软件大多费用昂贵,并且实现一体化过程中每一次接口都要收取一笔不菲的费用,这对大规模的改造或应用都会带来极大的成本。但随着互联网特别是移动互联网的发展,移动智能设备层出不穷带来的前所未有的住客行为的改变及需求的改变,为酒店业提出了新的时代挑战。没有强有力的信息化平台为后盾,酒店很难在互联网时代俘获客人的芳心,谋得一席之地。因此,君澜的一体化平台有无限可能的未来。比如,允许其他酒店品牌租用,为其他酒店免费开放接口,等等。

这是一个一切皆有可能的时代,也是一个资源整合的时代,更是一个跨界合作优势互补以获取多方共赢的时代。在这样的时代,敢于创新、勇于突破,打破传统思维模式,将全新的理念践行到酒店的实际管理和运营中,迎接时代的挑战,是值得让人称赞的一件事。

如高建飞所言,酒店信息化建设,打造和应用一体化平台,是未来发展的必然趋势。让我们拭目以待。

五、酒店业信息化发展历程

酒店行业信息化是较为垂直的应用细分领域,其发展如同其他领域信息化一样也经历了不断演进的过程,大体可以分为下列五个阶段:

(一)电算化阶段

早期的国外酒店业信息化应用主要是对酒店运行过程中的人流、物流、资金流和信息流进行计算机化的输入、存储、处理和输出,使员工可以利用系统来处理简单、琐碎、重复性的工作,如财务管理、客房管理等。这一阶段的信息化还停留于表层,与目前国内许多酒店业的实施应用现状类似。

(二)自动化阶段

随着计算机在智能楼宇控制自动化和酒店设施设备管理监控的应用,酒店宾馆设备运行管理的自动化逐步走向高层次信息化应用。如从暖通系统的监控、给排水系统监控、供配电与照明系统监控、火灾报警与消防联动控制等,发展成由中央管理站、各种 DDC 控制器及各类传感器、执行机构组成的能够完成多种控制及管理功能的智能化自动化控制系统。同时,这一阶段应用还使酒店办公业务自动化,实现文档信息方便、快捷、准确地传递和管理。

(三)网络化阶段

以互联网(Internet)和数字化经济为主要特征的信息化冲击,使网络化建设也成为酒店业整个信息化建设应用中的重要组成部分,于是以宽带高速数据网络为核心的"数字化酒店"(Cyber Hotel)也应运而生。"数字化酒店"其含义不仅仅是酒店有宽带接入线路,方便客人在酒店内域高速上网,还包含以下内容:在网上创建公司网站可供客户浏览,进行互动式的数据查询和客户自助服务功能,有市场销售、宣传推广、订房管理的功能;运行突破业务电算化功能的酒店管理 MIS 系统;以因特网为基础,方便员工的移动办公系统和面向社会的电子商务系统雏形。在这一阶段的应用重点是网络营销和网上实时订房业务。

(四)集成化阶段

为充分实现信息共享和持续上进的行业最佳业务规范(Best Practice),酒店业信息化步入了酒店流程再造的全新的集成化应用阶段。国际领先的应用经验是:三分软件七分实施。软件功能主要包括:宴会与销售管理、财务管理、人力资源管理、前台管理、餐饮和成本控制管理、工程设备管理、采购和仓库、客房服务、商业智能分析、远程数据库交换几大模块,各个模块之间无缝集成,同时还与多种酒店智能自动化系统如门锁管理系统等有接口。而七分实施主要是强调应用最佳行业业务规范进行酒店业务流程再造(BPR),将传统的组织结构向顾客导向的组织结构转变。

(五)协同化阶段

进入互联网新经济时代,酒店业信息化的新追求境界是在集成化基础上的协同化应用,酒店通过互联网搭建统一的信息应用平台将客户、酒店、员工、供应商、合作伙伴等各方联为一个整体以实现纵览全局的跨行业、跨组织、跨地区,实时在线的、端对端数据无缝交换的业务协同运作,其重点在于各方联为一体直接面向顾客提供个性化服务。

在酒店行业,不同规模和定位的酒店对其信息系统的选择以及其信息化的发展阶段不尽相同。全球国际大型酒店集团是酒店科技的引领者,其信息化正处于从网络化向协同化升级的发展阶段;中型酒店品牌及单体酒店大部分仍停留在网络化阶段,少量尝试通过云化、移动化等手段向协同化阶段升级。

【相关链接】

几年前,我们无法想象中国酒店产品是由这样看得见的坐席和看不见的网络销售出去的。酒店行业的用户习惯正在全面移动化、互联网化。调查数据显示,超过52%的旅游预订通过在线方式完成,单日酒店预订中65%的预订来自智能手机(图7.3)。

智库数据监测显示,2019年中国在线旅游市场交易规模达到4 737.7亿元,同比增长49.6%,中国旅游产业线上渗透率达到11.5%。

成立17年的国内老牌数据调研公司艾瑞发布了《2019中国在线住宿预订行业研究报告》。报告显示,2019年中国在线住宿预订市场交易额预计超2 700亿元,间夜规模预计达9.6亿间夜。

图7.3　在线旅游交易平台(OTA)

六、我国酒店信息化进程中仍需解决的一些问题

第一,信息化程度不均衡。就全球范围而言,中国及其他发展中国家酒店业的信息化进程要远远落后于欧美发达国家;就行业结构而言,低星级、经济型酒店的信息化进程要远远落后于高星级、商务型酒店。

第二,员工素质偏低,不能很好地跟上信息化的脚步。一些发展中国家,酒店从业人员的素质目前仍普遍比较低,不能很快适应信息化带来的新变化,也不能很好地掌握这些新技术,使用这些新设备。所以酒店需要帮助这部分员工尽快转变观念,通过培训等方式帮助他们尽快掌握这些信息技术、网络技术。

第三,还没有形成一支专业的信息网络管理队伍。建立信息网络系统,除了有行政组织机构外,还必须有一支精明强干的信息队伍。这支队伍的素质要求较高,要有一定的政策水平及旅游专业知识,更要具备计算机的应用能力和外语水平,要掌握一定的自然科学和社会科学的知识——对情报信息学、信息运作的规律和方法、信息管理等有一定的了解。但是目前中国很多酒店把信息网络管理这项复杂的系统工程简单地等同于计算机网络建设和维护,把这项工作简单地划归酒店"电脑房"统一管理,对其重要性和在酒店中的地位也缺乏足够的认识,所以这方面的工作还没有形成一支专门的、专业的、高素质的信息管理团队,要培养这样一支高水平的队伍,仍需相当一段艰苦的工作。

【相关链接】

PMS，即 Property Management System，直译为物业管理系统。酒店 PMS 系统是一个以计算机为工具，对酒店信息管理和处理的人机综合系统，它不但能准确及时地反映酒店业务的当前状态、房源状态，还能快速实现客人预订入住到财务对账等一系列操作；不但是一个数据统计的数据库，还能够提供各方面的报表，且利用数据进行统计分析，从而更有利于酒店的经营和管理。

目前国内主要 PMS 系统有石基、绿云、西软、众荟（中软好泰）、别样红、金天鹅、住哲、云掌柜、番茄来了、佳驰等（图 7.4—图 7.6）。国外主要 PMS 系统有 OPERA、Sabre 等。

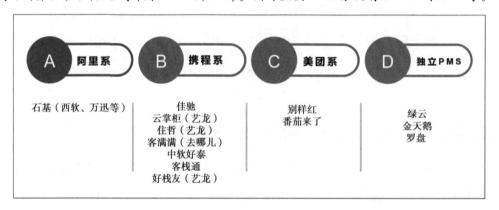

图 7.4　国内主要 PMS 系统品牌

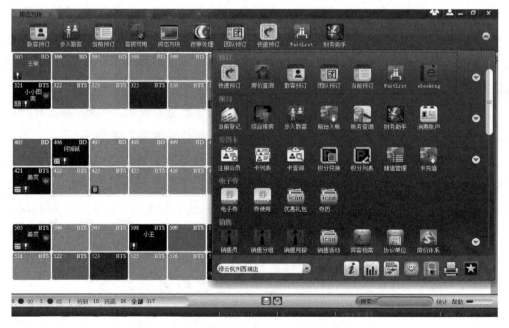

图 7.5　酒店管理 PMS 系统界面示例（绿云 ihotel）

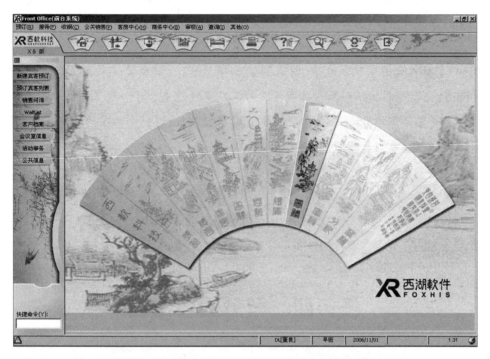

图 7.6　酒店管理 PMS 系统界面示例(西湖软件 Foxhis)

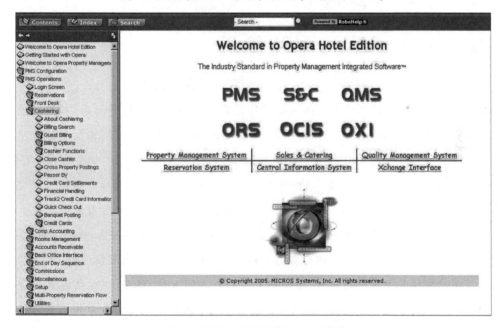

图 7.7　OPERA 系统由多个子系统组成

OPERA 系统是美国 MICROS 公司在 MICROS-Fidelio 系统的基础上开发的新版本,作为企业级软件解决方案,包含 OPERA 前台管理系统,OPERA 销售宴会系统、OPERA 物业业主管理系统、OPERA 工程管理系统,以及 OPERA 中央预定系统、OPERA 中央客户信息管理系统和 OPERA 收益管理系统等(图7.7)。其中 OPERA 前台管理系统(OPERA PMS)是其核心部分,它可以根据不同酒店之间运营的需求多样性来合理地设置系统以贴合酒店的实际运作。并且除单体酒店模式外,还提供多酒店模式,通过一个共享的数据库,为多个酒店进行数据存取甚至相互访问。

【同步思考】

为什么掌握 PMS 操作技能并理解 PMS 运作与酒店管理的关系对于酒店一线工作的员工而言是成为优秀酒店管理者的重要途径?

任务四　智慧酒店概述

【任务布置】

(一)任务情景

智慧酒店——未来酒店的发展方向

2014 年为"中国智慧旅游年",经河南省旅游局领导研究,将"智慧酒店"项目作为河南智慧旅游的重要组成部分来加速推动实施,由省旅游局信息中心与深圳盛阳科技有限公司合作进行项目推进。河南省旅游局下发通知,决定正式试点推广河南"智慧酒店"项目,使河南"智慧旅游"建设又迈出了坚实的一步。根据工作部署,省旅游局今年将引进并安排投入资金不低于5 000万元,对全省约50家四星级以上旅游星级饭店进行智慧化改造。

重庆首家智慧型商务酒店东衡格兰维酒店落户渝北区回兴工业园区,于2014年6月与市民见面。该酒店不仅采用先进的全覆盖无线网络,房间空调、灯光智能系统,写字台电子连接线及多功能插孔等常见功能外,还特别引进自助房间入住、退房系统,智慧客房导航系统,可视门禁系统,行政客房电器设备 IPAD 控制系统等国际先进高科技系统设备。酒店客人可在大堂、停车场、餐厅等地方通过终端设备和有效证件,自助登记房间办理入住、退房及制卡。酒店有关负责人称,该酒店更多科技人性化设备尚在安置与完善中。

IBM 提出"智慧酒店"四大解决方案。IBM 向酒店业客户提交了四大极具创新的解决方案:机房集中管理、桌面云、自助入住登记和退房以及无线入住登记和融合网络。针对酒店行业从运维、管理、客户服务到客户体验的具体需求,提供全方位的策略咨询、设计、集成和实施等一系列整合解决方案,为下一代酒店信息化建设提出新的标准和愿景。

电信提供四大服务助推"智慧酒店"信息化建设。针对北海市星级酒店、连锁酒店、酒店式公寓三种经营现状,中国电信将各酒店光纤宽带、酒店网关、信息化应用、智能终端进行整合,形成多功能数字化电子商务、多应用宽带互联、多元素信息化管理、多种类 IPTV 客房娱乐四大类服务助推"智慧酒店"信息化建设,整体解决方案成就酒店行业领航商海。此次巡展向各酒店全方位展示了移动化综合办公应用,进一步压缩酒店管理成本,提升酒店信息化应用水平,促进酒店生产经营管理科学化、网络化和智能化。

联通助力华住打造"智慧酒店"。华住将充分发挥旗下禧玥、全季、星程、汉庭、海友五大酒店品牌优势,以中国联通提供的综合信息化解决方案为技术支持,纳入酒店硬件的综合规划和服务内容中来,借此提升华住在酒店行业的核心竞争力。同时,中国联通将助力华住全面提高信息化服务水平、提升整体运营效率、创建优质服务环境、打造智慧酒店和智慧旅游。

在线旅行分销商与酒店的技术对接。开元酒店集团旗下所有酒店与中国最大在线旅行分销商——携程实现全面系统直连对接合作。在未来 3 年中,开元酒店集团将持续利用信息技术驱动业务发展,打造酒店行业智慧示范,实现数据营销精准化、酒店产品智能化、酒店服务全程化,为开元酒店集团发展提供"智慧引擎",助力智慧城市建设。

目前,一些高端酒店已经推出了完善的智慧酒店的解决方案。顾客可以在网上预约好房间,确认并通过网上银行缴纳押金后,便会收到房间号以及相应的口令和密码。当顾客到达之后,便可以通过口令和密码,登录智慧酒店系统,打开入住的房间门。在房间门打开的同时,系统会自动记录下入住时间,根据这个时间来进行入住宾馆的计费。

手机智能控制。三星 GALAXY S3 在酒店能当钥匙、遥控器、提供客房服务。入住时接待人员就会附上一支 GALAXY S3 给房客,因为 S3 是用来打开房门的钥匙,同时也是控制房间的遥控器,而且也是房间里的分机。

科技在进步,智慧酒店的建设也将永不停步,未来的酒店业与科技的联系必将更加密切。酒店要发展,还需与时俱进,紧随科技的步伐。科技改变世界,智慧点亮酒店!

(二)要求

请同学们回答以下问题:

1. 什么是智慧酒店?
2. 智慧酒店是不是现代酒店发展的最高形式?
3. 智慧酒店的发展会遇到怎样的问题呢?

【任务实施】

随着酒店日趋激烈的竞争和不断攀升的客户期望,酒店装潢、客房数量、房间设施等质量竞争和价格竞争将退居二线,迫使业内人士不断寻求扩大酒店销售、改进服务质量、降低管理成本和提升客户满意度的新法宝,以增强酒店的核心竞争力。其中最有效的手段就是大规模应用先进的信息化技术。变革传统意义上的酒店业竞争方式和经营管理模式,进而赢得新的竞争优势。因此,酒店的竞争将主要在智能化、个性化、信息化方面展开,智慧酒店悄然兴起。

随着移动互联网、物联网、云计算、无线传感技术、智能数据挖掘等新技术在诸多领域的广泛应用,近几年,智慧地球、智慧城市、智慧高速等智慧概念在不同行业已成为热门词,并很快转化为产业化、智慧化的建设行动,成为一些行业、企业转型升级或加速发展的首选途径。国内酒店业,特别是高星酒店,在经历了这几年宏观政策影响的痛楚后,更把智慧酒店建设作为摆脱困窘的一方良药。

一、智慧酒店的概念

智慧酒店是基于满足住客的个性化需求,提高酒店管理和服务的品质、效能和满意度,将互联网、物联网、无线通信技术等信息化与酒店经营、管理相融合的高端设计,是实现酒店资源和社会资源有效利用的管理变革。其突出了提供服务的人的行为,以及服务向智能服务的转变,服务过程更具智慧化。因此智慧酒店应以提高盈利水平,提升客人体验为目的,体现提高营收,节能降耗,减员增效之价值,依托设备、设施,实现智能化;依托人和各类技术,实现信息化。以人为本、以客户为本、以员工的利益为本、以企业的利益为本。

智慧酒店以互联网技术、通信技术和云服务技术为核心,融合传统酒店智能化的各个子系统,用遍布酒店的各类感知终端设备收集海量数据,通过统一的数据服务中心进行智能分析处理,并可调动公有云端的各类子服务系统集体决策协同,让用户随时随地以其喜欢的方式享受其需要的服务。智能化酒店能够以智慧的手段满足每一位用户的个性化需求,提供所有可感、可触、可享的高品质酒店服务。

随着中国经济的快速增长,旅游业日益受到高度重视,发展前景一片光明,酒店产业也是高速发展。但相比发达国家的酒店业,我国仍处于管理粗放的传统模式。尽管酒店业规模扩张仍然是许多国家和地区,尤其是新兴市场的主要特征;但从全球来看,酒店业的产业结构调整和升级已势在必行。

【相关链接】

　　智慧酒店建设隶属于智慧旅游,根据2012年5月10日北京市旅游发展委员会发布的《北京智慧酒店建设规范(试行)》条例,智慧酒店的表述是:运用物联网、云计算、移动互联网、信息智能终端等新一代信息技术,通过酒店内各类旅游信息的自动感知、及时传送和数据挖掘分析,实现酒店"食、住、行、游、购、娱"旅游六大要素的电子化、信息化和智能化,最终为宾客提供舒适便捷的体验和服务。

二、智慧酒店的特点

(一)智能化

　　区别于传统的人工服务手段,客户通过客房内的服务终端或一台IPAD或者一部手机,就可以实现对客房内所有设备的远程操控,甚至可以在线预定各种服务,真正享受到如影随形的全方位服务。

(二)个性化

　　满足用户的个性化需求,包括房间温湿度的喜好、偏爱的娱乐项目等,并将此信息记录在案。当用户再次入住,便可自动将房间温湿度设置为用户的习惯值,并优先推荐用户使用过的娱乐项目。

(三)信息化

　　实现信息的互联、互通。这不仅表现为酒店内部信息的流通,还要能达到和周边商区、旅游景点等衣食住行娱的各方面信息联动,为用户打造旅居一体的信息网。

　　一个智慧的酒店是可能完全满足用户在异地所有需求的,并且这种需求是人性化、个性化、习惯化的。同时通过资源的整合,可以演绎出多种运营模式,在提高用户满意度的同时,为酒店争取更多的盈利点。以客户角色的角度,客户需求主要围绕在住、行、吃、娱、购、游六大块。

三、智慧酒店实现的功能

　　酒店智能化是一个不断丰富、发展的领域。酒店作为直接面对客人提供服务的场所,应充分考虑个人隐私、个性化的需求,以及感受到高科技带来的舒适和便利。同时,酒店物耗、能耗、人员成本,也应考虑降到最低,创造效益。

（一）智能门禁系统

智能门禁安全管理系统是新型现代化安全管理系统，它集微机自动识别技术和现代安全管理措施于一体，涉及电子、机械、光学、计算机技术、通信技术和生物技术等诸多新技术。它是解决重要部门出入口实现安全防范管理的有效措施。

（二）智能取电开关

通过采集取电开关卡片信息进行插卡取电、拔卡断电功能，未经授权的卡，拒绝取电。

（三）交互视频体系

交互视频系统也经历了一个发展过程，5 年以前基本还是视频点播系统，起视频点播的作用。当时也有很多人希望在酒店行业里推广，这个技术不错，但是再过几年这个技术就落后了。从现在来看，视频点播只是现在视频交互技术的一个基础，而不是全部。许多酒店在淘汰楼层服务员之后，很多酒店的客人不适应，在这种情况之下，如果能够引进交互式的视频技术，既可以达到提高效率的目的，又可以实现管理成本的降低，更重要的是可以使酒店形成一个比较好的数字化品牌。

（四）电脑网络体系

入住酒店多为商旅人士，这个群体对电脑客房的需求率占 95%，而出行愿带笔记本电脑的客人仅占 10% 左右。客房需备有电脑网络功能，满足客人进行互联网冲浪、收发邮件、office 软件办公、QQ 聊天、股市行情、网上订票等需求。

（五）展示体系

展示体系分为两类，一类是向客人展示自己酒店的资料与服务，例如酒店的发展历程、分支网络、企业文化、酒店服务、特色菜系，方便客人了解；第二类是向客人展示当地的地方特产、风土人情等城市信息，节省客人查阅的时间。

（六）互动体系

互动体系即客人能够在客房内与前台服务员进行互动。例如前台服务员发布信息客人立刻就能在客房内查看，客人也可以在房间内进行点餐、订票、租车、退房等请求服务。

（七）信息查看体系

客人在房间内可实现信息查询，例如：天气、航班动态、列车时刻、轮船时刻、客车时刻、市区公交、高速路况、市区路况等。

四、智慧酒店部分功能展示

(一)VIP 客人到店提示(RFID 技术)

客人自动收到欢迎短信。服务人员立即收到 VIP 到店的提示短信,包括客人的姓名、性别、国籍、照片等信息。服务人员可以主动欢迎客人(图7.8)。

(二)无线无纸化入住/退房系统

可通过手持登记设备(TABLET PC)进行远程登记,无须在前台就能完成登记、身份辨识及信用卡付款。签名机及证件自动扫描仪无须人手录入,可大大提高客人办理入住的时间(图7.9)。

图 7.8　VIP 客人到店提示(RFID 技术)　　图 7.9　无线无纸化入住/退房系统

(三)客房智能导航系统

客人在电梯内刷卡,电脑自动将客人送至所入住的楼层。一出电梯,系统会自动感应您的房卡信息,指示牌可以指引宾客直达客房(图7.10)。

图 7.10　客房智慧导航系统　　　　　图 7.11　无线网络全覆盖

（四）无线网络覆盖

无线网络信号覆盖整个酒店，您可在酒店任何地点上网，休闲办公，轻松惬意（图7.11）。

（五）电视门禁系统

若在您不便应答的时候有人按门铃，门外的图像会主动跳到电视屏幕上。客房及洗手间安装自动应答遥控，当有人按门铃的时候客人在房间任何地方都可应答和开门（图7.12）。

（六）客房浴室音乐系统

拥有四个独立声道，分别用于播放饭店公共区域的背景音乐、客房专属音乐和客房电视正在播放的电视节目声音（图7.13）。

图7.12 电视门禁系统　　　　　　　图7.13 客房盥洗室音乐系统

（七）床头音响

每套床头音响都特制了 Ipad/Iphone 专用插孔，同时具备播放盒充电功能（图7.14）。

（八）床头耳机

安装在床头背板侧面的电视耳机插孔及放置在床头柜抽屉中的耳机，方便尚未就寝的同行者继续享受试听服务（图7.15）。

图7.14 床头音响　　　　　　　　图7.15 床头耳机

（九）电子营销/酒店展示

酒店销售、前台、餐厅、宴会等服务人员均可通过 IPAD 向客户展示酒店的设施设备,客房、餐饮及宴会的价格清单,了解酒店最新的优惠促销等。

【同步思考】

智慧酒店能为现代酒店经营与管理带来怎样的改变?

【知识归纳】

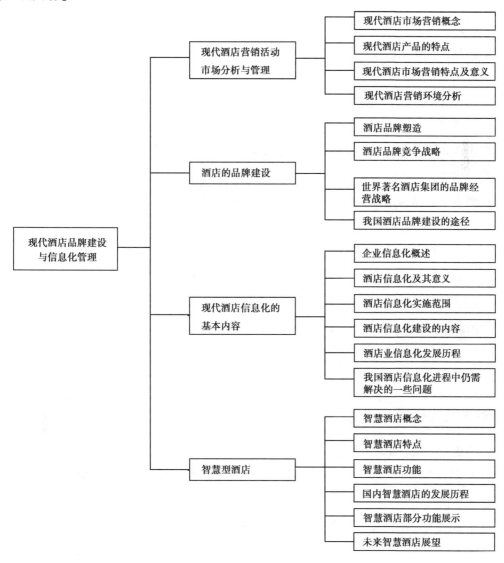

【思政要点】

信息化时代,互联网为信息传播和品牌宣传带来颠覆性的变化。2020 年国家网信办会同有关部门大力开展"自媒体"专项整治行动,特别是针对散布虚假信息、宣扬错误价值观、恶意营销予以严厉打击。请你结合时事政策,谈谈你对网络恶意营销危害性的认识。

【实践活动】

调查酒店信息化建设情况

实训目标:

学生根据所在地区对酒店的调查,了解酒店品牌建设情况。

实训组织:

在校企合作的酒店中进行认知实践。

实训任务:

组织调查所在地区的一家酒店品牌建设和推广情况,根据调查情况写出调查报告。

实训内容:

1. 调查酒店品牌建设的途径。

2. 访谈酒店管理者,了解酒店品牌故事。

3. 写出心得体会和调查报告。

实训指导:

组织学生到校外酒店进行认识实习,或者邀请酒店行业专家到校就酒店品牌建设情况举办讲座。

【同步测试】

一、不定项选择题

1. 酒店管理信息系统包括(　　　　)。

　　A. 前台系统　　　　　B. 后台系统　　　　　C. 扩充系统　　　　　D. 接口系统

2. 酒店信息化建设的主要内容包括(　　　　　)。

　　A. 建立完善的信息管理系统　　　　　　B. 实现办公自动化

　　C. 网站建设　　　　　　　　　　　　　D. 建立互动、扁平、网络化组织结构

3. 酒店业信息化发展历经了(　　　　)和协同化阶段。

A. 电算化阶段　　　　B. 自动化阶段　　　　C. 网络化阶段　　　　D. 集成化阶段

4. 智慧酒店以(　　　　)技术为核心。

A. 互联网技术　　　　B. 通信技术　　　　C. 云服务技术　　　　D. 存储技术

5. 智慧酒店的特点包括(　　　　)。

A. 智能化　　　　B. 个性化　　　　C. 信息化　　　　D. 商业化

二、业务题

班级自由分组,每组针对所熟悉的一家五星级酒店,开展酒店品牌公关活动的调研,经老师及学生集体评议,选出最好的酒店品牌推广方案。

项目八

民宿及其他

非标准住宿

【项目目标】

1. 熟悉民宿基础知识。
2. 掌握民宿产品的开发和管理。
3. 了解其他非标准住宿。

【项目实施】

【任务引例】

Airbnb 爱彼迎的诞生

2007年,住在美国旧金山的两位设计师——Brian Chesky 与 Joe Gebbia 正在为他们付不起房租而困扰。为了赚点外快,他们计划将阁楼出租出去。传统的做法是在 Craigslist 网站发帖子。"但我们不想这么干,因为在 Craigslist 发千篇一律的帖子会显得冷冰冰的,于是我们打算自己动手建一个网站。"当时城里正好举办一个设计展,周边的旅馆都被订满了。他们便很快搭建好了一个简易的网站,招徕开"家庭旅店"的生意。网站上包含地板上摆放的三张空气床垫的照片,以及供应家庭自制早餐服务的承诺。很快他们获得了3个租客,每位支付了80美元。一周后,他们开始陆续收到世界各地人们的电子邮件,询问何时能在世界其他热门旅游目的地享受这样的服务,包括布宜诺斯艾利斯、伦敦、日本。

他们于是将这一做法复制到其他大型集会,如 SXSW,并允许人们通过信用卡在线支付。在2008年美国民主党全国集会期间,奥巴马在科罗拉多州的丹佛发表十万人演说。当时全市只有三万余个旅馆房间,于是 Airbnb 适时地选择再度在公众面前高调曝光,一度获得了极高的流量和关注——尽管此后相当一段时间内又逐渐归于沉寂。

7年之后,当年的 Aired & Breakfast 已经成为了享誉全球的 Airbnb。其夜间租住的房间预订量甚至一举超过了酒店巨头希尔顿。11年过去了,Airbnb 网站在全球81 000多个城市列出了600多万套客房、公寓和住宅,这个数字超过了包括万豪、希尔顿、喜达屋在内的任何一个全球连锁酒店集团。2018年,《福布斯》杂志估计 Airbnb 的价值为310亿美元。

任务一　民宿基础

【任务布置】

（一）任务情景

浙江莫干山的"裸心谷"以上海市为主要目标客源市场，以"安静+自然+放松"的裸心生活休闲方式为意象，借助全渠道营销，特别是社交网络的传播营销，让裸心生活方式取得了巨大的成功。

裸心谷最成功的地方是改变了旅游者对民宿的认知，让去莫干山的旅游者并非为了去莫干山旅游而选择住宿，而是因为选择了民宿而去莫干山。

从"因为一座城，爱上一家民宿，入住一家民宿"，转变成"因为一家民宿，爱上一座城，来到一座城"。

（二）要求

请同学们回答以下问题：

1. 你如何理解民宿？

2. 如果你创业开一家民宿，你准备怎样吸引客人？

3. 请你谈谈对"因为一座城，爱上一家民宿，入住一家民宿"，转变成"因为一家民宿，爱上一座城，来到一座城"这句话的理解？

【任务实施】

一、民宿的起源

（一）"朝圣说"和"贵族休闲说"

"朝圣说"认为民宿最早起源于欧洲朝圣之路。欧洲朝圣之路始于比利牛斯山脉，终于天主教三大圣地之一的圣地亚哥，全长800千米，贯穿西班牙北部。

"贵族休闲说"则认为民宿之经营可追溯至18世纪的欧洲的法国贵族式农村休闲度假行为，当时的法国贵族十分青睐乡村田间休闲娱乐生活，喜欢去偏远的郊区或者农村去休闲度假或者狩猎。

（二）我国民宿的早期形式

农家乐、家庭旅馆、客栈等乡村住宿形态这种说法其实也是基于人类远行的食和宿两个环节,与国外专家的看法具有异曲同工之妙。按照这种思维逻辑来看,中国的民宿起源更早了,中国客栈,甚至是驿站早就具备这些功能。

二、民宿的发展

社会的发展往往直接取决于社会经济发展、技术进步和人们需求三个维度,同时受文化背景影响较大,直接综合表现为人们的选择。民宿的发展也不例外,它始终与人们的需求密切相关,是社会经济、文化背景、技术发展程度和旅游者需求共同作用的结果。

近现代民宿的产生和全面发展起始于第二次世界大战时期,民宿的相关名称这个时候在欧美和日本等国开始慢慢形成。

第二次世界大战后,民宿就成为其振兴乡村经济的主要手段之一。通过鼓励当地农户利用自用住宅空闲的房间,或将闲置的农业设施(如谷仓、牛舍、猪舍)改造再利用发展民宿,提供农庄民宿补助款及其他多角化的经营措施,来对农村产业进行升级。当地的农民则是想通过经营民宿的方式来增加收入,补贴家用;对于城市居民而言,则是为了欣赏与城市景观迥异的田园风光,只能就近住当地农户家里。直到目前,欧美人外出旅游的住宿方式中,农庄民宿及露营仍占很大比例。

在民宿发展的早期,其基础设施比较差,农户提供的产品有限,产品形式和内容比较单一,多为住宿、餐饮及向导服务,即"住宿+早餐"为主。

随着社会经济的发展、城市化的加剧,乡村休闲的理念和体验旅游的理念快速普及并被大家接受,越来越多的城市居民开始渴望走进乡村,感受农村的自然景观和民风民俗。为了满足旅游者的需求,乡村民宿开始转型升级,注重结合休闲农业来发展,从"住宿+早餐"的形式和内容向"住宿+餐饮+体验"的形式和内容转变,逐步完善相关的设施,提高休闲功能,为都市人提供闲暇时调剂身心与休闲游憩服务功能。民宿社交功能也开始得到重视,重视为旅游者营造温馨的、充满人情味的家的氛围,民宿与传统住宿业态的区别也越来越明显。

现在民宿的发展趋势正在逐步地服务场景化,就是依托于现代网络技术和智能技术以及虚拟技术,以旅游者休闲体验需求为核心,根据民宿所在地自然、文化旅游资源,深入挖掘民宿产品,使民宿走上更加具有个性化的、讲究情怀、有温度的发展道路。

【相关链接】

①2015年10月底到2016年9月底,大陆登记民宿客栈数量从42 658家增加到48 070家,不足一年时间增加了5 412家。

②截至2015年底,民宿从业人员近100万人,市场规模达200亿元,到2020年大陆民

宿行业营业收入将达到 360 亿元。

③2019 年 7 月《旅游民宿基本要求与评价》(LB/T 065—2019)发布。

三、民宿的定义

民宿是指利用自用住宅空闲房间,结合当地人文、自然景观,生态、环境资源及农林渔牧生产活动,为外出郊游或远行的旅客提供个性化住宿场所。除了一般常见的饭店以及旅社之外,其他可以提供旅客住宿的地方,例如民宅、休闲中心、农庄、农舍、牧场等,都可以归纳成民宿类。而民宿的产生是必然的,并不偶发于日本或中国台湾,世界各地都可看到类似性质的服务,民宿这个名字,在世界各国会因环境与文化生活不同而略有差异,欧陆方面多是采用农庄式民宿(Accommodation in the Farm)经营,让一般旅客能够舒适地享受农庄式田园生活环境,体验农庄生活;加拿大则是采用假日农庄(Vacation Farm)的模式,提供一般民宅,假日可以享受农田生活;美国则多见居家式民宿(Homestay)或青年旅舍(Hostel),不刻意布置的居家住宿,是价格相对酒店便宜的住宿选择;英国则惯称 Bed and Breakfast (B&B),按字面解释,意谓提供睡觉的地方以及简单早餐,索费大多每人每晚约二三十英镑,视星级而定,当然价格会比一般旅馆便宜许多。

每个国家政府的定义更具有代表意义。因此,我们采用文化和旅游部的定义:利用当地民居等相关闲置资源,经营用客房不超过 4 层、建筑面积不超过 800 平方米,主人参与接待,为游客提供体验当地自然、文化与生产生活方式的小型住宿设施。

四、民宿本质与特征

(一)民宿与客栈、酒店的比较

1. 民宿与客栈、酒店相似之处

①从性质的角度来看,三者都具有商业属性。民宿、客栈和酒店都是出于获得经济报酬的目的,出租自己现有的房屋空间资源和相应的设施资源以及相关的服务,除利用自己部分空闲住宅的民宿属于半商品外,大部分的民宿和客栈以及酒店都是完全的商品。

②从目的和运行方式来看,三者都是以交易为目的,其运营均是围绕着消费者需求来展开的。为了能够交易成功,均需要进行不断的营销。为了获得最高的经济回报,使自身经济利益最大化,都需要不断努力,提高产品质量,尽最大可能满足消费者的需求和旅游服务体验,争取让消费者满意度最高,让自己的"房间"以最佳价格的价格销售出去。

③从使用功能的角度来看,三者也比较相似。主要的服务对象都是入住的旅游者,为其提供一个舒适安静的场所;功能布局也都比较类似,都有餐厅,厨房,客房等主要空间;主要提供的都是住宿和餐饮两大类服务,都是以建筑本身作为载体,通过向人们出售建筑中

某些空间的使用功能以及餐饮来获取主要收益。

④从空间私密性的角度来看,三者比较一致,公共空间和私密空间之间有着比较明确的界限,其中私密空间大部分指的都是给住客所用的卧室及其附属空间;公共空间也即是提供给人们交流或者进行其他公共活动的集散地。

⑤从建筑风貌的角度来讲,民宿和客栈比较近似,都强调尊重和传承当地文化,保持和延续具有地域特色的建筑文化,如果做到这一点,可以大幅度增加两者额外文化附加价值。同时,两者都强调和重视让消费者能够深度体验当地的文化特色,并为之提供体验服务。

⑥从管理的角度来看,三者彼此之间也有比较多的相同点,例如,都需要有实名制入住的登记管理处,也都需要为旅客提供一部分服务的人,且都是以自身比较优越的条件来吸引住客。

2. 民宿与客栈、酒店的差异

①从规模上来看,民宿的体量比较小,主要是房间数量比较少且建筑面积不大;酒店的规模比较大,没有限定其建筑面积,且酒店系列客房数量只有最低限制;客栈的体量没有明确的限定。

②从情感角度来看,民宿讲究“温度”,致力于轻松自在的“家庭氛围”营造,所以特别重视主人文化,强调和客人之间的生活交流,可以说“主人文化”是民宿的灵魂。酒店则没有“主人文化”,虽然酒店讲究“宾至如归”氛围的营造,但是强调的是服务热情,而不是情感交流,甚至从客观实际以及某些意义上讲,酒店也不允许与客人进行情感交流。

③从服务和管理角度来看,酒店讲究服务的标准化和程序化,每一个人就像一个独立的服务环节,每个人都是主要负责自己责任内的服务环节,除此之外的环节就不需要去承担。民宿的服务则讲究“规范而不规矩”,民宿的每一个人都不是一个固化服务环节,而是一个鲜活的、有温度的“家人”,会以朋友的身份为客人提供任何合理的、力所能及的帮助和建议,可以说是一个“全能型”的生命。虽然有些酒店针对高级客户推出了“管家制”,但是数量极少,不是酒店的主流。

④从建筑风貌角度来看,酒店强调的是现代化的钢筋水泥建筑,而民宿往往强调和当地的人文环境、自然环境相协调,或是尊重当地传统建筑风格,成为当地建筑文化的标志,或是与当地的自然环境和谐统一,在这一方面,客栈与民宿越来越具有一致性。

⑤从选址角度来看,酒店的选址范围更广,城市里、城郊、风景区等均有广泛的分布,而民宿则更加倾向于自然环境优美、人文风景独特、田园风光浓厚的地方。民宿与周边自然风光,生态环境或者是人文文化,历史传承具有比较紧密的联系。秀丽的自然风光,浓厚的历史文化可以催生当地的民宿并促进其发展,而民宿的发展也反作用于这些条件,对其起到表达,宣传推动和传承的作用。

⑥从体验性的角度讲,酒店更注重"住宿"的体验性,民宿则更注重休闲的体验性和参与性。

(二)民宿的特征

1. 规模小

房屋数量少,建筑面积不大。

2. 自用与经营相结合

利用自有空余房屋,提供给旅游者居住。

3. 地域文化特色明显

建筑风貌、庭院设计、装饰装潢、饮食小吃等突出地域文化特色。

4. 重视"家庭"氛围

规范而不规矩,自由、温馨。

五、民宿基本属性

(一)消费属性

这是由民宿最基本目的或者功能决定的。通过上面民宿与其他住宿业态的比较分析可以发现,民宿最基本、最原始的功能是住宿——这一人类最基本的生理和生活需求。这一功能的重要性在不同时期可能有所变化,但一直没有消失,而且一直发挥着重要作用,在有的情况下可能是主导作用。

(二)文化属性

民宿从外部建筑风貌到内部装修装饰都讲究当地文化属性,强调对当地文化进行传承和发掘,对当地文化继承和扬弃,对没有地方文化的民房进行改造,甚至是推倒重建。这是民宿的内在属性要求,也是民宿彰显特色的基础之一,是其他住宿业态所不重视或者不具备的。

(三)体验属性

人们选择入住民宿的目的就是想感受民宿主人的温度、地方的风土人情和田园风光,以及优美的自然环境。另外,从活动组织上看,民宿不仅有利用周边人文资源制作、品尝当地菜,参与当地农事生产、文化遗产手工制作和节事等活动,还有利用周边自然环境开展的团建、休闲娱乐等活动。

(四)社会属性

一是家庭氛围的营造,为了提高旅游者对民宿的感知和满意度,展示民宿的"温度",民宿主人总是想办法模拟家庭氛围,与旅游者积极地进行生活和兴趣爱好等方面的交流,给旅游者带来家一样的感受,旅游者感觉到民宿是"离家之后的另一个家"。另一个方面体现民宿社会属性的是民宿的功能不断发展演变。

六、民宿的分类

(一)按发展类别分类

1.传统民宿

传统民宿多以民间百姓的民居为依托改造而成。这类民宿在外观上基本保留原貌,内部进行适当的改造装修。它一般具有一定的历史年限,比较多地保存了当时当地的建筑风格和文化遗存,具有一定的历史文化价值和研究价值,是民宿当中的主流。

2.现代民宿

现代民宿以新建为主,一般依照当地的建筑风格辟地新建,也可移植域外名宅、名村,形成反差效应,增强吸引力。

(二)按地理位置分类

1.乡村民宿

乡村民宿分布在广大农村,具有比较浓厚的"村"味。也可以把建在城市或城郊的、按照乡村风格建设的民宿称为乡村民宿。

2.城市民宿

城市民宿坐落在城区。它可以是城中的古民居,也可以是城市居民利用自家空余房以家庭副业的形式对外接待客人的民房。

(三)按服务功能分类

1.单一服务型

单一服务型是指只提供住宿服务,此类民宿一般紧靠大型景区、旅游综合功能区和城市,因为所依托的区域旅游功能比较齐全,住宿以外的服务能够方便地得到解决。

2.综合服务型

综合服务型是指除住宿外,还能满足其他的服务需要,如餐饮等。有的民宿自身就是旅游吸引物,除解决吃住外,本身还有观光休闲养生等功能。

(四)按规模分类

1.居家散落型

这类民宿的主要功能是居家,即房屋主人还住在该处,在满足居家条件的前提下,把多余的房间整理出来做接待客人用。其特点一是家庭味浓,跟房主家人住在一起,过的是家庭化的生活;二是接地气,住的是真正的百姓家,能更好地了解当地的民风民俗,了解、融入百姓的生活,使旅游更具体验性;三是服务家庭化,住在百姓家里,每个家庭成员都有可能是服务员;四是无规则,分散布局,星星点点散落在村庄里、街道上。

2.单独打造型

一两户人家择一合适的地点建造几栋民宅打造成民宿。这类民宿多见于交通要道旁,以提供特色餐饮为主,兼作住宿。往往功能比较齐全,除食宿外,还注意环境和景观的打造。

3.小簇集群型

把一个村庄、一条街道或者其中的一部分进行整体规划,连片打造成民宿。这类民宿主要依托的是古村古镇、民族地区。其特点是有规模、有特色,且管理比较完善。

4.连片新建型

即完全在一块新的土地上,规划建设成片的民宿。这类民宿有的移植国内外某一名村名镇异地打造,如深圳东部华侨城的茵特拉根小镇;有的是恢复已经消失了的历史名村名镇;有的是根据某一文化主线或某一特色资源打造的特色小镇。

(五)按层级分类

1.一般民宿

这类民宿主要以居家民宿即传统民宿为主,其特点是原始、朴实、真实。原始即原封不动地保留建筑物的原始状态;朴实即对民宿的外观、内饰不做或少做改变,把民居的本来面貌展现给游客;真实即如实地展示建筑风貌、特色,如实地展示原始的生活状态。

2.精品民宿

精品民宿主要体现在一个"精"字上。与一般民宿不同,它在保留原建筑物外观特色的基础上,对内部装饰会做较大的调整,体现一种"金包银"的状态。一是设计精,按照现代人的生活需求进行设计;二是用材精,在选材用料上讲求高档;三是特色精,体现当地的风俗,有文化底蕴。这种民宿的美感度、舒适度、享受度甚至胜过高星级宾馆。

3.潮流民宿

笔者把根据异国异地、名村名镇建设的、恢复重建的古村古镇和主题主线清晰的民宿归类为潮流民宿。一是它具有文化上的差异性,在此地可以领略体验异地、异国的风情风貌;二是它具有体系上、文化上的完整性,可以完整领略村镇的结构体系、建筑风格和文化风情风貌。这类民宿,往往是年轻人追逐潮流的目的地。

(六)按特色、特定体验分类

按特色、特定体验以满足顾客需要可分为多种类型,如农园民宿、海滨民宿、温泉民宿、运动民宿、传统建筑民宿、景观民宿、原住民部落民宿、艺术文化民宿、农业体验民宿、林业体验民宿、牧业体验民宿、渔业体验民宿、加工体验民宿、工艺体验民宿、自然体验民宿、民俗体验民宿、运动体验民宿、艺术体验型民宿、复古经营型民宿、赏景度假型民宿、农村体验型民宿。

【同步思考】

民宿的发展趋势是怎样的？

任务二　民宿产品的开发和管理

【任务布置】

（一）任务情景

过云山居位于被誉为"江南最后桃花源"的丽水市松阳县，海拔约650米，坐落在明清古村落西坑村最靠近山崖的绝佳位置。民宿三面山景，视野一览无余，过云山居的正对面便是过山谷，一年中超过150天呈现壮丽云海，且云海气势如虹，势若潮水奔腾，因此堪称江南最后的仙隐桃花源。过云山居视野奇佳，了无遮挡，推门就是一领V字形大峡谷。

这个由旧屋改造的民宿被称为"民宿奇迹"，就如同它的名字一般，云在这里没有距离感，当你躺在床上、坐在沙发上，只要你打开门窗，就会看到云海汹涌地向你扑过来。置身于云海变幻中，任何人都会情不自禁地"WOW"一声。如今过云山居早已成为国内入住率最高的精品民宿之一，一直保持几乎100%的入住率。而爆款入住率的原因和过云山居精准的选址建造不无关系。

过云山居的初始建筑是一栋20世纪90年代的水泥建筑和一栋老宅。内部结构封闭不通透，浪费了近在咫尺的云海。建造者选择把一楼全部打通，面朝云海的那堵墙，用大幅的落地玻璃窗代替，借景入室。入口的地方被命名为"小客厅"，客人可以坐在榻榻米上像一家人一样一起喝茶、看云。同时，公共空间正中是张长桌，可以容纳10~20人用餐。请来的大厨，每天用当季的松阳食材奉上创意法餐。二楼原来有室外走廊，里面全是不通风的房间，阴暗潮湿。建造者巧妙地将走廊换到了里面，两栋房子，八个房间，以壹、贰、叁，一直到捌来命名。每间房都有坐看云海的大露台，无须踮脚，就能吻一朵云。房间里，除了完美视野，还有超大浴缸，面朝山谷。

过云山居的室外空间占了一半，客栈内部的设计留白比较多，主要目的就是让住在这里的客人将更多的视线、更多的情感放在室外，和云在一起。户外则有两处露台，一处进门可见,留了一面夯土墙做云海的玄关。另一处露台大且开阔,原本是山体斜坡,搭建后凌驾在海拔高度650米之上,与云比肩。露台延伸部分做成了户外活动区域,特地辟出亲子活动区域。修建露台的时候,保留了斜坡上的几棵老银杏树,秋日黄叶铺地,树下饮茶、玩耍,都是风景。冬日漫山银白,耀眼日光散发着一圈圈光晕让人昏昏沉沉犹如梦境。如此美景,让人初次谋面就爱上,不舍得离开。

(二)要求

请同学们回答以下问题:

1. 什么是民宿产品?

2. 民宿产品如何开发才能吸引顾客?

3. 结合当地资源,谈谈你对民宿产品的构想。

【任务实施】

资源本身不是产品,民宿资源只有进行产品的包装和创意,经过民宿规划或者营销,进入市场的环节方是民宿产品。民宿产品是民宿活动的核心,民宿产品对民宿业的发展和民宿的成功经营都具有重要的现实意义。

一、民宿产品的概念

(一)民宿产品的定义

民宿产品是民宿消费者在民宿活动中所购买的物质产品、精神产品和服务的总和。

①民宿产品是商品。

②民宿产品的生产方式有开发和创造两种类型。

③民宿产品的功能是满足民宿需求。

④民宿产品临近的属概念是产品。

(二)民宿产品的特征

1. 综合性

民宿经营者提供给民宿消费者的民宿产品,是为了满足他们在民宿活动过程中的多方面需求,因此,民宿产品的综合性表现在它是由多种住宿设施、餐饮设施、民宿吸引物、活动项目及多项服务组成的混合性产品,它既包括精神的劳动产品,也包括非劳动产品,是一种综合性产品。

民宿活动的综合性和民宿消费者需求的多样性决定了民宿产品包含的内容较多,因此,在生产和经营民宿产品时要全面规划、协调各单项产品之间的比例关系。

2. 不可转移性

民宿产品的不可转移性还表现在产品销售后的所有权变更上。相对于一般的物质产品,民宿消费者支付货币后只获得了特定时间和地点上对民宿产品的暂时使用权,而不是永久性的所有权。民宿活动结束后,民宿消费者获得的是一段民宿经历,是在特定的时空中对民宿产品的消费,既无法转让,也无法出借。

民宿产品的不可转移性决定了民宿经营者应及时将民宿产品的信息传达给民宿消费者,加强宣传和促销活动,以吸引民宿消费者来到民宿目的地。

3. 无形性

民宿产品对于民宿消费者来说是民宿经历中所需要的全部服务,对于民宿来说则是借用一定的设施和条件所提供的全部服务。因此,只有当民宿消费者到达民宿享受到民宿服务时,才能感受到民宿产品的使用价值。这也说明民宿产品形象在民宿消费者行为决策中具有重要影响。另外,无形性还表现在民宿产品的价值和使用价值不是凝结在具体的物体上,而是凝结在无形的服务中。只有当民宿消费者在民宿中享受民宿服务时,才能认识到民宿产品使用价值的大小,也只有当民宿消费者消费民宿服务时,民宿产品的价值才真正得以实现。

4. 生产和消费的同步性

民宿产品的生产(经营)和消费往往发生在同一时空背景条件下,密不可分,二者往往是一个过程的两个方面:民宿产品在生产开始的同时消费也即刻启动,消费结束时生产也不再进行。这个特性使民宿产品与一般消费品表现出巨大的差异,并深刻地影响着民宿经营原则的建立和管理方式的选择。

首先,民宿产品的生产过程中,民宿消费者参与民宿产品生产过程的事实迫使民宿的经营者正视如何有效地引导消费者正确地扮演他们的角色,如何鼓励和支持他们参与民宿产品的生产过程(民宿的体验过程),如何确保他们获得足够的民宿经验以达成生产与消费过程的和谐进行。事实上,民宿所提供的追加利益越多,就越关注民宿消费者的参与过程。

其次,民宿从业人员与消费者的互动行为也严重地影响着民宿产品中所包含的服务的质量,以及民宿与住客的关系。客人的需要存在着自然的差异,对民宿产品的质量评价因人、因时、因地而异,这样,提供民宿服务的人员是否有足够的应变能力,以确保民宿服务能达到每一个民宿消费者所期望的质量水平就非常重要。民宿从业人员与消费者在沟通中出现的任何误会,所提供的服务有任何不可接受的缺陷,都可能影响民宿消费者对民宿产品的评价,甚至使民宿就此失去这位客人。

5. 不可储存性

由于民宿服务和民宿消费在时空上存在同一性,没有民宿消费者的购买和消费,以服务为核心的民宿产品就不会生产出来,因此,民宿产品不可能像其他有形产品那样,不断地生产并储存起来,留待以后销售。对民宿而言,民宿产品的效用和价值是不可储存的。民宿产品的效用和价值不仅固着在地点上,而且固着在时间上。因此,民宿必须十分关心自己产品的使用率,并想方设法地提高其使用率。这也是很多民宿对其产品实行差别定价,以及运用各种营销手段驾驭市场需求的根本原因。

6. 文化性

民宿消费者进行民宿活动,有一部分原因是为了满足精神文化方面的需求。民宿产品既然以满足民宿消费者的需要为其核心价值,其所包含的民宿活动、项目都渗透了文化的内涵,也就不难理解有些民宿产品包含了当地文化,这本身就是一种文化活动,因为只有在一定的文化背景之下,民宿消费者才会产生文化认同。同样,一定的民宿设施、民宿从业人员的服务,也蕴含民宿所在地的文化因素。在实践中,比较成功的民宿产品大多重视文化内涵发掘,激发了消费者内心深处的文化认同感,因此获得了成功。

二、民宿产品的开发

民宿产品的开发包括对民宿整体的规划和开发;对相关的民宿设施进行配套和完善;积极营造和谐、舒适的民宿服务氛围;设计开发具有代表性的、民宿独有的纪念品;对民宿活动项目的设计和优化组合。

(一)民宿开发条件

1. 主要条件

项目周边以及自身拥有极具吸引力的资源条件,包括自然资源和人文资源,能够吸引大量游客。人文资源是核心竞争力资源。民宿以家庭成员为主要生产单位,因此民宿主人的人文情怀和人文素养往往成为核心要素,也是传递真善美核心价值主张最好载体。民宿主人是民宿的魂,主人的个人魅力决定了民宿的魅力。修身养性齐家在民宿主人点滴间都能活灵活现地呈现在客户眼前。民宿的发展必须以"旅游+住宿+幸福体验"为核心内容,其中幸福体验包括了人文民俗、传统美食、历史掌故、美学修养、环保健康等。当然,除了人文资源,优美宜居的气候环境也是非常重要的,适合游客居住逗留。

2. 次要条件

①良好的区位条件,地处热门的旅游区、便利的交通路线上。

②鼓励性政策,政府对民宿项目的大力支持。

③巨大的客源市场,能满足民宿的发展需求。客户细分的原则,一是属地原则,即所拥有的核心资源决定了客户群体。二是吸附原则,即民宿的价值主张会聚集目标客户。

3.可选条件

民宿产品开发可以选择在旅游区旺季时或者住宿设施紧张的区域或者具有特色居民建筑群的区域。

（二）民宿开发模式

民宿开发主要包括四种模式,分别是自发型、协会型、政府主导型、开发商主导型等(表8.1)。

（三）民宿产品开发类型

民宿的开发运营,其核心命题一是提供深度的文化体验,二是提供日常化、生活化的幸福感,让旅客离开的时候,带走了故事和回忆。因此,民宿产品的开发一定不能局限于住宿和简单的餐饮,应该包含更多体验性的、日常化的产品。我们把民宿产品分为基本产品、特色产品、配套产品等。

1.基本产品

提供最基本的符合标准的住宿、餐饮服务,包括各种主题或者类型的民宿以及特色早餐。

2.特色产品

结合民宿主人的爱好,打造创意民宿的休闲体验活动,比如工艺品 DIY、休闲娱乐中心、音乐室、沙画制作、品茶等。

3.配套产品

一方面是副业产品,提供住宿以外的餐饮、购物、休闲等配套产品,比如咖啡厅、餐厅、特产销售等;另一方面是旅游产品,联合周边资源和景区打造主题旅游活动,比如农耕体验、垂钓、温泉浴、滑草、古建筑观光、景区游览等。

（四）民宿产品开发原则

1.区位品级是前提

区位是指主体所处的特定场所与空间。区位品级则是特定场所或空间各种条件因素的丰厚程度与能量大小。区位品级的高低直接影响到主体的市场覆盖能力、产品差异化吸引能力、品牌塑造能力、议价能力和可持续创新能力。因此,要从区位论的角度研究民宿。民宿的区位条件因素包括:

（1）气候因素

包括常年体感温度情况、季节反差程度、不适宜天气(如严寒、酷暑、台风、沙尘暴、雾霾、阴雨等)出现的概率与日数等。气候条件直接决定着民宿经营的淡旺季,影响经营效益。

表 8.1　民宿开发的模式

开发模式	开发方式	定位	资金来源	各利益主体的职责					典型案例
				本地居民	政府	协会	开发商	外来居民	
自发型	居民依托自家房屋自发开发民宿	副业	业主	开发、经营	管理、协调、推广	—	—	租赁开发/经营	丽江古城民宿
协会型	业主(村委)成立民宿协会,自行开发管理民宿,以服务入股	副业/主业	业主+协会+政府	开发、经营	引导、规范、协调	组织开发、管理、推广	—	—	桐庐民宿
政府主导型	政府统一引导当地居民改造自家房屋,开发民宿	副业/主业	业主+政府	开发、经营	编制规划规范,提升从业者素质,市场监管,营销推介,利益协调	—	—	租赁开发/经营	北戴河民宿
开发商主导型	开发商租赁或购买村落房屋,整体开发;独立或分散经营	主业	开发商	参与服务/经营	引导、规范、管理	—	开发+经营	二次开发/经营	较场尾、箩岭民宿

（2）自然环境因素

能否有效地放空身心、摆脱日常生活的羁绊是消费者选择民宿的重要标准。空气洁净程度、自然景观美感度以及植被多样性、风土人情独特性等要素，成为人们体验不同生活方式的重要内容，"水光潋滟晴方好，山色空蒙雨亦奇"是民宿最大的卖点。

（3）文化资源因素

所在地的风土人情、历史遗存、灵山古镇、风味特产等文化资源能否支撑人们以民宿为中心、点线交织，放射性出行，为放空的心灵注入更深层次的精神体验，决定着民宿产品多样性组合的丰富程度和风格品位。

（4）社区因素

所在地政府对待旅游业、住宿业的态度，相关政策、社区发展目标规划、土地、物业的基本情况；所在地居民对待外来者的态度、诚信水平、服务意识、基本修养与习惯，人力资源储备情况；交通通达性、其他基础设施完善情况等将制约民宿的建设、生存与发展。

区位品级高低决定着民宿未来市场的广度与深度，影响着民宿规模、投资大小、服务功能设置、预算决算、人力资源计划、品牌设计与推广等发展战略决策，更决定着民宿风格、产品设计、服务方式、市场营销方式等经营策略的制定，制约着民宿核心竞争力的培养和建设，必须慎之又慎。

2. 专业性是基础

专业性是指民宿建造、装修、经营管理与服务等方面所达到的专业化程度。要求民宿在设计、建设与运用过程中，高度关注地理位置、周边环境、交通可进入性、地方特色、物业基础、实际经营者文化素养、产品基本舒适度、互联网平台、宾客选择自由度等要素，其中每一要素又包含若干专业化要求。依据民宿特质，适应市场需求，注重产品的品质与系统的有效性能是民宿产品开发的专业性体现。也就是说，民宿的专业性体现在理性科学的市场定位、功能定位与特色定位；体现在产品配置的人体工程学水平；体现在艺术装饰对美学规律的遵从；体现在服务的温馨、亲切与趣味上。只有充分尊重人性需要，具有专业化意识，才能将住宿业安全、卫生、舒适、方便的基本特性与民宿特有的人气、地气、文气紧密结合，实现民宿市场美誉与经济效益的统一。

3. 个性化是动力

民宿作为一种特殊性住宿产品，消费者更加期待民宿产品的差异化和个性化特质。文化与功能交融，品位与服务齐晖是民宿市场竞争力的核心。但个性绝不是随意，从行业整体角度，需要不同的民宿企业呈现出不同的个性和特色，以满足多元化、多样性的市场需求，但对具体的民宿企业而言，个性来自民宿主人的文化痴迷和人文精神，可以通过四种途径得以实现：

①民宿主人对所在地风土人情具有浓厚的兴趣,有一定理解,为民宿产品开发找到了丰富的营养和素材。

②民宿主人拥有将所在地文化资源转化为具有市场吸引力产品的能力和眼光。市场化的思维、创新的意识与专业化的技能帮助民宿主人艺术地将文化元素转化为可感知、可触摸、可体验的硬软件产品,对文化独特的审美品位更给民宿产品打上深刻烙印,注入艺术性、时尚化的美学灵魂。

③民宿主人的文化分享热情。以"发烧友"的热度,以"朋友"的亲和力,以"说书人"的韵味向消费者讲述当地的风土人情,介绍民宿产品的美学思考,讲述民宿空间细节的隐喻趣味,从而使静态的民宿空间环境转化动态的产品,凸显特色。

④民宿主人在以宾客为中心理念的基础上,一方面通过硬件建设、软件设计体现出对宾客无微不至的关注与呵护;另一方面更体现在民宿每一位从业者对宾客发自内心的喜爱以及付出。

"一店一品"是民宿商品化的价值所在,"一宿一格"是消费者痴迷民宿产品的动力所在。

4.舒适性是保证

舒适性是一个复杂的动态概念,是指环境对人的刺激所引起的心理感受,因人、因时、因地而不同。就住宿业而言,环境包含硬件环境、服务环境和心理环境三个层次,提升民宿产品的舒适性必须关注这三个环境的建设。具体而言,即建设"八个一"关键环节:一种可依托的旅游资源与环境空间,一张舒适的床,一个能够松弛身体、放空大脑的热水澡,一顿可口、提神的早餐,一处充满芳香的交流空间或场所,一位充满魅力的民宿主人,一段可讲述的居留经历,一段令人回味的人生记忆。

冬有温庐,夏有凉荫,获行留之欢心,助行业之繁荣是中国住宿业对民宿这一新业态的基本要求,更是对民宿业未来发展的美好期许。

三、民宿产品的管理

(一)民宿接待管理

1.预订管理

客房预订业务是一项技术性很强的业务,为了确保客房预订工作的高效运行,服务人员必须建立科学的工作流程和操作规范。首先,在受理预订时,服务人员要热情接待,高效服务,给客人留下热情、友好、高效的形象,言语举止得当、精干利索、展现民宿的亲情和关怀。其次,在受理预订时,服务人员要规范细致,准确报价,并对预订受理与否给予明确答复,并将客人的订房要求填写在统一的客房预订单上,确保各项预订信息准确无误。第三,在受理预订后,民宿要恪守信誉,没有特殊情况下务必为客人保留预订的客房。

2. 入住管理

入住服务是民宿对客服务的一个关键环节,也是客人与民宿建立正式合法的租住关系的根本环节。通过接待服务,民宿可以有效获取住店客人的个人基本信息,了解客人的消费需求,更好地促进客房产品销售,保障民宿和客人合法权益。因此,做好入住管理意义重大。具体来说,应做好以下三个方面工作:

①要准确掌控客房状况。在民宿运营过程中,客房状况是不断更新变化的。因此,客房状态的实时掌控是入住管理的一项重要内容,也是接待业务顺利开展的前提和基础。

②要积极做好客房营销。积极向客人推销民宿的客房和其他产品是接待工作人员的重要职责。它不仅影响着客房的销售业绩和民宿的经济收益,还能够让客人更好地了解民宿的产品价值和特色,有效提升民宿的整体形象。

③要快速合理地为客人安排房间。迅速快捷的入住登记手续是每位住店客人的共同期望,也是民宿工作效率的直接体现。对此,接待人员不仅需要准确掌控每间客房的状况,更需要了解排房的基本技巧。总之,只有熟练地掌握了客房状况、排房技巧和艺术,才能快捷地为每位住店客人安排合适的房间。

3. 客账管理

客账工作的好坏,直接关系到民宿的经济效益。它不仅具有很强的专业性,而且具有很强的时间性,必须做到迅速、清楚、准确无误。具体来说,做好客账业务管理要做好以下三个方面的工作:

①要认真核算和整理客人消费账单,做好客账记录工作。客账记录是一项日常业务工作,必须做到账户清楚、转账迅速、记账准确。也就是说,民宿要为每一位住店客人建立个人账户,准确记录客人住店期间的一切费用,比如住宿、餐饮、伴手礼等,消费要及时入账,防止跑账、漏账、错账发生。

②要准确、快速地为离店客人办理结账手续,做好结账服务工作。民宿一般都采用离店一次性结账的收款方式,这样既能给客人带来方便,也大大减轻了工作人员的工作量,提高了工作效率。

③要做营业日报表的编制工作,及时反映民宿营业活动情况。营业日报表是全面反映民宿当日营业情况的业务报表,主要用于反映民宿营业情况及核对营业收入的依据。

4. 日常服务管理

接待人员除负责预订业务、接待业务和客账管理外,还承担着日常服务工作,比如迎送服务、行李服务、问讯服务、委托代办服务等。这些日常服务工作既是围绕客房销售工作而展开,也是整个民宿服务工作的重要组成部分。

迎送服务是指民宿为住店客人提供的迎接与欢送服务,主要包括店外迎送服务和店内迎送服务两个部分。因此,店外迎送服务既是民宿设立的一种配套服务,也是民宿根据自己的市场定位所做的一项促销工作。

(二)民宿客房管理

客房是民宿的核心产品,它不仅是民宿经济收入的主要来源,而且是带动其他经营活动的重要枢纽,客房管理好坏,不仅直接关系民宿产品的质量,而且直接影响到整个民宿的运行和管理。

民宿客房管理的主要工作任务是向客人提供一个安全、清洁、健康、舒适的休息环境。具体来说:

①做好安全保障和清洁卫生工作,为客人提供安全舒适的住宿环境。

②做好客房服务工作,为客人提供周到的配套服务。

③负责民宿各种布件的洗涤、熨烫和收发保管工作。

④注意客房设施设备的维护和保养,加强控制客房的物资消耗,降低客房成本费用。

(三)民宿餐饮管理

①调查了解目标市场客人的消费需求和饮食习惯,围绕民宿所在地文化和民宿特色不断开发餐饮新产品。

②抓好食品烹饪和加工工作,确保食品的安全和卫生。

③不断优化餐间服务,提高餐饮服务质量和水平。

④加强餐饮宣传与促销,增加餐饮营业收入。

⑤强化餐饮成本控制,提高餐饮盈利水平。

⑥强化员工培训,提升从业人员的行业技能和素质。

(四)民宿伴手礼管理

民宿伴手礼作为一种重要的在地文化呈现,已成为民宿产品的重要内容。伴随经济的发展,当今客人在民宿过程中的消费,越来越注重多元化的满足,民宿伴手礼并不是价值不菲的名贵产品,而是代表着送礼者的心意,是牵动人与人之间情感联系的桥梁。因此,民宿伴手礼在产品设计中,是一种兼具物质性与精神性的特殊产品,需要更多地关注在地文化的形式表达及消费者的情感需求。

(五)民宿活动管理

现代民宿是一种特殊的消费方式,其突出特点是消费类型的多元化、消费结构的多元化。客人外出除食宿等基本需求外,还需要文化娱乐、康体健身等各种体验项目,以便放松休闲,丰富精神生活。民宿活动设计在为民宿赢得客源市场,增加营业收入、带动相关消费、促进宣传与口碑、满足客人综合性的需要等方面起着不可或缺的作用。

随着人们休闲意识的增长和休闲活动的持续升温,任何一家民宿在规划和经营时,都应该根据自身情况和发展的需要,合理选择活动项目。一般来说,活动项目选择设计应遵循以下原则和依据:

①讲究经济效益和社会效益,即活动项目能够为民宿带来直接和间接经济效益,提升民宿品位档次和声誉。

②尽量满足民宿消费者正当需求,不提供违背社会主义精神文明的服务项目和内容。

③因地、因店、因时制宜,根据民宿的地理位置、投资能力、环境条件、客源市场需求和竞争状况来灵活选择设计活动项目。

④讲求特色,符合国内休闲业发展趋势。

⑤符合当地风俗和习惯,适合当地政治、经济、人文环境。

总之,民宿活动项目的设计必须符合民宿特点,保证活动项目的趣味性、文化性、艺术性、知识性和刺激性,不仅要让客人休闲娱乐,更要让客人在休闲娱乐中陶冶情操、丰富知识、提高情趣,满足精神文化消费需求。

【同步思考】

民宿产品的管理与酒店产品的管理有哪些相同和不同?

任务三　其他非标准住宿服务

【任务布置】

(一)任务情景

海南省海口市中天行假日海滩露营地

假日海滩露营地位于海口市西部,东起西秀海滩,西止五源河口,北临琼州海峡,南至滨海大道,中天行假日海滩露营地长约 1 千米,占地 50 亩,距海口市中心 11 千米,是具有热带海滨城市风光特点的休闲度假场所。露营地可划分为自驾房车停靠区、露营地房车住宿区、帐篷露营区、生活服务区、沙滩日浴区、海上娱乐区等功能区域。目前露营地拥有自行式房车 10 辆、拖挂式房车 32 辆,可满足 200 余名游客留宿。

假日海滩露营地环境清幽,层层高大的椰树遍布露营地的每个角落,浓郁的热带风情扑面而来。优美的绿植既可避免露营地游客被强烈的阳光晒伤,又与海洋一同使露营地空气清新凉爽宜人。被白色栅栏圈围的露营地房车住宿区,排排白色房车整齐地停放在椰树林中。房车前草坪地上沙滩椅、秋千、圆桌座椅面朝大海,为人们提供了理想的休息聊天场所。自行式 C 型房车周围设置有注水口、排污口、电源接口、烧烤架等,每个自行式房车住宿区面积约为 9 平方米;拖挂式 A 型房车旁边的集装箱内是电源、用水、电话、电视、网络接口,房车内清洁整齐,设施齐全,具备电视、电冰箱、音响、空调、冷热水淋浴、衣柜、橱柜、无线电视、网络、电话等。外表相同的拖挂式房车内部布局分为两类:两居式与一居式。

假日海滩露营地对外营业的服务有:水上世界、水上摩托艇、泳具租赁、冲浴中心、温泉宾馆、旅游工艺品商场、观海楼、饮品中心、音乐广场、沙滩排球场、沙滩足球场、烧烤园、椰林木屋、灯光篮球场等。

假日海滩露营地目前在国内还是独一无二的。海韵、阳光、椰树林,假日沙滩露营地是人们休闲度假、放松心情、释放压力的理想之地。

(二)要求

请同学们回答以下问题:

1. 旅游时你是否想尝试露营、房车等住宿形式?

2. 什么是非标准住宿? 有哪些业态?

【任务实施】

随着大众旅游和出行频率的提升,住宿需求也随之膨胀。与此同时,消费者对于住宿的需求日趋多样化,用户的住宿需求开始向更为个性化、经济化的细分市场延伸,促成房间向个性化发展。非标准住宿成为新兴市场广受关注,以民宿、服务公寓、乡村民居、度假木屋、房车营地、集装箱公寓、帐篷酒店、游艇为代表的非标准住宿广受欢迎。

一、非标准住宿的定义

非标准住宿,是有别于传统酒店,由个人业主、房源承租者或商业机构为旅游度假、商务出行及其他居住需求消费者提供的除床、卫浴外,更多个性化设施及服务的住宿选择,包括客栈、民宿、公寓、精品酒店、度假别墅、小木屋、帐篷、房车、集装箱等。非标准住宿产品具有房源更分散、单点房源量较少、单个房间产品更个性化、经营主体多元化、提供个性化设施及服务、相对依赖"互联网+"的特征。

与传统酒店不同,"非标准住宿"可以向用户提供更有意思的房间,更符合用户多样化的住房需求,更能满足当下消费主力军对于个性化的追求。

市场上有很多闲置的空房,而消费者已经从千篇一律的酒店客房走向个性化选择的道路。相同价格情况下,非标准住宿产品可以为消费者提供更多附加价值,如更大的空间、家用电器、免费机场接送等。

关于非标准住宿,在2015年中国酒店产业链资源整合高峰论坛上,去哪儿网副总裁张泽是这样说的:"这里我们提出一个概念叫'非标准住宿',到底什么是'非标准住宿',过去的标准酒店和个性化的酒店是有差异的。为什么它是非标的,它和传统的酒店已经有了明显的区别。"

二、非标准住宿的特点

(一)房源更分散

非标准住宿产品不完全是封闭式经营,同一经营主体经营的房源可能分散在同一栋楼的不同楼层、同一小区的不同楼、同一区域的不同小区。

(二)单点房源量较少

同一区域的房源在1~20间。

(三)产品更个性化

一般同一装修风格的房间量不多于20间,且每一间房间内都会有不同的装饰。

(四)经营主体多元化

包含了房屋业主、承租者等个人经营者及公司化运作的主体,中介机构等。

(五)提供个性化设施及服务

包括家用电器、厨房设备、城市导游等。

(六)依赖"互联网+"

管理方式、运营模式、销售渠道等需要通过"互联网+"来改变传统方式,促进行业发展。

【相关链接】

2015年11月,国务院办公厅印发《关于加快发展生活性服务业促进消费结构升级的指导意见》,提出十项具体任务目标,其中提及"积极发展绿色饭店、主题饭店、客栈民宿、短租公寓、长租公寓、有机餐饮、快餐团餐、特色餐饮、农家乐等满足广大人民群众消费需求的细分业态"。

2015—2017年非标住宿行业房源供应量稳步提升,三年间年均增速达5%,到2017年非标住宿行业房源供应量达521.6万个。

三、非标准住宿市场发展概述

随着大众旅游和出行频率的提升,住宿需求也随之膨胀。与此同时,消费者对于住宿的需求日趋多样化,用户的住宿需求开始向更为个性化、经济化的细分市场延伸,促成房间向个性化发展,客栈、民宿等非标准住宿产品成为用户多种住宿选择中的优选之一。在线非标准住宿垂直预订企业也如雨后春笋不断涌现。同时,线上预订方式也从单一的网站预订向满足碎片化需求的移动端预订发展。2015—2017年中国非标住宿行业市场规模爆发式增长,年复合增速达22%,到2017年中国非标住宿行业市场规模达234.88亿元,较2016年增长31.4%。

在旅游消费升级和旅游供给侧结构性改革的双重推动下,旅游住宿边界不断扩展,住宿业态更加多元化,非标住宿规模不断扩大。根据第三次经济普查数据和国家统计局数据推断,2017年中国非标住宿机构数量达8.8万家。数据显示,2016年我国在线旅游非标准住宿市场规模已达89.4亿元,占在线住宿市场规模的比例为7.1%,预计2017年,这一数字将达140亿元,占在线住宿市场规模比例将升至9.5%。随着游客越来越注重个性化休闲旅游,在旅游+互联网以及共享经济共同催生下,非标准住宿趋热,甚至变成旅游目的地。

随着旅游出行市场的壮大,选择住宿产品变得愈加重要。据了解,由于"互联网+"带来的便利性,目前越来越多的游客尝试选择不同于传统酒店的非标准住宿产品,同时越来越多的国内外企业也开始瞄准非标准住宿市场发力。不过,在满足"个性化"需求的基础上,非标住宿在配套服务、安全等方面存在的缺失与隐患也逐渐引发市场关注。在目前相应法律法规缺失的背景下,企业方面应加强平台自律,利用平台管理标准和约束机制对商户进行规范,并对发生安全问题的商户予以严厉处罚,从而最大限度保障消费者权益,引导非标住宿市场健康发展。

由于非标住宿不同于传统酒店业,其在服务水准、安全隐患排查、纠纷处理等方面也是参差不齐,影响了市场的健康发展。对于非标住宿类个人房源、中小客栈的监管,我国目前尚没有相应的法律法规进行规范,基本上主要靠市场诚信体系、文化基因等进行约束,一些个人房屋、小型酒店客栈规范度较差、安全隐患较多、服务意识欠佳,常常成为投诉重灾区。

非标准住宿产品总是被拿来与酒店客房产品做比较,然而两者的存在并不是对立的,非标准住宿不可能淘汰掉酒店产品。因为酒店所提供的高度标准化产品,也能满足一些特定的市场需求,同样具有其价值。

【相关链接】

2015年发布《休闲露营地建设与服务规范》(GB/T 31710—2015),2016年实施。

2018年11月15日,由国家信息中心分享经济研究中心牵头组织的共享住宿领域行业自律标准《共享住宿服务规范》在北京发布。

2018年6月1日实施的一项行业标准《农家乐住宿服务技术规范》是由重庆市万盛经济技术开发区黑山商会、黑山旅游度假区管委会、万盛经开区旅游发展委员会、重庆市万盛经开区质量技术监督局共同起草。

2019年7月3日,《旅游民宿基本要求与评价》(LB/T 065—2019)发布实施。2021年2

月 25 日,旅游行业标准《旅游民宿基本要求与评价》(LB/T 065—2019)第 1 号修改单经文化和旅游部批准,自发布之日起实施。

四、其他几种非标准住宿业态简介

(一)服务式公寓

服务式公寓是指为中长期商住客人提供一个完整、独立、具有自助式服务功能的住宿设施,其公寓客房由一个或多个卧室组成,并带有独立的起居室以及装备齐全的厨房和就餐区域。目前存在酒店式公寓、青年 SOHO、白领公寓、创业公寓等几种业态。服务式公寓的本质是酒店性质的物业,但却融合了酒店设施与家庭特色为一体,并提供低于酒店价格的中长期住宿服务。由于普通的酒店不会提供洗衣机、厨具等居家必备的电器,因此居家特色是服务式公寓与酒店的最大区别之一。

(二)房车营地

房车露营地是具有具体特征、突出功用的露营地的一支,它是针对房车使用者营建的,为他们提供车辆补给、提供人们休息的场地。房车露营地有多种类型,其具体装备设施也各有不同。

房车露营地在功能装备上可分为停靠式房车露营地与常规式房车露营地。

停靠式房车露营地仅具有提供房车内水源、电力等的设施,营地设施较为简单,通常还会有小型超市等提供房车使用者日常生活用品的小型超市。这种营地仅是作为人们旅程中点补给、短暂休息的场所,人们一般在那里最多停靠两三天。

常规式房车露营地规模就大多了,内可供数百辆房车停靠,具备房车露营区域、帐篷露营区域、运动休闲场地区域、商店餐厅洗浴等日常生活区域、小木屋别墅住宿区域等。这里的房车露营服务相当全面,人们在这里可以享受很好的服务。这种房车露营地在选址上有一定要求,一般是可以为人们提供休闲度假氛围的、具有一定风光娱乐的场地。这种露营地根据其所处地理位置可分为山地型营地、海岛型营地、湖畔型营地、海滨型营地、森林型营地、乡村型营地、城郊型营地。

(三)集装箱公寓

集装箱公寓是一种由集装箱改装而成的普通公寓楼。首幢集装箱公寓于 2013 年在英国正式投入使用。

(四)青年旅舍

青年旅舍又称青年旅馆、青年旅社。青年旅社以"安全、经济、卫生"为特点,接待对象以青少年为主。青年旅社以床位论价,一般一个床位收费为当地买一个快餐的价格,为三星级酒店房价的十分之一左右。室内设备简单,高低床、硬实的床垫和被褥,带锁的个人衣柜,使用集体浴室、洗手间。硬件要求结实、美观、实用、方便、洁净、以自助为主,备有洗衣机、自助餐厅等,还有康乐室、公共活动室等,青年人可根据自身特点组织各种文体活动。

（五）帐篷酒店

帐篷酒店是野外中露营住宿建筑,也是现今很流行的网红住宿,是专为度假村、旅游区、森林公园等提供的帐篷酒店,为露营带来了更好的体验,是比露营帐篷更高一级的住宿条件,有着优越的配套设施和布局,给人在住宿中带来美好的体验。

（六）日租别墅

目前短租别墅业务的经营者有两种:一种是大型度假酒店,另一种则是普通的别墅业主,将自己的别墅进行日租(短租)。

别墅基本上都比较豪华,建筑风格和普通住宅大不相同。一栋设备齐全的别墅,通常有温泉泡池、游泳池、麻将机、游戏机等设备,有的还能烧烤、打高尔夫。总之别墅风格有很多,可选项也很多,每一种风格都各具特色。

（七）游艇住宿

将豪华私人游艇运营成集"住、吃、游、娱"功能于一体的美宿产品,配套户外体验、娱乐拓展设施,为乐于探索与体验的消费群体打造新潮的休闲度假方式。

游艇就是"海上的别墅",它兼备了住宿、交通、娱乐的综合功能,为消费者提供了新的体验场景。

【同步思考】

非标准住宿需要有规范化的管理吗?

【知识归纳】

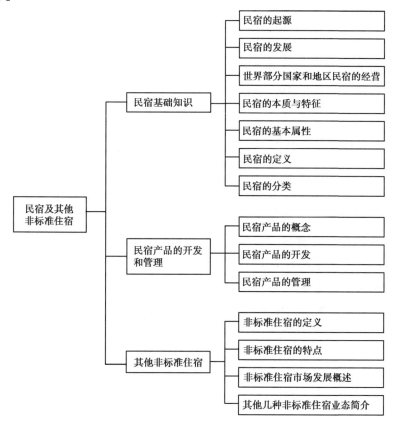

民宿及其他非标准住宿
- 民宿基础知识
  - 民宿的起源
  - 民宿的发展
  - 世界部分国家和地区民宿的经营
  - 民宿的本质与特征
  - 民宿的基本属性
  - 民宿的定义
  - 民宿的分类
- 民宿产品的开发和管理
  - 民宿产品的概念
  - 民宿产品的开发
  - 民宿产品的管理
- 其他非标准住宿
  - 非标准住宿的定义
  - 非标准住宿的特点
  - 非标准住宿市场发展概述
  - 其他几种非标准住宿业态简介

【思政要点】

结合国家乡村振兴战略背景下乡村民宿的大力发展,谈谈你如何理解"绿水青山就是金山银山"?

【实践活动】

走访乡村民宿

实训目标:

学生根据所在地区对美丽乡村示范村、乡村旅游示范村的调查,了解 1~2 家乡村民宿的基本情况。

实训组织:

见习认知、走访调查结合课外社会活动进行。

实训任务：

组织调查所在地区的 1～2 家乡村民宿，根据调查情况写出调查报告。

实训内容：

1. 调查 1～2 家乡村民宿的选址、开发方式、管理模式、市场定位等基本情况。

2. 访谈民宿主，了解筹建民宿要做哪些工作。

3. 写出心得体会和调查报告。

实训指导：

实地调查走访结合互联网搜集资料。

【同步测试】

1. 民宿、民居和农家乐三者的不同之处有哪些？

2. 民宿与客栈、酒店的相似之处有哪些？异处有哪些？

3. 民宿产品的定义包含哪几方面的内容？

4. 民宿产品有哪些特征？

5. 民宿产品的核心部分是什么？

模块 三

餐馆与饮食服务业

项目九

社会餐饮业

【项目目标】

> 1. 了解餐饮业的发展趋势及分类。
> 2. 掌握餐馆的运营方式。
> 3. 理解烹饪艺术。

【项目实施】

【项目引例】

小华的新任务

小华进入酒店工作以后,逐步了解了行业的相关情况以及管理方法,但是随着城市旅游行业的发展,他在接触到"国际接待业"这个概念之后,对与酒店相关的各产业产生了浓厚的兴趣。当他请教部门经理,学习了民宿相关知识后,餐饮部经理交给他一个任务:了解当地社会餐饮业发展情况,完成一份关于当地社会餐饮业的餐馆类型、特色、运营方式以及产品的调查报告。他不禁有些犯难,开始查阅资料,为完成调查报告做准备。那么,他应该怎样完成这个新任务呢?

任务一 餐饮业的发展趋势及分类

【任务布置】

(一)任务情景

2021 年中国餐饮行业市场现状

目前我国餐饮行业已进入成熟阶段,增长势头不减,整体水平逐年提升,综合水平和发展质量不断提高,发展步伐加快。历经多年的发展与市场竞争,中国餐饮业发展已经进入了投资主体多元化、经营业态多样化、经营模式连锁化和行业发展产业化的新阶段,中国餐饮业的发展势头持续强劲,发展前景更加看好。改革开放以来,随着中国经济的快速发展,生产能力和人民收入水平不断提高,中国从 20 世纪七八十年代的"吃饭难"到 90 年代的"吃饱",再到 21 世纪以来的不断追求吃特色、吃健康、吃营养、吃便捷、吃文化、吃休闲,中国餐饮行业伴随经济发展,不仅成为人民生活水平和消费能力提升的见证,也逐步成为扩内需、促消费、稳增长、惠民生的支柱产业。同时,随着"互联网+"突飞猛进的发展和普及,"互联网+"已成为一个时代趋势,餐饮行业成为线上互联网连接线下的最大入口。整个餐饮行业包括餐饮食材供应领域,互联网餐饮行业一站式交易平台的进入改变了传统的餐饮行业的发展,将传统的线下交易搬到了线上,加快了行业的流通和服务的普及。

(选自《中外食品》,2021-02-02)

(二)要求

请同学们回答以下问题:

1. 餐饮业定义范围是什么?

2. 餐饮业在接待业中处于什么地位,对酒店餐饮有什么影响?

【任务实施】

餐饮业是通过即时加工制作、商业销售和服务性劳动,向消费者专门提供各种酒水、食品的消费场所和设施的食品生产经营行业。根据《全部经济活动国际标准行业分类》的定义,餐饮业是指以商业营利为目的的餐饮服务机构。在我国,根据《国民经济行业分类注释》的定义,餐饮业是指在一定场所,对食物进行现场烹饪、调制,并出售给顾客主要供现场消费的服务活动。本章节的"社会餐饮业"是根据本书关于旅游接待服务业的定义和内涵来命名的,是相对"酒店餐饮"部门提出的"社会餐饮业"以及餐饮企业。

一、餐饮企业分类

餐饮业一直处在不断的变化中,除了餐饮服务工作场所的变化,消费者对食品的需求以及对食品安全的要求也在不断变化。现如今社会餐饮业通过各种不同的业态形式,为客人提供成千上万的不同食物和菜肴。我们了解餐饮业,需要首先了解餐饮企业的分类。根据国际普遍的餐饮业分类,依据服务特点的不同分为快餐店、自助餐厅和传统的餐厅(图9.1)。

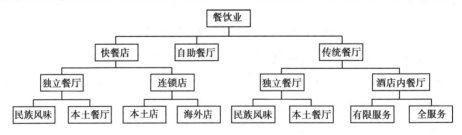

图9.1 餐饮业分类

我国国内餐饮业依据不同的标准,有不同的分类方法。按照国家标准化管理委员会颁布的《中华人民共和国餐饮企业的等级划分和评定标准》，根据餐饮企业建筑特点、设备设施条件、菜品质量、服务能力、管理水平、技术力量、食品安全和环境卫生状况将餐饮企业划分为五个等级：一钻级、二钻级、三钻级、四钻级和五钻级（包括白金钻级），具体评定标准和方法在此不赘述。

另外，为了方便督导以及判断，根据提供的食品和服务特点的不同，大致可将餐饮企业分为旅游饭店、餐厅、自助餐和快餐、饮品店及摊贩五大类，现将其餐饮的重要内容和特色分述如下。

（一）旅游饭店

旅游饭店的餐饮部，根据饭店的级别不同餐饮部提供的服务、食物等各有不同。高星级饭店的餐饮部以其高雅的格调、精美的餐具、世界的饮食观和完善的服务，吸引大量本地的客源。加上饭店的场地大、设备齐全、员工专业水准高，因此可同时兼具美食宴会、婚丧喜庆、展示会议等其他功能，充分发挥餐厅的边际效用，很大程度上引导餐饮业的潮流。

（二）餐厅

餐厅是指外出用餐客人用餐的场所。一般餐厅根据产品口味的不同，可分为中餐厅、西餐厅、日料店、韩餐厅等，当然随着消费者口味的多样化，现在还出现了无国界料理以及其他国家风味的餐厅。

其中，中餐厅在我国国内还是占据主要地位，中国幅员辽阔，民族多，基于地理、气候、风俗、民情、经济等因素，塑造了多样的文化性格，从而形成了各自独特的饮食习惯与极具特色的烹饪方法。各地口味各有不同，随地域而变化万端，各地区均形成自己独特的菜系，因此各地域中餐厅也各有特色，不一而足。川菜、粤菜、湘菜越来越受到消费者的欢迎。

西餐是我国人民和其他部分东方国家和地区的人民对西方国家菜点的统称，广义上讲，也可以说是对西方餐饮文化的统称。在餐饮市场中的西餐厅有提供牛排的餐馆，也有提供比较典型的西式菜肴的高档西餐厅，一般其上菜顺序大致是汤、沙拉、主菜、甜点及最后的饮料，这类餐厅普遍是提供全服务的餐厅。近年来，开始出现以不同地域为代表的西餐厅，比如意大利餐厅、西班牙餐厅、墨西哥餐厅、德国餐厅等，不断拓展"西餐厅"的产品范围。

（三）自助餐和快餐业

在我国，较多自助餐的宗旨是以低廉的价格快速供应营养丰富、菜式多样的饮食。自助式餐厅的雏形源自1891年美国密苏里州堪萨市的YWCA（基督教女青年会）。1893年汤姆逊在芝加哥购买一家餐厅，并且成功地引进这种服务观念，由顾客自主到餐台选取其所喜爱的食物，成为第一家自助式餐厅，同时也是第一家使用电动输送带及中心配给来控制食物供需的餐厅。在人工费用昂贵的现今社会,自助餐厅是不可避免的餐饮潮流趋势。

快餐店拥有各种制作"快餐"的设施设备,比如汉堡店、比萨店等。当快餐店引进我国以后,中式快餐也开始愈来愈受消费者喜爱,目前做得比较成功的中式快餐店有乡村基、老娘舅、蒸功夫等。当然,中式快餐由于中餐的地域性,具有一定的地域特点,比如乡村基在川渝一带发展壮大,而老娘舅则是在江浙一带盛行。

(四)饮品店

饮品店的市场如今也是大有发展,其销售形式包括传统的冰店,供应各式各样的冷饮,也有近年来风行的自动售货机,还有从国外引进的冰激凌店,提供较卫生、较昂贵的饮品,此外还有咖啡店、奶茶店、甜品店等。很多饮品店以高雅格调的装潢或是连锁的经营方式,呈现崭新的经营风貌。

(五)摊贩

摊贩是我国饮食文化的一部分。要了解中国饮食文化的特点,必先品尝街头摊贩小吃的美味。只要有人聚集处,就会有摊贩出现,而且大半的摊贩跟吃有关,这或许是和传统的"走到哪儿,吃到哪儿"的饮食习惯有关。市场里、公园旁、街口转角,摊贩可谓无所不在,无孔不入。供应的食物琳琅满目、应有尽有,充分利用极小的空间,用最少的人力、物力创造最大的利润,而其合理的价格和地点的方便性也广受消费者欢迎。

二、餐饮服务方式

根据餐厅的类型、提供服务的消费者的类型、消费者的用餐时间、预期的营业额、菜单种类、餐厅位置等多种因素,可以提供各种不同方式的餐饮服务。本章节讨论的服务方式主要分为餐桌服务、柜台服务、自助服务、外卖服务。

(一)餐桌服务

餐桌服务是餐饮业一种很常见的服务方式。餐桌服务可以很简单,也可以做到极度精致。一般来说就是由服务员提前摆好餐具,消费者入座后,由一位服务员提供点菜、上菜以及餐中服务;待顾客用餐结束以后再进行结账、清洁工作。在西餐服务中,餐桌服务又被分为四种不同形式的服务:美式服务、法式服务(银盘服务)、俄式服务以及英式服务(家庭式服务)。

美式服务主要是在厨房中对食物进行装盘,再把食物端送给顾客;服务员从客人左侧上菜,酒水饮料则从右侧上,撤盘一律从客右撤下。现代美式服务则都是右上右撤。特点是比较自由、快速、简单、大众化,目前我国中餐服务的餐桌服务多采用美式服务。

法式服务则相对精细,是一种非常豪华的服务,最能吸引顾客的注意力,给顾客的个人照顾较多。但是,法式服务要使用许多贵重餐具,需用餐车、旁桌,故西餐厅的空间利用率很低,同时还需要较多经过培训的专业服务人员以在客人面前展示制作和烹调(烹制、切割、火烤)。食物在厨房粗加工,然后用餐车送到客人桌旁,由高级厨师在客人面前完成最后的烹制,由助理厨师备菜、传菜和餐间服务。特点是典雅、庄重,周到细致,用餐费用昂贵。

俄式服务很大程度上受法式服务的影响,食物在厨房里制作完成并提前配好份数,为引人注目先摆放于大银盘中,由服务员完成整套服务程序,服务员端着大银盘分别向客人的餐盘中摆放,更适合于宴会服务。特点是菜食的量大、油性大,服务操作不如法式细致。

英式服务又称为家庭式服务,食物在厨房烹制好,但不分份,放在分菜碟上由服务员托进餐厅,站在顾客左侧,用右手将菜分到顾客餐盘。英式服务的气氛很活跃,也省人力,但节奏较慢,主要适用于宴会,很少在大众化的西餐厅里使用。

(二)柜台服务

提供柜台服务的餐厅厨房对外开放,厨房前设有柜台及座椅,柜台可以作餐桌使用。特点是供餐迅速,且让客人亲眼看到菜肴的制作过程。柜台服务也可以分为三种不同类型:一种是在柜台的传送带上摆放食物,以慢速循环运转,顾客坐在柜台旁,自取各自需要的食物,服务员只需要负责摆放食品,并且在顾客用餐结束之后按盘子的数量进行结账。这类餐厅较多出现在日料餐厅。第二种是顾客坐在柜台旁,根据供应的品种点菜。菜肴由厨师或服务员当场烹制,在这种餐厅里,顾客可以边聊天边欣赏厨师或服务员的表演,这类餐厅一般以提供风味小吃为主,目前在我国比较流行的铁板烧即属于此类。第三种是顾客到柜台点菜购买,然后装在盒子里带走,不在店内就餐。这类店虽也设置少量的餐桌椅,但属于快餐店。

(三)自助服务

自助服务主要是自助餐厅采用的服务方式,顾客需要从柜台或者自助餐厅取食物,为自己服务。此类服务的服务员只需要提前简单布置餐桌,负责补充自助餐台的食物,维持自助餐台的清洁,为客人提供必要的指引服务和收盘清洁服务即可。自助餐厅的餐台一般为直线型,便于顾客选取食物;每个区域会提供不同的菜品,普遍的自助餐厅分为菜品区和饮料区。自助服务使餐饮企业可以在有限的用餐经营时间内用更少的劳动力服务更多的顾客,这也是很多自助餐厅价格比较便宜的原因之一。

(四)外卖服务

外卖服务是指餐厅销售供顾客带离店铺的食品(一般指自己店铺现做的),通常以打包形式出现。在我国,外卖服务发展迅速,"十四五"规划中明确指出,深入推进服务业数字化转型。当前,餐饮业线上线下融合发展已成大势所趋,外卖服务成为餐饮业发展的又一契机。外卖平台、小程序、餐饮平台与品牌自建订单协同等线上点单方式,进一步打开餐饮品牌企业数字化发展想象力,推动其加速向线上转移。根据美团发布的中国餐饮大数据,2020年线上订单量同比增长107.9%。

三、餐饮业在接待业的地位及发展趋势

餐饮业是一个历史悠久的行业。随着社会生产力的高度发展,人们生活水平不断提高,人们在政治、经济、商贸、旅游、科技、文化等方面的交流日益频繁,家务劳动社会化程度日益提高,这些都使得现代餐饮业朝着设备舒适、环境优美、产品风味突出及服务质量优良的方向发展。餐饮业的市场范围十分广泛,国际、国内各行各业的人们都能成为餐饮经营者的接待对象。

餐饮业作为旅游接待业中一个不可缺少的环节,是重要的第三产业,产生了巨大的经济效益。虽然我们看到的餐饮业很多是服务于当地居民,但是随着旅游业的发展,餐饮企业开始服务于大量的游客,如果没有游客和旅游业,餐饮业的发展将会面临很多困难。据统计显示,我国2012—2019年,餐饮业收入不断上涨,同比增速达10%以上,2019年餐饮业收入更是达到了46 721亿元。即使在遭遇2020年新冠疫情影响的情况下,我国餐饮业收入在2020年也达到了39 527亿元。我国正迎来一个餐饮业大发展的时期,市场潜力巨大,前景非常广阔。但从另一个方面来看,餐饮需求又是复杂多变的,其消费口味和消费心理,都可能随着社会环境的变化而变化。餐饮企业必须根据自身条件和环境条件的要求,看清餐饮市场的发展趋势。未来餐饮业将主要沿着下述几个方向发展:

(一)重视餐饮企业产品创新,加强品牌建设

面对日益激烈的市场竞争,我国餐饮企业已逐渐意识到品牌的重要性,并逐步通过有形产品、服务、环境、文化等多种因素的整合营造出自己的品牌。而一个餐饮企业的核心竞争力就是它的产品,菜肴的质量直接影响顾客的选择以及评价。同时,在国内各种菜系烹调制作不断推陈出新,海派菜在各地初露锋芒,就连洋快餐也在不断扩大市场范围的大环境下,为使餐饮企业在日趋严峻的市场竞争中立于不败之地,成功的企业必须在菜肴的风格、菜式的搭配组合等方面有新意,从而来吸引客人、锁定客人。在这个过程中,我们必须注重创新的重要性和必要性。只有走在潮流前头,顺应消费需求,餐饮创新才具有旺盛的生命力,才能够逐步加强企业的品牌建设。

(二)联合"互联网+"战略,融合线上线下经营

随着互联网的发展,5G商用范围扩大,人工智能、物联网等技术的升级,餐饮业利用互

联网也将迎来新的发展时期。人工智能等新兴技术的发展,也有望为餐饮消费者带来更多元、更便捷的到店餐饮服务体验。现在单纯依靠纸媒、电梯、楼宇等传统媒介渠道不足以引起顾客对餐饮企业的关注,相反快速兴起的短视频是垂直攻略顾客的最有效途径。随着5G时代的来临,餐饮品牌不能仅限于"实体店+外卖",而是"实体体验+平台外卖+电商零售+短视频"的销售渠道。2017年,中国餐饮线上行业市场规模已达7 799.6亿元,较2016年同期增长87.0%,发展速度令人惊叹。这代表餐饮线上经营规模飞速增长,而同时订外卖、在线预订、团购成为消费者就餐的常规选择。未来随着"互联网+"的普及,智慧餐饮将成为餐饮业发展的重要趋势。

(三)树立餐饮健康营养观念,保持企业可持续发展

人们生活水平的提高和生活质量的提升,让大众认识到饮食已经不仅仅是为了生存,其对人类健康发展和享受的功能日益突出。2020年我国实现了消灭绝对贫困,因此顾客开始重视餐饮质量,而餐桌上的话题已经从菜肴味道如何转向食品的卫生性、安全性能否获得保证,是否有营养、利于健康,怎样的饮食才是合理搭配,原料是否绿色和制作过程能否更合理等新颖话题。在现代社会,健康是幸福生活的同义语。为满足消费者的这种新需求,餐饮企业开发健康餐饮新产品,重视科学饮食,越来越多的有机食品、无污染的鲜活食品、绿色蔬菜瓜果在餐馆逐渐走俏。同时,为了可持续发展概念,越来越多的餐饮企业提倡环保、节约,重视符合大众消费观和社会主义核心价值观的经营方案,比如自助餐厅开始对剩余食物过多的客人采取一定的限制或处罚措施,越来越多的餐厅提倡"打包文化"等,为了整个餐饮市场的健康持续发展而努力。

(四)培养知识型餐饮人才,满足餐饮企业高速发展需求

餐饮业属于劳动密集型产业,其对劳动力的需求是很强的。同时随着企业的进一步扩大以及品牌化的扩展,如何有效地选用、培养人才是企业成败的关键。餐饮业需求的人员主要是技术人员、管理人员和服务人员。其中技术人才和管理人才对餐饮业的发展起着非常重要的作用,所以近几年大型餐饮企业去各大高校招聘屡见不鲜,可见这些企业已经意识到了人才对企业的重要性。那么具有专业知识的餐饮业人才的培养是势在必行的,这些专业知识包括了餐饮店面的管理、人员的培训、团队的激励、财务的核算、店面的营销推广、餐饮业的数字化营销等,这些都是未来餐饮人需要掌握的硬知识,"知识型餐饮人"也将受到行业热捧。特别是连锁型企业,对于人才的培养是非常必要的。

【同步思考】

中国餐饮业经历了哪些阶段的发展,有什么特点?

任务二　餐馆运营方式

【任务布置】

(一)任务情景

麦当劳的发展之路

麦当劳公司成立于 1955 年,它的前身是麦当劳兄弟 1937 年在美国加利福尼亚州开设的一家汽车餐厅。1948 年,兄弟俩对餐厅业务进行了大胆的改革,压缩了食品的品种,引进了自助式服务方式,把厨房操作改为流水线作业,加快了食品的产出速度,适应了人们生活节奏加快的需要,顾客对此很满意。

为了使生意做得更大,麦当劳兄弟产生了以特许加盟的方式经营连锁店的想法,并做出了尝试。1953 年,一个名叫尼尔·福克斯的人向麦当劳兄弟付了 1 000 美元,取得了特许经营权,接着又先后批准了十几家特许加盟店。这些特许加盟店没有义务遵循麦当劳的经营管理制度,结果使麦当劳的形象和声誉受到损害。1954 年,雷·克罗克看到了麦当劳特许加盟和连锁经营的发展前景,经过一番努力,他得到麦当劳兄弟的授权,处理麦当劳特许经营权的转让事宜。1961 年,雷·克罗克买下了麦当劳公司的所有权,并且大刀阔斧地改进了特许加盟和连锁经营制度,使麦当劳得到迅速发展。麦当劳作为世界上最成功的特许经营者之一,以其引以自豪的特许经营方式,成功地实现了异域市场拓展、国际化经营。在其特许经营发展历程中,积累了许多非常宝贵的经验。

麦当劳的黄金准则是顾客至上,顾客永远第一。提供服务的最高标准是质量(Quality)、服务(Service)、清洁(Clean)和价值(Value)即 QSC&V 原则,这是最能体现麦当劳特色的重要原则。Quality 是指麦当劳为保障食品品质制定了极其严格的标准。例如,牛肉食品要经过 40 多项品质检查;食品制作超过一定期限(汉堡包的时限是 10 分钟、炸薯条是 7 分钟),即丢弃不卖;肉饼必须由 83% 的肩肉与 17% 的上选五花肉混制等。严格的标准使顾客在任何时间、任何地点所品尝的麦当劳食品都是同一品质的。Service 是指按照细心、关心和爱心的原则,提供热情、周到、快捷的服务。Clean 是指麦当劳制定了必须严格遵守的清洁工作标准。Value 代表价值,是后来添加上的准则(原来只有 Q、S、C),加上 V 是为了进一步传达麦当劳的"向顾客提供更有价值的高品质"的理念。也可以说,QSC&V 原则不仅体现了麦当劳的经营理念,而且因为这些原则有详细严格的量化标准,使其成为所有麦当劳餐厅从业人员的行为规范。这是麦当劳规范化管理的重要内容。

(二)要求

请同学们回答以下问题：

1. 为什么麦当劳能够依靠"特许经营"的方式发展壮大?

2. 中国的餐饮企业可以借鉴麦当劳的发展之路吗,怎么做?

【任务实施】

我国现代餐饮业从20世纪70年代开始以单店作坊方式餐饮店开始起步发展,到20世纪90年代开始进入规模连锁发展阶段,餐饮企业连锁经营推进步伐和速度明显加快,企业逐步走向连锁规模化。受国外连锁经营模式的影响,我国餐饮企业的运营方式主要有三种。

一、特许经营

特许经营也称合同连锁或特许加盟(Franchise Chain,FC),是总部与加盟店之间依靠契约结合起来的一种零售企业经营形式。特许经营最早起源于美国,美国商务部对特许连锁的定义是:主导企业把自己开发的商品、服务和营业系统(包括商标、商号等企业象征的使用、经营技术、营业场所和区域),以契约的形式授予加盟店在规定区域内的经销权或营业权,加盟店则交纳一定的营业权使用费,承担规定的义务。我国1997年11月14日国内贸易部发布的《商业特许经营管理办法(试行)》中对特许经营的定义是:特许者将自己所拥有的商标(包括服务商标)、商号、产品、专利和专有技术、经营模式等以特许经营合同的形式授予被特许者使用,被特许者按合同规定,在特许者统一的业务模式下从事经营活动,并向特许者支付相应的费用。

特许经营是餐饮企业比较常见的一种运营方式,比较有名的麦当劳、肯德基都是采取的特许经营方式,他们的特许加盟店遍及世界各地。一般来说,特许经营的企业(总部)在开设了一定数量的直营店之后,就会考虑用特许经营的方式来发展加盟店,对于餐饮企业来说,采取特许经营是相对投入不大、成功率较高的投资管理方式。特许经营的核心是特许权的转让,维系特许经营的经济关系纽带是特许授权经纪合同。这种经营方式的优势有四点:

第一,对于总公司来说,特许连锁所需投资少,发展快。

第二,加盟费和特许权费用的切实保证也为总公司带来稳定的收益,风险小。

第三,总部可以发现更好的渠道,降低进货成本,加快畅销产品的开发。

第四,加盟店是独立的经营实体,有内在的激励和发展机制,因而不需要总部在调动积极性方面花费精力。

对于快餐店、饮品店等餐饮企业来说,特许经营的方式可以使受许人(加盟商)的投入回报率有保障,可以通过使用已运营成功的餐馆的经营理念而获益,比采用一个未经受过检验的经营理念取得成功的可能性要高很多。特许经营成本包括特许经营费(加盟费)、特许权使用费和市场推广及广告基金等。当然,特许经营也有劣势。那就是加盟者经营对总部的依赖性是很强的,因此加盟者的经营受到总部的严格约束,缺乏自主权,无法独立做出某些商业决定,如果加盟者是怀揣创业精神的创业者,就不适合选择特许经营的方式发展。

总体来说,随着国内餐饮行业的快速发展,外资连锁餐饮企业的强势进入,目前国内采用连锁加盟模式进行市场扩张的企业有很多,特别是一些标准化程度高的餐饮企业更是如此。很多餐饮企业正是通过连锁加盟模式获得了快速的扩张,市场效果显著。连锁加盟模式将会成为更多企业所应用的经营模式。连锁加盟模式的一大优势就是在于可以有效整合社会资源,如果运用得当,通过连锁加盟可以迅速让"红旗"插遍全国,实现区域性品牌到全国性品牌的飞跃,占领全国性市场。而对于加盟方而言,加盟餐饮品牌最大的好处在于不必自创品牌,对于企业及加盟者双方来说,将是双双得益。

二、直营连锁

直营连锁也称正规连锁(Regular Chain,RC),本质上是处于同一流通阶段,经营同类商品和提供相同服务,并在同一经营资本及同一总部集权性管理机构统一领导下进行共同经营活动。即由公司本部直接经营投资管理各个零售点的经营形态,此连锁形态没有加盟店的存在。总部直接下令掌管所有的零售点,零售点也毫无疑问地必须完全接受总部的指挥。直接连锁的主要任务在"渠道经营",意思指透过经营渠道的拓展从消费者手中获取利润,因此直营连锁实际上是一种"管理产业"。目前我国中式快餐店和中餐厅很多采取直营连锁的经营方式,在总部直接领导下统一经营,总部对各门店实施人财物等的统一管理。比较典型的中式快餐"乡村基"就是采取直营连锁经营方式。其优势有:

第一,能够通过大批量采购来大幅度降低经营成本和价格。

第二,充分利用企业资源,提高经营效率。

第三,总公司对分店布局和新店开发具有较强的调控能力。

第四,可以将主要精力用在商品管理和改善服务上。

当然,相对于特许经营,直营连锁的缺点也很明显:第一,要求总公司必须具有较强的经济实力;第二,各分店自主权小,容易造成员工积极性不够;第三,规模较大,容易产生官僚化,增加管理成本。由于直营连锁对总公司要求颇高,小型餐饮企业并不适合采用这种方式。

三、独立餐馆

独立餐馆可以认为是与特许经营和直营连锁相对的一种经营方式,指餐饮服务业务由所有者自己进行管理的餐饮服务经营单位,自己寻求与供应商的合作,是相对独立的运作,不隶属于任何品牌和名称,也可以认为是"小企业"。据统计,现代餐饮企业连锁经营发展模式以"直营店+加盟店"居多,占75%;即只有25%的餐饮企业是独立性质的。这类企业通常愿意为自己的行为承担责任,自力更生,控制自己的资源、时间,自由度更高;企业所有者更喜欢有计划的冒险经营活动,有竞争力,喜欢创新;有完全决策的职权,能够保留经营所得的所有利润;进入市场和停止经营都比较容易,经营活动更灵活。但是这类企业如果要发展壮大,是不容易的,适合于比较有创意的餐馆,比如在当下网络时代,"网红餐厅"较多是独立餐馆,有高度的自主性,风格上可以独树一帜。当然"家庭式餐馆"也是选择独立经营的方式。独立餐馆的经营在当下互联网时代,更需要"线上线下"经营相融合,才能拓展销售渠道,与大型连锁企业争夺消费者。

随着人们生活水平的提高,消费需求将日趋个性化,这是独立餐馆发展的契机,企业可以通过分析顾客的具体要求,根据具体的消费场景、消费时间、消费对象,提供有针对性的服务,并据此塑造出符合顾客要求的形象。比如针对消费者越来越关心食品的健康,独立餐馆可以利用其高度自治权迅速做出经营方面的改变,推出具有特色的保健绿色食谱,并增加保健设施,营造保健环境,吸引消费者。

【同步思考】

在我国,哪种餐饮运营方式更有利于发展,为什么?

任务三　烹饪艺术

【任务布置】

（一）任务情景

中国餐饮业的创意

新的世纪已经到来,让我们用一连串立异标新的大创意,为中国餐饮业擂响新一轮创新的战鼓吧。

第一,卖文化顺带卖餐饮。

20世纪末开始,"吃文化"渐渐成了餐饮的时尚,重庆的巴国布衣、成都的皇城老妈皆是成功的范例。所谓"吃文化",其实就是用文化来包装饭店酒楼,提高餐饮的附加值,换句话说,就是卖餐饮顺带卖文化。这秘密一旦被窥破,"吃文化"的大潮也就不远了。餐饮界的有识有胆者应该超前一步,努力把对手甩得更远些,所以我提出了逆向思维性的"卖文化顺带卖餐饮"。

只要这一创意一确立,接下来的文章就格外新鲜绮丽了:食客将坐拥于书城或刊物杂志城、报纸城、美术作品城、书法作品城、音乐艺术城中……坐拥于历史或未来的时空场景中,仿佛就是另一时空中的就餐。他们或许提前几个小时就会来到餐城中,先吃它一份文化的、艺术的、知识的、精神的大餐再说。餐饮营业时间的空白有可能被填补,综合利润可能会更高。

第二,回大自然的怀抱中去。

20世纪末以来,有一种声音在现代城市人的心中不停地响着:回去,回去,回去吧……回哪里去呢?回绿色中去,回田野、郊区、山林中去,回大自然中去。重庆南山的泉水鸡为什么卖得长盛不衰,与其所处的风景优美的南山是分不开的。这方面我们所做的文章还远远不够,顶多只能算一个开始。

未来,城市中真正高档的餐厅,将会向麦当劳学习,在远郊自建纯自然风味的菜、肉基地(或特殊采购),专运井水、泉水来用,全力将与化肥、激素、农药有关的一切食品菜品拒之门外……不是他们发了善心要这么做,而是食客们提出了这样的要求,没其他的生存之路可走。

未来城市酒楼饭店的"上山下乡运动"会越来越壮大,有井水、有泉水、有绿色的地方是它们的至爱,它们对城市来宾提供专车接送或扣除车费,让城市人顺便上山下乡旅游一番。因为未来的新旅游观念之一是:与其到游人太多的著名景观去看人流滚滚,不如在人迹罕见的野外山乡独自品味风景。

(二)要求

请同学们回答以下问题:

1. 中国烹饪技艺对餐饮业发展有什么作用?

2. 中西方餐饮烹饪各有什么特点?

【任务实施】

如今的餐饮与人们生活息息相关,不仅是一个用餐的地方,更是一个社交、娱乐的场所。餐饮业的核心产品是食物及其制作方法,这里不得不提到的就是烹饪艺术,了解中外烹饪的特点有利于认识餐饮业。

一、西方经典菜肴

追溯西餐的起源,要自公元前753年罗马城兴建以来说起。罗马帝国在吸取了古希腊文明精华的基础上,发展出先进的古罗马文明,以佛罗伦萨城为首的王公贵族们,纷纷以研究开发烹调技艺及拥有厨艺精湛的厨师来展现自己的实力与权力。因此,平民百姓认为只要能成为烹调料理的高手,就有置身贵族圈的机会,以至于全国上下沉浸在烹调技艺的研发乐趣之中,将餐饮业发展推向鼎盛时期,奠定了“西餐之母”的神圣地位,并影响了欧洲的大部分地区,至此以罗马文明为起点的意大利菜肴被誉为“欧洲大陆烹饪之始祖”。意大利菜的特点是:第一,注重传统烹调工艺和火候的掌握,牛排要鲜嫩带血,意大利饭和面一般七八成熟(有硬度),烧烤的菜不多;第二,原汁原味,采用煎、煮、蒸等烹饪手法,调味直接简单,米面入菜。意大利面条也称意大利粉,款式多样,可分为线状、颗粒状和空心花式状等,既可做汤,也可做菜、做沙拉等。

到了16世纪,意大利女子凯瑟琳嫁给当时的法皇亨利二世,将意大利文艺复兴时期盛行的名菜制作方法和烹饪技艺等都带到法国,法国人将两国的烹饪优点融合在一起。法国人一向以善于吃、精于吃而闻名,因此法国的烹饪技术一向著称于世界。后来法国国王路易十四还曾发起烹饪比赛,此奖项即流传至今的蓝带奖(Corden Blue)。在这种环境的影响下,厨师成了一个新兴职业,名厨辈出,从而奠定了法式菜在西餐中的重要地位。到了18世纪,对于法国菜的进一步发展还有一个人的功劳——奥古斯特·埃斯科菲耶。他自幼跟随其叔父学习厨艺,先后在巴黎旺多姆酒店和伦敦的萨沃伊酒店、卡尔顿酒店工作,他身处讲求简化的时代,发明了很多有名的菜,提升了菜色的装饰艺术,合理地调整了餐点的分量,简化了菜单。

法式菜肴的特点是:选料广泛(如蜗牛、鹅肝都是法式菜肴中的美味),加工精细,烹调考究,滋味有浓有淡,花色品种多。法式菜还比较讲究吃半熟或生食,如牛排、羊腿以半熟鲜嫩为特点,海味的蚝也可生吃,烧野鸭一般六成熟即可食用等。法式菜肴重视调味,调味品种类多样。用酒来调味,什么样的菜选用什么酒都有严格的规定,如清汤用葡萄酒,海味用白兰地酒,甜品用各式甜酒或白兰地等。法国菜和奶酪,品种多样。法国人十分喜爱吃奶酪、水果和各种新鲜蔬菜。法式菜肴的名菜有:马赛鱼羹、鹅肝排、巴黎龙虾、红酒山鸡、沙福罗鸡、鸡肝牛排等。

二、中式烹饪艺术

对于我国来说,餐饮更具有灿烂辉煌的历史。隋代谢讽的著作《食经》开创了中国烹任、餐饮理论研究的先河。唐宋时期的餐饮特点也非常明显,具体为:食源持续扩大、瓷餐具风行(后来流行到世界的每一个角落)、工艺菜新兴、风味流派显现。在此时期烹饪技法也有了长足的进步,热菜的制作工艺进入了成熟期,传统烹饪也趋于定型。中国餐饮的另一个辉煌时期便是明清及民国初期,经过千年的积累、提炼,得到了升华,形成了有原则、有规律、有程序的标准工艺。其以宫廷菜为代表,宴席规模宏大,菜品丰富多样,极尽奢华讲究且有创意,而且此时菜品的组合、席面的铺排、接待的礼仪以及乐舞的配合都有了新的特色。大家最耳熟能详的莫过于满汉全席,而满汉全席与宫廷菜相比,恐还不及其万分之一的豪华,宫廷菜可以说是中国餐饮最神秘的一部分。现代,中国菜被分为川菜、鲁菜、淮扬菜、粤菜四大菜系,后来随着餐饮业的发展以及我国饮食文化的研究,根据地域在四大菜系的技术上增加了四个菜系:湘菜、徽菜、浙菜和闽菜。

在烹饪技术方面,有别于西餐烹饪要求的用量精准和科学规范,中餐烹饪更倾向于随意,比如很多食谱中提到"盐少许",这与西餐食谱中精准到"盎司"的要求相差甚远,但就是这种随意性,才造就了变化多端、各有风味和特色的菜肴。同一道菜,由于地区、季节、对象、作用、等级的不同,在操作上可作不同的处理,从而其色、香、味变化多端,这才是中餐烹饪的独特魅力。另外,中餐烹饪的艺术,还体现在独特的烹饪方法上。中国烹饪方法奇多:熘、焖、烧、汆、蒸、炸、酥、烩、扒、炖、爆、炒、砂锅、拔丝等无所不有,做出的菜肴更是让人眼花缭乱。而且中国烹饪还极重刀工、火候,菜的形状可以切得五花八门:块、片、丝、条、丁、冷雕等,不同的刀工或不同蔬菜烹制的火候也是不同的,这就使得菜肴的滋味以及其中所含的营养成分都存在差异。中国有着五千多年的历史,形成了灿烂丰富、博大精深的饮食文化,中国人注重"天人合一",中国饮食以食表意,以物传情,中国的饮食文化令人拍案叫绝,赏心悦目。

【同步思考】

东西方餐饮文化有哪些区别?

【知识归纳】

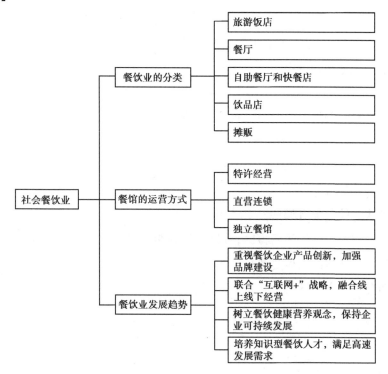

【思政要点】

　　学习本门课程、以后从事服务业工作的高职学生,需要结合职业特点树立社会主义核心价值观和职业道德,理解服务业的职业价值,加深对餐饮服务业社会责任担当的理解,培养服务意识、诚信意识、团队意识和责任意识。

【实践活动】

了解社会餐饮企业运营方式

　　实训目标:

　　学生根据对所在地区社会餐饮企业的调查,了解 2～3 家不同类型餐饮企业的基本情况。

　　实训组织:

　　以小组形式就近进行调查。

　　实训任务:

　　根据调查情况写出调查报告。

实训内容：

1.调查餐饮企业的品牌、运营方式、经营规模、产品种类、价格及特色、市场定位等的基本情况。

2.访谈餐馆的工作人员，了解企业发展情况。

3.写出心得体会和调查报告。

实训指导：

组织学生到校外餐饮企业进行认识实习，或者在互联网搜集资料结合实地调查走访。

【同步测试】

1.试述餐饮业的含义。

2.社会餐饮业的分类有哪些？

3.简述不同餐饮企业的运营方式，分别举例说明。

4.谈谈我国餐饮业的发展趋势。

5.如何结合中西方烹饪的优势发展我国餐饮企业？

项目十

酒水生产与服务

【项目目标】

> 1. 了解主要酒水、饮品类型。
> 2. 掌握酒水与酒吧运营。

【项目实施】

【任务引例】

小李是酒店行政酒廊的员工,每天面对来自五湖四海、旅游目的不同、消费观念不同的各年龄阶层人群。为了能够给顾客在行政酒廊消费过程中提供最优质的服务和最好的消费体验,除了一些基础的餐饮服务技能外,小李还应该掌握哪些相关理论知识?

任务一　主要酒水、饮品类型

【任务布置】

(一)任务情景

酒的发现

酒,大自然神工之作,历来为世人所传颂,其醇香和魅力充盈着世界的每个角落。浩如烟海、多似繁星的酒类与世界历史文化密切相关,代代相传,生生不息,并因此获得了深刻的文化内涵,成为一种博大精深的文化现象——世界酒文化。人类地球上繁衍生息可推溯到500万年以前,然而,从被发现的化石来看,距今2 000万年前的地球上就已经有了野生葡萄的生存。更早以前,微生物、野生孢子就已存在,野生葡萄和野生孢子两者结合,就会酝酿成"原始的葡萄酒"。这种现象表明,本质意义上的"酒"先于人类的出现就已客观存在,在人类文明发展的历史进程中,我们的祖先并不是发明了酒,而是发现了酒,而全世界人民的辛勤劳动和智慧共同创造了璀璨的酒文化。

(二)要求

请同学们回答以下问题:

1. 最初的酒是如何产生的?

2. 生活中接触过哪些酒?请一一列举。

3.除了酒精饮料外,一般饭店日常还会为客人提供什么饮品?

【任务实施】

　　饮品是指以水为基本原料,由不同的配方和制造工艺生产出来,供人们直接饮用的液体食品。饮料除提供水分外,不同品种的饮品中还含有不等量的糖、酸、乳以及各种氨基酸、维生素、无机盐等营养成分,因此有一定的营养。根据其是否含有酒精成分,一般可分为含酒精饮品和无酒精饮品。酒精类饮品通常被称为"酒",指供人们饮用且乙醇(酒精)含量在 0.5%(vol)以上的饮料;无酒精饮品则常被称为"水",主要指酒精含量小于 0.5%(vol),以补充人体水分为主要目的的流质食品以及固体饮料。无酒精饮料又称软饮料,其功能多是提神解渴,包括果汁、蔬菜汁、碳酸饮料等。按照 GB 10789—2007 饮料通则,可将无酒精饮料分为果蔬汁饮料类、蛋白饮料类、包装饮用水类、茶饮料类、咖啡饮料类、固体饮料类、特殊用途饮料类、植物饮料类、风味饮料类、其他饮料类等 10 类。

一、酒类

　　酒是一种含酒精的具有普遍性的大众化饮料。千百年来,它与人类的日常生活息息相关。酒的酿造可谓源远流长,但酒的起源究竟于何时何地却是一个有趣而复杂的问题,但有一点不争的事实是可以肯定的,酒先于人类就客观存在。酒是含有酒精(乙醇)的有机化合物质,是一种谷物、水果、花瓣、种子或其他含有丰富糖分、淀粉的植物经糖化、发酵、蒸馏、陈酿等生产工艺而产生的含有食用酒精的饮品。

　　酒是一个庞大的家族,世界各地有成千上万个品种,酒的分类方法和标准也各不相同。按酒的酿造方法分为蒸馏酒、酿造酒、配制酒;按酒精含量可分为低度酒(黄酒、葡萄酒、日本清酒)、中度酒(竹叶青、米酒)、高度酒(白兰地、茅台、五粮液);按配餐方式可分为开胃酒、佐餐酒、餐后酒。其中,比较规范常用的是按照生产工艺即酿造方法将酒分为酿造酒、蒸馏酒和配制酒三大体系。

【相关链接】

"杜康作酒"之说

　　古代先民往往会将酿酒的起源归于某位神灵的发明,并把他视为酿酒业的鼻祖或酒神,世代供奉,发展至今,已成为一个系统的观点和民俗学的一个重要组成部分。"酒神属杜康,造酒有奇方;隔壁三家醉,开樽十里香。"在中国,人们把杜康尊称为酒的鼻祖,代代流传。杜康作酒实为秫酒,即高粱酒。为了永远纪念这位酿酒鼻祖,人们在相传其作酒之地——河南汝阳杜康村修建了酒祖殿,供奉杜康塑像,以弘扬中国传统的酒文化。

想一想,查一查

除杜康作酒之外,也有仪狄造酒之说,请查阅他们的故事,试述他们为什么被尊为酿酒的始祖。

(一)酿造酒

酿造酒也称发酵酒,是指以水果、谷物为原料,经发酵过滤或压榨而获取的酒,其生产工艺过程包括糖化、发酵、过滤、杀菌、贮存、调配等。酿造酒的特点是酒精含量较低,酒精度一般在 20% 以下,属于低度酒,营养丰富,佐餐性较强。酿造酒的主要原料是谷物和水果,其中比较有代表性的为啤酒、黄酒、葡萄酒等。

1. 啤酒

啤酒是营养十分丰富的清凉饮料,素有"液体面包"之称,其主要生产原料是大麦,生产方法有上发酵和下发酵两种。啤酒是以麦芽为主要原料,添加酒花,经过发酵酿制而成的、起泡的、且含有二氧化碳的低酒精度饮料,也有用麦芽为主要原料,加部分其他谷物,比如大米或玉米作为辅料制成的低酒精浓度啤酒,或全部采用优质麦芽制成。啤酒的酒精含量很低,并含有蛋白质、维生素、磷酸盐、钾盐等成分,有丰富的营养价值,被人们称为"液体面包"。饮用啤酒,可帮助消化,健脾开胃,增进食欲。

根据杀菌与否,啤酒通常可分为鲜啤酒和熟啤酒两种。鲜啤酒也称生啤酒,这是没有经过杀菌处理的啤酒,口味鲜美,营养价值高,但稳定性差,不易久存,保存期 5~7 天,是目前深受人们喜爱的啤酒。熟啤酒是经过杀菌处理的啤酒,它的稳定性强,不易变质,保存期在 60 天以上。根据颜色,啤酒可分为黄啤酒和黑啤酒两种。黄啤酒也称淡色啤酒,占我国目前啤酒生产的绝大多数,一般为淡黄色,但深浅程度各有差异。黑啤酒也称浓色啤酒,酒液为咖啡色且有光泽,其麦汁浓度较高,口味较醇厚,有麦芽的焦香味。目前,我国正在逐步加大黑啤酒的产量。

2. 黄酒

黄酒是我国的特产,也是我国最古老的酒品种之一。黄酒是以稻米、黍米、黑米、玉米、小麦等为原料,经过蒸料,拌以麦曲、米曲或酒药,进行糖化和发酵酿制而成的。黄酒既可作为酒又可作为中药的"药引",还是烹调不可缺少的佐料。黄酒除了供人们日常用外,在医疗方面还具有一定的辅助疗疾的作用。黄酒酒色一般为浅黄色,澄清透明,有光泽,无悬浮物,无沉淀物,并有明显的黏挂。黄酒酒香浓郁芬芳,酒味醇厚适中,入口清爽,回味悠长。黄酒适宜于男、女、老、少饮用,饮用时可加温。黄酒酿酒技术独树一帜,是东方酿造界的典型代表和楷模,在世界三大酿造酒(黄酒、葡萄酒和啤酒)中占有重要的一席。

黄酒按生产方法、生产地区及风味特点，可分为江南黄酒、福建黄酒和北方黄酒三大类型。按含糖量分类，可分为干黄酒、半干黄酒、半甜黄酒、甜黄酒、浓甜黄酒和加香黄酒等。

3. 葡萄酒

葡萄酒以葡萄为原料经发酵酿制而成，其色泽鲜亮，有葡萄的果香，酒品醇厚，酒精度低且营养丰富。适量饮用葡萄酒，可以助消化、增进食欲、促进人体的新陈代谢、预防因缺乏维生素所引起的疾病。葡萄酒是深受人们欢迎的酒类，是外交活动和国际交往中的重要饮品。常见的分类方式有：按葡萄酒的含糖量划分（表10.1）；按颜色划分；按照酒的含气状态分类。

表 10.1　葡萄酒的含糖量划分

类　型	含糖量	口　感
干型葡萄酒（Dry Wine）	≤0.5%	酸而不甜
半干型葡萄酒（Semi-Dry Wine）	0.5%～1.2%	有微弱的甜味
半甜型葡萄酒（Semi-Sweet Wine）	1.2%～5%	口感较甜
甜型葡萄酒（Sweet Wine）	≥5%	口感很甜

葡萄酒按颜色划分，可分为红葡萄酒（Red Wine）、白葡萄酒（White Wine）和玫瑰红葡萄酒（Rose Wine）。红葡萄酒酒液呈红色，是用红皮或紫皮葡萄压榨成汁并连皮带肉一起发酵，使果皮中的色素染入酒液中后再去皮渣酿造而成的葡萄酒，红葡萄酒香气芬芳，适合搭配牛羊、羊肉、鸭肉或调味较重的菜肴，亦可用于煎炒、腌渍等；白葡萄酒液呈金黄色、淡黄色或近于无色，较为澄清，是用白皮或者青皮葡萄的葡萄汁酿成的葡萄酒，有时也用紫皮葡萄的果汁酿制，白葡萄酒适宜与猪肉、鸡肉、海鲜或调味较淡的菜肴搭配；玫瑰红葡萄酒是用红皮葡萄连皮带肉榨汁、酿造，但中途将皮渣滤出，由于皮肉浸泡的时间比较短，酒液上只染上了少许红色，所以酒色呈粉红玫瑰色。

按照葡萄酒的含气状态可分为静态葡萄酒（Stilled Wine）、起泡葡萄酒（Sparkling Wine）；按葡萄酒的特殊生产工艺可分为强化葡萄酒（Fortified Wine）、加香葡萄酒（Flavored Wine）；按饮用时间可分为餐前葡萄酒、佐餐葡萄酒和餐后葡萄酒等。

（二）蒸馏酒

蒸馏酒也称烈性酒，是指以水果、谷物等为原料先进行发酵，然后将含有酒精的发酵液进行蒸馏而获取的酒。蒸馏酒酒精度较高，一般均为40度以上，刺激性较强，比较有代表性的有中国的各种白酒以及鸡尾酒六大基酒（白兰地、威士忌、金酒、龙舌兰、伏特加、朗姆酒）等。

中国白酒大多以各类谷物为原材料,名品众多,风格多样,一般有以下几种分类方法:按香型和质量特点可分为酱香型(以茅台酒为典型代表)、浓香型(以四川泸州老窖特曲、五粮液、洋河大曲为代表)、清香型(以山西汾酒为代表)、米香型(以桂林三花酒为代表)、兼香型。按生产工艺可分为固态发酵白酒、液态发酵白酒、固液勾兑白酒。按使用酒曲的种类可分为大曲白酒、小曲白酒、大小曲混合白酒、麸曲白酒。

威士忌是以大麦、黑麦、燕麦、小麦、玉米等谷物为原料,经发酵、蒸馏后放入橡木桶中醇化而酿成的高酒精度酒。威士忌的度数通常在40度以上,酒体呈浅棕红色,气味焦香。通常苏格兰威士忌具有传统的麦芽和泥炭烘烤的香气,其他地方生产的威士忌味道比较柔和。由于所用的谷物、水质、蒸馏方法的不同,使得每种威士忌具有独特的风格,其中最负盛名的是苏格兰威士忌。威士忌的主要生产国大多是英语国家,最著名、也最具有代表性的分别是苏格兰威士忌(Scotch Whisky)、爱尔兰威士忌(Irish Whiskey)、美国威士忌(American Whiskey)和加拿大威士忌(Canadian Whisky)。

白兰地可泛指所有以水果为原料发酵、蒸馏而成的烈酒。但是除葡萄以外用其他水果发酵蒸馏而成的白兰地,前面都冠以果名,例如,橘子白兰地、樱桃白兰地、苹果白兰地等。白兰地的度数为40度左右,因其被装在橡木桶中陈酿,成品酒颜色为琥珀色,金黄发亮。白兰地的生产方法是将葡萄作为原料,经过破碎、发酵等程序,得到酒精含量较低的葡萄酒,蒸馏后得到无色烈酒,再放入木桶贮存,陈酿后,勾兑达到理想颜色、芳香味道和酒度,从而得到优质白兰地,最后将勾兑好的白兰地装瓶。白兰地口感甘冽、香味纯正、醇美无暇,拥有葡萄果香和橡木桶香,饮用后给人以优雅舒畅的感觉,因而也称"生命之水"。"干邑"和"雅文邑"也代表了世界高品质的白兰地酒。

伏特加酒是俄罗斯的国酒,也是北欧寒冷国家十分流行的烈性酒。伏特加历史悠久,大约在14世纪伏特加已成为俄罗斯的传统饮用酒,在更早的记录中,波兰已有饮用伏特加的记录。第二次世界大战后,伏特加制作技术被带到美国,并随着在鸡尾酒中的广泛应用而逐渐盛行。伏特加酒是以谷物(玉米、小麦、大麦、裸麦等)或马铃薯为原料,经发酵蒸馏而成的烈酒。传统酿造方式是首先以马铃薯或玉米、大麦、黑麦为原料,用精馏法蒸馏酒精浓度高达96%的酒精液,再使酒精液流经盛有大量木炭的容器,以吸附酒液中的杂质,最后用蒸馏水稀释。不用陈酿即可出售、饮用,酒液无色、清亮透明,除酒香以外,几乎没有其他香味,没有明显的特性,口味凶烈,劲大冲鼻,饮后无上头感觉。由于酒中杂质极少,口感纯净,并且可以任何浓度与其他饮料混合饮用,所以经常做鸡尾酒的基酒,酒度一般在40~50度。主要生产国:俄罗斯、波兰、芬兰、美国、瑞典等。

朗姆酒也称糖酒,是制糖业的一种副产品,它以蔗糖为原料,先制成糖蜜,然后经发酵、蒸馏,在橡木桶中储存三年以上而成。由于朗姆酒具有提高水果类饮品味道的功能,因而成为调制混合酒的重要基酒。酒精度在 43 度左右,少数酒品超过 45 度,是蒸馏酒中本身极具香味的酒,在制作过程中,可以对酒液进行调香,制成系列香味的成品酒。朗姆酒的主要生产国有牙买加、古巴、马提尼克岛、海地、波多黎各等加勒比海国家和地区。

金酒是一种以谷物原料为主加入香料(苦杏仁、小豆蔻、桂皮、柠檬、橙皮等,最主要的是杜松子)蒸馏而成的烈酒,它的美味来自多种香料。它是 1660 年由荷兰莱顿大学(Unversity of Leyden)名叫西尔维斯的教授制造而成的。当时制造这种酒是为了帮助在东印度活动的荷兰商人、海员和移民预防热带疟疾病,最初是作为利尿、清热的药剂使用。不久,人们发现这种利尿剂香气和谐、口味协调、醇和温雅、酒体洁净,具有净、爽的自然风格,很快被人们作为正式的酒精饮料饮用。金酒始于荷兰,传达至英国后发扬光大。金酒一般不用陈酿,酒度越高,质量越好。

龙舌兰(Tequila 特基拉)酒是墨西哥的国酒,被称为墨西哥的灵魂,是在墨西哥开奥运会(1978 年)时,开始被世人所知的。该酒是以玛圭龙舌兰(Maguey)为原料经过蒸馏制作而成的一款蒸馏酒。由于它的产地主要集中在墨西哥特基拉村一带,故生产出的酒又被称为"特基拉"酒。龙舌兰酒精度 45 度左右,具有龙舌兰天然风味,香气突出,口味凶烈。

(三)配制酒(Compounded)

配制酒也称调制酒,它是以发酵酒、蒸馏酒或食用酒精为酒基,加入可食用的花、果、动植物或中草药,或以食品添加剂为呈色、呈香及呈味物质,采用浸泡、煮沸、复蒸等不同工艺加工而成的改变了其原酒基风格的酒。配制酒分为植物类配制酒、动物类配制酒、动植物配制酒及其他配制酒。制酒的酒基可以是原汁酒,也可以是蒸馏酒,还可以两者兼而用之。配制酒是酒类里面一个特殊的品种,是混合的酒品。它的诞生晚于其他单一酒品,但由于它更接近消费者的口味和爱好,发展较为迅速。配制酒种类繁多,风格万千,分类体系较为复杂,这种混合酒中的主要代表即鸡尾酒。配制酒主要分为开胃酒、甜食酒和利口酒三大类。

1. 开胃酒

开胃酒(Aperitif)的名称来源于在餐前饮用能增加食欲之意,口感以苦、酸居多。开胃酒的概念一度比较含糊,随着人们饮酒习惯的演变,开胃酒逐渐专指以葡萄酒和某些蒸馏酒为主要原料的配制酒。常见的开胃酒包括味美思(Vermouth)、茴香酒(Anises)和比特酒(Bitter)。味美思主要以葡萄酒作为酒基,葡萄酒含量占 80% ,其他成分是各种香料,因此,酒中有强烈的草本植物味道。它最初在法国酿造,随后意大利、美国等也相继生产。茴香酒是用茴香油与食用酒精或蒸馏酒配制而成的酒,有无色和染色两种,一般酒精度在 25 度左右。茴香酒以法国生产的酒品较为有名,目前较为有名的茴香酒为潘诺(Pernod)。

2. 甜食酒

甜食酒（Dessert Wine）也称餐后甜酒（Liqueur），是佐助西餐的最后一道食物（餐后甜点）时饮用的酒品。它通常以葡萄酒作为酒基，加入食用酒精或白兰地以增加酒精含量，故又称为强化葡萄酒。强化葡萄酒就是在葡萄酒酿造过程中，酒精发酵完成后或者酒精发酵未完成时添加酒精。著名的甜食酒产地主要集中在南欧诸国，如葡萄牙的波特酒（Port）、西班牙的雪利酒（Sherry）、葡萄牙的马德拉酒（Madeira）、西班牙的马拉加酒（Malaga）、意大利的马萨拉酒（Marsala）等。

3. 利口酒

利口酒（Liqueur）也称力娇酒，主要以食用酒精或蒸馏酒为酒基，加入各种调香物品配制而成。利口酒分类体系庞大复杂，通常按配制原料分为水果类、种子类、果皮类、香草类和乳脂类等。在过去的几个世纪里，利口酒在民间被当作药常用来治愈胃痛或晕眩。利口酒色彩缤纷、口味香甜、充满韵味，是西餐宴会餐后甜酒的最佳选择。此外，利口酒还可以用于西餐烹调、烘烤，配制冰激凌、布丁以及众多巧克力等。常见的利口酒主要有君度、杜林标等。

4. 鸡尾酒

美国的《韦氏辞典》对鸡尾酒的定义：鸡尾酒是一种量少而冰镇的饮料，它以朗姆酒、威士忌或其他烈酒为基酒，或以葡萄酒为基酒，再配以其他饮料，如果汁、鸡蛋、比特酒、糖等，以搅拌或摇荡法调制而成，最后再以柠檬片或薄荷叶装饰。鸡尾酒是混合酒。鸡尾酒花样繁多，调法各异，具有一定的酒精浓度，能使饮用者缓解情绪、增进食欲，有健脾开胃、养颜的作用。同时，鸡尾酒具有冷饮性质，口味优于单体酒品。鸡尾酒盛载考究，装饰品虽非必要，但却是常有。

二、软饮料

软饮料是酒精含量低于 0.5%（质量比）的天然或人工配制的饮料，又称清凉饮料、无酒精饮料。软饮料的主要原料是饮用水或矿泉水、果汁、蔬菜汁或植物的根、茎、叶、花和果实的抽提液。软饮料的品种很多，本项目详细介绍了茶、咖啡、可可、矿泉水、含乳饮料等。

（一）茶

茶是以茶叶为原料，经沸水泡制而成的饮料。茶属于山茶科，为常绿灌木小乔木植物，横株高达 1~6 米。茶树喜欢湿润的气候，茶树叶子制成茶叶，泡水后饮用，有强心、利尿的功效。茶是世界三大饮料之一，中国是茶的故乡，茶是中国的印记。中国人最早栽培种植茶树，饮用茶叶浸泡的茶水，形成饮茶时尚，并把饮茶发展成为一种灿烂而独特的文化。茶在传播的过程中，又联系着世界，融入了异域风情。日本的茶道、英国的红茶使饮茶成为高贵的风尚和礼仪。现在全世界已有 160 多个国家、30 多亿人在喝茶,有 50 多个国家在种植茶叶。

文字记载表明,我们祖先在 3 000 多年前已经开始栽培和利用茶树,即中国是茶的原产地,中国西南地区,包括云南、贵州、四川是原产地的中心。中国茶业最初兴于巴蜀,其后向东部和南部传播开来,遍及全国,到了唐代,随着中外文化交流和商业贸易的开展而传向全世界。茶叶最早传入日本、朝鲜,其后由南方海路传至印尼、印度、斯里兰卡等国家,16 世纪传至欧洲各国并进而传到美洲大陆,同时,由中国北方传入波斯、俄国。西方各国语言中的"茶"一词,大多源于当时海上贸易港口福建厦门及广东方言中"茶"的读音。

中国是茶叶种类最多的国家,茶叶经历了咀嚼鲜叶、生煮羹饮、晒干收藏、蒸青制饼、炒青散茶的演化发展过程,种类繁多。茶叶尚无统一的分类方法,但比较科学的分类是依据制造方法和品质上的差异来划分的,特别是根据各种茶制造中茶多酚的氧化聚合程度,即发酵程度,由浅入深而将各种茶叶归纳为六大类:绿茶、黄茶、白茶、青茶、黑茶和红茶。

1. 绿茶

绿茶属于不发酵茶类,是我国产区最大、产量最大、品质最佳的一种茶类,其干茶色泽和冲泡后的茶汤、叶底以绿色为主调,故名绿茶。绿茶的加工工艺是鲜叶经过高温杀青迅速钝化酶的活性,制止多酚类物质的酶性氧化,保持绿叶绿汤的特色,保留了鲜叶的天然物质,含有的茶多酚、儿茶素、叶绿素、咖啡碱、氨基酸、维生素等营养成分也较多。绿茶营养丰富,常饮能预防心血管疾病、抗氧化、降血脂血糖、提高免疫力、消炎抗菌、防电脑辐射。

我国 18 个产茶省(区)都盛产绿茶。绿茶花色品种之多居世界首位,每年出口数万吨,占世界茶叶市场绿茶贸易量的 70% 左右。西湖龙井、碧螺春、信阳毛尖、黄山毛峰、太平猴魁、六安瓜片、老竹大方、日照绿茶等都是绿茶中的名品。

2. 黄茶

黄茶属于轻微发酵茶类。初制的基本工序为杀青、揉捻、闷黄和干燥。闷黄是形成黄茶品质特点的独特工序。黄茶芽叶细嫩,显毫,香味鲜醇,典型的品质特色是色黄、汤黄、叶底黄、茶香清悦醇和。黄茶的功效主要有:提神醒脑,消除疲劳,消食化滞等,对脾胃最有好处。消化不良、食欲不振、懒动肥胖,都可饮而化之。

黄茶中的名品有黄芽茶(湖南"君山银针"、四川雅安名山区的"蒙顶黄芽")、黄小茶(湖南岳阳的"北港毛尖"、浙江平阳的"平阳黄汤")、黄大茶(广东的"大叶青"、安徽的"霍山黄大茶")。

3. 白茶

白茶是我国的特产,属于轻微发酵茶。白茶最主要的特点是毫色银白,素有"绿妆素裹"之美感,且芽头肥壮,汤色黄亮,滋味鲜醇,叶底嫩匀。冲泡后品尝,滋味鲜醇可口,还能起药理作用。白茶在加工时不炒不揉，只将细嫩、叶背满茸毛的茶叶晒干或用文火烘干，让白色茸毛完整地保留下来。白茶独特的工艺导致白茶和其他五类茶有很大的不同，其中最大一点不同就是白茶中具有保健功能的黄酮含量极高。由于黄酮具有美容护肤抗衰老、降低女性患癌风险、预防心血管疾病等保健功能，白茶也被称为女人茶。

白茶根据采摘鲜叶的嫩度和茶树品种分为两大类：一类为芽茶，也称为银针；另一类采用完整的一芽一二叶加工而成，称为叶茶（白特丹、贡眉等）。白茶主要产自福建的福鼎、政和、松溪、建阳等县，广东、台湾也有生产。白茶主要销往欧洲和东南亚等地。

4. 乌龙茶

乌龙茶也称青茶、半发酵茶，是中国几大茶类中独具鲜明特色的茶叶品类，乌龙茶的叶片中间为绿色，叶缘呈红色，故有"绿叶红镶边"之称。乌龙茶要经过凋萎、发酵、炒青、揉捻和干燥等工艺完成，既有红茶浓鲜味，又有绿茶清芬香，品尝后齿颊留香，回味甘鲜，有"减肥茶"和"美容茶"之称。

乌龙茶因树种、产地的不同，品质风格各异。按茶树品种、制茶工艺以及成品特征可分为五种，即水仙、奇种（名枞奇种和单枞奇种）、铁观音、色种、乌龙等。按产地可分为闽北乌龙茶、闽南乌龙茶、广东乌龙茶和台湾乌龙茶。

5. 红茶

红茶为全发酵茶，加工时不经杀青，而且萎凋，使鲜叶失去一部分水分，再揉捻（揉成条或切成颗粒），然后发酵，在发酵的过程中，茶叶中无色的多酚类物质儿茶素发生酶性氧化，产生茶红素、茶黄素等氧化物质，从而形成了红茶特有的色、香、味等典型风格特征。其品质特征为冲泡后茶汤呈鲜红或橙红色，滋味柔润适口。红茶是国际茶叶市场的主要品种，约占全球茶叶总产量的80%，占世界茶叶总贸易量的90%。红茶以外形可分为条红茶和红碎茶两类，条红茶又包括小种红茶和工夫红茶。红茶有抗衰老、暖胃、改善肤色、美容养颜等功效。

红茶主要有小种红茶、工夫红茶和红碎茶三大类。著名的红茶品种有安徽祁门红茶（祁红）、安徽霍山红茶（霍红）、江苏宜兴红茶（苏红）、云南红茶（滇红）和广东英德红茶（英红）等。世界著名的四大红茶是祁门红茶、阿萨姆、大吉岭红茶、锡兰高地红茶。

6. 黑茶

黑茶属于后发酵茶，因茶色黑褐而得名。黑茶的基本工艺流程是杀青、揉捻、器堆、干燥。黑茶的原料一般较粗老，加之制造过程中往往堆积发酵时间较长，因而叶色油黑或黑褐。黑茶香味醇和，汤色深，橙黄带红。黑毛茶等可直接冲泡饮用，精制压制后的砖茶、饼茶、沱茶、六堡茶等紧压茶是藏族、蒙古族、维吾尔族等少数民族的日常生活必需品。产于云南的普洱茶为黑茶中的名品，有"益寿茶""美容茶"的美誉。

黑茶按照产区的不同和工艺上的差别,可以分为湖南黑茶、湖北老青茶、四川边茶和镇桂黑茶。主要品种有湖南黑茶、湖北佬扁茶、四川边茶、广西六堡散茶、云南普洱茶等,其中云南普洱茶古今中外久负盛名。

(二)咖啡

咖啡是人类社会流行范围最为广泛的饮料之一,是采用经过烘焙的咖啡豆(咖啡属植物的种子)所制作出来的饮料,通常为热饮,但也有作为冷饮的冰咖啡。咖啡具有振奋精神、消除疲劳、除湿利尿等功效,深受人们的喜爱,是世界上消费量最大的一种饮料。

"咖啡"(Coffee)一词源自埃塞俄比亚一个名叫卡法(Kaffa)的小镇,在希腊语中,"Kaweh"的意思是"力量与热情"。咖啡与茶叶、可可并称为世界三大饮料。咖啡树是属茜草科常绿小乔木,日常饮用的咖啡是用咖啡豆配合各种不同的烹煮器具制作出来的,咖啡豆就是指咖啡树果实内的果仁,日常饮用的咖啡是用烘焙好的咖啡豆配合各种不同的烹煮器具制作出来的。

19世纪开始,咖啡由传教士传入中国,1884年,中国台湾地区开始种植咖啡树。1892年,法国传教士从境外将咖啡种带入云南。20世纪初,中国华侨将咖啡引入海南兴隆,自20世纪60年代开始,海南兴隆咖啡就受到多位国家领导人的关注,直至今日,兴隆一带仍流行着畅饮咖啡的老传统。2006年,兴隆咖啡被评为国家地理标志性产品。现在在我国云南、广西、广东等省份都有了面积可观的咖啡种植基地,其中云南省的咖啡产量约占全国的90%。咖啡树的品种有25种左右,目前世界上重要的咖啡豆主要来自阿拉比卡(Arabica)、罗巴斯塔(Robusta)和利比里亚(Liberica)三大咖啡树种,所产的咖啡豆也冠以树种名称。

咖啡可分为单品咖啡和混合咖啡,单品咖啡就是用原产地出产的单一咖啡豆磨制而成,饮用时一般不加奶或糖的纯正咖啡。单品咖啡有强烈的特性,口感或清新柔和,或香醇顺滑。比较著名的单品咖啡有蓝山咖啡、巴西咖啡、意大利咖啡。混合咖啡不是一种特定的咖啡,而是在历史上形成的,一般是由三种或三种以上不同品种的咖啡,按其酸、苦、甘、香、醇调配成另一种具有独特风味的咖啡。上等的拼配咖啡咖香扑鼻,甘苦顺滑,酸度均衡,冲泡色泽金黄。常见的拼配咖啡有瑞士拼配(Swiss Blend)、乐满家金牌(Mocaroma Gold)、摩卡(Mocha)、意大利特浓(Italian Espresso)、炭烧咖啡(Sumiyaki)等。

(三)可可

可可(Cacao,亦作Cocoa),世界三大饮料之一,可可的果实经发酵及烘焙后可制成可可粉及巧克力,营养丰富,味醇且香。可可原产美洲热带,在我国广东、台湾等地也有栽培,非洲现下是世界上最大的可可生产区。

(四)矿泉水

根据我国饮用天然矿泉水国家标准规定,饮用天然矿泉水是从地下深处自然涌出的或经人工挖掘的未受污染的地下矿泉水,含有一定量的矿物盐、微量元素和二氧化碳气体。在通常情况下,其化学成分、流量、水温等动态在天然波动范围内相对稳定。矿泉水因富含多种人体不可缺少的矿物质,水质好,营养丰富,深受人们的欢迎。有微咸和微甜两种,饮之清凉爽口,可助消化。

(五)乳品饮料

乳品饮料是指以牛乳或乳制品为原料,经加工处理制成液状或糊状的饮料。

1. 新鲜牛奶

新鲜牛奶即低温保鲜奶,通常是指用原奶进行巴氏灭菌的牛奶,也叫巴氏奶,俗称鲜奶。这种牛奶一般不添加任何稳定剂、增稠剂、乳化剂等,是目前市场上销售量最大的一种。巴氏灭菌,就是牛奶加热至 $60 \sim 63$ ℃,并维持此温度 30 分钟,这样既能杀死全部致病菌,又能保持牛奶的营养成分,杀菌效果可达99%。

2. 发酵牛奶

酸奶是以新鲜牛奶为原料,经过巴氏杀菌后向牛奶中添加有益菌(发酵剂),经发酵后,再冷却灌装的一种牛奶制品,是一种有较高营养价值和特殊风味的饮料。目前市场上酸奶制品多以凝固型、搅拌型和添加各种果汁、果酱等辅料的果味型为多。酸奶不但保留了牛奶的所有优点,而且某些方面还扬长避短,成为更加适合人类饮用的营养保健品。

(六)果蔬汁

果蔬汁是指以新鲜水果、蔬菜为原料制取的汁液或以水果、蔬菜为原料,经压榨后所得的汁液,再添加食盐或糖等配料调制而成的制品。果蔬汁由于原料天然、色彩诱人、成本低廉、制作方便,且含有丰富的矿物质、维生素、糖类、蛋白质等营养成分,较易被人体吸收和利用,深受消费者喜爱。常见的果蔬汁饮料有橙汁、西瓜汁、番茄汁、黄瓜汁等。

【同步思考】

酒吧的鸡尾酒属于哪一类酒?

任务二　酒水与酒吧运营

【任务布置】

(一)任务情景

酒吧是一个产生故事的地方,漂在酒吧里的人大多在现实和梦想之间找感觉,这种感觉伴随着美酒和音乐就变得真实多了。不同的地域文化总把酒吧渲染成五颜六色:北京酒吧粗犷豪放,是北漂文化的集散地;上海酒吧细腻伤感,处处流淌着小资的情调;广州酒吧热闹繁杂,与这个快节奏的都市一样喧嚣浮躁。夜色下的城市属于酒吧,酒吧也只属于夜色下的城市。

(二)要求

请同学们回答以下问题:

1. 酒吧的起源是什么?

2. 酒吧岗位设置与职责分别是什么?

【任务实施】

一、酒吧的历史与发展

Bar多指美式的具有一定主题元素的酒吧,而 Pub 和 Tavern 多指英式的以酒为主的酒吧。酒吧即销售酒品的柜台,最初出现于路边小店、小客栈、小餐馆中,主要为住店客人提供休闲消费服务。随着社会的发展,人们消费意识的提高,酒吧逐渐从餐馆中分离出来,成为专门的销售酒水,供客人交友、聚会的场所,因此,酒吧慢慢演变成一个专门从事酒水销售、供宾客聚会交往的场所。约20世纪90年代,各种类型的酒吧开始传入我国,并形成一定的市场规模。从现代经营的角度分析,酒吧的概念应为:提供酒水、饮料及服务,以营利为目的,有计划经营管理的经济实体。

现在,酒吧通常被认为是各种酒类供应与消费的主要场所,它是饭店的餐饮服务设施之一,专为客人提供饮料及休闲服务而设置。在社会休闲娱乐场所,各种类型的酒吧正以一种独特的形态和文化方式,影响着一代新新人类的生活,成为现代社会生活的一部分。

20世纪二三十年代上海和平饭店就有爵士酒吧,这个在饭店行业享誉盛名的酒吧不但代表了一种文化,而且代表了一种生活态度和生活方式。在我国,现代酒吧业真正兴起与繁荣是从 20 世纪八九十年代开始的。酒吧进入我国后,得到了迅猛的发展,尤其在北京、上海、广州等地,更是得到了淋漓尽致的显现。北京是全国城市中酒吧最多的一个地方,总共有 400 家左右。酒吧的经营方式形形色色,生意也有好有坏。上海的酒吧已出现基本稳定的三分格局,三类酒吧各有自己的鲜明特色,各有自己的特殊情调,由此也各有自己的基本常客,第一类酒吧是校园酒吧,第二类是音乐酒吧,第三类是商业酒吧。

随着改革开放在中国的进一步深化,咖啡吧、酒吧产业在中国得到迅猛发展。目前,国内几乎所有高星级旅游饭店都设有专门的酒吧,为住店客人提供酒水服务。很多大中城市都相继开发了酒吧一条街,如北京什刹海酒吧一条街、上海衡山路酒吧一条街、南京的 1912 主题街头酒吧街区,还有杭州、郑州、泉州的酒吧街等。在这些酒吧街区,各种类型的酒吧每天吸引着大量来自世界各地、全国各地的泡吧一族。"因为爱喝酒,所以爱酒吧"已经成为泡吧一族的生活理念。此外,在高级写字楼、大型商场等地都出现了咖啡馆、酒吧休闲服务场所。据相关统计数据,中国的咖啡馆、酒吧数量正以每年 20% 左右的速度增长。现如今酒吧的形式主要有:主题酒吧、音乐酒吧、酒廊、服务酒吧、宴会酒吧和多功能酒吧。

二、酒吧用具及酒水

(一)最基本的酒吧用具

调酒杯、电动搅拌机、各种不同类型的酒杯、冰桶、冰酒杯、螺丝刀开瓶器、吧匙、量酒杯、砧板、托盘、杯垫、调酒棒、吸管、餐巾布、烟缸、牙签、笔、骰子。

(二)最基本的酒水配置

1.烈酒

干邑白兰地酒、威士忌、金酒、朗姆酒(包括黑朗姆酒和无色朗姆酒)、伏特加酒、特吉拉酒等。

2.利口酒

咖啡利口酒,百利甜酒,君度甜酒,白、绿两色薄荷甜酒,白、棕两色可可甜酒,加利安奴香草甜酒,圣勃卡利口酒,杏仁甜酒,杏子白兰地酒,杜林标利口酒,樱桃白兰地酒,鸡蛋黄白兰地酒,香蕉甜酒等。

3.开胃酒和葡萄酒

味美思或称苦艾酒(包括干性味美思、白味美思和红味美思三种),苦味酒,大茴香酒,波本酒或波提葡萄酒,雪利葡萄酒,香槟酒,含气葡萄酒,干白葡萄酒,干红葡萄酒等。

4.果汁

橙汁、菠萝汁、西柚汁、苹果汁、番茄汁、柠檬和青柠汁等。

5. 最基本的酒水辅料

椰浆、咖啡、红石榴糖浆、绿薄荷糖浆、蓝色橙味糖浆、草莓糖浆等。

6. 其他

啤酒、碳酸饮料、咖啡、茶、牛奶、各种水果,特别是鲜柠檬和红樱桃,调味料,包括盐、胡椒粉、肉豆蔻粉、辣椒汁、糖等。

三、酒吧岗位设置与职责

(一)酒吧岗位设置

根据业务需要设计组织机构。不管酒吧属于哪种类型,组织机构的设置必须根据本酒吧业务范围和主要经营内容进行,从业务活动实际出发,合理安排,每个岗位的设置必须满足于酒吧正常经营的需要。酒吧工作群可以分成两个部分,一部分是负责酒水的供应以及调制的调酒师,另一部分是专门负责对客服务的酒吧服务员。对于独立经营的酒吧,其机构设置相对于综合型酒店的酒吧要复杂一些,除了酒水供应和对客服务人员外,还需要部分后勤管理岗位和人员,如人力资源管理、采购人员、财务管理人员等。而音乐酒吧、迪吧等以娱乐功能为主的酒吧还需要配备专门的调音师、驻场主持人等。不同类型和规模的酒吧在岗位设置上略有差异。

(二)酒吧岗位职责

由于不同类型的酒吧组织机构设置不同,在岗位职责的制定上也会有所差异,下面就酒吧常见岗位的基本职责进行描述。

1. 酒吧经理(酒吧主管)

①在部门经理的直接领导下,全权负责酒吧的日常运转工作。

②督导下属员工严格执行工作程序、标准和规范。

③完成部门所下达的成本指标控制费用,降低损耗,降低成本,提高经济效益。

④拟订和实施滞销酒水推销计划。

⑤对员工进行定期的培训,提高下属员工的专业知识、专业技能。

2. 酒吧领班

①在酒吧经理的直接领导下,负责酒吧的日常运转,保证酒吧处于良好的工作状态。

②协助酒吧经理制定酒单,研制新的鸡尾酒并提出可行性意见。

③控制酒水损耗,检查员工盘点情况。

④培训下属员工。

⑤督导员工严格遵守工作程序、标准、规范,做好考核记录。

⑥征求客人意见并处理客人投诉,及时向酒吧经理报告。

⑦酒吧经理不在时,代行酒吧的管理。

3. 调酒师(员)

①保证营业点各类酒水品种的充足。

②遇有突发事件,及时汇报当值领班。

③做好开餐前酒水供应的准备工作,确保餐厅正常供应。

④参加酒吧日常培训、提高业务技能。

⑤做好交接班工作。

4. 其他岗位职责

①协助调酒师领货,补充物资。

②协助做好酒吧清洁卫生工作。

③协助做好营业前的准备工作。

④协助调酒师陈列酒水。

⑤在酒吧领班或调酒师的指导下制作一些简单的饮品或鸡尾酒。

四、酒吧经营管理

(一)酒水销售管理

酒水销售管理在酒吧管理中有着重要的地位。酒水的销售管理不同于菜肴食品的销售管理,有其特殊性,因此,加强酒水的销售管理与控制,对有效地控制酒水成本,提高酒吧经济效益有着十分重要的意义。首先,酒水的销售控制历来是很多酒吧的薄弱环节,因为一方面,管理人员缺乏应有的专业知识;另一方面,酒水销售成本相对较低,利润较高,少量的流失或管理的疏漏并没有引起管理者足够的重视。因此,加强酒水销售管理首先要求管理者更新观念,牢固树立成本控制意识;其次,不断钻研业务,了解酒水销售过程和特点,有针对性地采取相应的措施,使用正确的管理和控制方法,从而达到酒水销售管理和控制的目的。在酒吧经营过程中,常见的酒水销售形式有三种,即零杯销售、整瓶销售和混合销售。这三种销售形式各有特点,管理和控制的方法也各不相同。

(二)酒吧人员管理

制定规范的酒吧员工守则、酒吧人员行为规范,开展相应的酒吧人员培训。想客人之所想,急客人之所急,把工作想在客人前面,树立"客人永远是对的"服务理念,并且具备以下各方面知识和能力:

①酒水知识。熟悉各类酒水的产地、价格、特点、饮用方法。

②酒具设备使用与维护保养常识。掌握各种酒具及相关设备的使用、保养、维护的步骤和要领。

③食品营养卫生知识。懂得酒与食品的搭配知识。

④民俗与饮食卫生习惯。了解客人的民族习惯，宗教信仰、禁忌和饮食习惯。

⑤服务心理学。利用客户的心理，通过观察了解消费者的心理需要，提供个性化服务。

⑥外语会话。能用外语对客服务。

⑦音乐欣赏知识。了解基本音乐知识，便于和客人交流，满足服务需要。

⑧美学常识。了解室内装潢、环境布置、色彩搭配知识，具备一定的鉴赏能力。

⑨文学知识。有一定的文史知识，熟悉有关酒品的历史典故和名人典故。

⑩其他学科知识。要不断地学习营销学、公共关系学等方面的知识。

【同步思考】

要成为一名合格的吧员，需要具备哪些方面的能力？

【知识归纳】

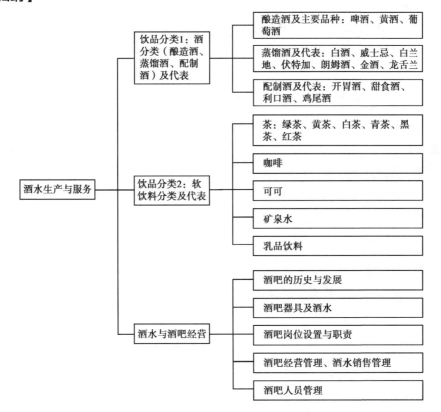

【思政要点】

中国是茶的故乡,茶是中国的印记。弘扬中国茶文化,培养民族文化自信。

【实践活动】

酒水认知

实训目标:

学生熟悉餐饮服务中的常用酒水,并且能够给酒水分类。

实训组织:

在校餐饮和酒水实训室进行认知实践。

实训任务:

在校餐饮和酒水实训室进行酒水认知,从酒精度数、产地、原材料等方面进行记录。

实训内容:

1.中西餐餐饮服务中的酒水认知。

2.葡萄酒酒水认知。

3.鸡尾酒调制涉及的酒水饮料认知。

4.对所记录的酒水进行归类。

实训指导:

组织学生到实训室进行认识实习,或者到酒店、酒吧进行实地调查走访。

【同步测试】

1.试述饮品的分类标准。

2.简述蒸馏酒及其分类并列举。

3.简述配置酒及其分类并列举。

4.简述中国六大茶类并列举。

5.简述咖啡的成分。

6.试述酒吧在我国的发展。

7.简述酒吧岗位及其职责。

8.简述酒吧的类型。

模块 四

闲暇娱乐与
活动产业

项目十一

景区、公园与
旅行社接待

【项目目标】

> 1. 熟悉闲暇活动的概念。
> 2. 掌握闲暇活动与景区。
> 3. 掌握主题公园。
> 4. 了解旅行社接待管理。

【项目实施】

【任务引例】

闲暇时间

闲暇是社会进步和文明的重要标志,社会越是进步,人们拥有的闲暇时间就越多。国外学者统计:"从1876年到1976年的100年间,在世界范围内人们的闲暇时间总量增加了2～3倍。"我国从1995年5月1日开始实行了双休日制度,随着一系列改革制度的不断深入,使得"我国学生在校时间减少至200天以下,与发达国家水平相近,美国为170天,英国为200天,法国为180～200天"。学生在校时间的缩短,意味着闲暇时间的增加。那么,他们在闲暇时间里都做些什么,他们的闲暇意识和目的是否健康,他们具备良好的闲暇技能吗,影响他们闲暇活动的主要因素有哪些,学校教育是否应当开展面向学生的闲暇教育等问题正在成为我国教育工作者关注和研究的课题之一。

任务一　闲暇活动的概念

【任务布置】

(一)任务情景

西方闲暇及闲暇研究

在西方对闲暇问题进行研究的人最早可追溯到古希腊。随着时间的流逝和社会的发展,时至今日,闲暇及闲暇活动的内容虽然发生了很大的变化,但它在人类生命历程中的重要作用和意义却没有发生任何改变。古希腊是一个非常重视闲暇的社会,随着社会生产力水平的不断提高,社会劳动分工越来越细以及公共娱乐、竞技活动的增加,相应出现了"闲暇道德体系"——聪明地利用自由时间就是生活的目的。亚里士多德在《尼各马可伦理学》和《政治学》等著作中系统地论述了什么是快乐、幸福、闲暇和安宁的生活,他认为唯独在闲暇中才有幸福可言,恰当地利用闲暇是生做自由人的基础。在中世纪早期,表现出强烈的禁欲主义倾向,在基督教看来,人的自然倾向就是接受魔鬼的引诱,而顺从自己的欲望则是犯罪,人只有接受圣灵的指引,借助神的力量,跟自己的罪行进行艰苦的斗争,才有可能获得拯救。一些修行者不仅压制自己正常的欲望,而且还试图通过刻意虐待自己的身体来提升灵魂,因此,在这段时期里"老百姓只能过着本分、简朴的生活,并试图通过劳动来摆脱罪的诱惑",而"属于上等阶层的地主、神父们却沉湎于娱乐消遣和轻浮的嬉戏之中。"但到了文艺复兴时期,与教会以前所持的态度截然相反,教皇二世和马丁·路德以及当时许多著名的思想家都认识到闲暇娱乐的好处,承认闲暇是一种精神休息,对获得身心的和谐十分有益。18—19世纪,尽管这一时期生产力水平有了很大的提高,但是由于资本家对于利润的无限追求,迫使工人延长劳动时间,工人每天的劳动时间长达15~17小时,而且还没有假期,因此,这一时期的闲暇仍是少部分人的特权。但当时的许多有识之士都充分认识到闲暇对个体发展的重要意义。19世纪斯宾塞把"享受闲暇生活"作为人的基本需要之一。20世纪的机械工业社会,为人们获得更多的闲暇时间提供了物质生活保障,并且日益觉悟的劳动者经过不懈的斗争,加速了缩短工作时间的全球化进程,广大的劳动者开始拥有真正意义上的闲暇时间。

(二)要求

请同学们回答以下问题:

1. 什么是闲暇,闲暇活动发展至今经历了怎样的一个过程?

2. 以上案例中出现的人物和事件你曾经听说过吗?

3. 它们对现代闲暇的格局起到什么样的作用,我们可以从中汲取哪些经验?

【任务实施】

从古至今,人们的生命时间都主要由工作时间和闲暇时间两部分组成,但在不同的历史时期、不同的民族和个人对它的理解存在着一定的差别,下面首先对闲暇及闲暇研究的历史发展过程作一简要回顾,以了解闲暇在人类生活中的地位和意义,也可为本研究提供一定的理论基础。

一、我国闲暇及闲暇研究

中国是一个具有5 000年悠久文化历史的大国,在休闲文化方面,有着自己独特的理解和认识,特别是中国古代学者们的一些闲暇思想和意识,至今仍对人们的闲暇生活产生着一定的影响。

我国古代的闲暇思想和意识早在公元前 11 世纪至前 6 世纪的《诗经》中就有了生动的描述和体现:"朝吟风雅颂,暮唱赋比兴。秋看鱼虫乐,春观草木情。"而在著名的教育学专著《学记》中也提出了"藏、修、息、游"的教育思想,主张把敬德修业和休闲游乐结合起来,这些都说明我国的闲暇思想和闲暇活动远在这一时期已经产生了。

汉朝封建中央集权制政府实行了"罢黜百家、独尊儒术"的政策,加上受老庄思想的影响,因此,这一时期的许多知识分子普遍形成了一种远离政治的心态,过起了自由闲适的田园生活,陶渊明就是这个时期最具代表性的人物。《桃花源记》中所描绘的"世外桃源"是历代文人名士所向往的理想休闲场所。

唐宋是中国封建社会最为兴盛的历史时期,在这一历史时期里,社会的经济和文化等方面都出现了生机勃勃的发展态势,在此基础上所形成的休闲文化也独具特色。由于当时采取了海纳百川的开放政策,因此,儒、道、佛"三教"并立,产生了诸如李白、杜甫、王维等这样伟大的诗人。

闲暇生活成为这一时期人们的一种追求。"晚明时期,怡情山水,追求山水之乐,成了士人生活不可缺少的一个重要组成部分"。清张潮在《幽梦影》中有这样的描写:"人莫乐于闲,非无所事事之为也。闲则能读书,闲则能游名胜,闲则能交益友,闲则能饮酒,闲则能著书。天下之乐,孰大于是?"旅游家徐霞客甚至放弃了优越的生活和功名利禄,一生与山水相伴。李渔的《闲情偶记》中包含了丰富的闲暇思想,是一本具体说明大众休闲之道的论著,在书中对休闲环境和休闲活动的方式等都做了详细的描述。

"五四"运动后,我国出现了一批提倡描写闲适生活小品文的作家,林语堂就是这一时期的代表人物之一。他认为人是一切事物和活动的中心,人生的目的与真谛在于享受淳朴的生活;到了民国时期,社会的动荡并没有抑制人们享受闲暇生活的热情,当时人们对梅兰芳京剧的喜爱程度就足以说明这一点。同时,集邮也成为这一时期人们休闲活动的一项内容。中华人民共和国成立初期,人们都忙于重建家园,闲暇时间很少,因此,闲暇生活的形式和内容也比较简单。"文化大革命"十年中人们的闲暇生活与其他社会活动一样受到了极大的影响。20 世纪 80 年代后,随着我国改革开放政策的实施,我国的经济逐步得到恢复和发展,这为广大的民众享受舒适的闲暇生活提供了良好的物质条件,加之我国从 1995 年5 月 1 日起实行了 5 天工作制,1999 年又实行春节、五一、十一三个黄金周制度,2008 年又实行春节、清明、五一、端午节、十一、中秋节等新的休息制度,这就意味着我国民众现在的闲暇时间越来越多。

总之,回顾闲暇发展史可以看到,闲暇是人类文明进步的一个重要标志,在整个古代时期闲暇具有明显的阶级性,只有统治阶级和文人雅士等一些社会的上层人士才有机会和条件享有闲暇;但闲暇时间随着社会的进步和发展是在不断增多的,特别是当代越来越多的人享有闲暇,有越来越多的时间供人们闲暇。

【相关链接】

世界休闲与娱乐协会

世界休闲与娱乐协会又称世界休闲组织(World Leisure Org.),成立于 1952 年,简称"世界休闲"(World Leisure),是联合国认可的国际组织,主要致力于发现并创造最好的条件,以使休闲成为人类生存和发展的动力。该组织先后在加拿大路易斯湖(1988 年)、澳大利亚悉尼(1991 年)、印度新德里(1993 年)、英国威尔士加的夫(1996 年)、巴西圣保罗(1998 年)、西班牙比尔巴鄂(2000 年)、马来西亚吉隆坡(2002 年)、澳大利亚布里斯班(2004 年)等地召开过世界休闲大会。2006 年第九届世界休闲大会在中国杭州举行,并同时举办了世界休闲博览会。

二、闲暇的概念

大体上可归纳总结为如下三种观点:

第一,基于时间的定义。英国的克里斯·布尔等认为:"休闲时间指的是可以自由支配的时间,即当尽完所有的应尽义务之后可自由选择和随意支配的时间。"美国学者对闲暇做出的定义是"以时间来衡量的一种存在,它表示一个特殊的时间——个人可以得到自由的时间。"在中国有以下一些学者是从时间的角度界定闲暇概念的,陶侃认为:所谓闲暇,是一种以时间值来衡量的特殊存在,一个人在完成工作、学习和生活等自我服务后剩余的、自由支配的时间;张东娇、马健生认为:闲暇是一个休闲色彩极浓、与工作相对的概念,它是"非劳动时间",但并非"非学习时间";陈乃林、孙孔懿认为:闲暇时间又称自由时间,与"不自由的时间"相对立。所谓"不自由的时间"是指人们必须支出的时间,包括社会劳动(工作)时间,睡眠、饮食等满足生理所必需的时间,家务劳动时间。在人的时间总量中,支出了以上三类时间之后,所剩下的则是可以自由支配的,用于消遣、娱乐、学习、个人爱好和创造性活动等满足精神文化生活需要的闲暇时间。

第二,基于活动的定义。英国的克里斯·布尔等将闲暇看作"从事与日常需求无关,处于职业、家庭和社会义务之外的纯粹出于自愿选择的活动"。将闲暇看成活动的定义方法试图解决人们在空闲时做些什么的问题,闲暇领域里的许多研究项目都采用了这一方法,它仅仅认定哪些活动是闲暇活动。这一定义方法存在的主要问题是它忽略了参与者对活动的不同理解和体验。

第三,基于态度的定义。对闲暇的这种定义方法是将闲暇活动看作一种心态或生存状态。从所收集到的资料来看用这种方法对闲暇概念加以界定或说明的主要是中国的一些学者。比如彭先桃、张相乐就认为:"闲暇是一个人以闲暇时间为基础,以闲暇活动本身或通过闲暇活动所达到的一种存在状态。"许斗斗认为:"闲暇最好被理解为'成为状态',也就是说,闲暇并不仅是当前的现实,而是动态的"等。用这种方法界定闲暇活动就意味着活动的内容、地点和时间随着个人的不同理解而有所不同。因为这种界定方法受到参与者动机的指引,只有个人的理解和经历才能决定什么是闲暇,但由于个体之间的价值观和理解差异很大,因此个体之间对闲暇的体验和认识就有着天壤之别。比如:滑板运动是一项青少年们所热衷的休闲运动,可是对一个六七十岁的老人来说就不见得如此。

闲暇的概念界定为:个人在可以随意支配的时间里所进行的各种自主、自为的活动或通过这种活动所达到的某种存在状态。

闲暇的内涵主要包括两个方面:一是指完全属于自己,可供自己随意支配的时间,即闲暇时间,也称为自由时间;二是指利用闲暇时间所进行的纯粹自愿选择的活动,或通过这种活动所达到的某种存在状态,这种活动或状态称为闲暇活动。

【同步思考】

我国闲暇活动的发展经历了哪几个时期?各时期有何特点?

任务二 闲暇活动与景区

【任务布置】

(一)任务情景

成都洛带古镇"无景点旅游"

洛带古镇位于成都市龙泉驿区北 10 千米处,是最近几年四川省正在崛起的几处古镇之一。凭借其浓厚的客家文化(包括客家聚居群、三大会馆、古街老巷、火龙节、客家菜等),使洛带具有一定的人文旅游价值。但洛带的旅游方式除了是文化观光旅游外,更多的是不依赖于客家文化的休闲旅游。首先,从目的地旅游资源来看,洛带是一个近来修复的古镇,旅游资源虽有特色,但级别不高,文化内涵挖掘不强,其客家文化仅对少数中老年人的吸引力比较大,青少年游洛带大多是抱着休闲目的,客家文化对他们而言,吸引力甚微。其次,从地理位置和空间环境而言,洛带属于成都半小时经济圈内,交通便利、娱乐设施丰富,很适合发展休闲旅游。再次,从旅游需求角度来看,目前洛带的一级目标市场即成都市客源市场的主要旅游需求是休闲度假,游览观光可能会退居次要地位。这就造成了到洛带旅游的多为休闲游客,文化观光游客只占少数。洛带古镇虽有一定的旅游资源,但不依赖于其旅游资源的休闲旅游仍然占主流,并且还在不断地发展,这就充分体现出休闲旅游对旅游资源并不存在依赖性。传统的依赖于旅游资源的旅游行为已经不符合时代要求,而"无景点旅游"将成为一种时尚潮流。

(二)要求

请同学们回答以下问题:

1. 闲暇活动与景区旅游的关系是什么?

2. 以上案例中无景点旅游出现的原因是什么?

3. 它们对现代旅游的格局起到什么样的作用? 我们可以从中汲取哪些经验?

【任务实施】

一、休闲旅游与旅游景点

休闲旅游是休闲与旅游的结合,它使传统旅游从内涵到外延得到了延展和提升。从内涵上,旅游者不再只为了观光、求知等,而更多的是追求高尚的精神生活;从外延上,旅游活动的范围扩大了,不再全依赖于旅游景点。休闲旅游者注重的是旅游的过程和体验,而不是景点。比起旅游活动来,休闲旅游更是一种高品质的体验。

二、"无景点旅游"出现的原因分析

在传统的旅游活动中,旅游景点或者是旅游区,是旅游活动的基础,而"无景点旅游"是可以脱离旅游景点的,它之所以能够存在并能快速发展有其客观的原因。

(一)从旅游供给者上看

旅行社和其他旅游企业所提供的随团出游活动大都是走马观花似的参观景点,被形容为"上车睡觉,下车拍照,在景区门口排着长队购票"。旅游结束后对景点的印象十分模糊,可以说旅游景点在旅游活动中并没有得到实用的效果。

(二)从旅游者上看

人们的旅游目的已从过去简单的观光转变为观光和休闲并存甚至以休闲为主,也就是说人们不仅要得到感官上的快感,还需追求精神上深度的体验和感悟,将目光放在自身的体验上。"无景点旅游"的兴起,说明旅游消费心理更成熟、更趋理性。

(三)从旅游时间上看

游客可以选择的出游时间一般只集中在周末、清明、五一劳动节等假日上,而这些假期只有 2 ~ 3 天,旅游者根本不可能去远距离的景点景区旅游,他们多愿选择离工作较近的地方(如城市郊区)进行适当的休闲旅游,尽管这些地方可能没有景点。

三、"无景点旅游"的利弊分析

作为一项新兴的休闲旅游方式,"无景点旅游"的出现和发展速度及规模令许多业内人士惊讶。分析发展"无景点旅游"的利弊,可以扬长避短,促进旅游业的健康发展。

(一)利端分析

首先,"无景点旅游"满足人们对休闲的需要,它的出现反映了旅游者的心理文化素质达到了新的高度,心理体验与幸福指数是成正比关系的,大力发展"无景点旅游",有利于提高全民素质,构建社会和谐。其次,发展"无景点旅游"可适当解决目前旅游市场体制下的种种弊端,如缓解知名景区人满为患的状况,迫使旅行社、正规景点合理收费等,促进我国旅游业的健康发展。再次,较低的门槛能使更多中低收入者参与到旅游活动中来,使旅游真正成为一项全民活动。

(二)弊端分析

"无景点旅游"多半采取自助式和半自助式,这两种旅游方式多少都脱离了包括旅行社在内的旅游企业的参与,冲击了传统的旅游市场和经营方式、经营理念。随着"无景点旅游"的发展,旅行社在收益方面将有所下降,在旅游者的消费观念转变中受到严重考验。另外,由于带有很强的自主性,旅游者在选择"无景点旅游"时安全得不到保障,旅游地点也有随意性,有些地点无人管理,这也会对环境造成一定的破坏。

【同步思考】
我国休闲旅游的利弊有哪些?

任务三 主题公园

【任务布置】

(一)任务情景

我国主题公园旅游进入新时代

　　随着城市旅游兴起,作为城市旅游发展产物的主题公园得到快速发展,不仅国内主题公园纷纷兴起,国外主题公园也纷至沓来。上海迪士尼乐园、欢乐谷、华强方特主题乐园、北京环球影城以及近十个万达文化旅游城纷然而起,中国主题公园的市场竞争渐趋白热化。以上海迪士尼为开端,借助于全球资源与资本,中国主题公园经济进入新时代。主题公园蕴含着一定主题,是由人所创造的并用舞台化的手法呈现的娱乐休闲空间,同时也是一种休闲文化娱乐产业,是一个以体验为核心的吸引物,是营造欢乐的地方。自第一座迪士尼乐园在美国加州建成以来,其概念化的旅游形式受到了消费者的青睐和喜爱,并作为文化娱乐形式在全球范围内传播。主题公园产业将先进的技术、娱乐化休闲化的内容和元素进行整合,并以一定的主题进行呈现。经过半个多世纪的发展,主题公园旅游已经成为旅游活动中举足轻重的组成部分。根据投资规模、主题的选择、年游客量、市场范围等方面划分为目的地型主题公园、地区性主题公园、游乐园、地方性主题公园和小规模主题公园5种类型。不同等级的主题公园具有不同的特点,吸引力大小不同,客源市场范围不同,旅游者类型多种多样。随着国内主题公园的不断发展,国外主题公园入驻,我国主题公园市场竞争愈加激烈。旅游产业是以旅游者为导向的产业,因此,对主题公园游客的旅游行为进行研究,有助于更好地了解主题公园游客心理诉求和旅游需求,创新出更符合游客需求的产品和项目,提供更为优质和人性化的服务,使主题公园在竞争日益激烈的旅游市场中脱颖而出。

(二)要求

　　请同学们回答以下问题:

　　1. 什么是主题公园?

　　2. 以上案例中出现的主题公园,你了解多少?

　　3. 它们对现代旅游的格局起到什么样的作用? 我们可以从中汲取哪些经验?

【任务实施】

一、主题公园概述

主题公园是一种以游乐为目标的拟态环境塑造,从游乐园演变而来。17世纪初,欧洲兴起了以绿地、广场、花园与设施组合再配以背景音乐、表演和展览活动的娱乐花园,被视为游乐园的雏形。

现代主题公园的最大特点是赋予游乐形式以某种主题,围绕既定主题来营造游乐的内容与形式。园内所有的建筑色彩、造型、植被、游乐项目等都为主题服务,共同构成游客容易辨认的特质和游园的线索。

二、主题公园是公众娱乐需求和文化需求的产物

主题公园是近60年由游乐公园发展出的新概念,而1955年建立的迪士尼乐园则标志着主题公园的诞生。游乐公园发展已有400多年历史,整体发展分为四个阶段:

①1583—1850年为起始阶段。人们对公众娱乐、社交、公共教育的需求。

②1850—1920年为黄金年代。工业技术发展带来交通便捷和骑乘系统的创新,经济发展带来闲暇时间和可支配收入增多。

③1930—1950年为衰退期。人口由城市向乡村转移,电视机成为新娱乐需求。

④1950年至今。同时实现文化需求和娱乐需求,是文化创新、技术创新、需求升级的结果。

从游乐公园到主题公园的历史来看,游乐公园的发展主要来自公众对娱乐的需求。而公众的娱乐需求来自三个方面:

①良好的城市环境和公共交通建设,吸引外来人口。

②居民多余可支配收入带来消费意愿。

③文化教育和科学技术发展水平带来设备和技术创新。对于主题公园来说,其发展还多了一个公众对文化的需求。

三、主题公园在国外的发展

(一)国外发达国家主题公园经营现状

国外发达国家主题公园在经营方式、发展规模和客源市场上都有差别。美国的主题公园无论是公园数量、年接待人次、人均花费和每公园平均年收入都是名列前茅,日本次之,欧洲最少。

1. 英国：发展潜力巨大

英国的主题公园始发于海滨度假区，然后向内陆发展。随着英国居民对主题公园需求的不断增加，只要产品对口味，英国主题公园的发展将保持低速发展的趋势。英国的主题公园大多是私人所有，近年的明显趋势是大的娱乐公司参与主题公园的开发。

2. 日本：注重家庭和团体导向

日本人的传统文化特征影响了日本人的休闲行为，这包括注重家庭、团体导向，注重内省与修身。日本的主题公园设计注重独特的家庭经历，而且这种家庭经历适合亚洲人的口味。

3. 美国：世界主题公园的先驱

美国是世界主题公园的先驱，美国居民 1993 年在主题公园的花费达 140 亿美元，超过电影和录像带的收入。国家和私有企业在主题公园的投资达到 130 亿美元。

（二）国外主题公园发展经验

1. 选址的重要性

国外主题公园的发展特别强调地理位置对经营成败的关键作用。西班牙的经验证明，主题公园在旅游目的地有着良好的发展前景。英国则认为主题公园的理想位置必须邻近 2 个商业广告密集区而不与其他主题公园相邻近，同时在 2 小时车程的地域内有 1 200 万以上的居民或离大的旅游度假区不到 1 小时车程等。

2. 充分展现主题

主题公园与一般休闲公园的不同之处在于它的主题魅力。完美的主题能够给予游客难以忘怀的体验。西方许多主题公园是多板块、复合式主题。这些公园一般采用连续不断的视觉提示使总主题体现在公园的每一个板块、部分之中。

3. 强调游客参与

没有顾客参与的主题公园是没有生命的，主题公园的娱乐活动应是游客不断主动参与。例如日本的主题公园纷纷引进儿童、成人都能参与的娱乐设施与活动，如海盗船、水滑梯、过山车等，亲子同乐的娱乐设施在日本呈增长趋势。

4. 娱乐与教育相结合

成功的主题公园使游客在得到欢乐的同时也获得了知识的增长，学习并获得知识是吸引游客的重要方面，主题公园教育功能的拓展将成为未来主题公园建设的重要方面。

5. 主题公园与零售业相结合

主题公园发展零售业务是现今世界上的一大趋势。主题公园发展零售业务可延长顾客滞留时间，增加收入，同时还有利于吸引投资。

6.价格策略多元化

近年世界主题公园的经营价格包括单一票价、优质优价、低门票多服务和廉价策略。单一票价是主题公园的传统价格策略,尤其是那些缺乏设施与服务、活动较单一的主题公园;优质优价是近年高科技、高投资综合性主题公园普遍采用的价格策略;低门票多服务则主张以低门票来吸引游客,以众多的相关服务来增加利润,这将成为未来综合性主题公园经营的普遍策略;廉价策略适合在度假区附近的主题公园,这种区位的廉价娱乐活动竞争十分激烈。

7.完善的服务系统

国外主题公园的服务设施非常完善。各种服务咨询台分布于公园的主要街道,有娱乐问讯、住宿问讯、晚餐预订问讯等。公园从一切方面给予游客方便,满足游客的需求,其间人员的服务是最为重要的。

8.经营规模化

国外主题公园的规模经济主要通过两种方式来实现:一是经营主题公园的投资公司在不同地域分散投资建园,并涉足各种行业的经营,如电影、饭店、广播、动画等;二是通过扩大区域内某一主题公园的规模,提高吸引力,扩大客流量,达到降低单位成本,加强竞争力的目的。

四、我国主题公园发展历程

2016年1月28日,上海申迪文化发展研究院和上海图书馆(上海科学技术情报研究所)联合发布《2015全球主题乐园行业发展报告》。报告指出,当人均GDP达到5 000美元时,一个国家或地区会出现成熟的度假旅游经济。2015年,中国人均GDP超过7 000美元。

随着我国经济的高速发展,人民生活水平的不断提高,人们游乐的需求被激发出来,沉浸于装置奇特的主题乐园代表着一种新奇的游玩体验,中国主题公园今后几年将继续蓬勃发展。未来,随着国际巨头纷纷进入亚洲市场,主题乐园行业竞争将变得异常激烈。

主题乐园正呈现出与文化产业、房地产、住宿业、度假疗养、商业等产业融合发展趋势,大型化、高质量、品牌化的主题乐园将更受游客青睐,而科技带来的创新体验将主导新的产业竞争格局。

(一)我国主题公园特点

①发展历程相对较短。20世纪80年代初,主题公园开始进入我国旅游圈,至今不过40年左右的时间,产品和行业特征的把握和经验的积累远远不够。

②由于国情,在相当一段时期内,主题公园也同其他企业一样存在着不同程度的产权不清、经营管理不健全的现象。直到20世纪90年代中后期才出现了一批非国有资本的投

资项目。

③相对于国外成熟发展的主题公园而言,我国许多主题公园产品存在着经营管理理念和体制上的落后,主要表现为经营者在主题的选取和塑造、品牌建设、市场营销、服务管理、人力资源开发等方面缺乏创新意识和能力,导致规划与经营脱节、盈利方式非常有限、综合收益低等问题。

(二)主题公园的发展规模

我国各种主题公园类型丰富,包括各种森林公园、动植物园、地质公园、温泉公园、文化公园、海洋公园、历史文化公园等。我国主题公园基本呈三级阶梯结构:东部沿海分布较多规模较大,中部分布次多且规模不大,西部分布较少且规模较小。

目前,我国主题公园按主题内容大致可分六类:

①以中华传统民族文化为主题,如深圳锦绣中华、昆明云南民族村等。

②以动物观赏为主题,如广州番禺香江野生动物园、长隆夜间动物世界。

③以文学文化遗产为主题,如北京大观园、无锡三国城。

④以影视文化为主题,如广东南海影视城、无锡唐城等。

⑤以异国文化为主题,如深圳世界之窗、北京世界公园等。

⑥以科学、科幻、欢乐等为主题,如深圳欢乐谷、大连海洋馆等。

据国家旅游局资源开发司不完全统计,1989年全国人造景观只有30余处,经过20余年发展,全国至今已累计开发了主题公园旅游点2 500多个,投入资金达3 000多亿元。

(三)主题公园的经营模式

从我国主题公园的经营模式来看,主要有三种模式:华侨城模式、吴文化园模式和第三极模式。

1. 华侨城模式

华侨城模式以深圳及广州为代表,典型作品有:锦绣中华·民俗文化村、世界之窗、世界大观等。其成功的关键是区位优势和市场优势,本身有巨大的客源市场,包括富裕的珠江三角洲居民及打工移民,以及比邻的港澳台及东南亚游客。在自然旅游资源及历史人文旅游资源十分贫乏的情况下,采用移植国外的人文景观及国内的文化风俗,借助其优越的市政设施及接待能力,经营得非常成功。可以说广东模式的主要特征是移植。

2. 吴文化园模式

吴文化园模式以挖掘地方文化而成功。吴文化园就是典型代表,依托吴学研究所,挖掘吴国的建筑、饮食、歌舞、蚕桑、纺织、水利、舟桥等传统地方文化来吸引游客。

3. 第三极模式

第三极模式实际上是指我国其他大多数主题公园的经营模式：通过简单的关起门来收门票的模式。

（四）国内主题公园的运营与盈利模式

主题公园的盈利模式即主题公园通过投入相关经济要素后获取经济收入的方式和获取其他物质利益手段的结合，其核心是主题公园获得现金流入的途径组合。从对主题公园产品系列的挖掘深度来说，主要有以下几种盈利模式：

1. 旅游门票盈利模式

即通过简单的圈起来收取门票的模式，这是主题公园最基本和最初级的盈利模式。

2. 游憩产品服务盈利模式

即提供有助于丰富体验（经历）的游憩服务以及相应的服务体验来实现盈利的模式，它是主题公园的核心盈利模式。

3. 旅游综合服务盈利模式

即是在主题公园区，通过旅游者的餐饮、住宿、购物等相关外延服务来获取盈利的模式。

4. 公园商业盈利模式

即通过自身的节庆活动和对外招商以及其他会展、广告等一系列对外服务而达到盈利目的的盈利模式的组合。这是主题公园的深度开发盈利模式。

五、我国主题公园的发展策略

（一）文化主导策略

主题公园具有四大功能：教育传播功能、娱乐功能、审美或情绪满足功能、文化活动展示功能。所以，主题公园是一种特殊的以旅游为经营形式的文化产品制造商，文化影响力（文化品牌）决定了旅游产品的衍生力和消费人群的规模与忠诚度。

没有通过文化来设计、提供游客愿意购买的旅游产品从而实现盈利是我国主题公园的致命缺陷。通过导入成熟的体育文化、教育文化、影视文化、动漫文化、演艺文化是主题公园保持长久生命力的必要策略。

（二）特色策略

主题公园依托于人文资源，普遍具有强烈的地域色彩和个性化特征，对主题的简单嫁接和复制会遭遇不同程度的水土不服。因此，只有具有本土文化个性，才能拥有广泛的本土群众基础，完成民族品牌在主题公园领域的突破。

中国古典园林的长盛不衰和大量现代主题公园的转瞬兴败，提醒主题公园设计者除了要具有时代感，更需深入研究具有恒久生命力的本土特色和民族文化。

（三）资源整合策略

主题公园产业链强调主题旅游、休闲娱乐、文化会展、住宅、商业、酒店、办公等诸多产业的良性互动。同时，需整合旅行社、歌舞演艺、策划设计、动画、网游、主题消费品等与主题公园相关联的其他产业。

世界旅游组织预测，主题公园将成为 21 世纪与探险、海上娱乐、文化旅游等并列的几大旅游产品之一，并且我国在旅游计划方面也明确提出要加大在主题公园方面的投入。

【同步思考】

我国主题公园的发展策略是什么？

任务四　旅行社接待管理

【任务布置】

（一）任务情景

我国近代旅行社的产生

20 世纪 20 年代，中国开始进入早期资本主义化进程，交通运输业和新式旅馆等设施也随之发展，为人们的出行提供了便利条件。经济的发展必然促进出于各类目的的外出人群的流动，客观上需要专门的旅行机构为其提供服务，我国近代旅行社业就是在这样的背景下产生和发展起来的。当时的中国已有几家"洋商"开办的旅行服务机构，包括英国的通济隆、美国的运通公司等，专门为"洋人"和少数上层社会华人服务，缺少专门为中国普通民众服务的民族资本旅行社。爱国民族资本家、上海商业储蓄银行创始人陈光甫先生因在外资旅行代理机构购买船票受到冷遇，因而立志创办一家中国人自己的旅行服务机构。除了爱国和维护民族尊严之外，陈光甫创办旅行社的目的还在于让"国人及各国人士了解中国古老悠久的文化和名胜古迹""辅助工商"和"服务社会"。1923 年 8 月 15 日，我国第一家民族旅行社——上海商业储蓄银行旅行部正式成立。1927 年初，旅行部与银行分立，改组为中国旅行社，成为独立的旅行商业机构。其经营范围从 1923 年旅行部设立之初的代售国内外火车、轮船客票及旅行咨询，逐步扩大到车站、码头接送和转送、行李提取和代运、发行旅行支票、为国人办理出国及留学事宜,以及观光游览等业务,还创办了深具影响力的旅游刊物《旅行杂志》。1927—1937 年,中国旅行社在客运服务的基础上又开辟了货运服务和招待所业务,分、支社增加到 49 处,形成了覆盖全国并延伸到境外的服务网络。1937—1945 年抗日战争期间,中国旅行社在自身资产和业务遭受巨大损失的同时,本着爱国和服务社会的经营宗旨,将协助民众战时流动和物资转移作为其主要职能。抗战结束后,中国旅行社的业务虽然一度有所恢复,可随着国内战争的推进,旅行社的经营最终未能完全恢复。上海解放后,陈光甫离开内地去了香港,中国旅行社的重心也随之转移到香港。1954 年 7 月 1日,以香港中国旅行社为名在香港申请注册,后发展成为香港中旅集团公司。中国旅行社的产生和发展,对我国近代旅行社业的发展具有极大的带动和示范作用,各地相继出现了一些地方旅行社及类似的旅游组织,但均规模较小,且适逢乱世,在历史上没有留下太大影响,大多在战乱中消亡了。只有中国旅行社作为我国近代旅行社业的典型代表,以其不凡的经营理念和管理思想,为我国旅行社业的发展提供了宝贵的经验和借鉴。

(二)要求

请同学们回答以下问题:

1. 我国最早的旅行社的接待业务是什么?

2. 以上案例中出现的旅行社,你了解多少?

3. 它们对现代旅游的格局起到什么样的作用? 我们可以从中汲取哪些经验?

【任务实施】

我国传统的旅行社一般设有六个部门,分别是:外联部、计调部、接待部、综合业务部、人事部以及财务部。外联部:有些旅行社又叫它市场部、销售部或者市场营销部。主要业务是设计和销售旅行社产品。计调部:全称为计划调度部,主要职责是负责接待服务的计划工作和一起关系的调度工作。综合业务部:是旅行社多功能的、带有拓展业务性质的综合部门,它同时具有某些职能部门的特征。主要承担散客旅游业务和票务工作,许多旅行社的行包业务也由综合业务部负责。综合业务部是旅行社中业务范围最广、服务项目最细的部门。接待部:导游就是在这个部门,由不同语种的导游人员为主体组成,主要负责具体接待计划的制订与落实,为旅游者(团)提供导游和陪同服务。接待部(导游部)是旅行社的重要部门之一,它是与营销部、计调部并列的旅行社三大一线核心部门之一,它直接承担对旅游团(者)的具体各项接待服务。作为旅行社重要的接待人员——导游,是旅行社整个管理工作成败和事业发展的关键。

一、旅行社接待管理的主要职能

（一）接待部的计划管理职能

接待部门通过编制、执行和控制计划三个紧密衔接的过程来实现对旅行社的计划管理，这是旅行社各种管理职能的出发点和落脚点。其计划管理的内容可以概括为"5W1H"，即 What+Why+When+Where+Who+How。旅行社计划管理的作用主要表现在三个方面：一是有利于明确和实现旅行社经营目标，二是有利于发挥全体员工的主动性和创造性，三是有利于提高旅行社的效益。

（二）接待部的导游管理职能

为了保证旅行社接待业务的顺利完成，旅行社应当选择那些具有良好思想品德、精通接待业务和拥有健康身体的人员担任导游。旅行社的管理者应从导游员的基本素质、所具备的知识和能力三个方面对导游员进行考察和聘用。旅行社在选择导游员时，不仅要了解他的基本素质和知识水平，还要考察他的实际能力。旅行社需要考察的导游员实际能力包括以下三个方面：独立工作的能力、组织协调的能力、随机应变的能力。

（三）接待工作质量管理职能

旅游产品是服务性产品，旅行社服务质量好坏不仅决定了企业的竞争能力而且决定了区域旅游行业的生命力。由于我国旅游业发展时间还不够长，理论研究与实践经验都还存在明显不足，特别是经营管理体制与机制方面的原因以及行业信息不对称所引发的旅行社服务质量问题层出不穷。旅行社的接待部门同时也担当着旅行社接待工作的质量管理职能。

（四）接待服务中安全事故管理职能

导游服务的过程中可能会遇到的问题和事故有：计划或活动日程变动、漏接、错接、空接、误机、游客丢失证件、游客走失、游客患病、死亡等。这些突发情况的处理考验了提供接待服务的导游的临场应变能力以及他的专业素养。对于安全事故和一些突发情况的处理也是接待部的管理职能之一。

二、团队旅游的接待运行与管理

团体旅游接待是许多旅行社的重要经营业务之一，也是这些旅行社重要的经营收入渠道之一。旅行社团体旅游接待的水平高低，将直接影响到旅行社的最终经营效益和旅行社在旅游市场上的声誉。

（一）委派适当的接待人员

接待部门在接到本旅行社销售部门或客源地组团旅行社发来的旅游计划后，应根据计划中对旅游团情况的介绍和所提出的要求,认真挑选最适合担任该旅游团接待工作的导游员。为了能够做到这一点,接待部门负责人应在平时对该部门导游员的性格、能力、知识水平、身体条件、家庭情况、思想状况等进行全面了解,做到心中有数。当接待任务下达后,接待部门经理便能够根据旅游团的特点,选择适当的导游员承担接待任务。

(二)检察接待工作的准备情况

在准备阶段,接待部门经理应注意检查承担接待任务导游员的准备工作进展情况和活动日程的具体内容。对于进展较慢的导游员,应加以督促;对于活动日程中某些不适当的安排,应提出改进意见;对于重点旅游团的接待计划和活动日程,应予以特别关照;对于经验较少的新导游员,则应给以具体的指导。总之,接待部经理应通过对接待工作准备情况的检查,及时发现和堵塞漏洞,防患于未然。

(三)建立请示汇报制度

旅游团队接待工作是一项既有很强的独立性又需要由旅行社加以严格控制的业务。为了加强对旅游团接待过程的管理,旅行社应根据具体情况,制定出适当的请示汇报制度。这种制度既要允许接待人员在一定范围内和一定程度上拥有随机处置的权力,以保证接待工作的高效率,又应要求接待人员在遇到旅游活动过程中的一些重大变化或发生事故时,及时请示旅行社有关管理部门。

(四)接待现场抽查与监督

旅行社还应建立旅游团接待现场抽查和监督的制度。由接待部经理在未告知大家的情况下,亲自到旅游景点、饭店等旅游团活动场所,直接考察导游人员的接待工作情况,并向旅游者了解对接待工作的意见,以获取有关接待方面的各种信息。旅行社接待管理人员通过现场抽查和监督,可以迅速、直接地了解接待服务质量和旅游者的评价,为旅行社改进服务质量提供有用的信息。

(五)建立接待总结制度

旅行社建立总结制度,要求每一名接待人员在接待工作完成后,对接待过程中发生的各种问题和事故、处理的方法及其结果、旅游者的反映等进行认真的总结,必要时应写出书面总结报告,交给接待部经理,接待部经理应认真仔细地阅读这些总结报告,将其中的成功经验加以宣传,使其他接待人员能够学习借鉴,总结接待任务中出现的差错,提醒其他工作人员在今后的接待工作中尽量避免犯同样的错误。

(六)处理旅游者的表扬和投诉

处理旅游者对导游员接待工作的表扬和投诉,是总结阶段中旅行社接待管理的另一项重要内容。旅行社通过对优秀工作人员及其事迹的宣传,可以在接待人员中树立良好的榜样,激励接待人员不断提高自身素质。

三、散客旅游的接待运行管理

散客旅游的特点是:形式灵活、选择性强、自由尺度大。散客旅游的业务主要包括:单项委托业务、旅游咨询业务和选择性旅游业务。

(一)单项委托业务

单项委托服务主要包括零散旅游者(简称散客)来本地旅游的委托、零散旅游者赴外地旅游的委托和零散旅游者在本地的单项委托等三种情况。

(二)旅游咨询业务

1. 电话咨询服务

电话咨询服务是指旅行社工作人员通过电话回答旅游者关于旅行社产品及其他旅游服务方面的问题,并向其提供购买本旅行社有关产品的建议。

2. 人员咨询服务

人员咨询服务是指旅行社工作人员接待前来旅行社门市柜台进行咨询的旅游者,回答他们提出的有关旅游方面的问题,向他们介绍本企业的散客旅游产品,提供旅游建议。

(三)选择性旅游业务

选择性旅游也称小包价旅游,它由非选择部分和可选择部分构成。其中接送、住房和早餐等旅游费用由旅游者在旅游前预付,这些内容都是事先预订好的,旅游者不能按自己的喜好选择,全权由旅行社安排负责。而可选择的部分则可以让旅游者根据自己的喜好自由选择。

1. 选择性旅游的内容

选择性旅游的内容包括导游、风味餐、节目欣赏和参观游览等。旅游者可根据时间、兴趣和经济情况自由选择自己喜欢的、适合自己的餐饮、节目、游览内容等。

2. 选择性旅游的销售

旅行社应针对散客旅游者的特点设计出各种适合散客旅游者需要的选择性旅游产品。这些产品包括"半日游""一日游""数日游"等包价产品;游览某一景点、品尝地方风味、观赏文娱节目等单项服务产品;"购物游"等组合旅游产品。选择性旅游产品的价格应为"组合式",即每一个产品的构成部分均有各自的价格,包括产品的成本和旅行社的利润。旅行社将这些产品目录放在门市柜台或赠送给代销单位,供旅游者选择。

3. 选择性旅游的接待

由于选择性旅游具有品种多、范围广、订购时间短等特点,因此选择性旅游的接待工作比团体包价旅游更为复杂和琐碎。旅行社应建立和健全包括饭店、餐馆、景点、文娱场所、交通部门等企业和单位在内的采购网络,确保旅游者预订的服务项目能够得以实现。此外,旅行社还应经常了解这些企业和单位的价格、优惠条件、预订政策、退订手续等情况及其变化,以便在保障旅游者服务供应前提下尽量降低产品价格,扩大采购选择余地,增加旅行社的经济效益。

四、OTA 在线旅行社管理和运作

(一)OTA 不断发展,产业格局逐步完善

OTA(Online Travel Agency)是当前旅游产业链中游环节,为下游消费者提供优质产品及服务。从国际演变来看,OTA 发展可以分为三个阶段:

1. 萌芽期(1950—1995 年)

在线旅游渠道和平台的技术基础发源于现代航空业。1952 年,Ferranti Canada 为环加拿大航空公司开发了世界上首个计算机预订系统,命名为"ReserVec"。此后,美国航空公司借鉴"ReserVec"的成功经验,与 IBM 合作投资开发自己的计算机预订系统,并于两年后推出 Sabre 系统。在此基础上,其他航空公司也纷纷开发自己的计算机预订平台。在旅游业及信息技术发展下,1985 年 Sabre 发明了一种直接面向消费者的预订系统"eAAsy Sabre",消费者可以跨过旅行社,直接通过该系统进行机票、酒店和车票的在线预订。

众多在线旅游网站的诞生,为 OTA 的萌芽奠定了基础。1994 年,世界上第一个酒店综合名单网站 Travelweb.com 建立,不久之后,该网站推出了直接预订服务。一年后,Viator 系统公司(即 Viator.com)成立专门的旅行科技部门,以互联网提供目的地旅行的预订服务。同时,世界主流旅游出版社 Lonely Planet 积极利用互联网发展线上业务,该业务成功激励其他旅游出版社纷纷从事线上业务。

2. 起步发展期(1996—2001 年)

全球范围内大量 OTA 纷纷成立。1996 年,微软创办 Expedia,提供机票、酒店和租车服务的在线预订。Expedia 的成立使众多模仿者纷纷进入 OTA 市场,在全球范围内掀起了 OTA 的创业与投资潮流。1997 年 Priceline 创立,并于 1998 年以"Name Your Own Price"模式向全球用户提供酒店、机票、租车、旅游打包产品等在线预订服务。此后,携程网、TripAdvisor、Orbitz 等著名 OTA 网站也在 1999—2001 年相继建立。

3. 整合集成期(2002 年至今)

OTA 巨头借助资本力量以并购形式扩张。OTA 业务高度同质化使得并购扩张成为重要的提升市占率的方式,国际上主流的 OTA 通过一次次并购扩大自身业务边界、完善产业链,成就龙头地位。

（二）传统 OTA：代理模式助力国际龙头崛起

业态走向多元化，新的 OTA 模式不断涌现。除了以 Booking、携程为代表的代理商模式，以 Expedia 为代表的批发商模式和以 Tripadvisor 为代表的广告模式等传统模式外，新的 OTA 模式也不断涌现。美团于 2010 年成立并通过 O2O 模式切入酒旅业务，飞猪于 2014 年成立并采用 OTM（Online Travel Marketplace）模式布局在线旅游业务。

按模式划分：复杂的生态决定 OTA 收入呈多元化发展，主要收入来自代理佣金、批发价差、广告收入、服务费等。

1. "代理+批发"为主流模式

（1）国内龙头：携程规模第一，海外市场稳步扩张

携程全称携程旅行网，是中国领先的住宿预订、交通票务、旅游度假和商旅管理服务提供商。携程通过移动应用、在线网站以及 24 小时客服中心为休闲和商务旅客提供综合旅行信息和高效预订服务。自成立以来，携程发展迅速，已与国内外 130 多万家酒店、中国各大航空公司和 300 多家国际航空公司建立良好的合作关系，成为中国最大的酒店住宿整合商和机票分销代理商。

（2）国内其他 OTA：同程艺龙转向 ITA，途牛持续减亏

同程艺龙：借"小程序"突围，从 OTA 到 ITA，业务互补，协同发展。同为在线旅游 OTA，同程网络与艺龙均在各自的优势项目上较为突出，而在对方强势的领域又涉入较少，因此业务之间具备很强的互补性。合并后，同程艺龙已经成为用户旅游需求一站式服务的平台，在国内 OTA 市场上位居第三。

（3）国际巨头：代理模式显威，Booking 后来居上

Booking Holdings Inc.（曾用名：Priceline. com Incorporated）是当前全球市值最大的 OTA 公司，于 1997 年在美国创立。在创立之初，Booking（原 Priceline）以独创的"Name Your Own Price"模式快速获得用户群体和行业影响力，为切入在线旅游市场创造了一个良好的发展起点。而奠定 Booking 国际巨头地位的关键在于其通过投资收购措施开始的国际扩张。

2. 广告模式走营销路线

广告型 OTA 为供应商提供展示广告服务并收取广告费用，按收费标准的不同又可细分为按展示付费的 CPM、按点击付费的 CPC、按销售付费的 CPS 三种。针对揽客需求大的商家，OTA 为他们提供营销的平台。该模式通过内容、社交分享等聚集大量的流量，成为在线旅游市场的信息分析和共享入口，进而形成聚集效应。该效应下利用广告展示、内容植入等方式形成旅游服务企业品牌或服务的宣传推广，因而以广告收入为盈利手段之一。广告业务的主要客户是航司、酒店、旅行社，广告业务一般在 OTA 中占比较小，但国内外也出现多家以广告收入为主的企业。

（三）新模式：冲击传统 OTA，飞猪、美团形成有力竞争

1. 飞猪——为商家赋能，在线旅游生态 OTM

（1）升级版 OTA 打造旅游 IP

OTM（Online Travel Marketplace，在线旅游生态），可以理解为 OTP（Online Travel Platform，在线旅游平台）的 PLUS 版本，是对 OTA 的升级。OTM 是通过搭建开放平台系统，依靠强大的技术支持、精准的客户数据分析来提供精准的定制应用，为航空公司、酒店等入驻商家赋能，最终实现商家产品服务与个人消费、金融支付、信用体系等一起构筑完整的在线旅游生态。该模式旨在实现商家触达更多用户的愿望，商家则可以根据自己的优势在平台上做销售、营销和服务，与消费者展开更积极、频度更高的交互，提供个性化、差异化的服务。

OTM 盈利模式即平台模式，类似淘宝商城提供卖家和买家交易的场所，一端是各大商家都入驻这座商城做生意（B 端），另一端就是客户前来这座线上商城购物（C 端）。而平台就通过收取租金、交易服务费、大数据分析服务费等来向 B 端获取收益，但向 C 端免费。交易越活跃，平台收入就越多。

（2）三层架构赋能，阿里付诸 S2B 实践

飞猪的 OTM 是阿里在旅游行业的一次 S2B 商业模式实践。S2B（Supply Chain Platform To Business，服务于企业的供应链平台），通过 S 端的网络协同和商业智能实现对 B 端赋能，帮助 B 端合作伙伴在客户服务和营销方面提供场景化的支持，同时降低运营成本。而本身带着互联网企业强大基因的飞猪，借助阿里巴巴的旅游生态，实现 OTM 对入驻商家（航空公司、酒店等）的赋能。

从 B2C 到 C2B 再到 S2B，从 OTA 到 OTP 再到 OTM，标志着我国传统的互联网供应链模式在当前信息技术成熟发展下逐步向网络协同的商业智能模式升级发展。飞猪开放数据和平台，基于自身优势资源打造旅游生态，为航空公司、酒店等平台入驻商家提供更高效且低成本的营销方式。

（3）多箭齐发，飞猪发力 OTM

飞猪平台允许商家开设旗舰店，包括：①国内航空公司和境外航空公司；②喜达屋、洲际、万豪、雅诗阁等国际酒店集团；③提供门票的迪士尼、默林等景点或演艺；④提供度假线路的旅行社等。

（4）叫板 OTA，飞猪的差异化之路

据统计，出境游中 80 后是主力军，20 世纪 80 年代以后出生的人占整个旅游人数的 61.2%，年轻消费群体以及一些有着年轻消费理念的消费者更倾向于个性定制化的出游。OTM 为商家提供的平台使商家直接触达消费者，掌握消费者资料，即可根据消费者需求偏

好制订相应的产品服务。飞猪旅行的用户年龄段人群占比最大的是 31~35 岁,其次是 25~30 岁,35 岁以下的年轻人占比达到 82.59%。这群年轻人代表了至少 10 年的主力消费人群,因而飞猪选择以年轻人出境游市场作为突破口,着力于满足年轻人对于出境旅游的个性化、差异化需求,解决他们在出境旅游过程中存在的痛点,实现旅游产业升级。

2. 美团——综合生活服务 O2O,跨界切入酒旅业务

(1)凭团购起家,转型 O2O 全场景延伸

O2O 模式(Online to Offline,即离线商务模式),是指线上营销、线上购买或预订(预约)线下的商品及服务,实现线上揽客聚集流量。在具体操作上,O2O 平台通过打折(返点、发红包)、提供信息、服务预订等方式,把线下商店的可销售商品及服务的消息推送给线上的用户并在线上进行交易,从而实现线上流量转换为线下客户的目的。

(2)流量托底,酒旅配套进军大旅游

美团点评的酒店及旅游业务主要通过美团和美团旅行的 App 为载体,总体服务上与传统 OTA 的"机+酒"以及旅游产品预订服务相似。但由于拥有美团和大众点评所积累的流量优势,保证其在进军酒店和旅行市场时具备一定竞争力。

美团寻求将本地场景复制为旅游目的地场景。目前,美团在住宿预订领域占据前三位,仅次于携程系,而美团在线旅游业务总体影响力尚欠缺,一方面由于 OTA 市场集中度已较高;另一方面,美团如何将本地场景的消费和生活服务对接到目的地消费上去,是其能否发挥自身优势获取旅行产品优势的关键。

【同步思考】

我国 OTA 在线旅行社管理和运作模式有哪些?

【知识归纳】

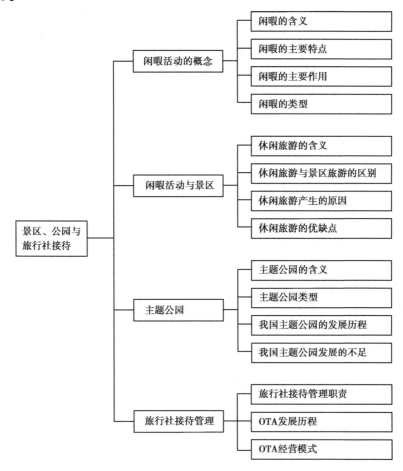

景区、公园与旅行社接待

- 闲暇活动的概念
  - 闲暇的含义
  - 闲暇的主要特点
  - 闲暇的主要作用
  - 闲暇的类型
- 闲暇活动与景区
  - 休闲旅游的含义
  - 休闲旅游与景区旅游的区别
  - 休闲旅游产生的原因
  - 休闲旅游的优缺点
- 主题公园
  - 主题公园的含义
  - 主题公园类型
  - 我国主题公园的发展历程
  - 我国主题公园发展的不足
- 旅行社接待管理
  - 旅行社接待管理职责
  - OTA发展历程
  - OTA经营模式

【思政要点】

作为酒店管理专业的学生,请说一说你认为闲暇时间在现代社会中应该发挥什么样的功能和作用?

【实践活动】

调查主题公园发展情况

实训目标:

学生根据所在地区主题公园的发展情况,分析相应的旅游开发措施。

实训组织:

在校企合作的主题公园进行认知实践。

实训任务:

组织调查所在地区的主题公园发展情况,根据调查情况写出调查报告。

实训内容:

1.调查所在地区对主题公园发展情况。

2.访谈管理者,了解行业发展情况。

3.写出心得体会和调查报告。

实训指导:

组织学生到校外所在地区对主题公园发展情况进行认识实习,或者在互联网搜集资料结合实地调查走访。

【同步测试】

1.试述闲暇的主要特点有哪些?

2.主题公园类型有什么?

3.简述我国旅行社的接待管理职能。

4.休闲旅游的优缺点是什么?

项目十二

邮轮与游轮、
俱乐部与娱乐业

【项目目标】

1. 掌握邮轮和游轮的定义、内涵,能够区分邮轮及游轮,了解邮轮产业的发展。
2. 掌握俱乐部的功能、类别,了解俱乐部行业的现状和发展趋势。
3. 掌握博彩业的定义及内涵,理解博彩娱乐业与旅游业的关系,了解博彩业在中国的发展现状和未来趋势。
4. 了解传统康乐活动项目,认识新型康乐活动项目,了解康乐活动的发展。

【项目实施】

【任务引例】

后疫情时代的康乐行业

2019年,新冠疫情大暴发,全球民众纷纷陷入恐慌,各国开始积极应对。疫情严重影响了人们的生产、生活,也促使多数行业发生巨大转变,康乐行业就是其中受到影响最为深刻的行业之一。

疫情导致人们的消费需求以及消费观念发生了翻天覆地的变化,时至今日,人们更加注重健康的生活方式,更加青睐健康的消费产品。据相关机构调查,在中国,有64%的受访者表示他们疫情之后最关注的是自己和家人的健康情况,59%的中国成年消费者自疫情暴发以来更加注重体育锻炼。这对康乐行业来说既是机遇,也是挑战。

那么到底什么是康乐呢? 它会给人们的生活带来什么影响? 康乐行业未来的发展趋势又如何呢?

任务一　邮轮与游轮

【任务布置】

（一）任务情景

"邮轮"还是"游轮"？它们到底有什么不一样？

经典电影《泰坦尼克号》自1998年在内地上映以来，引起了巨大反响。片中，杰克和露丝在豪华客轮大厅中优雅起舞，船上金碧辉煌的装饰、精致的餐具和美食、奢华的娱乐项目都给大家留下了深刻的印象，相信很多人都会在心中感叹：原来船上也可以做到如同宫廷宴会一般啊！

到了现代，游轮或是邮轮已经成为一种非常特别而又普遍的旅游方式，很多小伙伴都坐过。"游轮"和"邮轮"不过一字之差，现实生活当中很多朋友会把二者混为一谈，这两者虽然都是船的一种形式，但用途有相同之处也有不同之处，其实两者还是有很大差别的。

（二）要求

请同学们回答以下问题：

1. 什么是邮轮？

2. 什么是游轮？它与邮轮有什么区别？

3. 邮轮与游轮分别有什么样的特点？

【任务实施】

邮轮（Cruise、Cruiseship）原意是指海洋上定线、定期航行的运输货物或运载旅客的大型客运轮船。"邮"字本身具有交通的含义，过去跨洋邮件总是由这种大型快速客轮运载，故此得名。第二次世界大战后多数军用工业向民用工业转型，航空业随之出现并飞速发展，原来的跨洋型邮轮相比航空运输速度慢、消耗时间长，逐渐退出了历史舞台。

20世纪初，一些邮轮开始为旅客提供有限的基本设施如客房及餐厅服务。20世纪中期是航空旅游的兴盛时期，为增加竞争力，邮轮公司遂兴起邮轮假期的概念。邮轮假期在20世纪80年代渐趋蓬勃，不少邮轮公司加入，并投资建造设施更豪华、节目更丰富、排水量更多的邮轮，使邮轮变成一个豪华的海上度假村。邮轮被称为"无目的地的目的地""海上流动度假村"，是世界旅游休闲产业不可或缺的一部分。

一、邮轮与游轮的定义

现代意义上的邮轮,实际上是指在海洋中航行的,配备了齐全的生活、休闲、娱乐与度假等各类设施的旅游客轮,更像是一个流动的豪华酒店,用于在海上、沿途停靠的港口城市或海岛附近进行观光游览与休闲度假等活动。

而游轮,是用于搭载乘客从事旅行、参观、游览活动的各类客运机动船只的统称,又称游船、旅游船。游轮是一种提供享乐旅程的客轮,一般定期或不定期沿一定的水上旅游线路航行,在一个或数个观光地停泊,以便让游人参观游览。船上的娱乐设施及奢华服务是旅程中不可缺少的重要部分。

二、邮轮与游轮的区别

通常认为,"邮轮"是海轮,行驶范围较大,一般航行于大海之上,如"泰坦尼克号"就是一艘邮轮,它本来的使命是横跨大西洋,往返于美国与英国;而"游轮"相较于"邮轮",其航行距离有所限制,一般航行于近海或内河、江湖之中,通常不会横穿海洋,而是以环线或者起点终点一致的方式进行航行。如国内的"三峡游轮""宜昌游轮",主要在长江流域航行,国外比较出名的维京内河游轮主要在多瑙河、莱茵河等欧洲内河上航行。

从航行时间上来说,"邮轮"的航行时间相对较长,游客多倾向于选择 6 天左右的邮轮旅行,时间较长的环球旅行在 80 天左右;而"游轮"航行的时间并不会很长,一般一两天比较常见,最长一般不会超过半个月。

从吨位上来讲,"邮轮"的吨位都是在万吨起步,"泰坦尼克号"为 4 万吨,世界上最大的邮轮吨位达到了 22.7 万吨。较大的吨位意味着船体容量更大,能容纳更多服务人员、更多美食、大型歌剧院、游泳池等各种娱乐场所。如皇家加勒比的每艘船,都配备攀岩墙,而皇家量子号/赞礼号上,更提供海上冲浪、碰碰车、滑冰、模拟飞行、北极星观光舱等,在邮轮上可以体验到更为全面的全球元素。"游轮"的吨位在千吨级别,基本上没有超过上万吨的,所容纳的各项娱乐设施等相对有限。

总之,"邮轮"与"游轮"在航行范围、航行时间、吨位、娱乐设施设备等方面都有较为明显的区别,但这之中也有特例,如"皇家加勒比国际游轮",实际属于邮轮的范畴,但按所属公司的沿革和习惯,冠以"游轮"的称谓。

【相关链接】

世界最大邮轮——海洋和悦号

皇家加勒比邮轮公司一直以超大型邮轮系列而知名,旗下的邮轮"绿洲"系列最具代表。海洋和悦号(图12.1)是皇家绿洲系列的第三艘船,于2016年4月完成了首次航行。海洋和悦号总重量达22.7万吨,是世界最大型的邮轮。海洋和悦号的诞生让人惊讶于人类的想象力、创造力的永无止境。这艘巨轮耗资8亿欧元(约14亿美元),共有16层甲板和2 700个客舱,最多可搭载6 360名游客和2 100名船员,甚至设计了可以伸缩的烟囱,以便通过海峡桥梁。

图12.1　海洋和悦号邮轮

想一想,查一查

国内有哪些比较有名的邮轮?请查阅并介绍该邮轮的特点。

三、邮轮的分类

(一)根据航行区域划分

国际上根据邮轮航行的区域,把邮轮分为环球邮轮(Global Cruise)、区域邮轮(Regional Cruise)和海岸线邮轮(Coastal Cruise)。

(二)根据载客量划分

邮轮的规模与等级,通常以排水量(吨位,GRT)与载客量(Pax Capacity)或者标准下格床位(Lower Berth,LB)两个指标来衡量,其中以载客量为主。就船型规模而言,邮轮有迷你型、小型、中型、大型和巨型,一般以注册总吨位划分。就载客量而言:500人以下为小型邮轮,500～1 000人为中型邮轮,1 000～2 000人为大型邮轮,2 000人以上的为超大型邮轮。

（三）根据豪华程度划分

根据豪华程度,可把邮轮分为:3 星以下的经济型邮轮(Economic)、3 星或 3+星的标准邮轮(Standard)、4 星的豪华邮轮(Deluxe)、4+或 5 星的赛豪华邮轮(Deluxe+)、5+的超豪华邮轮(Super Deluxe)。

（四）根据综合因素划分

国际邮轮协会(CLIA)根据综合因素,将邮轮旅游产品分为六类:经济型(Budget)、时尚型(Contemporary)、尊贵型(Premium)、豪华型(Luxury)、探索型(Exploration)、专门型(Niche)。

四、邮轮的空间划分

邮轮的空间可分为三类:客房空间、非公用(船上员工)空间、公共空间(图 12.2)。

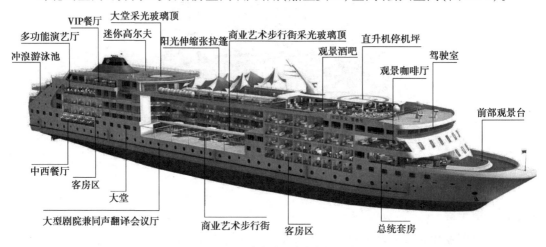

图 12.2 长江黄金系列豪华邮轮剖面图

1. 客房空间

邮轮客房通常极为小巧,是“微缩的饭店客房”。当今美国一般饭店的客房面积为 32～42 平方米,而一些邮轮客房面积为 9 平方米,只有部分超过 23 平方米。长江三峡邮轮通常客房的标准大小是 8～16 平方米(不包括卫生间),大多数客房面积为 10～12 平方米。一般来说,客房分为内舱房、外舱海景房和套间三个等级。

（1）内舱房

内舱房位于邮轮的内部,通常不设窗户,而在走廊面开窗,用灯光、镜子、色彩等来调节客舱的舒适度,配备空调、通风设备和卫生间,价格最为便宜。

（2）外舱海景房

外舱海景房设有面向大海的宽大窗户,采光较好、视野开阔,此类客房因拥有大窗户和海景阳台而受到游客的青睐。

（3）套间

套间一般设有起居室、卧室和浴室，拥有海上观景台、私人酒吧甚至钢琴等设备，通常可供两人以上住宿，价格最为昂贵，一艘邮轮上只有少量的几个套房。

2. 非公用空间

非公用空间一般位于客房甲板之下的甲板上。其中包括：邮轮员工用房、员工餐厅、员工娱乐场所、驾驶室（邮轮控制室）、邮轮厨房和邮轮机舱等空间。

3. 公用空间

共用区域是乘客汇集的地方，主要包括：接待区、餐厅及其他就餐区域、演出大厅（多功能厅）、健身俱乐部、礼品商店、医务室等，通常远洋邮轮还设有电影院、照片陈列室等。

想一想，查一查

邮轮的客舱有无优劣之分呢？如果你是邮轮的乘客，你会选择怎样的客舱？

五、邮轮旅游业发展趋势

（一）亚太地区邮轮旅游业发展迅速

自1980年以来，国际邮轮业平均发展速度超过7%，远远超出平均发展速度为4%的国际旅游业，成为国际旅游业发展的最大亮点。亚太地区是世界邮轮旅游市场的后起之秀，起步相对较晚，但发展迅速。随着邮轮业发展规模的不断扩大、专业港口的不断兴建，加之拥有丰富的自然资源，亚太地区已成为世界重要的邮轮旅游发展地区之一，并将逐渐成为继北美、欧洲之后又一个全球性邮轮旅游区。

（二）中国成为世界著名跨国邮轮集团竞相争夺的战略性新兴市场

从20世纪80年代开始，邮轮陆续停靠我国港口，使得我国邮轮旅游业逐渐开始发展。目前，基于邮轮母港建设，我国已形成了三大邮轮圈：以上海为中心的长三角邮轮圈、以天津为中心的环渤海邮轮圈、以广州为中心的南海邮轮圈。与此同时，作为亚太地区最主要的客源市场及重要目的地，我国邮轮旅游市场成为世界著名跨国邮轮集团竞相争夺的战略性新兴市场。比如，歌诗达邮轮集团的"大西洋号""赛琳号""威尼斯号"等邮轮开启了中国之旅；嘉年华邮轮集团旗下"公主"邮轮品牌也进驻了中国市场；皇家加勒比邮轮集团旗下的"海洋水手号""海洋量子号""海洋光谱号"等邮轮也开启了以上海和天津港为母港的邮轮航季。

（三）发现新技术和清洁能源并推动发展是邮轮业的当务之急

清洁能源的开发与利用是每一个行业义不容辞的责任，邮轮业要继续进行大量投资降低环境影响。国际邮轮协会(CLIA)最新的环境技术和实践报告显示了邮轮业在使用创新技术方面的巨大进步,而且邮轮业也在持续探索提高能效的新方法。

①液化天然气(LNG):44%新造船都将依靠液化天然气作为主要燃料。

②废气清洁系统(ECGS):目前全球邮轮业有68%使用EGSC,非LNG新造船有75%会使用EGCS。

③高级废水处理系统:所有新造船都在使用这一系统。

④岸电:88%新造船将配备这一技术。

⑤需要关注的其他领域:电池推动、先进回收能力、减少塑料的使用、节能照明、太阳能和燃料电池。

(四)实施目的地的合理管理

随着乘客需求的不断发展,邮轮业有责任保持对邮轮目的地的尊重,并促进合作。在与当地社区合作方面,邮轮业正在探索新颖的方式来管理游客流量并实施负责任旅游的最高标准,比如与当地政府合作、错峰进出港、旅游活动多元化、岸上能源、当地游客消费。

(五)微旅行市场需求逐渐加大

21世纪的今天,随着邮轮旅游活动的参与者越来越多,旅游者的需求越来越多样化,加之短假期越来越多,微旅行成为当下悄然盛行的一种休闲方式。不需要太多的行装,不需要长时间精心计划和刻意安排,以最放松和自由的方式追求旅行中的闲适,让旅行回归了本来的意义。旅行时长在转变,越来越多的游客在寻找短途旅行。邮轮业将会提供3~5天前往多个目的地的微旅行。

【同步思考】

你乘坐过邮轮(游轮)吗?你认为邮轮(游轮)旅游与其他旅游方式相比有什么优点?

任务二　俱乐部

【任务布置】

(一)任务情景

北京四大顶级俱乐部之一:长安俱乐部

长安俱乐部(图12.3)现有会员人数约1 000名,会员中政府官员占的比重较大,而商界的会员也大多来自传统产业。长安俱乐部为保证能够为会员提供一流的服务、营造一流的环境,俱乐部内部提供的各种产品也是别具匠心。除中餐厅"清樽红烛"、日式餐厅"日本桥"和意大利餐厅"那不勒斯"外,还有会员酒吧、图书馆等。宴会设施可容纳一两百人同时用餐或是举办鸡尾酒会,一般用于商务午餐会、晚宴、婚礼派对、周年庆典、家庭聚会、新品展示会和签字仪式等。

图 12.3　长安俱乐部

运动休闲设施有两个室内风景独好的网球场、室内乒乓球馆、室内羽毛球场地、保龄球馆、壁球馆、游泳池、按摩浴池、宽敞的有氧跳操室,并配有各项个人健身教程,设施完善的健身房有专业教练指导,还附设桑拿室、蒸气室、按摩室等,为会员提供完善的休闲娱乐健身条件。

(二)要求

请同学们回答以下问题:

长安俱乐部作为北京著名的私人俱乐部之一,其主要特点是什么?

【任务实施】

社交是人类的基本需求,具有相同志趣的人们喜欢聚集在一起进行各类社会交际及文化娱乐活动,由此推动人类文明的进程。这种社会交际和文化娱乐活动中的一部分随着社会的发展逐渐演变成为一种更加高级的形式——俱乐部。

一、俱乐部的定义及由来

俱乐部,又称会所,英文名为 Club。"俱乐部"一词是日本人对英文 Club 的音译,是指由企业经营者出面组织的,会员在自愿、互助、互惠的基础上自主参加,并有相应的权利和义务的协会或团体,内容概念涵盖商业企业、中心社团、组织机构、爱好圈子等。

　　俱乐部文化起源于17世纪的欧洲大陆和英国,当时的绅士俱乐部源于英国上层社会的一种民间社交场所,它们往往都有数百年的历史。这种俱乐部的内部陈设十分考究,除古香古色的房间和美轮美奂的装饰,俱乐部内还设有书房、图书馆、茶室、餐厅和娱乐室。俱乐部除定期组织社交活动外,还向会员提供餐饮、银行保险、联系和接洽等各项服务。可以说,在英国社会,一个人拥有多少知名俱乐部的会员资格是此人社会地位高低的体现。

　　时至今日,俱乐部这种社会活动的组织形式为相同社会阶层的人士提供了一种私密性的社交环境而大受欢迎,从而逐渐流行开来,俱乐部已不仅再是富人和上流社会的社交场所,其消费群体越来越大众化,俱乐部的组织形式和功能也日益多样化。

二、俱乐部的功能

　　一般的俱乐部都是封闭式管理,集餐饮、会议、娱乐功能于一体,人的因素、服务的因素是俱乐部历久弥坚的关键。此外,由于俱乐部还属于交际场合,因此会员一般都会以特定的职业身份与他人相处,保持自己的良好行为举止。

(一)社交功能

　　以运动休闲为主要活动内容的俱乐部具有良好的社交功能。许多人参加团体运动项目是为了运动中那种亲密无间的情谊及希望有一个归属。

(二)娱乐功能

　　俱乐部成员的一个重要活动内容就是娱乐。

(三)心理功能

　　成功的俱乐部能够起到满足安全、地位、社交这三种需求的作用。

(四)力量功能

　　一个人一旦成为某一俱乐部的成员,就可能树立更强的信心,感到集体力量的强大。

三、俱乐部的类别

(一)按使用性质划分

　　可分为商务俱乐部、健康类俱乐部、社区俱乐部、特色俱乐部、职业俱乐部或综合性俱乐部等。

　　商务俱乐部是以企业首脑、政界要员和少数文化人士为特定会员对象,采用极为严格的会籍资格审查制度,收取高额会籍费用和年费,并实行封闭式运营的俱乐部组织形式。

　　健康类俱乐部是包括运动健身会所、医疗保健会所、美容水疗(SPA)会所在内的,以维护和促进身心健康为主题的会所(俱乐部)。

社区俱乐部是指建立在特定住宅区域内,以社区住户作为主要服务对象,满足住户的健身、娱乐、游泳、桑拿、美容、餐饮及文化活动等需求,并为他们提供彼此交往的机会和条件的俱乐部设施。如著名的上海大都会高尔夫球场,以日本式的设施和服务而享誉上海。

特色俱乐部是围绕某项独特的项目或某项特殊事件为基础成立的俱乐部,如英国伦敦的"洋葱地窖"哭泣俱乐部,通过切洋葱帮助平时情绪较为内敛的英国人"催泪";美国纽约的"沃尔沃生命奇迹俱乐部",由在严重交通事故中明显因为沃尔沃车型的保护而幸免于难的客户组成。

职业俱乐部是一个向公众提供竞技表演服务及相关产品的企业化组织,是自主经营、自负盈亏、自我约束、自我发展的法人实体,以利益最大化为主要目的。

综合性俱乐部是以上两类或多类俱乐部属性兼而有之的俱乐部。

(二)按是否单独设立维护附属设施运营以及约定同时服务于多个特定对象群体划分

可以分为独立俱乐部、附属俱乐部及俱乐部联盟。

独立俱乐部进行独立运营和管理,附属俱乐部一般依附于某个市场主体、某家企业、某个单位或某个住宅区而设立,在经营和管理上没有自主权,俱乐部联盟由多家俱乐部联合组建成立,目的在于规范旗下俱乐部的管理和运营,谋求共同利益。

(三)按地域形态划分

可以分为城市俱乐部和乡村俱乐部。

城市俱乐部和乡村俱乐部都提供餐饮服务,都组织社交活动。不同点在于城市俱乐部都建在城市之中,其中一部分租用写字楼或者饭店,而乡村俱乐部建在郊区或者农村。

(四)按是否具有排他性的经营方式划分

可以分为开放式俱乐部、半开放式俱乐部和封闭式俱乐部。

开放式俱乐部就是完全的社会商业性设施,面向社会经营,大多数中低价位项目采用这种模式;半开放式俱乐部在对会员开放的同时,也对社会公众开放,针对不同的项目可以采用不同的开放程度,一般来说档次较高;封闭式俱乐部一般都是会员制俱乐部,只对会员开放,它是为背景相似的事业成功人士提供的一种社交、休闲、娱乐、聚会的高级场所,会员兴趣相投,乐于享受高品位的生活,借此扩大社交圈。

(五)按经营模式划分

可以分为营利性俱乐部和非营利性俱乐部。目前市场上的俱乐部多数为营利性的,其按管理模式又细分为会员制和非会员制两种形式,但在会员吸纳收费和服务方面各家俱乐部又有较大差别。非营利性俱乐部实质上是一种免费会所,这种会所市场上极少,当然服务内容也往往大打折扣。

【相关链接】

沃尔沃生命奇迹俱乐部

有这样一个汽车俱乐部,每个车主都不想成为它的会员,它就是沃尔沃生命奇迹俱乐部(图12.4)。沃尔沃生命奇迹俱乐部最早于1990年在美国成立,迄今在北美已经有近1 500名会员。中国沃尔沃生命奇迹俱乐部于2012年成立,至今会员人数还没有破百。

图12.4 沃尔沃生命奇迹俱乐部

沃尔沃生命奇迹俱乐部将在严重交通事故中因沃尔沃汽车的保护而幸免于难的消费者聚集在一起分享自己的故事,沃尔沃汽车此举旨在与广大车主一起,通过真实案例分享,在全社会积极推广交通安全理念和行为举止,倡导人、车、路的和谐共处。

想一想,查一查

旅游俱乐部是国内新出现的一种旅游组织,它为某一类旅行者提供服务,如:专为妇女服务的妇女旅游俱乐部、为预算有限的人设立的俱乐部,还有针对老年人的俱乐部,也有单身俱乐部和家庭俱乐部等。这种旅游组织的出现将会对旅游业的发展产生什么影响?

四、国内外俱乐部的发展现状及发展趋势

中国的俱乐部大多是营利性组织,各种俱乐部大多都规定了入会会员的资格。中国几家带"国际"头衔的商业俱乐部,入会费用在3万~10万元不等,此外每年还要交纳至少数千元不等的"会员年费"。从我国各类俱乐部的功能和组织管理形式上来看,俱乐部在我国还是一个年轻的行业,未来还有较大的发展空间,同时从法律法规约束和行政管理方面来讲也还需要不断地完善以规范市场秩序。

国外俱乐部是传统文化的一部分,有些俱乐部凭借它的信誉很容易就能请到全球商界精英或者是著名学者,而信誉积累不是在短时期内就能完成的,这跟高级商业俱乐部所秉承的文化传统习惯不无关系。会员资格是可以转让的,所以有的会员会在遗嘱里将高级俱

乐部的会员资格传给自己的晚辈,这也是一个不小的礼物。俱乐部是有既定的特色和既定的人群的,在里面可以接触到从事各种商业活动的资深人士,可以听到来自各个商业领域的最新消息,这也是为什么很多会员白天辛苦工作后,还要利用业余时间来俱乐部活动的原因。高级商业俱乐部是市场经济体制中必然会出现的,而其会员大多是外企首席代表、海归人士、知名企业负责人等。

俱乐部产业未来将会呈现以下发展趋势:

(一)"人性化"的理念在俱乐部产业中将越来越得以凸显

俱乐部本身就是为人提供的一种社交平台,人的因素、服务的因素是俱乐部历久弥坚的关键。无论是从硬件环境还是从服务水平上,满足大众需求的、高质量的服务是未来俱乐部产业竞争的核心要素。

(二)俱乐部的客户群体越来越大众化

即使是设施豪华、收费昂贵的运动休闲俱乐部,如高尔夫球、保龄球等项目,也已有了相当的普及率。同时对于其他各类俱乐部,也不同程度地实现了社会化、生活化,为广大群众所喜爱。未来将会有越来越多的人接受并参与其中,客户群体的大众化将会带来俱乐部产业的蓬勃发展。

(三)俱乐部活动的文化色彩越来越浓厚

随着俱乐部功能和活动内涵的不断拓展,俱乐部活动带来的是奋勇拼搏的体育精神、轻松和谐的生活氛围、唯善唯美的文化底蕴,俱乐部是文化和社交的交流集聚地,为发展文化思想提供了越来越丰富的土壤。

【同步思考】

在条件允许的情况下,你愿意加入各种俱乐部吗?为什么?

任务三　其他康乐活动及设施

【任务布置】

(一)任务情景

酒店中的康乐项目

西方许多国家都明文规定,公寓式酒店和长住式酒店应该有康乐设施和项目。对于度假型酒店而言,除提供一般服务项目外,康乐项目更是其必备条件和主要经营方向。度假游客一般在酒店居住时间较长,并经常开展社交活动,因此度假酒店应具备完善的康乐设施,如保龄球、台球、网球、乒乓球、壁球、桑拿浴室、音乐酒吧、歌舞厅、美容美发中心、电子游戏室、多功能厅、付费点播影视服务系统等。

(二)要求

请同学们回答以下问题:

1. 康乐在现代社会中有哪些作用?

2. 康乐部在现代酒店中有什么作用?

【任务实施】

康乐活动是指可以满足人们健康和娱乐需求等的一系列活动,可以有效促进人的身心健康。康乐活动包含的内容非常丰富,如果仅仅把康乐理解为康体和娱乐是不够全面也不够准确的,现代康乐活动包括康体类活动、保健类活动和娱乐休闲类活动。除了我们所熟知的传统康乐项目(如游泳、健身、桑拿、按摩等)外,社会上又出现了许多规模不等、设施项目不完全相同的康乐公司以及适应现代市场需求的新型康乐项目。

一、传统康乐活动

(一)康体类活动

康体类活动是人们借助一定的健身设备、设施和场所,通过参与来调节心情、促进身心健康,以达到休闲、交友目的的具有健身功能的体育活动。它不是广义的体育运动项目,而是一些具有娱乐性、趣味性的运动项目。康体类活动主要包括:

①健身器械运动,如心肺功能训练项目、力量训练项目等。

②游泳运动,如室内游泳、室外游泳等。

③球类运动,如保龄球、高尔夫球、网球、台球、壁球等。

④户外运动,如网球、骑马、划船、滑雪、登山、狩猎、垂钓、潜水等。

康体活动设施有游泳池、健身房、台球房、保龄球房、乒乓球室、网球场、壁球房、高尔夫球场等。

康体类活动的一般特点是:活动的开展须借助一定的设施设备和场所;运动中讲究科学方法;活动不是以竞技为主,而是为了达到特定的目的。

(二)保健类活动

保健类活动主要是指人们通过接受一定的保健服务,从而达到放松身心、恢复体力、振奋精神的活动项目。保健类活动主要包括：

①桑拿浴,如蒸汽浴、日光浴、温泉浴、牛奶浴、药浴等。

②保健按摩,如人工按摩、设备按摩、水疗、鱼疗等。

③美容美发,如面部护理、颈部护理、淡斑祛斑、美发、美甲等。

保健活动场所有:桑拿房、按摩室、美容美发店等。

保健类活动的一般特点是:活动的开展须借助特定的设施设备和服务,并有严格的操作程序;服务技术含量要求高;文化气息浓,时尚感强。

(三)娱乐休闲类

娱乐休闲类活动是指为客人提供一定的环境设施和服务,由客人积极主动地全身心参与的有益的文娱活动,使客人达到调节身心、丰富生活和社会交往等目的的休闲消遣性活动。娱乐休闲类活动主要包括:

①歌舞类活动,如歌舞表演、卡拉 OK、酒吧消遣活动、夜总会消遣活动等。

②游戏娱乐类活动,如电子游戏、棋牌游戏等。

③文化娱乐活动,如电影、书刊阅读、主题乐园等。

常见的娱乐场所有夜总会、歌舞厅、卡拉 OK、棋牌房、游戏厅、大型游乐场等。

娱乐休闲类活动的一般特点是:活动的开展须借助特定的设施设备和服务;活动不激烈,但具有较强的趣味性和技巧性;讲求一定的环境氛围感;寓享受于消闲娱乐之中,强调一种精神上的满足。

二、现代新型康乐活动

随着社会的进步和经济的发展,人们对康乐活动的需求在不断地增加,康乐行业不断推出新项目,以促进康乐业的发展。

新项目的不断涌现,给康乐业带来了活力,促进了康乐业的发展。除了这些以外,近些年,康乐业与旅游业深度结合,衍生出了新的康乐旅游产品。

(一)研学旅行

研学旅行是由学校根据区域特色、学生年龄特点和各学科教学内容需要,组织学生通过集体旅行、集中食宿的方式走出校园,在与平常不同的生活中拓宽视野、丰富知识,加深与自然和文化的亲近感,增加对集体生活方式和社会公共道德的体验。

(二)跨国医疗旅游

跨国医疗旅游是以医疗护理、疾病与健康、康复与休养为主题的跨国旅游服务。通常由温泉疗养、香薰 SPA、泥浆与沙疗、人工按摩等构成,包括以健身、休闲为目的的保健旅游和由手术治疗、中医、医学整容等纯粹的治疗疾病为目的的医疗旅游。

（三）小说旅游

小说旅游是一种特殊的旅游方式，文学爱好者组成旅行团，沿着小说主人公的足迹，游历书中描写的各个地方，身临其境地体会书中人物的感情。这种颇具浪漫的学术式旅游，深受个性浪漫的文学爱好者以及学术研究者的欢迎。

（四）环保旅游

环保旅游为了保护生态环境，部分旅行社推出一日游特别团。游客在观赏湖山美景之际，动手收集林中的垃圾，以保护景区环境的整洁。这类活动有许多优惠条件，如游客只需在风景区收集垃圾一个多小时，便可享受温泉浴和免费午餐。

【同步思考】

你参加过哪些康乐活动？说说你对这些康乐活动的认识、看法和建议。

【知识归纳】

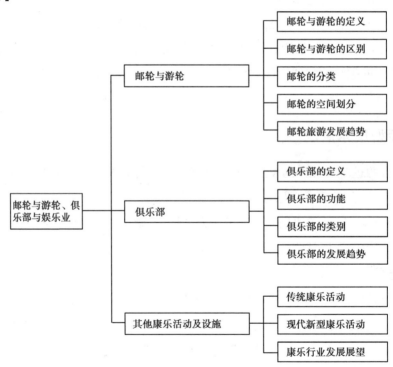

【思政要点】

党的十九大报告将"实施健康中国战略"作为国家发展基本方略中的重要内容，将健康中国建设提升至国家战略地位。请谈一谈这对康乐行业的发展有什么启示？

【实践活动】

调查本地区邮轮和游轮旅游企业

实训目标：

认识和了解本地区的邮轮和游轮旅游企业概况。

实训组织：

学生以小组为单位，以文献调研、实地走访等方式完成调查任务。

实训任务：

组织调查所在地区的一家邮轮或游轮企业的经营发展状况，根据调查情况完成调查报告并进行汇报。

实训内容：

1. 调查企业的品牌、经营规模、服务项目、价格及特色、市场定位等的基本情况。

2. 访谈企业管理者，了解邮轮或游轮行业发展情况。

3. 完成调查报告撰写并进行调查结果汇报。

实训指导：

组织和引导学生开展文字资料和音视频资料的搜集，进行小组成员任务分工，结合实地走访完成调查报告。

【同步测试】

1. 试述邮轮、俱乐部与博彩的定义。

2. 邮轮和游轮有什么区别？

3. 俱乐部有哪些功能？

4. 康乐活动越来越成为人们生活中必不可少的一部分，你认为未来康乐行业有什么样的发展趋势？

项目十三

会展业与节事活动

【项目目标】

> 1. 了解会展业的历史发展脉络。
> 2. 掌握会展的类型与活动组织。
> 3. 了解我国会展业的发展策略。
> 4. 了解节事活动的特点与发展趋势。

【项目实施】

【任务引例】

到底是哪儿出了问题？

A 公司成立时间不久，到 2020 年年底才差不多成立了 2 年，公司员工团队平均年龄只有 28 岁。

他们将业务全部押在了境外，除了传统的展览代理业务，从 2019 年 5 月开始，又尝试了境外高端旅游、商旅服务等业务。

"我们算是行业内第一个用互联网思维在运营 MICE 的公司吧，而且我们极度重视客户体验，所以公司去年取得了超乎想象的成果。境外展览这个行业其实赚钱的不是展位费，而是后续的这些服务，比如签证、机票、跟团。我们将客户在境外的一切服务拆成了不同的模块，全部当成个性化需求在做，在美国可以吃到 40 美元一个人的火锅，这应该只有我们敢做和能做吧！"这是 2019 年该公司负责人 B 先生在记者面前说的话。

2019 年 10 月，A 公司就开启了员工招聘和扩大办公室的计划，2020 年年初，A 公司在北京、广州、深圳都开设了办公室，准备年后大干一场。

"我们发展得一直很顺利，管理也到位，在 2020 年年初就收了 100 多万元定金，其实这算是很好的成绩，现在无奈只能给客户退款。"负责人 B 先生苦笑说道，"唯一欣慰的是我们的核心员工都还在，也在探索和尝试一些新的业务。"

A 公司的现金流还能撑 16 个月，16 个月后该怎么办？B 先生一筹莫展。

请同学们根据此案例思考一下，会展业与哪些现实环境息息相关？

任务一　认识会展业

【任务布置】

(一)任务情景

德国的会展业

在全世界范围内,德国会展中心在国际会展行业占据着第一名的位置。在任何类型产业的国际顶级的会展活动中,有2/3都是选择在德国举办。在世界会展营业额最多的十大展览公司中,其中有六个是德国的。每一年,都有约150个国际会展、170 000位参展商和1 000万参观者来到德国。国际性是德国会展行业最显著的优势:在参展商方面,超过一半的参展商来自海外,1/3的国家来自欧洲之外;在参观者方面,近1/3客源来自国外。此外,区域性贸易和消费展的强大网络,也为国际性会展提供了重要的补充。仅在由AUMA(德国会展行业协会)的成员公司举办的活动里,就汇聚了5万个参展商和600万参观者。会展和展览活动因此为超过20万参展商和1 700万参观者提供了交流的平台。

在德国的许多主要城市,都有展览公司或集团,分别负责承办各个领域的顶尖展会。

拥有大型会展中心的城市大致可分为以下几种类型:

①具有重要的政治、经济地位的中心城市,如首都柏林。

②重要的商业中心城市或地处交通枢纽的大城市,如慕尼黑、法兰克福、科隆等。

③各州府所在地城市,如杜塞尔多夫、斯图加特等。

④以会展业为主要特色的城市,如汉诺威、莱比锡等。

⑤拥有某一特定行业专业展览的中小城市,如奥芬堡、奥芬巴赫等。

通过百年来的发展,德国基本形成了处于城市边缘、靠近主要交通干线的选址模式。

德国的会展中心不仅总量世界第一,而且单个场馆的规模也很大。拥有大量的建筑物、宽阔的室外展场和停车空间几乎是德国会展中心的共同特征。另外,大型会展中心还有大量的用地进行绿化和环境处理。

德国的会展中心一般都提供有必要的信息咨询站点和方便简易的餐饮休闲服务设施,大规模的会展中心还设有新闻中心、展览服务机构等。但酒店设施一般靠城市功能来解决,仅有少数的会展中心会有自己的酒店。

(二)要求

请同学们回答以下问题:

展会的核心价值在于其展会中客户的质量或素质以及是否能够满足参展商和专业观众之间交流和交易的诉求。如果我们以此诉求为核心的话，请大家思考德国是怎么做的，如何才能达到核心价值的完美体现呢？

【任务实施】

会展行业由来已久。古时，人们为了满足日常生活中的各种需求，创造了集市。在中国，作为早期展览会雏形的集市大约形成于公元前 11 世纪的商、周时期，盛于唐、宋时期。

古代的集市，是什么样子呢？古代有季节性的集市，大多出售时令商品。《成都古今记》载：正月灯市，二月花市，三月蚕市，四月锦市，五月扇市，六月香市，七月宝市，八月桂市，九月药市，十月酒市，十一月梅市，十二月桃符市。而非季节性集市，则五花八门，大多出售生活必需品，如：菜市、米市等。除了各有特色的集市外，还有一种城乡并存的定期集市——庙会。在传统的商品交换之外，庙会还可以举办宗教活动和文化娱乐活动等，兼具了促进商品流通、密切城乡联系的作用。

随着朝代的更替、历史的发展演变，清代后期，由于资本主义商品经济的发展，中国早期的博览会出现。南洋劝业会、中国蚕茧丝绸博览会、西湖博览会等展览会的出现，标志着中国的会展行业翻开了新的序章。近 30 年的迅猛发展，会展行业已然成为国民经济的新兴产业。

一、会展与会展业的定义

会展是会议、展览、节庆、赛事等集体性活动的统称。会展主要包括三部分：一是博览会、展览会、交易会、贸易洽谈会等；二是各种类型的大型国内外会议；三是体育竞技运动、文化运动、大型节庆活动、民俗风情活动等。会展中最主要的部分是展览会。目前，最知名、影响力最大的是世界博览会。

会展业是现代服务业的重要组成部分，指通过举办各种形式的会议和展览、展销，从而带动当地的旅游、交通运输、饭店及相关服务业的一种新兴产业，是能够带来巨大的经济效益和社会效益的一种经济现象和经济行为。会展产业链长，产业关联度大，它不仅可以拉动和促进相关产业的发展，而且对整个国民经济乃至社会发展也会产生深远的影响。

二、会展业的历史与发展

按照会展业的历史与发展脉络，分为四个阶段，并以阶段内最具有代表性的标志性事件为例，如图 13.1 所示。

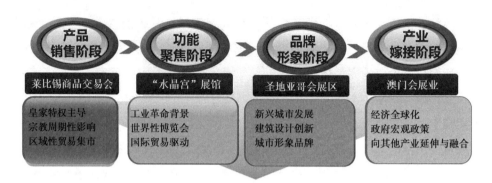

图 13.1　会展业的历史与发展脉络

（一）会展业的最初功能——商品交易阶段

作为欧洲最古老的会展城市之一的莱比锡，早在 1190 年就举办了第一次会展，并且在之后将近一个世纪里，莱比锡都一直在国际会展中扮演重要角色。

到 16 世纪，罗马帝国的皇帝干脆下令，莱比锡周围不得举办别的交易会，莱比锡交易会于是成了皇家交易会。

到 18 世纪，莱比锡自称为"全欧集市"，市场里充满了来自波兰和英国的货物，莱比锡一直占据着一个极为独特的交易中心的角色。

（二）会展业的继续发展——功能品牌阶段

第一届世界博览会会址的建设，使会展成为一种城市的功能和国家的品牌。

1849 年，英国白金汉宫决定：在 1851 年举办一届规模宏大，由世界各国参与的国际性博览会。会址选在伦敦海德公园内，并要求建造一幢临时性但具有恢宏气势的展馆——水晶宫（图 13.2）。

图 13.2　1851 年英国伦敦水晶宫

当时，英国国力强大，有条件也需要一个展示世界各国的产品的平台，发展国际贸易。水晶宫与世博会于 1851 年同时诞生，水晶宫是英国伦敦一个以钢铁为骨架、玻璃为主要建材的建筑,是 19 世纪英国的建筑奇观之一,同时也是万国工业博览会场地。1854 年被迁到伦敦南部,在 1936 年的一场大火中被付之一炬。英国前首相丘吉尔曾表示它的烧毁是"一个时代的终结"。

(三)会展业的继续发展——功能聚合阶段

圣地亚哥会议展览中心是世界一流的标志性建筑,经常被与世界闻名的悉尼歌剧院相比较。圣地亚哥会展中心在建筑设计手法上的独到创新,使它从其他众多乏味的会展建筑中脱颖而出。

它最令人刮目相看的是在建筑物顶层的 1 万平方米的室外空间,这个空间由一个白色张拉膜篷布结构覆盖。它充分利用了南加州温和的气候条件,以及会展中心所在海湾的地理位置,在临海一侧还布置了逐级跌落的平台及露天剧场,以利于人们户外活动,把建筑占用的海岸线还给游人。中央的白色房顶很像船帆,这个造型与悉尼歌剧院有异曲同工之美。

圣地亚哥充分发挥北美自由贸易协定(NAFTA)桥头堡的区位优势,结合本市良好的工商产业基础,大力发展会展业,获得了很大的成功,如图 13.3 所示。

图 13.3　美国圣地亚哥会议展览中心

(四)会展业的当今趋势——产业嫁接阶段

澳门自身经济规模较小,加上澳门总体上是个消费城市,产业比较单一。当时的特别行政长官何厚铧在 2002 年施政报告中提出澳门以旅游、博彩、物流及会展为龙头,服务业为主导,其他行业协调发展的产业结构,确立了发展会展经济将成为澳门新的产业支柱。

相比当地博彩业的悠久传统,会展业也尚未成为焦点行业。但其增长速度极快,这得益于以下三点:

①澳门自由开放的经济体系、广泛的国际关系是澳门发展会展业得天独厚的优势条件。

②旅游、博彩业的带动：澳门的旅游、博彩以及其他服务产业也非常健全而有特色，这使澳门会展业在吸引人流方面拥有得天独厚的优势。

③硬件设施支持：澳门除了各大酒店中的会议厅和展览场地外，还有其他的配套旅游设施及会展场地，如澳门旅游塔会展娱乐中心、综艺馆、澳门大学会议中心、旅游活动中心、澳门世界贸易中心以及澳门文化中心等。

三、会展业的作用

会展产业涉及工业、农业、商贸业等诸多产业，对结构调整、开拓市场、促进消费、加强合作交流、扩大产品出口、推动经济快速持续健康发展等发挥重要作用，在城市建设、精神文明建设、和谐社会构建中显示出其特殊的地位和作用，并日益显现出来。具体体现在：

（一）能产生强大的互动共赢效应

会展业不仅能带来场租费、搭建费等直接收入，而且还能拉动或间接带动数十个行业的发展，直接创造商业购物、餐饮、住宿、娱乐、交通、通信、广告、旅游、印刷、房地产等相关收入；不仅能集聚人气，而且能促进各大产业的发展，对一个城市或地区经济发展和社会进步产生重大影响和催化作用。

（二）能获得优质资源

会展业汇聚巨大的信息流、技术流、商品流和人才流，意味着各行业在开放潮中，在产品、技术、生产、营销等诸方面获取比较优势，优化配置资源，增强综合竞争力。博鳌效应就是会展业创造出的一个典型的"神话"，穷乡僻壤的博鳌建成国际会议中心后，以其良好的生态、人文、治安环境，吸引了海内外众多会议组织者、参会者、旅游者等。

（三）能提升支持力度

各产业的发展，特别是制造业要生存和提升竞争力，需要相关服务行业的协作，加快新型工业化、新农村建设，更离不开会展业的支持和助力。其中会展是一项极其重要的服务内容，作为特殊的服务行业，会展经济能增强城市面向周边地区的辐射力和影响力。

（四）能增加就业机会

随着近年来会展活动的增多，会展业不仅能提供就业机会，而且还能拉动和促进就业。

（五）能成为经济发展的"风向标"

会展紧扣经济，展示经济发展成果，会展经济的发展将直接刺激贸易、旅游、宾馆、交通、运输、金融、房地产、零售等行业的市场景气。大型和专业性会展往往是产品或技术市场占有率及盈利前景的晴雨表,推动商品贸易、投资合作、服务贸易、高层论坛、文化交流等各方面的发展与进步。

四、会展业的特点

会展产业作为一种新的产业类型,是现代经济体系的有机组成部分,具有如下几个方面的特点。

(一)会展产业具有规模性特点

会展对经济运行状况具有表征作用,反映人类集体性物质文化交流活动已经成为一个独立的产业门类并从其他产业中分离出来。会展活动的形成和发展已有较长的历史,但会展产业的形成却要晚得多。只有生产力发展使会展活动成为一种必不可少的经济行为,并具有相对独立性,与会展活动相关的企业经济活动达到一定的规模,在整个资源配置体系中占有一席之地且成为不可缺少的组成部分时,一个新的产业便形成了。

(二)会展产业具有关联性特点

会展产业必须以其他产业的存在和市场经济体系的相对发达为前提。会展活动本身并不创造实体性财富本身,但对实体财富价值实现具有重要的促进功能,如果生产技术相对落后,会展活动的对象、工具和手段的配置达不到一定的规模和效率,会展活动不可能成为一个独立的产业部门。同样,没有一定的市场经济条件,各种要素跨区域、部门、行业、国界的流动将受到制度和非制度条件的限制;没有各要素的较为方便、低成本的有序流动,会展活动便成了无本之木、无源之水。

(三)会展产业具有技术性特点

会展产业必须借助于一定的技术手段,以一定的知识资本存量、增量为依托,否则,不可能适应知识经济时代对要素流动方式、内容的需要。会展活动涉及多方面的内容,既包括商品流通,又包括要素流动和人员、信息的交流。在现代社会,没有一定的通信、交通手段,没有一整套较为成熟的制度、规则体系,会展活动不可能发展成一个相对独立的产业类型。

(四)会展产业具有风险性特点

会展产业是高盈利的行业,其利润率在20%~25%。为什么还有相当多的会展要赔钱呢?这使我们看到,会展产业是一个复杂的经济系统,组织者在抓住机遇的同时也要面临很多风险。首先,办展的前期投入非常大,会展产业所需宽敞的会展场馆、技术先进的会展设施以及优越规范的会展服务,都需要大量资金投入才能获得。各地方政府和企业也都意识到要办好展览会和交易会等必须具有好的展馆,于是不惜花费巨大的人力、物力、财力纷纷修建现代化的会展中心。会展能不能树立自己的品牌是会展产业存在的另一个风险,即资源风险。在展览业,品牌是一个主要的资源,它意味着高附加值、高利润和高市场占有率,没有品牌就没有足够数量和质量的参展商,而参展商的质量又决定了能否吸引到有效的购买商。因此,会展营销的核心就是创品牌企业和品牌项目。要树立品牌展会并非易事,它需要会展组织者在多种要素上进行探索研究和苦心经营。

(五)会展产业具有全球性特点

会展产业可以跨越区域和国界,成为具有全球性特点的产业类型。经济全球化、区域一体化进程的加快,要求资本、技术、人力资源能够跨国界、区域流动。要素流动配置范围的扩大,使以要素流动为主要经营目的的会展企业经济活动的地域空间扩大,形成全球性产业类型。会展产业的全球化,反过来又进一步加速全球经济一体化和区域集团化发展步伐。然而,会展产业必须有一个主要的分布区域,集中在某地区、某国或某些条件较为优越的国家集团中,不可能均匀地分布在全球任何地方。

【同步思考】

请同学们通过资料查找"美国的家具之都海因波特"(HighPoint,也译为高点)近百年来的成功之路,思考以下问题:

1. 发展会展业应以什么为导向?

2. 海因波特家具展会(北卡高点家具展览会)成功的秘诀是什么?

任务二　会展的类型与活动组织

【任务布置】

(一)任务情景

重庆悦来国博中心

重庆悦来国际博览中心(简称"悦来国博中心")位于重庆市两江新区核心区域——悦来会展城,这里依山傍水、公园环抱、古镇相邻,城市、自然景观浑然一体。

重庆悦来国际博览中心(图13.4),是全国唯一一家公园展馆、生态展馆、人文展馆,是一家集会议、展博、餐饮、住宿、赛事等多种功能需求为一体的现代化智能场馆。

重庆悦来国博中心展厅分为:

图 13.4　重庆悦来国际博览中心鸟瞰图

1.室内展览馆：室内展览场馆总面积达 20 万平方米，共设 16 个全平无柱展厅，单个展厅面积达 1.15 万平方米，地面承重 3.5～5 吨。室外展览场面积 5.8 万平方米，地面承重 5 吨。

2.南北展区：南北展区多功能厅面积达 2 万平方米，净高 20 米。南北展区可搭建 1 010 个室内展位或 1.5 万个座位，可以满足演出、体育赛事、超大型会议等多种大型室内活动。

3.会议厅：重庆悦来国际博览中心，拥有 5 200 平方米超级宴会大厅、3 个 1 000 平方米超大会议厅、28 个 50～350 平方米精致会议室。

4.重庆悦来两江会议中心，重庆国际博览中心的重要配套项目，可以为世界各界人士提供最完美的会议体，国博中心共计停车位 1.1 万个。

2013 年 3 月 28 日重庆悦来国博中心正式投入运营，举办了第 48 届制药机械展、第 91 届全国糖酒会、第 72 届医疗器博览会、华夏家博会等展览。其以一流的硬件、完善的配套和优质的服务获得合作伙伴的好评。

（二）要求

请同学们回答以下问题：

1.重庆悦来国际博览中心主要承接哪种体量的会展项目？

2.能举出三个以上同体量的会展项目吗？

3.这些类型的项目需要如何组织实施呢？

【任务实施】

会展作为服务活动，对企业或组织来说起到桥梁、媒介、窗口的作用。同时它具有强大的经济功能，包括联系和交易功能、整合营销功能、调节供需功能、技术扩散功能、产业联动功能、促进经济一体化等。所以，办好一场会展需要多方面的聚集动能和组织协调。

一、会展的基本构成要素

（一）主办者

一场会展的主办者一般为政府、行业协会或者会展公司。主办者在会展价值链中处于引领地位，其办展资格需要政府把关严格认证。

（二）承办者

承办者是具体的承办单位，提供人、财、物的组织管理工作，是展会经营部门和运作机构，处理实际的展会活动。

（三）参展商

参展商是为了促销商品或者展示形象等，向展会组织者租赁场地、搭建展台的企业或其他机构，在会展价值链中处于核心地位。在商业性会展中，主办者的收入主要来自参展商。会展活动的运转需要足够多的参展商的参加。

（四）会展场馆与场地

会展场馆与场地是从事会议、展览以及节事活动的主体建筑和附属建筑，以及相配套的设施设备和服务，它由硬件和软件两部分组成。

场馆中的"场"，是场地，一般指室外区域；"馆"即馆所，一般指室内区域。因此，会展场馆可以分成室内的会展和展览中心以及露天的会议和展览场地。

（五）会展观众

专业观众是指从事展会上所展出的商品或服务的设计、开发、生产、销售或者提供相关服务的专业人士或者用户。专业观众也称贸易观众。在展会上，专业观众越多，参展商所获得的利益就会越大。

观众的数量、专业观众所占比例、观众对其产品的购买数量、观众对其产品以及公司形象的关注程度等，决定了参展商参展收益的高低。而观众收益的高低则主要由参展商以及参展产品来决定。

（六）会展辅助服务机构

会展是一个集成化产业，包括相关的物流运输企业、餐饮住宿企业、旅游休闲企业、广告宣传企业、展台搭建企业、装潢设计企业等。

二、会展业的类型

（一）会议类型

1. 按举办单位划分

（1）公司类会议

它的规模不一，小到几个人，大到上千人。公司会议在近几年发展得非常迅速，是市场的主要组成部分。公司管理者强调的是信息的传递，而公司内部信息传递的最基本方式之一便是会议。公司会议常以管理、协调和技术为内容。

（2）协会类会议

协会类会议在会议市场中同样也占有相当重要的位置。最显而易见的会议组织是遍布在全国甚至遍及世界的协会。协会因人数和性质而互不相同，它们的规模从小型地方性协会、省市级协会到全国性协会乃至国际性协会不等。协会类会议大致可以划分为行业协会、专业和科学协会、退伍军人和现役军人协会、教育协会和技术协会等类型。

（3）其他组织会议

这些就像是一些非营利性机构，这类会议的典型代表是政府机构会议，许多政府需要在办公地点之外的地方举办会议。其他组织会议除了有政府机构会议之外，还有工业组织和政治团体会议、宗教组织会议。

2. 按会议规模划分

根据会议的规模即参加会议人数的多少，可分为小型会议、中型会议、大型会议及特大型会议。

（1）中型会议

出席人数为 100~1 000 人。

（2）大型会议

出席人数为 1 000~10 000 人。

（3）特大型会议

出席人数为 10 000 人以上，如节日聚会、节庆活动。

3. 按会议的活动特征划分

（1）商务型会议

一些公司、企业因其业务和管理需要，在饭店召开的商务会议。这类会议多在饭店召开且与宴会相结合，会议效率高、会期短。

（2）度假型会议

许多公司、企业组织利用周末假期时组织员工一边度假休闲，一边参加会议。这样既能了解员工,促进彼此之间的感情,增强企业本身的凝聚力,又能解决企业所面临的问题。度假型会议一般选择在风景名胜地区的宾馆举办。此类型的会议通常会安排足够的时间让员工观光、休息和娱乐。

（3）展销会议

参加商品交易、展销会、展览会的各类与会者入住宾馆,住宿天数比展览会期长一两天,同时,还会在宾馆举办一些招待会、报告会、谈判会和签字仪式等活动,有时晚间还会有娱乐消费。另外,一些大型企业或公司还可能单独在宾馆举办展销会,整个展销活动全在宾馆举行。

（4）文化交流会议

各种民间和政府组织的跨区域性的文化学习交流活动,此类会议常以考察、交流等形式出现。

（5）专业学术会议

某一领域具有一定专业技术的专家学者参加的会议,如专题研讨会、学术报告会、专家评审会等。

（6）政治性会议

国际政治组织、国家和地方政府为某一政治议题召开的各种会议。会议可根据其内容采用大会和分组讨论等形式。

（7）培训会议

用一个会期(一周或更长的时间)对某类专业人员进行有关业务知识方面的技能训练或新观念、新知识方面的理论培训。培训会可采用讲座、讨论、展示等形式。

（二）展览类型

1. 按展览性质划分

展览会分为贸易和消费两种性质。贸易性质的展览会是为产业即制造业、商业等行业举办的展览,其主要的目的是交流信息、洽谈贸易。消费性质的展览是公开举办的展览,消费性的展览基本上都展出消费品,目的是直接销售。

2. 按展览内容划分

展览分为综合展览和专业展览两类。综合展览指包括全部行业或数个行业的展览会,也被称作横向型展览会,如工业展、轻工业展。专业展览指展示某一行业甚至某一项产品的展览会。它最特殊的一点是常常同时举办讨论会、报告会、发表会,用以介绍新产品、新技术。

3. 按展览规模划分

展览分为国际、国家、地区、地方等展览会,以及单一公司的独家展览。规模是指展出者和参观者的所代表区域规模,而不是指展览场地的规模。

4. 按展览时间划分

展览会有定期和不定期两种。定期的有一年四次、一年二次、一年一次、两年一次等。不定期展览会则是视需要条件举办,分长期和短期。长期展可以是三个月、半年,甚至更久,而短期展一般不超过一个月。

5. 按展览场地划分

大部分展览会是在专用展览馆举办。展览场馆可分室内场馆和室外场馆两种。

三、会展的活动组织

(一)会展的立项与定位

1. 开展会展市场调查

会展的市场调查与分析是会展策划的基础,是会展策划必不可少的一步。它是以科学方法,有计划、有组织地收集、记录、整理和分析与会展有关的各种信息,从而为会展项目的确立和方案设计提供依据。

2. 会展目标、题材和主题的确定

会展目标是指以引人注目的方式吸引参展商、经销商、目标客户和观众来参与会展活动。会展参加者希望通过会展活动来达到的目标,对于会展主办方来说,就是举办会展的宗旨。

常见会展目标:建立和维护展出者形象、市场调研、探测市场、建立与巩固关系、宣传产品、销售与成交。

会展题材是会展活动涉及的行业和领域。

会展题材选择的依据:详细了解行业发展状况、会展企业经营环境等市场信息后,再利用市场细分的方法确定在哪个行业或领域举办会展。

会展主题是对会展的指导思想、宗旨、目的要求等最凝练的概括与表述,是统领会展各个环节的"纲",并贯穿会展活动的始终。会展的主题是会展的灵魂,也是会展保持魅力的源泉。

按照会展所覆盖的范围,可将会展主题类型分为主题会议和主题展览(特别提醒:世博会是集会议、展览于一体的盛会,也是会展中最典型的特例)。

3. 会展项目立项策划

所谓展览项目立项策划就是根据掌握的各种信息,对即将举办的展览会的有关事宜进行初步规划,设计出展览会基本框架。

展览项目立项策划的主要内容包括:展会的名称和地点、办展机构、展品范围、办展时间、展会规模、招展计划、宣传推广和招商计划、现场管理计划、相关活动计划等。

会展名称由五部分组成:基本部分(性质和特征)、时间部分(举办时间)、地点部分、行业部分、范围部分。

会展标志:需遵循 CI 设计原则。

举办机构:主办单位、协办单位、承办单位、支持单位、海外合办单位。

举办地点:会展举办地、会展场馆。

举办时间:什么时间、多长时间、有哪些重要日期和时间段。

举办频率:取决于会展所在行业产品的生命周期(产品生命周期长短、不同阶段)。

展会规模:展览面积、参展商数量、观众数量。

会展定位:会展举办机构根据自身资源和市场竞争状况,通过建立和发展会展项目的差异化竞争优势,使自己举办的会展在会展客户心目中形成一个鲜明而独特的印象的过程。

定位要求:找到细分市场,建立和发展差异化和个性化特征。

定位步骤:执行会展识别策略、选定目标客户、传播会展形象、创造差异化优势。

在以上基础上进行会展价格和初步预算以及会展实施计划,包括人员分工、招展、招商、宣传推广、会展进度、现场管理、相关活动。

(二)会展策划

1. 会展策划的基本原则

分为利益主导原则、整体规划原则、可操作性原则、创新性原则、规范性原则。

2. 会展策划的内容

包含会展项目立项策划、会展实施方案策划、会展品牌策划、会展营销策划、会展项目管理策划。

3. 会展策划的基本流程

①成立策划领导小组。

②进行市场调查与分析。

③制订展会项目的行动方案:使方案具体化,设计行动日程表。

④制订预算方案。

⑤撰写项目策划方案。

⑥评估与修正。

4. 展览会接待方案策划

包括参展商接待、媒体接待、专业观众接待、政府领导和嘉宾接待。

5.编制参展商手册

（1）参展商手册的含义

办展机构将展会筹备、开幕及参展商参加展会时应注意的问题汇编成册，以方便参展商参展的小册子。

（2）作用

对参展商指导作用、对展会现场的管理作用、对专业观众的服务作用。

（3）参展商手册的主要内容

前言、展览场地基本情况、展会基本信息、展会相关规章制度、展位搭装指南、展品运输指南、会展旅游信息及相关表格。

（三）建立展览会网站

目的是拓宽销售渠道，了解参展商需求同时有利于与有关机构合作。具体分为信息型网站、广告型网站、在线销售型网站三种。

（四）展览会承建商、运输代理、物流的选择

需要体现高度及时性、建设和运送稳定性、体系优化双重性。

（五）会展服务

会展服务贯穿展会始终，是对布展、展览、撤展等事务的组织管理，是对展览举办过程的全程监控、协调，使展会按预定目标顺利进行。

展览现场管理的主要内容：①布展与撤展管理；②专业观众管理；③开、闭幕式管理；④餐饮服务管理；⑤资料发放；⑥商务中心与票务旅游；⑦医疗救护；⑧知识产权保障管理；⑨用电防火与治安安全管理。

【同步思考】

如何防止骗展

有些地区性展会最喜欢将"中国"挂在展会名称的最前面，以示国家级；不用"中国"，就用国务院某部委办或者"广东省""广州市"等，以增加官办色彩。其实，国家早有明文规定，挂"中国"字头的必须由商务部审核批准，挂"国际"字头的要有相关资质的展览公司才能承办。

有一些明明不具备组织承办高级别、大型会展资质和能力的展会，却将自己包装得非常权威、阵容鼎盛。这种展览公司临时招聘几个业务员，在豪华宾馆租用一个房间和几条电话线路，再好一点的租一台传真机和电脑，就向全国各地行骗了；有的还在工商局登记领了执照，还开了网站，发布一些编造的新闻，给企业一种正规的假象。其实这些骗展班子是

"放长线、钓大鱼",花点钱包装一下自己,以图引来更大的企业参展,骗取更多的展费。

还有甚者号称专业展会,租上一个小厅,同期办好几个展会,招商函也弄上几个版本,企业无法了解到招展商的真实目的,于是稀里糊涂签了参展合同,交了款。可到会场一看,所谓的专业展会却是一个"大杂烩"。

那么,应该如何防止被"骗展"呢?谈谈你的看法。

任务三　会展业的发展趋势

【任务布置】

(一)任务情景

新形势下的会展组织与服务

已经过去的 2020 年,成为展会服务模式的创新年。突如其来的新冠疫情使会展活动突然全面"停摆"。会展业既有的秩序瞬间被打乱,而随着疫情在全球迅速蔓延和范围的扩大,会展业界对复展的预期越来越不乐观。

相关统计显示,会展业成为少数 100% 受疫情影响而"停摆"的行业,这也成为中国会展业面对的前所未有的最大挑战。于是,按照"3·18"中央政治局常委会提出的创新展会服务模式,会展业界尝试线上的举办模式。2020 年底前最后一场会展行业盛会,是以"探索新模式、构建新生态"为主题的 2020 中国(郑州)会展主办方大会暨黄河流域会展联盟成立大会。其间,在"会展生态环境打造与服务创新"对话环节,业界对会展生态环境、服务创新等给出了各自的解读。

"数字会展,须具备互联网思维。"中国贸易报总编辑范培康表示,进入数字经济时代,在移动互联网、大数据、云计算等科技不断发展的背景下,这种思维是对市场、对用户、对产品、对企业价值链乃至对整个商业生态进行的重新审视的思考方式,也是对会展行业自身数字化能力建设的重大考验。

"会展服务创新,应该是基于数字化建设和能力提升的融合发展创新。"范培康表示,值得庆幸的是,我国率先控制了疫情,率先复工复展,为会展业争取了时间。同时,持续保证国际供应链的畅通,促进世界经济的复苏。

(资料来源:《中国贸易报》)

(二)要求

请同学们思考以下问题:

新形势下会展业的发展将往哪些方面延伸？数字经济是否能让受疫情影响的会展业重振雄风？

【任务实施】

自从1850年英国伦敦举办第一个展览会以来,国际会展业已经走过一个半世纪了,如今的展览会已今非昔比,不论是展会规模,还是科技水平,都有了极大的提高。在商品经济高度发展、市场瞬息万变的今天,国际展览会不仅作为各国厂商的集聚地和经济贸易与科技交流的中心,更被作为重大的经济活动而令世界各国政府所重视。举办一个大型国际展览会,少则几十、多则上百个国家或地区参加,还有成千上万家参展商和来自世界各地的数万名观众,巨大的人气使许多展览会成为国际商业的亮点。

由于各国经济实力、经济总体规模和发展水平不同,各国会展经济的发展也不平衡。举办展览会的数量和规模与主办国的经济实力和科技水平密切相关。发达国家凭借其在科技、交通、通信、服务业水平等方面的优势,在世界会展经济发展过程中常处于主导地位,并占有绝对的优势。在世界会展业向专业化、国际化和集团化发展的过程中,发达国家的跨国展览集团开始把自己举办成功的品牌展览会逐渐移植到其他国家。许多发展中国家也有一些规模较大、水平较高的展览会,但这些展览会一般都有发达国家展览公司的参与、管理,甚至直接控制。世界会展大国欲通过国际会展业来整合世界经济的苗头已经越来越明显。随着会展业的快速发展,国际会展经济的全球化整合迟早会到来。

一、会展业发展必备条件

会展产业持续、健康、稳定地发展,与展会城市的自然环境条件和社会经济条件是密不可分的。

(一)优越的区位条件

优越的区位是会展业迅速发展的基本条件,主要体现在举办城市的地理位置、气候特点和地形地貌上。一般来说,沿江沿海、地形平坦、气候宜人的城市会展业发展得快,例如德国会展中心城市汉诺威,该市位于北德平原和中德山地的交汇处,濒临中德运河,气候温和、宜人,优越的区位条件为汉诺威会展业水平的提高贡献了最基本的力量。

(二)良好的城市环境

会展业的发展要求会展城市必须具备完善的交通网络、过硬的基础设施、良好的城市环境,以及较高的城市知名度。会展的发展不但要有一定规模和数量的展馆,还必须有便捷的交通、完善的供水、供电、通信系统等基础设施建设。城市知名度高自然会拉动会展业的发展。

(三)强大的经济实力

会展业的发展离不开经济的强大支持,经济越发达,会展业发展壮大得越快。城市经济主要体现在它的第二、第三产业上,拥有的经济部门越多、第三产业越发达越能促进会展业的发展。对外开放程度越高,对外商吸引力越强,经济增长得也越快。德国会展中心城市汉诺威重工业发达,制造业突出,有德国最大的轮胎厂,电子技术工业发达、第三产业蓬勃发展,欧洲最大的旅行社组织的 TUI 总部就设在这里。

(四)健全的行业体系

会展业的发展必不可少的还有人力、品牌、行业协会和法律体系的支撑。人才是会展业发展的推动力,品牌是会展业生命力的体现,行业协会是会展业规范发展的指示标,法律是会展业发展的可靠保障。

二、会展经济的发展趋势

(一)举办机构专业化

20 世纪五六十年代,许多专业的展览和会议都是由行业协会主办,而如今,以知识和信息为主要生产要素的新经济对会展产业的发展模式,特别是管理模式和管理者素质都提出了更高的要求。越来越多的行业协会开始寻求与专业公司的合作。在会展经济发达的法国,展览公司和场地公司甚至也是分开的。展览公司不拥有场馆,场地公司本身不经营会展,其目的在于促进公平竞争,同时保证分工的高效率。

(二)展览公司集团化

新经济时代,互联网络使人们之间的联系无论在内容还是在范围上都超过了以往。展览公司的发展已能够摆脱空间和时间限制,直接面对全球资源和全球市场,这就对企业的组织形式提出了挑战。越来越多的企业从竞争走向合作,结成战略联盟进行优势互补,以提高整体竞争力。

(三)参与者国际化

随着竞争日趋激烈,各举办机构已不再满足吸引本地区、本国的参与者,而是力争提高会展的国际参与程度。同时,互联网的普及使举办机构直接面对全球资源和全球市场,为其在世界范围内寻找与会者提供了可能。许多国家纷纷成立专门机构促进参与者的国际化,如新加坡的会议展览局。最有名的要数法国的"国际专业展促进会","国际专业展促进会"把 65 个展会的销售费用集中在一起,在近 50 个国家和地区建立办事处,为这 65 个展会开展形式多样的促进服务,克服了单个展览公司财力不足问题,对促进国外人士来法国参观交流起了很大的作用。

（四）电子商务被广泛应用

因为会展本身就是人们进行信息交流发布、洽谈商业合作和进行市场营销的场所，它发挥的是一种桥梁和媒介作用，而电子商务恰恰在这方面有着传统展览业无可比拟的独特优势。它提供了一个更为快捷、互动、有效的商务通道。电子商务按商业活动运作方式可以分为不完全电子商务和完全电子商务，对于传统会展业的影响按介入程度的不同也表现在不完全电子商务和完全电子商务两个方面。不完全电子商务即在会展的运作过程中部分地借助于电子商务，主要是借助电子商务手段为会展服务。完全电子商务即网上会展，会展的组织、举办各个环节都实现了电子化，举办者、与会者、参展者和观众之间的交流主要通过互联网进行，它代表着会展产业未来的发展方向。

（五）重视对发展中国家市场的开拓

根据产品生命周期理论，发达国家处于成熟期的产业有向发展中国家转移的倾向。目前世界会展产业也呈现这一趋势：发达国家的跨国展览集团纷纷把自己的成功知名展览会移植到发展中国家。国际会议市场上，欧美国家的份额也已从过去的80%下降至60%。作为发展中国家之一的我国越来越被国际会展组织看好，许多著名集团已纷纷抢滩中国市场。如由德国的汉诺威展览中心、慕尼黑展览中心、杜塞尔多夫展览中心在上海共同成立的德国国际展览有限公司，不仅在中国举办了一系列展览，还是上海新建的展览中心的股东。

三、我国会展产业发展存在的问题及策略

近年来，我国一线会展城市北京、上海、广州等利用各自的区位优势、经济优势、政治优势，在国际上取得了一定的地位，但与世界上会展业最发达的德国的会展中心城市相比，我国一线会展城市在许多方面还存在差距和不足。第一，会展配套设施不够先进。我国截至2020年，全国有30个城市展览场馆，室内可供展览总面积超过10万平方米，但是各项配套设施急需完善，有的地方仅交通拥挤的现象就非常严重，另外展览面积也有限。第二，国际品牌展会缺乏，国际地位较低。虽然依托城市经济基础，一线会展城市在品牌建设上已经创建了一些具有国际影响力的知名展会，如北京的中国国际机床展、上海的国际汽车工业展览会、广州的中国进出口商品交易会（广交会）等，但真正的世界级的品牌展会数量相对要少得多，而且国际展商和专业观众的比例很低。第三，展会服务水平低，国际型会展人才缺乏。在展会服务水平方面，我国一线会展城市相对于德国会展中心城市来讲服务水平偏低。例如北京，在工商局注册的专门从事经营会展业务的公司有几千家，但真正能够做到

精通会展业务、熟练展会策划、专业程度高、服务水平好的公司却很少。第四,企业实力不够雄厚,规模化、集团化程度低。规模化、集团化是当今会展业发展的趋势,那就必然要求会展中心城市要以会展企业为依托。

面临诸多问题,我国会展业发展策略有以下方面:

(一)加快国际级别会展场馆等硬件设施建设

拥有大型会展场馆是进军国际会展中心城市的首要条件,对现有展馆进行扩建或改造是当务之急。展会的各种配套设施建设也必须达到国际标准,城市环境、城市建设必须达标,银行等各种服务业都要做到特别人性化,以满足不同人群的需要。

(二)扶植国际会展品牌,加大会展营销力度

走品牌化道路是城市进军国际会展中心城市的必然选择。首先要树立品牌化的信念,坚定走品牌化道路的决心,将现有的比较知名的会展品牌做强做大;其次加大海外宣传力度,积极推行"走出去,引进来"策略,勇于走出国门,开拓国外市场。例如位于北京的中国国际印刷技术展,如今在国际上已经小有名气,接下来要做的就是保持展会的原有风格,在保质的基础上再慢慢达到量的要求,以此扩大国际影响力。

(三)培养国际型会展人才

拥有一支高、精、尖的会展人才队伍是我国一线会展城市向国际会展中心城市进军的智慧保障。国际化会展人才必须具备下列素质:熟悉国际会展市场运作规律;拥有全球化的眼光;对会展有高度的敏感性;了解多国语言和文化;具有国际协调能力。我国应该首先加强对会展人才的培养,向国际会展中心城市学习、借鉴人才培养经验;其次加强高校会展专业的建设,加大会展人才的储备力量。

(四)增强会展企业实力

市场上的各类会展企业的存在直接导致会展市场的混乱和无序,这种状况也影响了会展企业本身的发展和壮大,导致具有国际实力的企业变得少之又少。解决这种现状的办法就是进行企业联合,强强联手,将会展业务做强做大。

(五)新形势下的产业创新

2020年后,线上线下双线会展的创新模式完全开启。关键点在于在会展模式创新中,如何将传统的一年一届的展会,转为线上365天不落幕的在线模式。与此同时,如何实现公私流量高效转换,如何实现线上线下流量交互,这涉及对数字社区的管控,需要具备数字化技术的人才进行运营管理。

未来会展企业,将转型成为数据集成企业。目前,会展服务模式创新已在路上,会展企业亟须对国际展项目的线上线下进行多维度、跨界的培训。会展服务模式创新需要会展人

才同步。

【同步思考】

学习了任务三之后,请同学们思考会展业的发展需要哪些条件? 不具备这些条件的地区是否也可以发展会展业? 为什么?

任务四　认识节事活动

【任务布置】

(一)任务情景

国际民歌艺术节

广西素有"歌海"之誉,是壮族歌仙刘三姐的故乡。广西各族人民一向有爱唱民歌的习俗,为把民歌发扬光大,从 1993 年起,广西在"三月三"歌节的基础上,每年在首府南宁举办"民歌节",广邀国内外艺术家和各界人士参加民歌盛会。人们在民歌节上以歌传情,以歌会友,共同抒发对美好生活的向往和热爱。民歌成了飞架于广西各民族与全国各兄弟民族及世界民族之间的彩虹。

为了把民歌节办得更具特色,从 1999 年起广西区人民政府决定把"广西国际民歌节"更名为"南宁国际民歌艺术节",并定于每年的 11 月在南宁举行。1999 年 11 月,首届南宁国际民歌艺术节成功举办了大型广场文艺晚会《大地飞歌》。

随着中国—东盟博览会落户南宁,历史给了南宁一个极大的机遇。在这一历史背景下,举办国际民歌艺术节的意义已远非"民歌搭台,经贸唱戏"那么简单,也不是为了刺激消费而增加的"黄金周",举办国际民歌艺术节完全有可能突出其鲜明的"东盟背景",以此进一步做大、做强、做好,最终成为以荟萃中国和东盟国家乃至世界各国民歌民俗为主要特色的盛大国际"节庆"活动。

(二)要求

请同学们回答以下问题:

1. 你所周知的哪些国内节事活动属于文化创新和传承?

2. 请列举五个世界上知名的节事活动?

【任务实施】

举办节事活动的目的不仅仅在于吸引旅游者、消费者、赞助商、承包商等参与者,还在于成功举办后所能带来的多种牵动效应。它一方面推动当地经济的发展,带来了经济效益;另一方面为当地文化的定位奠定基础,带来社会效益。经济发展和社会发展是良性互动的关系,两者在相互促进、相得益彰、协调发展的基础上,达到与自然、人文等环境效益的高度统一,共同构建和谐社会。尤其是大型节事活动,对国家、地区或城市的发展将产生难以估量的推动作用。

一、节事活动的概念

国内文献中,对"节事""节事活动""节事旅游"的定义尚不明确,其内涵也界定不清,译名也不够统一。由于"节事活动"的内涵丰富,我国一些学者对此进行了研究,但因看问题的角度不同,对节事活动的定义也各有不同,较有代表性的有以下几种:

"节事"一词来自英文的"Event",有"事件、活动、节庆"等多方面含义。节事活动是指城市举办的一系列活动或事件,包括节日、庆典、地方特色产品展览会、交易会、博览会、会议,以及各种文化、体育等具有特色的活动或非日常发生的特殊事件。

在事件及事件旅游的研究中,常常把节日和特殊事件合在一起作为一个整体来进行探讨,在英文中简称为 FSE(Festival & Special Festival),中文译为"节日和特殊事件",简称"节事"。从字面上看,节庆是"节日庆典"的简称,其形式包括各种传统节日以及经过策划创新而人为"制造"出来的各种节日。为了和节事区分开来,把各种节日定为"狭义的节日",把各种节事界定为"广义的节庆"。

节事活动专指以各种节日(Festival)和盛事(Special Event,Mega-event)的庆祝和举办为核心吸引力的一种特殊旅游形式。

综上所述,我们可将节事活动称为"能对人们产生吸引,经过精心策划,有可能被用来开发成娱乐、休闲、旅游等参与性的消费形式的各类庆典和活动的总和"。所以大到举世瞩目的奥运会,小到亲友的聚会,都属于节事活动的范畴。广义的节事活动,包括节庆(Festival)、特殊事件(Special Event)和各类活动(Event),诸如体育赛事、会议、舞会、狂欢节、颁奖典礼、纪念仪式等。

二、节事活动的分类

Gets 在《节事与旅游业》(*Festival,Special Event,and Tourism*)中,将节事旅游分为八大类,目前国际上主要采用 Gets 的这种分类方法:

①文化庆典(包括节日、狂欢节、宗教事件、大型展演、历史纪念活动)。

②文艺娱乐节事(音乐会、其他表演、文艺展演、授奖仪式)。

③商贸及会展(展览会、展销会、博览会、会议、广告促销、募捐、筹资活动)。

④体育赛事(职业比赛、业余竞赛)。

⑤教育科学节事(研讨会、专题学术会议、学术讨论会、学术大会、科教发布会)。

⑥休闲节事(游戏或趣味体育、娱乐事件)。

⑦政治政府节事(就职典礼、授职、授勋仪式、贵宾 VIP 观礼、群众集会)。

⑧私人节事(个人庆典——中年纪念、家庭假日、宗教礼拜、社交事件)。

三、节事活动案例

各类节事活动遍布于社会生活的各个方面,并且组织形式丰富多彩,既有普通的、经常性的活动,例如会议、展览会等,也有特殊、独特的活动,比如婚礼、政治庆典。但不管怎样,无处不在的节事活动已经成为一个迅速增长的产业。

(一)西班牙"番茄节"

西班牙"番茄节"被称为世界上最大的西红柿大战。每年 8 月的最后一个星期三,西班牙瓦伦西亚地区的布尼奥尔小镇上千市民涌入街头,相互抛掷西红柿。游戏规则是西红柿必须捏烂后才能出手。

(二)爱尔兰绿帽子节

每年的 3 月 17 日,是西方的圣帕特里克节(St. Patrick's Day),也称"绿帽子节"。这一节日于 5 世纪末期起源于爱尔兰,美国从 1737 年 3 月 17 日开始庆祝。美国的爱尔兰人喜欢佩戴三叶苜蓿,用爱尔兰的国旗颜色——绿黄两色装饰房间,身穿绿色衣服,头戴各式各样的绿帽子。

(三)中国浙江乌镇"月月有节"

乌镇以戏剧为入口,打造年轻人最向往、竞争最激烈的"乌镇戏剧节"。该节自 2013 年创办以来,规模快速扩张,已经成为全球三大戏剧节之一。乌镇运营团队结合江南水乡的民俗特色和西方特殊节日,从正月开始到年末,举办一系列民俗活动,如"乌镇过大年""水乡丽人节""香市""瘟元帅节""童玩节""乞巧节""城隍会""湖羊美食节",以及"情人节""圣诞节"等。每月一场主题活动,为期 3 天到 2 个月不等,让游客在全年、全季、全时感受到不同的乌镇体验。

四、节事活动的特点

(一)文化性

一般的节事活动安排都要突出展示地方博大精深的文化,都是将当地的文化与旅游促销一体化。以文化特别是民族文化、地域文化、节日文化等为主导的旅游节事活动,具有文化气息、文化色彩和文化氛围。随着旅游业的发展,文化旅游节开始逐步演化为以文化节事活动为载体,以旅游和经贸洽谈为内容的全方位的经济活动。如河南洛阳的牡丹花会就是通过文化搭台,达到经济唱戏的目的。在国内外取得较大影响的上海国际服装文化节,对促进上海的经济发展、丰富市民的文化生活、提升市民的文化素养方面起到了积极的作用。

(二)地方性

节事活动带有明显的地方气息,随着旅游的发展,有些已成为反映旅游目的地形象的指代物。一些节事活动的举办地,为广大公众所熟悉,如巴西奥吉里奥狂欢节、澳大利亚乡村音乐节、苏格兰爱丁堡艺术节和伦敦泰晤士河艺术节。这些节事活动以"节事活动品牌代言城市"的形象来定义这些举办地。一些节事活动历史悠久,长久以来满足了游客和地方居民的需要。慕尼黑的啤酒节最早开始于1810年,最初是为了让所有的市民庆祝皇族的婚礼,以后逐渐演变成融多种活动为一体的节事活动。民族节日更是有其独特的地方性,节事活动的地方色彩更为浓厚。例如,泼水节总是与傣族的形象联系在一起的,而那达慕大会也总是代表着内蒙古的形象。此外,宗教的固定传统节日与庙会活动融合,又成为该宗教圣地或该寺庙的代表。例如,福建、台湾等地的"妈祖诞辰"几乎成为当地最隆重的旅游节事活动。

(三)短期性

特殊节事活动的一个本质特征就是短期性。每一项节事活动都有季节和时间的限制,都是在某一事先计划好的时段内进行的。当然,节事活动的时间不是随意决定的,往往要根据当地的气候、旅游淡旺季、交通情况、接待能力、主题确定、经费落实、策划组织需要的时间等条件,从实际情况出发来确定的。在短暂的时间内要具有充足的酒店客房等旅游接待设施和便利的交通等基础设施,来接纳从四面八方潮涌而来的旅游者,这给举办节事活动的地区和城市带来了机遇,也带来了挑战。

(四)参与性

随着旅游业和休闲业的发展,旅游者和休闲者越来越注重活动的参与性,节事活动就是这样一种参与性很强的旅游和休闲活动。众多节事活动想方设法拉近与参与者的距离。

节事活动的参与者往往对节事活动的举办地怀有较强的好奇心,通常他们希望能够像当地居民一样,节事活动能够让他们了解一个地区的生活方式。植根于特殊地区的节事活动能够为来宾提供欣赏当地风景和探究当地精神的机会。

(五)多样性

从节事活动的定义可知,节事活动是一个内涵非常广泛的集合概念,任何能够对旅游者产生吸引力的因素经过开发都可成为节事活动。此外,节事活动在表现形式上也具有多样性的特点,它可以是展(博)览会及体育赛事,又可以是会议庆典、花车游行及各种形式的文化娱乐活动。它的主题可以是某种果实,也可以是纪念某个名人,可以是某个历史事件,也可以是当代的庆典。活动的内容可以有宴会、戏剧、音乐舞蹈、服装展示、画展、土特产品展销、体育竞技、杂技表演、狂欢游行等各种形式,涉及政治、经济、文化、体育、商业等多方面。

(六)交融性

正是节事活动的多样性,决定了节事活动必然有强烈的交融性,许多大型的节事活动,如奥运会、世博会、旅游节、服装节、食品节等都包含了许多会议、展示活动、宴会、晚会等。而在许多会议、展览、奖励旅游中也包含着许多节事活动。节事活动和会展业的其他细分市场都有一个共同的特点,那就是你中有我、我中有你,这些活动互相交融,共添光彩,使节事活动更具吸引力。

五、我国节事活动的发展趋势

随着我国改革开放的深入、节庆旅游的发展,在未来一段时期我国节事活动将呈现出以下八大趋势:

(一)国际化趋势

国际化是节事活动的必然趋势。节事活动的大众性、广泛性、开放性,使它蕴含了走出家门、走向国际的内在要求。例如,青岛啤酒节在办节实践中,很注意学习借鉴国内外的经验,除派人去国外学习观摩外,还邀请外国人士和国外的企业参与节事活动,并提出了"青岛与世界干杯"的主题口号,大大加快了啤酒节走向世界的步伐,使青岛啤酒节的知名度越来越高,经济效益和社会效益越来越显著。

(二)市场化趋势

传统的办节方式是大量的财政投入和硬性摊派,使财政、企业和社会不堪重负。为适应市场经济的要求,节事活动也呈现出市场化趋势,开始尝试市场化运作模式。节事活动进入市场化运作必须遵循市场规律注入"成本与利润""投入与产出"的理念。源源不断的资金来源是节事活动长盛不衰的阳光和土壤,也是节庆营销得以传承的基础,但资金来源不能依赖政府财政投入,应建立"投资—回报"机制,同时吸引大企业、大财团以及媒体参与,形成"以节养节"的良性循环发展模式。

(三)个性化趋势

当今城市举办节事活动已成为时尚,但有的城市的节事活动缺乏个性,主题雷同。城市节事活动靠的就是独特的主题,个性化是节事活动保持长久生命力的制胜法宝。

(四)产业化趋势

随着节事活动经济性功能的加强,节事活动将呈现出产业化趋势。节事活动的产业化趋势要求围绕节事活动,从项目策划、集资、广告、会务、展览、场地布置、彩车制作、观礼台搭建、纪念品制作,都以招标投标、合同契约的有序竞争方式进行,并逐步形成新兴的"节庆产业",节庆产业化更能促进营销的深入和发展。

(五)多元化趋势

一是节事活动举办目的的多元化,通过节事活动达到繁荣经济、弘扬文化、活跃生活、促进发展等多重目的。二是节事活动举办模式的多元化,出现了上下联动办节、小型分散办节、各方结合办节、走出去办节、结合科技办节等多种办节模式。如四川自贡灯会采用"走出去"办节方式,先后到北京、上海、香港、澳门、台湾等国内城市和新加坡、泰国等国家和地区展出达 68 次,将灯文化的奇光异彩传播到全国和世界各地,不仅大大提高了自贡市的知名度,也取得了良好的经济效益。三是节庆主题活动的多元化,主要表现在文艺晚会、经贸洽谈会、研讨会和论坛等方面。

(六)大众化趋势

节事活动的魅力不在于安排多少项活动,而在于有多少大众亲临其境感受其人文气氛,节事活动要的就是成千上万人扶老携幼、结伴前往的这种万民同乐的节日气氛。节事活动的大众化是节事活动永葆品牌生命力的灵魂。如上海旅游节的办节宗旨就是"人民大众的节日",在旅游节的筹备及举办过程中,组委会广泛听取市民和旅游者的建议和意见,极大地丰富了旅游节的活动内容,进一步充实了旅游节的活动策划。

(七)集约化趋势

节事活动在举办过程中逐步呈现出集约化趋势。许多城市的节事活动较为分散,规模还不够大,可以通过"捆绑"来扩大规模,实行集约化经营。如哈尔滨冰灯节在国内颇有影响,其主要成功经验是延伸产业链,将冰灯展、文体活动、经贸活动等捆绑在一起,产生了较强的集聚效应和宣传效应。

（八）规范化趋势

节事活动必须在动态中寻求规范性,并以此招徕四方游客,这是著名节事活动获得巨大效益的成功秘诀。节事活动的规范化,一是策划和组织规范,二是举办时间和地点规范,三是举办程序和实施过程规范。

【同步思考】

节事活动的主要特点是什么?

【知识归纳】

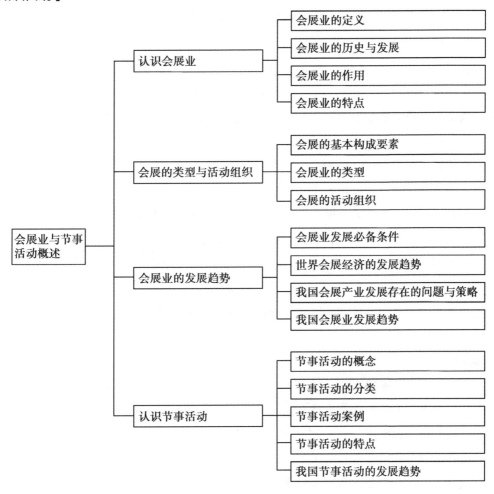

会展业与节事活动概述
- 认识会展业
  - 会展业的定义
  - 会展业的历史与发展
  - 会展业的作用
  - 会展业的特点
- 会展的类型与活动组织
  - 会展的基本构成要素
  - 会展业的类型
  - 会展的活动组织
- 会展业的发展趋势
  - 会展业发展必备条件
  - 世界会展经济的发展趋势
  - 我国会展产业发展存在的问题与策略
  - 我国会展业发展趋势
- 认识节事活动
  - 节事活动的概念
  - 节事活动的分类
  - 节事活动案例
  - 节事活动的特点
  - 我国节事活动的发展趋势

【思政要点】

"大众创业、万众创新"是党中央、国务院在新形势下为促进经济平稳发展做出的重大战略部署。大学生是创新创业的主力军,而市场调查是很多专业学科中常用的学习方法,也是大学生参与社会实践的重要方式。

"没有调查,就没有发言权"是毛泽东同志的名言。习近平总书记进一步深化了调查研究的思想,赋予了调查研究以时代意义,提出"调查研究是谋事之基、成事之道。没有调查,就没有发言权,更没有决策权"。同学们在选择调查题目时从"大处着眼、小处着手"来关注当下、面向未来,通过对调查方案的认真设计与调查全过程的亲身实践,培养大学生敏锐的问题意识、严谨的科学态度、开放的创新意识和实际的操作能力,以提升其综合能力和职业素养。

【实践活动】

调查当地会展行业情况

实训目标:

学生根据对所在地区会展行业进行调查,了解大型会展的组织情况。

实训组织:

在校企合作的会展中心(重庆悦来国际会展中心)中进行认知实践。

实训任务:

根据调查情况写出调查报告。

实训内容:

1. 调查会展中心的展陈规模、功能服务种类、环境与周边配套服务等基本情况。

2. 访谈相关从业人员,查询资料,了解行业发展情况。

3. 写出调查报告。

实训指导:

组织学生到会展中心进行认识实习,或在互联网搜集资料结合实地调查走访。

【同步测试】

1. 会展与会展业的定义。

2. 近代会展业的最初功能是什么?

3. 简述会展业的作用。

4. 会展的基本构成要素有哪些?

5. 会展活动的组织要注意哪些问题?

6. 试述会展行业新形势下的产业创新有哪些?

7. 节事活动的特点有哪些?

参考文献

[1]菲利普·科特勒,约翰·T.鲍文,詹姆斯·C.麦肯斯.旅游市场营销:第6版[M].谢彦君,李淼,郭英,等译.北京:清华大学出版社,2017.

[2]孙梦阳,赵晓燕.酒店市场营销实务[M].北京:北京航空航天大学出版社,2018.

[3]戴斌,等.饭店品牌建设[M].北京:旅游教育出版社,2005.

[4]穆林.信息化的酒店管理[M].北京:中国轻工业出版社,2013.

[5]张海涛,邬玮玮.民宿导论[M].郑州:郑州大学出版社,2019.

[6]杨杰.邮轮运营实务[M].北京:对外经济贸易大学出版社,2012.

[7]彭星波.会所(俱乐部)经营管理实务[M].北京:化学工业出版社,2007.

[8]金姬.内地博彩业开放之争[J].齐鲁周刊,2015(14):20-21.

[9]匡家庆.酒水知识与酒吧管理[M].北京:中国旅游出版社,2017.

[10]殷开明,张毓威.酒水知识与酒吧管理[M].桂林:广西师范大学出版社,2017.

[11]何丽萍.餐饮服务与管理[M].北京:北京理工大学出版社,2010.

[12]潘和永,李倩,张国华.高铁餐吧服务实务[M].上海:上海交通大学出版社,2020.

[13]John R. Walker.国际接待服务业概论[M].李力,李智,魏玲丽,译.广州:广东旅游出版社,2018.

[14]Mary B. Gregoire.餐饮服务组织[M].梁爱华,林丹,哈诺,等译.广州:广东旅游出版社,2019.

[15]丹尼斯·丽丽卡普,约翰·卡曾斯.餐饮服务管理:第八版[M].丛龙岩,译.北京:中国轻工业出版社,2017.

[16]于恬,胡启亮.连锁经营管理原理[M].北京:科学出版社,2008.

[17]马勇.旅游接待业[M].武汉:华中科技大学出版社,2018.

[18]邓爱民.旅游接待业管理[M].北京:中国旅游出版社,2018.

[19]何健民.旅游接待业:理论、方法与实践[M].重庆:重庆大学出版社,2019.

[20]范运铭.现代饭店管理概论[M].北京:首都经济贸易大学出版社,2008.

[21]苏文才.会展概论[M].北京:高等教育出版社,2004.

[22]杨春兰,韩芳.会展概论[M].上海:上海财经大学出版社,2006.

[23]沈刚,吴雪飞.旅游策划实务[M].北京:清华大学出版社,2008.

[24]舒波,冯麟茜.会展策划与管理[M].2版.北京:清华大学出版社,2021.

[25]谢彦君,李福学.饭店营销学[M].大连:东北财经大学出版社,2003.

[26]陈戎,李龙星.饭店管理概论[M].北京:清华大学出版社,2012.

[27]胡敏,张雪丽.饭店服务质量管理[M].北京:清华大学出版社,2008.

[28]OTTENBACHER M. Defining the hospitality discipline:a discussion of pedagogical and research implications[J]. Journal of Hospitality & Tourism Research,2009,33(3):263-283.

[29]BROTHERTON B. Towards a definitive view of the nature of hospitality and hospitality management[J]. International Journal of Contemporary Hospitality Management,1999,11(4):165-173.

[30]曾国军,王丹丹.全球视野下接待业研究述评:基于IJHM的量化内容分析(2006—2015)[J].旅游学刊,2018,33(5):114-126.

[31]蒋三庚.现代服务业研究[M].北京:中国经济出版社,2007.

[32]马勇,陈小连,马世骏.现代服务业管理原理、方法与案例[M].北京:北京大学出版社,2010.

[33]马勇,周青.休闲学概论[M].重庆:重庆大学出版社,2008.

[34]黄福才.旅游学概要[M].厦门:厦门大学出版社,2001.

[35]李仲广,卢昌崇.基础休闲学[M].北京:社会科学文献出版社,2004.

[36]陈琰.闲暇是金:休闲美学谈[M].武汉:武汉大学出版社,2006.

[37]罗明东,扶斌.论闲暇、闲暇素质与闲暇教育[J].学术探索,2002(6):104-107.

[38]朱松节.洛带古镇旅游开发中的问题与对策[J].成都大学学报(社会科学版),2006(2):107-109.

[39]懂观志.旅游主题公园管理原理与实务[M].广州:广东旅游出版社,2000.

[40]王欣.国外主题公园发展成功经验对我国主题公园发展的启示:以美国奥兰多迪士尼为例[D].大连:辽宁师范大学,2014.

[41]李宏,杜江.旅行社经营与管理[M].天津:南开大学出版社,2011.